DES RECHERCHES DE LA FRANCE,
LIVRE PREMIER ET SECOND.
PLVS,
Vn pourparler du Prince, & quelques dialogues.

Le tout par estienne Pasquier, Aduocat en la Court de Parlement à Paris.

A PARIS,
Pour Gilles Robinot, tenãt sa boutique en la Gallerie par ou l'on va à la Chancellerie.
1581.
AVEC PRIVILEGE.

Ex bibliotheca mon D. Bernardi paris.
congr̃ B M. fuliensis.

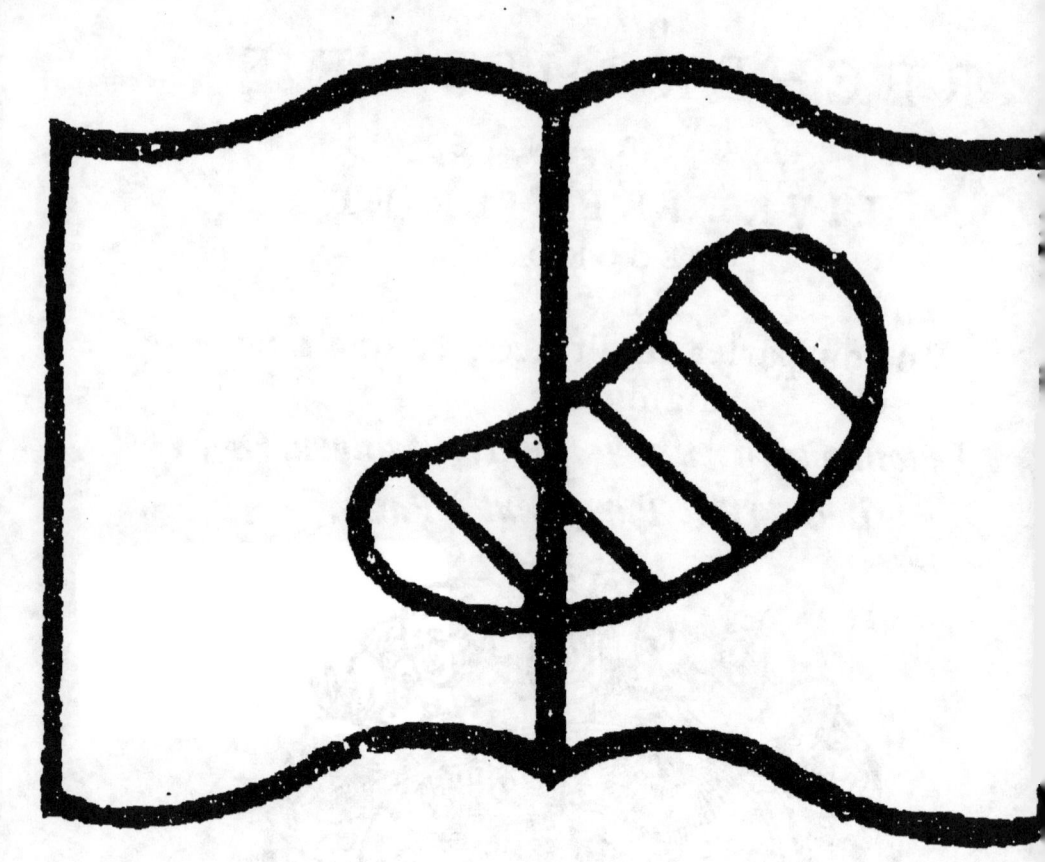

Illisibilité partielle

LE PREMIER LIVRE DES RECHERCHES DE LA FRANCE.

Du tort que les anciens Gaulois, & ceux qui leur succederent, se feirent, pour estre peu soucieux de recommander par escrits leur vertu à la posterité.

CHAP. I.

'A esté vne honorable question ramenee quelque fois par les anciens en dispute, sçauoir s'il estoit plus requis pour l'vtilité du public communiquer ses cōceptiōs & secrets par escritures au peuple. ou bien sans les communiquer, les donner à ses successeurs de bouche à bouche à entendre. A la conclusion de laquelle combien

A ij

que le plus de voix ait paſſé pour la premiere opiniõ, ſi eſt-ce que la derniere n'eſt pas demourée ſans ſouſtien, ains a eſté authoriſée par pluſieurs perſonnages de nõ: entre leſquelz les Lacedemoniens veirent iadis leur grand legiſlateur Licurge, les Samiens le ſententieux Pythagore, & les Atheniens leur ſage & vnique Socrate. Semonds, ce crois-ie à ce faire, à fin qu'ou leurs peuples ou eſcoliers forclos de la communication des eſcrits, feiſſent regiſtres de leur memoire, non de papiers: mais non conſiderans pourtant que fauoriſans aux viuans, ils apportoient grand dommage à ceux, qui auoient à les ſuruiure. Auſſi n'euſſions nous maintenant aucune part aux braues ordonnances de Licurge, ſi quelques gens notables, plus zelateurs du bien futur, que du preſent, n'euſſent enfraint le premier chef de ſes loix: & feuſſions par meſme moyen fruſtrez des ſages diſcours de Socrate, ſans les inſtructions que nous en euſmes puis apres par les mains de ſon diſciple Platon: ſemblablement les mots dorez de Pythagore feuſſent eſuanoüys en fumee, ſi contre ſon commandement l'vn de ſes ſectateurs Phylolae n'euſt ſupplée à ſon default. Certes ceste mesme coustume (il faut qu'auecques mon grand regret ie le profere) fut fort familiere aux Gaulois. Car comme par generale police leurs estats feussent diuisez & distincts par la noblesse, prestres de leur loy, qu'ilz appelloient Druydes, & le menu peuple : dont le premier ordre estoit destiné au faict de la guerre: le second, au maniement de la religion, iustice, & bonnes lettres : estant la noblesse grandement prodigue de son sang & de sa vie pour l'illustration de son pays : au contraire les Druydes furent si auaricieux de rediger aucune chose par escrit que de toutes les grandes entreprinses de la noblesse Gauloise, nous n'en auons presque cognoissance, que par emprunt. Et encores par histoires, qui nous sont prestées en monnoye de si bas aloy, qu'il nous eust esté quelquefois plus vtile ne receuoir telz plaisirs, que de voir publier noz victoires auecques telz masques qu'elles sont. Tellement qu'il nous seroit mal-aisé recognoistre au vray, la grandeur de noz ancestres, sinon qu'en ceste ou diserte, ou falsification d'histoires, ilz eurent vne singuliere astuce de planter leurs noms és contrees qu'ilz auoient de nouueau conquifes. Tefmoings en font les Celtiberes iadis faifans leur demeure dedans les Efpaignes: tefmoings en la Phrigie, les Galates ou Gallogrecs: en Italie, les Gaulois, qui nous furent Vltramontains : en Angleterre, les VValons. A fin que ie coule fouz filence plufieurs victoires qu'ilz eurent à la trauerfe contre le fuperbe Romain. En quoy i'eftime leurs voyages dignes de plus grande louange: d'autant que de toutes les nations du North ou Ponant, cefte cy fut, peut-eftre, feule, laquelle faifant fa demeure en territoire plantureux, f'achemina d'vn cœur gay, à nouueaux pourchas & conqueftes. Et au contraire tous les peuples, qui depuis en ce grand defbord fe liguerent contre les Romains, le feirent par vne neceffité d'efchanger leurs terres pierreufes & fans fruict en lieux de plus grande achoifon. Lefquelles chofes (bien que dignes de grande admiration) fi ne les trouuerons nous point trop eftranges, fi nous voulons confiderer l'ancienne police des Gaules, que quelques capitaines de Rome nous donnerent à la trauerfe à entendre.

Car de quel fond, ie vous supply, sortoit
ceste belle ordonnance de ne donner aucune traicte à marchandises foraines en
leur païs : ensemble que les enfans ne se
presentassent deuant la face de leurs peres
ou meres, auant qu'ilz eussent attaint le
quatorziesme an de leur aage : sinon pour
oster toute occasion & aux grands, de s'ancātir par curiositez estrāgeres, & aux petits de s'amignarder dedās le sein de leurs
meres ? Que nous enseigne ceste autre
loy, par laquelle és assemblees de guerre
le dernier des cheualiers & nobles, qui s'y
trouuoit estre arriué, estoit pour exemple
public de sa paresse exposé au dernier supplice: sinō l'enuie qu'eut leur premier fondateur de loix de tenir les gentilz hommes Gaulois sur pieds, & les asseurer d'vne fin ignominieuse, si pour leur honneur
& repos ils doutoiét de se hazarder à vne
mort honorable ? Voire que posé qu'aucuns leur tournassent à improperer les sacrifices, dont ilz vsoient, comme peut estre trop cruelz & abhorrens d'vne commune humanité, si est-ce qu'à considerer
les choses de pres, cecy ne leur partoit que
d'vn cœur genereux, magnanime, & peu

A iiij

soucieux de la mort, au spectacle de laquelle ilz s'accoustumoient par leurs ceremonies, comme les anciens Romains en leurs theatres, quand ilz prostituoient au public soubs l'espreuue d'vne espee la vie de leurs gladiateurs, ou qu'ilz abandonnoient les pauures delinquās à la misericorde des bestes farouches, affamees du sang humain. Ie n'adiouteray à cecy l'opinion qu'ilz donnerent à leurs peuples, pour effacer de leurs esprits toute image de mort, lors que sous vn pretexte bien inuenté, ilz leur donnoient à entendre que les affaires de l'autre mōde se demenoient comme celles de cestuy-cy. Lesquelles inuentions, combien que, comme discordantes à nostre religion, soient damnables, si nous sont elles toutesfois comme vn modelle de leur vertu : par lequel ny plus ny moins, que le bon veneur recognoist aux voyes de quelle grādeur est le cerf sans le voir, aussi pouuons-nous aisement apprendre que tous leurs desseins & pensers ne visoient qu'à vn but de guerre. Et neantmoins quel Gaulois eusmes nous onques, qui s'ingera de transmettre à la posterité aucune chose de noz vaillances ? Tant estoit en

nous imprimee l'affection de bien faire
& de rien escrire. Or si ceste mal'heureuse opinion (ennemie de l'immortalité de noz noms) a esté cause que l'honneur de noz bons vieux peres est demouré enseuely dedans le tôbeau d'oubliance, vrayement encores faut-il qu'auecques eux ie deplore la fortune de ceux qui leur succederent. Car estant nostre Gaule tombee és mains de ces braues François, qui par succession de temps se naturaliserent en ce pays comme legitimes Gaulois, il seroit impossible de conter les haultes cheualeries, qu'ilz meirent à fin. Ce neantmoins tout ainsi que premierement les Druydes, aussi de mesme exemple, les moynes prenans pour quelque temps entre-nous la charge des sciences (selon la portee des saisons) bienque non si ialoux du bien de la posterité que les aultres, reduisirent veritablement les faicts & gestes de noz Roys par memoires, mais auec telle sobrieté, que vous trouuerez leurs grâdes & excessiues histoires se raporter plus à leurs religions & monasteres, qu'à la deduction du subiect qu'ilz promettent au front de leurs liures: & outreplus, si maigrement, qu'il semble qu'ils n'ayét voulu

toucher qu'à l'escorce. Car qui est celuy d'eux tous (i'en mets hors de ligne vn, & encores peut estre vn autre, mais c'est trop) entre vne infinité qu'ils sont, qui ait iamais entreprins de nous armer vn Roy de hault appareil : c'est à dire, qui se soit amusé à nous deduire de fonds en comble les deliberations & conseils, raconter auecques paroles de choix la poursuitte, & comme si nous y eussions esté en personnes representer deuant les yeux l'issue de ses entreprinses ? Et comme toute histoire bien digeree consiste principalement en deux poincts, dõt l'vn regarde la guerre : & l'autre, l'ordre d'vne paix : qui est celuy (ie n'en excepteray aucun) qui, apres auoir quelque peu sauté sur les guerres, nous ait iamais discouru le faict de nostre police ? à fin ce pendant que, comme trop partial, ie ne remarque en la plus part d'eux, vn fil de langage mal tissu, vne liaison mal couzue, vn certain deffaut d'entregent, & à peu dire, vn tout qui ressent son remeugle. De maniere qu'il semble qu'il seroit requis qu'vn bon Prince, tout ainsi qu'il entretient à sa soulde Capitaines & gens d'eslite pour la protection de soy & de son pays, aussi, afin que ses faicts ne tombaffent en l'ingratitude des ans, eut à fes gages hiftoriographes aguerriz & aux armes, & aux bonnes lettres: mais moyennant qu'il fe peut faire, que ceux, qui toucheroient telz gages d'vne main, n'engageaffent par cefte obligation l'autre main pluftoft à deguifer par flaterie fes faicts, qu'à defcouurir fes veritez. Car ie ne fçay comment ces fallaires fubornét le plus du temps noz efprits, ou transportent noz affections. Mais que peut-il chaloir au bon Prince (car ainfi l'ay ie fouhaité) que l'on cognoiffe fes veritez: Veu qu'il fe doit affeurer que, tout ainfi que nature l'a conftitué au plus haut degré de préeminence que tous les auttes, auffi l'a elle eftably comme deffus vn hault theatre, pour feruir d'exemple à fes fuiects. Lefquels par naturel inftinct ont la veuë tellement fichée en luy, que comme s'ils euffent yeux perçans à iour les parois, entendent mefmes le plus du temps les plus petites particularitez de leur Prince, & celles qu'il penfe tenir plus cachees. Et certes ny plus ny moins que le bõ Prince deut fouhaiter auoir gens gagez pour l'embelliffement de fes faicts: au rebours celuy que nature a procrée, pour n'eftre qu'vn espouuentail à son peuple, s'il se remiroit quelquefois, deut grandement redouter de se voir peinct de toutes pieces, & donner argent pour se taire, à ceux qui ont l'esprit & la plume à commandement. Si ne sont à present les Princes (grac à Dieu) en ceste peine, vn chacun choisissant plus tost autre party, que l'histoire. Et de ma part cognoissant le danger qui escherroit, ou de la reputation & honneur, ou de la personne, à celuy qui voudroit entreprendre d'escrire vne histoire moderne: de l'honneur à moins, de la personne à tout mettre (car estant l'histoire sans moyen, il n'y a pas moins de reproche à taire vne verité, qu'à falsifier vn mensonge) i'ay voulu prendre pour mon partage les anciennetez de la France. Chose encor que par quelques vns de fois à autres touchee, non toutesfois tout au long couchee par escrit, ny de tel fil que ie me delibere. Et pour autant que ie voy qu'en ce subiect il y va de double recherche, ou des choses, ou des parolles: & que pour le regard des choses l'on doit premierement ietter l'œil sur les vieux Gaulois, puis sur les François, auant qu'ilz fussent chrestiennez,

& finablement apres qu'ilz furent reconciliez à Dieu par le sainct caractere de Baptesme, qui a esté depuis le temps de Clouys iusques à nous. i'ay voué ce mien premier Liure en passant, pour quelques discours des Gaulois, & aussi de l'habitation des premiers François, ensemble de quelques autres peuples qui nous touchent, que nous ne recognoissons (par maniere de dire) qu'à tatons : mon second, à la deduction de la commune police, qui a esté diuersement obseruee selon les temps és choses seculieres : le tiers, pour la discipline Ecclesiastique & priuileges de nostre Eglise gallicane : le quatriesme, à quelques anciennetez, qui ne concernent tant l'estat du public, que des personnes priuees : & le cinquiesme, en la commemoration de quelques notables exemples, que ie voy ou n'estre deduites par le commun de noz Croniqueurs, ou passees si legerement qu'elles sont à plusieurs incognues : Et pour le regart du sixiesme, ie me suis reserué à l'explication de quelques prouerbes antiques, qui ont en vogue iusques à nous : estendant quelquefois mes propos, mesme à l'origine & vsage de quelques parolles, de marque. En quoy si ie ne satisfais à tous, si me say-ie fort pour le moins (auec le peu de iugement que i'y ay adiousté du mien) auoir mes autheurs pour garends : & autheurs, qui ont esté assez prochains des saisons, sur lesquelles ie pretend de les alleguer. Ce neantmoins tout ainsi qu'és grandes entreprinses on a ordinairement de coustume enuoyer quelques auant-coureurs pour descouurir le pays: aussi estāt ce mien dessein d'assez grande importance, ie me suis aduisé de hazarder ce premier Liure deuant, pour recognoistre les François, Bourguignons, Gots, & autres peuples, qui se logerent en ce pays. Car encor que les autres Liures soient grandement aduancez, si ne suis ie pas tant assotté de mes œuures, que par vne precipitation trop legere ie les vueille rendre auortons, ains me propose, & en cestuy, & aux autres, comme le bon Arithmeticien, adiouster, deduire, & multiplier selon que le temps me donnera de iour à autre plus grand loisir & conseil. Hazardant ce tempspendant cestuy-cy, à la charge que, si la fortune ne luy est d'entree fauorable, le tenir pour enfant perdu, sans en mener pourtant grand dueil, tant pour me contenter d'auoir bien voulu à ma France, que pour estre aussi trop certain, que auec le naïf, que quelques vns ont desiré aux œuures que nous escriuons, il y a (comme en toutes autres choses) heur ou mal'heur: estant le hazard du temps, comme l'aueugle és blanques, distributeur des benefices que reçoiuent les liures, & non le plus souuent leur valeur.

⁎

Que Iules Cesar n'eut les Gaulois en opinion de Barbares, & que l'occasion de ce vint de leur ancienne police, ensemble de ce que quelques autheurs Italiens nous veulent blasonner de ce tiltre.

⁎

CHAP. II.

Ie ne puis quelquefois, qu'à iuste occasion ie ne me rie de la plus part de noz modernes Italiens, esquels se pensent auäger grandement en reutation enuers toutes autres côtrees, lors que faisans mentiõ des guerres que nous auons euës contre eux, ilz nous appellét Barbares. Entre ceux-cy Paule Ioue n'y a vsé d'aucune espargne, côme celuy qui en cômun propos se vantoit n'auoir en si grande recômandation la verité historiale, qu'il ne fist plus grand compte de la gloire de son pays, neantmoins côme celuy qui a sa plume exposee à qui plus luy donne, quand il entre aux termes du Roy François premier, duquel il auoit pensiõ, vous recognoistrez à l'œil qu'il cômence d'atrépez son stile & de flatter nostre France. De mesme façon a voulu vser vn autre non vrayement de telle marque, mais toutefois authorisé enuers le commun populaire. Cestuy dont ie parle, est Crinit, lequel à chasque propos péseroit auoir faict corvee, lors qu'il met le nom des Gaulois en auant, si d'vne mesme suite il ne l'accompagnoit d'vn surnom
ou de

ou de lourdaut, ou de Barbare, s'eſtant tellemét eſgaré en tels tiltres, qu'en quelque
lieu entre autres faiſant mention de la bra
ue reſponce que les Ambaſſadeurs de Gau
le feirent iadis à Alexandre le grand, quād
il leur demanda quelle choſe ilz redou-
roient le plus en ce monde, eſtimant que
par leur reſponſe ilz deuſſent raporter ce
ſte crainte à la ſeule grandeur de luy: Ces
Gaulois (dit ceſt Italien) comme ceux
qui de leur nature ſont lourds, eſcornans
l'outrecuidée preſumption d'Alexandre,
reſpondirent ſeulement, qu'ilz craignoi-
ent que ceſte grande voulte du Ciel tom-
baſt ſur leurs teſtes. Voyez ie vous pry
comme ce ſot nous appelle ſots en vne
reſponſe ſi braue, & par laquelle nous
pouuons deſcouurir ie ne ſçay quoy de la
prouëſſe & magnanimité de noz anceſtres. Tellement que luy, qui en c'eſt endroict nous impute ceſte parole à lourdi-
ſe, eſt toutefois contrainct confeſſer que
par icelle ſe trouua ce ieune Roy de Macedone tout confus. Certes ſi vous liſez
en Ioue, vous trouuerez le plus du temps
toutes noz victoires telement abaſtar-
dies, qu'il ſemble à l'ouir parler, que toutes & quantesfois que la honte eſt tom-

B

bée sur son pays, il n'y ait rien de nostre
bonne conduicte, ains seulement ou de
la fortune, ou du temps. Abaissant luy
& tous ses semblables en tout & par tout,
& noz victoires, & noz façons, tant anciennes que presentes, combien qu'il n'y
ait aucune comparaison des partialitez
& diuisions d'Italie, à la commune v-
nion de nostre France : mais induicts (ce
crois ie) à ce faire pour estre dicts imi-
tateurs des anciens Romains, qui estimerent en leur commun langage toutes autres nations Barbares, fors la Gregeoise & la leur : Et aussi pour mieux representer vn Tite Liue, lequel par animosité peculiere semble s'estre du tout
destiné à vilipender la memoire de noz
Gaulois. En quoy combien que Iules Cesar n'ait du tout forligné de ses contem-
porains, toutefois comme celuy qui n'en
parloit par aduis de païs, ains qui par longue vsance & frequentation congnois-
soit leur ordre & police, se trouue auoir
plus de respect, que tous les autres. Et de
faict, du peu que i'ay obserué le lisant
ie ne trouue que ce mot de Barbare luy
soit eschappé de la plume à l'endroit de
nous, hors mis en deux lieux : l'vn quand

Crasse, Lieutenant de luy ayant prins au pays d'Aquitaine vne ville qu'il nomme Sontiac voulant donner contre quelques autres peuples de frontiere & esloignez pour l'assiete de leur region, de la cour-,, toysie de la Gaule : Adonc (dit-il) ces ,, Barbares estonnez, luy enuoyerent de ,, toutes pars Ambassades. L'autre, au cinquiesme Liure, auquel lieu plus forcé de colere que de raison, pour les noualitez qui de iour à autre se brassoient encontre luy pour la recousse de la commune liberté, il nous appelle Barbares, nous ayant en tous autres passages reputez de conditions ciuilizées le possible. Et si quelqu'vn, peut estre, vouloit attribuer cela, d'autant que c'estoit la grandeur de Cesar de ne tomber en opinion enuers les siens d'auoir deffaict gens Barbares, certainement il s'abuse grandement : Car quand il s'achemina à la cōqueste de ceux de la grande Bretaigne, où la fortune luy fut aussi fauorable comme en la Gaule, pour le nompris en quoy il auoit leur maniere de faire, il les appelle à chasque bout de champ gens Barbares, ne d'aignant les caresser de plus honorable titre. Mesmement apres qu'au cinquies-

me liure il a deduit le commun eſtat des Gaules, adiouſtant celles de la Germanie au pied quaſi par vne antitheſe & contre dicte : Les Germains (dit il) ſont du
,, tout differens de telles façons de faire.
,, Car ilz n'ont ny Druydes qui ayent la
,, charge des choſes diuines, ny ne ſont ſou-
,, cieux de tant de religions. Et ainſi dedui-
,, ſant leurs façons au parangon des no-
ſtres, monſtre de combien ilz eſtoient rudes & mal façonnez au regard de nous. Et à ceſte occaſion parlant des nations limitrophes & attenâtes à la noſtre, ſe trouuera qu'apres auoir parlé des Sueues aſſis au terrouër d'Alemagne, Non loing
,, d'eux (faict il) eſtoient les Vbiens, re-
,, publique de nom, & floriſſante ſelon la
,, portee du pays, voire quelque peu d'a-
,, uantage mieux polie que tout le ſurplus
,, d'Alemagne, par ce qu'ilz confinent au
,, Rhin. Au moyen dequoy pluſieurs mar-
,, chans trafiquent auec eux, meſmes pour
,, la proximité des lieux, ilz ſe conforment
,, en quelques traicts aux couſtumes de la
,, Gaule. Et en autre endroict faiſant la
,, deſcription ou topographie de la grand Bretaigne, il dit que ceux, qui reſſeioient en la ville de Cantium, eſtoient les

mieux appris du pays, pour autant qu'elle
estoit maritime & approchant des mœurs
& façons du Gaulois. De sorte que l'on
peut par la cognoistre en quelle reuerêce
estoient les manieres de faire de noz Gaulois à lendroit des nations prochaines, &
mesmement enuers ce grand Iules Cesar.
Et vrayement à bonne raison: par ce que,
qui considerera de pres leur ancienne police, il trouuera vn pays merueilleusemét
bien ordonné. Car combien que la Gaule
fust bigarree en factions, & puissances,
comme nous voyons maintenant l'Italie
(qui fut veritablement le premier default
de leur republique, & pour lequel finablement ilz ruinerent) toutesfois en ceste varieté d'opinions fondées pour leur grandeur, si auoient ilz vne iustice generale
par laquelle estoit rendu le droict à vn
chacun particulier. Chose qu'il est facile
tirer de Cesar au lieu où, apres auoir discouru tant sur la republique des Heduens
que sur celle des Auuergnacs & Sequanois, lesquelles se guerroioiét sans entre-
cesse: venant subsecutiuement à discourir sur la religion des Druydes. Il exer-
cent (dit il) la iustice, & si quelque person- „
nage de priuee condition, ou mesmement „

„ aucun peuple n'obeiſt à leurs decrets: en
„ ce cas, ilz l'excõmunient, eſtãt ceſte peine
„ enuers eux fort redoutee. Car ceux, qui
„ encourent telles cenſures, ſont reputez à
„ meſchans, & fuiz du reſte du peuple, à fin
„ que par ceſte conuerſatiõ il n'en demeure
„ contaminé & infect comme eux. Et qui
„ plus eſt, leur eſt deniee toute audience de
„ iuſtice. Et peu apres: Ces Druydes s'aſſem-
„ blent annuellemẽt ſur les limites du Char
„ train (qui eſt vne regiõ qui tient le milieu
„ de la Gaule) & là ſiegent en certain lieu
„ ſacré, faiſans droict vniuerſellement aux
„ Gaulois, leſquels ſe ferment à leurs ſen-
„ tences, comme à arreſts. A la verité qui
voudra épelucher ce propos, il ſemblera
que Ceſar ſe contreuienne. Car comme
n'agueres ie diſois, il maintient que la
Gaule eſtoit reduite en deux principales
factions, qui ſe faiſoient iournelle guerre:
& maintenant cõme s'ils euſſent tous eſté
concordz, il dit que les Druydes s'aſſem-
bloient en lieu, deſtiné pour ſentencier
ſur chacun. Que veulent donc enſeigner
tels propos? non autre choſe, ſinon, combien eurent ces Gaulois en recommandation le faict de la iuſtice. Veu qu'entre
leurs communes diuiſions, iuſtice toutes-

fois auoit cours, & qu'ils auoient gens choisis sous la puissance desquels nonobstant les debats de leurs primautez, ilz soufmettoiét les negoces des particuliers. Car pour le regard des affaires de plus grande importance & qui concernoient l'vniuersel de la Gaule (apres qu'ils s'estoient longuemét embrouillez des guerres, reuenans par vn commun consentemét chasque republique à soy) elles se vuidoient ordinairement par diettes. Esquelles s'il estoit question de quelque grand personnage qui eut conspiré contre la liberté du public, ou aspiré à la tyrannie de sa republique, par la sentence des estats il souffroit condamnation de mort, bannissement, ou telle reparation que l'on trouuoit bonne de faire. En quoy ils auoient vne telle foy l'vn à l'autre, que combien que les Heduens & Sequanois eussent vne perpetuelle ialousie de leur grandeur ensemblement, toutesfois Ariouist (extraict de la Germanie) ayant enuahy sur les Sequanois quelque partie de son territoire, encores en feirent les Heduens en vne assemblée leur complainéte, appellás Cesar en leur aide, mesmes en faueur de leurs ennemis: laquelle coustume fut souuent pratiquée par Cesar aux grands affaires, bien qu'il se fust empieté de la Gaule. D'autant que sur son premier aduenement il ne vouloit du tout effacer (craignant les rebellions) les anciennes franchises & libertez des Gaulois. Ainsi voyōs nous que luy reuenant du degast du Liege encōtre Ambiorich, fit signifier vne telle façon de diette à Reims, ou il fut traicté entre autres choses des rebelliōs de ceux de Chartres, & de Sens, & fut specialement recherché vn nommé Acon, qui auoit procuré auec ses complices, la mort au Roy de Chartres. Pour lesquelles choses ayant esté declaré atteint & conuaincu de ce crime, en fut prins tel exemple, que portoit l'anciēne vsance de Gaule. Et en l'absence de Cesar s'en trouuent deux memorables: L'vne, quand Induciomare, tenant les premieres parties entre les Treuires, voulant tailler nouuelle besongne à Cesar, & ayant intelligence auec le Chartrain, Tournaisin & quelques autres, feit faire vne iournée: par laquelle entre autres capitulations fut declaré Cingethorich son concurrent en grandeur, & partizan des Romains, ennemy de la Republique, & ses biens acquis & confisquez à icelle. L'autre qui est memorable, quand sous la conduite de Versingethorich, toutes les Gaules se rebellerent, en laquelle diette fut conclud quant, & combien de gendarmes chasque republique soudoieroit à ses despens. Qui monstre quelle foy toutes les villes auoient l'vne à l'autre parmy leurs riottes & dissensions. Car cõbien que pour la préeminence ils se feissent souuét guerres, si est-ce qu'au relasche d'icelles, ils auoiét telles iournees & diettes de reserue, principalement pour se fortifier & garantir des estrangers. Toutes lesquelles choses mises ensemble nous seruent d'assez ample leçon pour nous enseigner qu'il n'y auoit rien lors en la Gaule, qui sentit son esprit grossier ou Barbare. Car & les censures des Druydes entre nous autres Chrestiens encores s'obseruent auiourd'huy. Et à l'exemple des Druydes qui s'asembloient tous les ans, en certains lieux pour quelque temps, pour rendre droict aux parties, auons nous presque introduicts en noz parlemens les grands iours, cõbien quil y ait quelque diuersité, cõme il est impossible que toutes choses anciennes se rapportent d'vn droict fil aux modernes. Et de la mesme façon que la

Gaule s'entretenoit iadis par diettes, voyons nous maintenant l'Alemagne maintenir en grandeur son Empire. Non que ie vueille dire que d'eux, n'y l'Alemagne, ny nous qui sommes Chrestiens, ayons emprunté telles coustumes: mais ie veux cóclure puis que, par les deux poincts qui entretiennent auiourd'huy vne grand partie des monarchies de l'Europe, noz vieux Gaulois se maintenoient deslors en honneur, qu'il n'y auoit rien en eux qui ne partist de bon esprit à l'entretenement de leur commune police. Et si de ce general ordre nous voulons entrer aux particularitez, voyez ie vous suppl y, l'estat des Heduens, de ce que nous en pouuós extraire, & apprendre du mesme Cesar, bien qu'à la trauerse &, peut estre, sans y péser il nous en ait donné les memoires. Car apres qu'il fut venu à chef de la ville d'Auaric en Berry, luy vindrent (dit-il) ambassades de la
,, part des Heduens pour le prier humble-
,, ment qu'il luy pleust prendre la cause de
,, leur republique en main: allans leurs af-
,, faires en grand desaroy. Pour autant que
,, combien qu'anciennement leur souuerain
,, magistrat, & qui auoit mesme prerogati-
,, ue qu'vn Roy, fut esleu seul d'an à autre,

toutefois y en auoit deux qui s'ingeroient
au maniment de cest estat: soustenant chacun deux en son endroict estre le vray. En
sorte que la republique estoit toute en armes, & le Senat & le peuple partializez en
brigues, au grand dommage du public, si
les choses prenoient longue traitte. Au
moyen dequoy Cesar (ainsi qu'il recite)
combien qu'il luy fut fort fascheux laisser
ses propres affaires, & ennemis en arriere, ce neantmoins pesant la consequence
de ses nouuelles, & desirant y obuier: aussi
qu'il estoit acertené que de toute ancienne loy, en ceste republique ceux qui e-
stoient cõmis à l'exercice de tel estat, pendant l'an de leur magistrat, leur estoit pro-
hibé de sortir hors de leurs limites : pour
ne vouloir estre veu enfraindre ceste ancienne coustume, ains entretenir ces citoyens en leurs droits & libertez, luy mesmes se transporta sur les lieux, faisant venir par deuers soy le Senat, & les deux dõt
estoit questiõ. Auquel lieu ayãt esté informé par quelques vns sous main, que Cotte
vn des pretendans auoit esté crée en tẽps
& lieu indeu, & mesmement par son frere
qui l'an au párauant auoit exercé cest
estat: nonobstant que les loix deffendis-

» sent que deux d'vne mesme famille peuſ-
» ſent adminiſtrer aucun office qui auroit
» eſté exercé par vn ſien parent, iuſques a-
» pres la mort de luy, & interdiſſent meſ-
» mement à deux d'vne parentelle l'entrée
» du Senat : à ceſte occaſion Ceſar ordonna
» que Cotte reſigneroit tout le droit qu'il
» pouuoit pretendre, en faueur de Conui-
» ctolitane, qui auoit eſté crée par les pre-
» ſtres, ſuiuant l'vſance ancienne. En effect
» voila que Ceſar dit en paſſant. Mais que
» tirons nous de cecy? En premier lieu, que
entre les Heduens, le Roy eſtoit ſans plus
annuel. En ſecond lieu, qu'il ne luy eſtoit
loiſible, pendant ſon magiſtrat, vuider les
fins du pays. Tiercement, que d'vn paren-
tage deux ne pouuoient eſtre Senateurs.
Et finablement, que les preſtres, qui par
commune renommée deuoyent eſtre plus
religieux & fideles, eſtoient commis pour
l'election de ceux qui eſtoient appellez à
ceſt eſtat. Quoy? quels moyens y a il plus
ſouuerains pour exterminer & bánir toute tyrannie que ceux cy? Deſquels le premier fut pratiqué en la republique de Rome: le ſecond par la ſeigneurie de Veniſe :
le tiers, par noz vieilles & plus eſtroites

ordonnances: & le quart , par les grands Roys, & Empereurs qui demandent, voire affectent religieusement (pour la conseruation de leurs estats)le sacre & couronement de l'Eglise. Ie veux donc conclure par cecy, qu'il n'y eut onques defaut de police bien ordonnée entre noz anciés Gaulois, ny consequemment occasion pour laquelle ilz deussent du Romain encourir le nom de Barbares. Car s'il nous faut passer plus bas, & descendre au temps que les François s'impatronizerent de ceste Gaule iusques à nous, ie voudrois volontiers sçauoir , qui esmeut noz nouueaux autheurs d'Italie (i'entés depuis trois cés ans ença) à nous blasonner de tel tiltre. Premieremét si nous côsideróns noz vieux Frãçois, lesquelz tous frais esmolus passerent de la Germanie en la Gaule, bié qu'ils n'eussent occasion d'estre de telle trempe que leurs successeurs, au moyé des perpetuelles guerres esquelles ils estoient seulemét nourris: Si est-ce qu'vn Procope, & apres luy Agathie, qui toucherét presque à leur aage, leur dónent sur toutes autres natiõs qui passerent d'oultre le Rhin, louange de ciuilité & iustice. A laquelle mesmement l'vn d'entre eux attribue autãt la cause de leurs grandes victoires, comme à leurs propres forces & armes, en quoy toutesfois ils furent de leurs temps vniques. Et me souuient entre autres lieux qu'Agathie deplorant l'estat de Marseille, laquelle ville au parauant adonnée aux lettres Grecques, estoit tombee sous la puissance des François (qu'il nomme en ce lieu là Germains, comme faict en quelque autre passage Procope) est neantmoins en fin finale contrainct confesser qu'elle n'estoit digne de telle commiseratiō que l'on eust bien dict : attendu que les François n'estoient gens agrestes, comme plusieurs nations Barbares, ains ciuilizez & poliz, selō les coustumes Romaines, ausquelles ils se conformoient non seulement és nopces, festins, & autres grandes assemblees, mais aussi en regimes ou medecines, pour la conseruation, ou recouurement de leur santé. Et si de ces bons vieux peres François il nous plaist venir à la cōmune police que de main en main nous obseruons depuis cinq ou six cens ans en ça : ie m'asseure que l'on trouuera l'Italie n'estre que vne chose diuisée en partialitez & discordes, sans aucune asseurance de bon ordre. Et au rebours, nostre France estre reiglee par vne monarchie appuyee de si bon conseil, qu'encores qu'il y ait quelques deffauts (comme le commun cours de nature n'est iamais sans) toutefois si voit-on qu'il fault qu'il y ait vne grande conduite, puis que depuis vnze ou douze cens ans, l'estat de noz princes s'est perpetué iusques à nous. Lesquelles choses ne monstrent aucune demonstration de Barbarie: si, peut-estre nous ne voulons nommer Barbares les nations, qui ont chastié l'Italie pendāt qu'elle aneantie & reduicte en vn perpetuel nonchaloir, n'auoit pour son subiect autre chose, que les delices & voluptez. Car en ceste mesme façon voyōs nous que le commun d'vne opinion esuolee deteste ordinairement la nation des Gots, comme gens grossiers & mal apris, pour autant qu'ilz ruinerent quelquefois Rome, iadis chef de tout l'vniuers. Combien que qui voudroit raconter leur histoire de point en point, on trouueroit que lors de leur venue, l'Italie estoit trop plus desnuee d'vne commune ciuilité. Et que ainsi soit, lequel se monstra plus Barbare, ou le Romain, lequel, ayant donné sa foy & sauf-conduit à Alarich, Roy des Visegots pour passer au pays d'Aquitaine, ce neātmoins par gens interposez luy fit liurer l'assaut le propre iour de Pasques, pour le prendre à l'impourueu: ou Alaric, qui, pour reparer ceste iniure, meit puis apres Romme à feu & à sang? Certes ie croy qu'on trouuera que le Romain auoit vsé contre tout droit de gent & nature, & ouuré vn tour de barbare. Et au contraire, qu'Alaric, semonds d'vne iuste vengeance auoit pratiqué ce que tout noble cœur ne sçauroit passer par dissimulation. Au demourant, qui voudra sans passion considerer la monarchie que tint Theodoric Roy des Ostrogots, sur l'Italie, il cognoistra vn prince debônaire au possible, & aduisé au profit de soy & de son peuple, trop plus que les Exarques & Ducs, qui depuis souz la puissance de l'Empire cômencerent à prédre ply en Italie, les Gots en estans expulsez. Tellement que par ces exemples on peut voir que ce que plusieurs autheurs d'Italie ont mis ce mot de Barbare en œuure au conténement de nous autres, ou des estrangers, ce a seulement esté pour penser véger par leurs escrits & traits de plume, noz braues traits d'armes & prouesses: & attenuer les victoires que nous auons sur eux gaignées. Aussi à peine qu'on trouue ue que l'Italie, depuis le declī de l'Empire c'eſt à dire, depuis huict ou neuf cens ans en ça, eſtant foulée des eſtrangers, ait eſté remiſe ſus, que par noſtre moyen : ny que l'opinion de ſa grandeur ait bien eſté rabatue, que ſemblablement de noz verges. En quoy combien que nous n'ayons touſiours eu vent en pouppe, auſſi le plus du temps en auons nous rapporté telles deſpouilles, que iamais ne ſera que les Italiens ne nous en redoutent, & par meſme moyen n'implorēt en leurs aduerſitez noſtre ayde. Et au cōtraire, ne trouuerez que depuis Charlemaigne, ny long temps au parauāt ils ayent vſé d'aucun acte de brauerie en noſtre endroict, mais connillans ſelon les temps & occaſions, tantoſt s'en ſont ſouſmis à noſtre deuotion, tātoſt ſ'en ſont diſpenſez, non toutesfois ſans opiniō de retour. Toutes choſes par moy deduictes par maniere d'auāt-ieu, non point que par icelles i'entende deprimer en aucune façon l'Italien, mais auſſi afin qu'il entende que nous ne ſommes à luy inferieurs, ny en police & bonnes mœurs, ny en bonne conduicte de guerre, ſoit que nous aduiſions l'ancienne Gaule, ou noſtre nouuelle France.

C

I. LIVRE DES
Cōbien le nom Gaulois s'amplifia anciēnement: & cōtre les calomnies de quélques autheurs, qui, sous leur faux dōné à entendre, voulurēt obscurcir noz victoires.

CHAP. III.

SVr tous les peuples qui se sont adonnez à courir l'vniuers, l'on en peut à mon iugement, remarquer trois de grande recommandation: entre lesquels, faut donner le plus ancien lieu aux Gaulois, le second aux Germains, & le tiers aux Sarrazins. D'autant que les premiers, auant que Rome eust attaint au grand degré de souueraineté, les seconds sur la fin de l'Empire d'Italie, & les derniers, celuy de Constantinople, commençant à tomber en ruïne, donnerent tant d'espreuues de leurs vaillantises, qu'il y eut peu de contrées, desquelles, selon la varieté du temps ilz ne goustassent. Et vrayemēt quant à noz Gaulois, il fut vne saison qu'ils establirent en tant de regions leurs conquestes, que pour ceste occasion plusieurs gens appellerent indifferemmēt l'Europe souz le nõ de Celte ou Gaulois qui se rapportent l'vn à l'autre. Qui fut cause que Iosephe Iuif, pensant subtilizer contre Appion le Grammairien, vouluſt improperer aux historiographes Gregeois vne ignorance du faict des Gaules : pour autant qu'indifferemment ils comprenoient plusieurs nations souz leur nom, qui n'estoiét de leur originelle enceincte. Mais nõ toutesfois s'auisant que luy mesmes en c'est endroit s'abusoit. Parce qu'en la plus part de toutes les contrées de l'Europe les Gaulois auoient euës victoires, & bien souuent auecques leurs victoires plantez leurs noms. Ainsi tesmoigne Cesar qu'ils auoient anciennement occupez plusieurs enuirons de la grand Bretaigne. Et d'auātage il atteste qu'ilz ficherét aussi leur demeure dans la Germanie vers la coste de la forest Hercinienne. Et nõ contens de ce pays, continuerent leurs conqueſtes iusques en la Scytie (comme en font foy les Celtoscythes) & aux Hespaignes, ainsi que nous pouuons tirer dès Celtiberes, peuples, au rapport de Plutarque, extraicts du vieil tige des Gaulois. S'eſtans veuz mesmement commander à vne partie d'Italie, de la Grece, & de la Phrigie, Tellement qu'ayant fait sonner leurs victoires en vne Germanie, Scithie, Espaigne grande Bretaigne, Italie, Grece, & Bithinie, il ne faut trouuer trop estrãge, que non seulement les Grecs, mais aussi quelques autres, qui nous attouchoiét de plus pres, confondissent souz ce nom Gaulois les autres peuples qui dépendoient de la grandeur d'eux. Tout ainsi, comme l'on a veu depuis, vne Germanie auoir prins le nom vniuersel de l'Allemaigne (qui auoit ses bornes à part) mais pour la victoire que les Allemans firent quelque fois du reste de la Germanie. Non pourtant que tels autheurs, comme il est à presumer pour telle confusion, n'entendissent le fondz & source de nostre Gaule, mais pource que d'elle, comme d'vne grande palme, s'estoit estendu le branchage parmy toute ceste Europe. Et mesmement que les anciens Gaulois, lors qu'ils auoient cõquesté nouuellement vn pays, estoient coustumiers d'en exterminer de tout point les premiers habitateurs, ou bien leurs permettoient viure souz eux cõme leurs subiets & vassaux, en la maniere que depuis, les mesmes Gaulois esprouuerent par la venue des François. Or entre tant de conquestes s'en trouuét trois principalement, desquelles, (encores que sur toutes memorables) si n'en auons nous instructions, que par les mains de noz ennemis. La premiere est ceste grande expedition, qui fut faite souz Ambigat Roy de Bourges: quãd Bellouese & Sigouese ses neueux prindrent par sort en partage, l'vn le pays de l'Italie, & l'autre celuy de la Germanie : leur succedant leur entreprinse si heureusement, que chacun d'eux sans grand destourbier print terre la part où il auoit proietté. eternisans en chasque pays, par la fondation des villes qu'ilz y bastirent, la memoire des nations qui s'estoient auecques eux acheminées à si nobles voyages. A maniere que les Venitiés mesmes (afin que ie ne m'arreste aux autres peuples d'Italie, qui nous doiuent leur natiuité, desquels Troge Pompée fait assez grande mention, par l'organe de son abbreuiateur Iustin) prindrent leur nom de ceste flotte, c'est à dire, du peuple de Vannes. De laquelle gloire, combien que quelques Italiens (comme Marc Anthoine Sabellic) veulent frustrer nostre Gaule pour la rapporter à quelques Enetiens, peuples forgez à credit, & qu'ils veulét tirer du pays de Paphlagonie, si est-ce que Polibe autheur ancien atteſtoit par le confrontement & rapport des mœurs des Venitiens d'Italie, auec les citoyens de Vannes, qu'ils auoient pris leur ancienne origine de nous. Choſe, à laquelle condeſcend volontairement Strabon. Certes les hiſtoriographes Latins, qui voulurent diſcourir ſur ce voyage, pour obſcurcir quelque peu la louange qu'ils ne nous pouuoient bonnement deſrober, dient que les Gaulois allechez de la doulceur des vins de Italie, dont ils auoient euë certaine information par eſpions, ſe donnerent de plus grande ardeur ce pays en proye: toutesfois, l'on ſçait que tout ainſi que d'vn coſté Bellouese ſ'acconduiſit en Italie, auſſi d'vne autre part Sigoueſe print l'adreſſe de la Germanie, pays pour lors & encores pour le iourd'huy, bien peu cultiué de vignoble. Qui monſtre que ce ne fut vne friandiſe des vins, qui nous feit apprendre le chemin de dela les monts, ains la proximité & confinage des lieux. Parquoy les autres vn peu plus ſobres, & non ſi aduantageux à meſdire, dient que l'occaſion de ce grand deſbord fut pour deſcharger le pays des Gaulois, adoncques trop abondant en peuple. Laquelle opinion, bien quelle ne soit animeuse comme la premiere, si est-ce que qui considerera le cōmun cours de nostre nature, mal-aiseement qu'il trouue que la Gaule doiue iamais auoir esté plus populeuse qu'à present. Car les grands & peuplez pays (comme il est certain) se font ou par la disposition du ciel, comme sont les climats froids & Septentrionnaux, ou par la force des loix, qui pour suppléer au commun defaut du pays, addressent tous leurs priuileges aux mariages, pour inuiter par ce moyen les subiects à multiplier en hōmes, leur patrie: comme furent plusieurs ordonnances des Lacedemoniens, Atheniens, & Romains, & encor' de nostre temps d'auātage, entre les Mahumetistes, qui pour ceste cause permettent à vn seul homme auoir en vne mesme famille plusieurs femmes. Lesquelles deux reigles ayans deffailly en nostre Gaule, ie ne trouue point raison pourquoy nous deuions estimer ces bons peres du vieil temps, plus fecondz en peuples, que quand depuis quatre cens ans en çà auec vne infinité de Chrestiens souz la main de Bouillon & autres Princes nous nous croisames encontre les infideles. Parquoy, à dire le vray, leur vertu, ensemble leurs loi militaires, les acheminerent lors & plusieurs fois depuis à si louables entreprinses. Que si parauenture auiourd'huy se trouuoit estrange qu'à vn amas de gens de guerre noz Roys auec grande difficulté leuent trente ou quarante mil hommes, & que les anciens Gaulois contoient leurs armées par cens & deux cēts milles: vrayement, ie responds que l'occasion de cela procede de la diuersité des polices, l'vne apprenant principalemēt à iouer des cousteaux, & l'autre à manier vne plume: tellement que tout ainsi que noz anciens ne marchoiēt point en champ de bataille que auec vne fourmiliere de peuples, aussi maintenant en contr'eschange noz Roys leueroient plus-tost deux cens mille, suyuans l'estat de la plume, que trente mille hommes de guerre. Qui a esté cause que quelque estranger escriuant dessus Ptolomée, à bon droict nous reproche qu'en ce seul pays de France se trouuēt plus de chiquaneurs & gaste papiers, qu'en vnes Allemagne, Italie, & Espaigne, trois autres grā des regiōs de l'Europe. De laquelle façon de faire combien que les anciens Gaulois ne fussent du tout eslongnez, ayans aussi bien que nous gens deputez à la vuidange des proces, si auoient ilz d'vne autre part, ainsi que ie disois au premier chapitre, cheualiers du tout affectez à la guerre, souz la deuotion desquels de toute ancienne coustume se consacroient diuersement les gens du tiers estat & menu peuple: ne faisans autre conte de mort ou de vie, que celle qui plaisoit au seigneur, souz lequel ilz s'estoient vouez Qui causoit & que la iustice ne demeuroit point en frische, & que les guerres se faisoient auecques si grand nombre de gens, que les Gaulois de leurs propres forces & sans armes auxiliaires subiuguerent toute l'Europe. En ceste façon, pour retourner sur mes arrhes, conquirent ilz la plus grande partie d'Italie, & aussi de la Germanie, souz leurs princes Bellouese & Sigouese. En ceste façon exploicterent ilz leur second voyage, quand les Senonois, ayans passé les monts, meirent pour quelques indignitez qu'ilz receurent des Ambassadeurs des Romains, la ville de Rome à sac: dans laquelle ayás quelques iournées commádé, en furent finablement deiectez tant par defalláce de viures, que par vne surprinse de Camille. En ceste façon souz Belgion, & depuis souz Brénon leurs Capitaines, occuperent ilz vne grande partie de la Grece, & de là passans en la Bythinie que maintenant nous appellons Natolie, fonderét en l'vne & l'autre contrée vn grád Royaume. Lesquelz trois voyages, il me suffit monstrer seulement au doigt, tant pour estre assez amplement couchez par Tite Liue, Iustin, & autres anciens autheurs, que pour en auoir esté la memoire refraichie de nostre temps en liures expressement à ce dediez, par feu de bonne memoire, messire Guillaume de Langey, cheualier, & depuis par Guillaume postel, ausquelz tout hôme studieux pourra auoir son recours. Bien adiousteray-ie apres eux, que le voyage de Rome rendit delà en auant le nom des Gaulois si suspect au peuple Romain, que lors que le moindre bruit s'esleuoit d'vne entreprinse Gauloise, les Romains couroient aux armes comme au feu. Et pour ceste occasion s'estans à leurs propres cousts & despens faicts sages de nostre vertu, eurent tousiours argent peculier & de reserue au thresor public, auquel iamais on ne touchoit, sinon pour subuenir aux fraiz des affaires qui se presentoient contre eux de nostre part. Et d'auantage, aux immunitez & exemptions des guerres, qu'ilz octroyent, ilz estoient coustumiers par clause ordinaire excepter celles, qui s'offriroient du costé des Gaules. Et au regard de la Grece, y ayans assis nostre demeure, on recite que en toutes les grandes entreprinses qui se brassoient au Leuant, les Princes auoient vers nous leurs recours, côme à vn ressort de franchise, soit qu'il feust questiõ de restablir en son trosne vn pauure Roy depossedé, ou de porter confort & aide à quelques peuples desolez. En toutes lesquelles entreprinses combien que par fois nous eussions du bon, par fois du pire (côme sont les armes de leur nature iournalieres) si est-ce que le desastre ne vint iamais en comparaison de nostre heur. Ie sçay bien que quelques historiographes voulurent anciennement soustenir, que tous ceux qui s'estoiét retirez vers la Grece, auoient esté desconfits par la seule puissance de Dieu, au rauage du temple de Delphe: si faut-il bien presumer que la calamité ne fust si grande, veu qu'apres tant de reuolutions d'années, S. Hierosme recognoissoit que le langage des Galathes ou Gallogrecs se côformoit en grãde partie auec celuy des Treuires, peuples situez dās noſtre Gaule Belgique. Au demeurant, entant que touche le Camille tant rechanté par les Romains, & dont à chaſque propos ilz font banniere contre nous, pour quelque victoire qu'il rapporta de nous pendant le ſiege du Capitolle, certes ie croy qu'il leur euſt eſté du tout plus ſeant de s'en taire: pour-autant que, ſi le cōmencement de ceſte guerre, fut entreprins (cōme nous enſeignent leurs propres hiſtoires) pour vn iuſte droict d'eſpée violé par leurs Ambaſſades, encores verra l'on que la fin trouua plus mal'heureuſe iſſue. Car qui eſt celuy, qui ne ſçait que, pendār vne ſurceance d'armes, ie veux dire, lors que par cōmune capitulation des deux parties, les Gaulois eſtoient au conſeil pour ſçauoir s'ilz deuoient leuer le ſiege, pour l'argent qui leur eſtoit offert, ou le continuer: Camille leur vint courir ſus en temps du tout importun & aliene des armes? Laquelle choſe meſmement (afin que ie ne m'ayde d'autre teſmoignage, que de celuy de leurs princes) luy fut puis apres aſſez ſouuēt reprochée en plain Senat par Manle le Capitolin. Et toutesfois quelle qu'ait eſté ceſte roupte, il la faut pluſtoſt imputer à la famine, qui long temps au parauant batailloit contre nous, qu'au capitaine Camille: lequel, à bien dire, estonna plustost nostre armée ia attenuée d'vne longue faim, qu'il ne luy meffeit, quoy que Tite Liue, perpetuel ennemy du nom Gaulois, en vueille dire. Et qu'ainsi soit, Iules Frontin, au liure qu'il nous a laissé par escrit des ruses des guerres, est tesmoing qu'apres ceste deffaicte, les Romains nous donnerent passage par la riuiere du Tibre: fournissans viures & munitions, iusques à ce que nous fussions bien loing eslongnez de leur ville. Qui nous peult asseurer, qu'il y auoit gens assez de nostre costé pour intimider ou escarmoucher les Romains, & que la retraicte, que nous fismes, procedoit plus d'vne disette de victuailles que de victoire de marque qu'ils eussent eüe contre nous. Ie ne doute point qu'il semblera à quelques vns, qui presteront l'œil au present discours, que ie me soye plustost destiné, & en ce chapitre & aux autres deux de deuant, à la louenge ou deffence de noz vieux Gaulois, qu'à vne simple deduction ou narré. Chose que librement ie confesse: n'estant pas grandement soucieux que l'on m'ait en opiniõ de Panegiriste ou Encomiaste, moyennãt que ce que ie dis se rendre conforme au vray : aussi que la necessité m'y semond. Car s'estant l'authorité de quelques autheurs Latins par longue trainée de temps insinuée entre nous, ou, pour mieux dire, affinée, tellement qu'ilz sont reputez veritables: il est fort mal-aisé de desraciner ceste opinion du cõmun, que par vn mesme moyen l'on ne passe les bornes d'vn simple narrateur. En quoy lon ne sçauroit mieux conuaincre telz autheurs, que par ce que nous apprenons d'eux mesmes. D'autant que voulans quelquesfois denigrer noz victoires pour donner lustre aux leurs, ilz ne s'auisent pas qu'ilz se contredient, c'est à dire, qu'ilz veulent donner à entendre d'vn à nostre desauantage : & nenatmoins qui cõnfrontera leurs longs propos piece à piece, il trouuera que ilz monstrent tout le contraire. Et certes c'est vn dire ancien, qui tombe souuent en la bouche du commun peuple, qu'il faut que tous braues menteurs soient gens de bonne memoire, pour se garder de mesprendre.

De ce que l'ancien Romain appelloit les Gaulois legers.

CHAP. IIII.

Lusieurs ont attribué au Gaulois vne inconstance d'esprit, comme si elle luy fut familieres sur toutes autres nations, par vn commandemét du ciel. De ma part, encores que parauenture ie ne vueille du tout bannir ce vice de luy (ne m'estant en ce lieu proposé seulement que ce que la verité me dicte) toutesfois sauf meilleur aduis, il me semble que telz personnages digerent assez cruement cest affaire. Car quelquefois dans Cesar (qui est l'vn de noz premiers parrains pour ce regard) il est aduenu de nous baptizer de ce nom: au contraire Aureliá Empereur (ainsi que recite Vopisque) escriuant au Senat de Rome : Nous auons (disoit il) establyˮ sur les marches de dela le Rhin, lieute-ˮ nant general pour nous, Postume, lequelˮ aussi nous auons esleu Visempereur desˮ Gaules, digne à mon iugement de la seue-ˮ rité du Gaulois, en la presence duquel laˮ maiesté de l'Empire, & le bon droit à cha-ˮ

cun sera gardé. Qui monstre que le iugement de tous n'a pas esté en c'est endroict d'vne mesme façon cóforme. Aussi qui recherchera les choses de pres, certainemét il verra que ceste legiereté improperée au Gaulois, ne luy portoit point tãt d'vn cerueau mal arresté que pour recouurer ceste premiere liberté que Cesar luy auoit emblée: reputant à liberté ou de n'estre souz vne seruitude estrãgiere, ou d'auoir Empereur à sa poste, & qui eust esté faict de sa main. A ceste cause voyez vous bien peu, que ce mesme Cesar nous appelle legiers, que tout d'vne suitte il ne die, & dónez à choses nouuelles & mutations. Et semblablemét Trebelle Polliõ, parlãt de la legereté Gauloise, adiouste par mesme moyé, vne enuie qui nous suyuoit cõtinuellemét, cõme fait l'õbre le corps, de n'obeir à l'Empire: tellemét qu'encor que pour n'estre les plus fors noz entreprinses ne ressortissent à bõ effect, ce neãtmoins aux premieres offres de mutatiõs tousiours nous esbrãlasmes nous cõtre la puissance du Senat Romain. Posé le cas q̃ pour nous alecher & induire plus facilemét à leur obeïr, Iules Cesar, cõme recite Suetone, & à son exemple quelques autres Empereurs, cõme dit Ta-
te,

cité, dõnassent à plusieurs Gaulois seáce au Senat de Rome. Ainsi lisons-nous q̃ Tibere pour quelque tẽps gouuerneur des Gaules souz Auguste (car ie ne me veux amuser aux reuoltes qui se feirent souz Cesar) se trouua assez empesché à reduire ceste prouince en bon train, pour les diuorces qui y sourdoiẽt cõtre l'Empire par les factiõs des potẽtats. Et peu de tẽps apres, Sacrouir s'y voulut nõmer Empereur. cõme du tẽps de Neron, Vindex: dessouz Seuere, Albin: souz Galié, Postume, Marie, & Victorin: Tetrique, souz Aureliã: Saturnin & Procule, souz Probe : Mãxãce & Siluain, du tẽps de Constance: & finablement souz l'Empire d'Arcade & Honoré Cõstãtin & son fils qui fut nõ loing auparauãt le regne & dominatiõ des Frãçois. De maniere que la Gaule par les Romains subiuguee, seruit d'vn perpetuel pẽsemẽt à celuy qui estoit reuestu du droit d'Empire par le Senat, pour destorner de luy les embusches de oysiueté. Tãt estoiẽt les Gaulois acharnez au recouurement de leur liberté : estimãs (ainsi q̃ maintenãt ie disois, & cõme font ordinairemẽt tous peuples) estre libres s'ilz auoiẽt prince par eux instalé dã leurs pays: ou pour le moins auoir plus

D

facile accez, & reſſource à leur pretendu[e]
liberté, ſi par leur moyen les cartes eſtoi[ent]
touſiours brouillées. Et me ſouuiét ſur c[e]
meſme propos, que Ceſar en quelque pa[ſ]
ſage, attribuant à vne legiereté d'eſprit le[s]
rebellions que nous braſſions contre lu[y]
en ce nouuel enuahiſſement de prouince[s]
eſt contrainct en paſſant de dire, qu'ent[re]
les autres occaſiós de noz reuoltes, la pri[n]
cipale venoit de ce qu'il nous eſtoit fa[ſ]
cheux de perdre auec noſtre liberté la re[
putation que nous auions acquiſe par pl[u]
ſieurs ſiecles de noſtre vaillantiſe & prou[
eſſe. Choſe, qui aduint meſmemét de di[re]
à Caton (à fin que parauéture on ne pen[ſe]
que Ceſar ſe vueille dóner trop beau ic[y])
en vne harágue qu'il feit au Senat recité[e]
par Saluſte, où il dict que les Grecs en ſci[en]
ce, les Gaulois au faict des armes & hau[te]
cheualerie eſtoient eſtimez emporter l[e]
deſſus de toutes autres nations. Au moy[en]
dequoy ne faut trouuer eſtráge, ſi les Ga[u]
lois, ſe reſſentans de leur ancién e genero[
ſité, braſſoient touſiours nouuelle algara[
de, cóme nous pourrions maintenant di[re]
de l'Italie. Laquelle choſe ne venát à bo[n]
ne yſſue, furent pour ceſte occaſion repr[u]
tez du populaire Romain legers.

Qui furent les defaux des Gaulois, au moyen desquels les Romains s'emparerẽt principalement des Gaules.

CHAP. V.

CEux, qui discourent sur le faict de l'art militaire, tombent tous de cest auis, que il se faut songneusement dõner garde de prẽdre tel aide de vostre voisin, que pendant que vous pensez combatre vostre ennemy par son moyen, finablement ayant cheuy de l'ennemy, ceste aide ne retourne à vostre dommage. Parquoy sont les plus sages capitaines d'opinion, que iamais nous ne prenions confort des armes auxiliaires, que les nostres ne soyent tousiours les plus fortes, pour tenir par ce moyen l'estranger en bride, duquel il faut craindre la queuë. Mais quant à moy, pour euiter tout esclandre, ie pése que le meilleur seroit aguerrir de telle façon les siés, que iamais lõ ne se trouuast auoir affaire de l'estrãger. Car encores que vous secourãt il soit pour vn téps le pl⁹ foible, si est-ce que pédãt ce voiage, il espie les chemins de vostre païs, recognoist les forteresses ou pla-

D ij

ces de petite tenuë, discourt à l'œil les endroits par où elles sont plus prenables, gouste la fertilité de vostre pays, & la nature de voz subiects sans dãger, qui luy dõne puis apres sur accés d'inuader en vostre desarroy vostre Royaume, selon ce que son appoint se presente. Si Pierre, dit l'Hermite, ne fut allé au Leuant sous pretexte de pelerinage, il n'eust iamais ouuert aux Princes Chrestiens les moyens du voiage de la terre saincte. Et si les Turcs en contr'eschange n'eussent esté amorsez de la doulceur de l'Europe, quand pour la premiere fois ilz furent semonds par l'Empereur de Constantinople à son ayde, ilz n'eussent, peut estre, eu en opinion pour la seconde fois de trauerser l'Helespont (que nous appellons le bras sainct George) pour s'empieter de la Grece, ains se fussent contenus dans les bornes de leur Natolie. Et certes en la deduction de ce point, il y a exemples si memorables, que ce ne seroit que redite & remplissage de papier de les vouloir icy annombrer. Ceux de la grand Bretaigne, entre autres sçauent bien comme il leur en prit de la part des Saxons & Anglois, lesquels apres auoir rengé les Pictes & Escossois à leur deuotiõ en certain coing du pays, au profit de la grand Bretaigne, s'en emparerent puis apres, chassans les pauures habitans de leurs propres sieges & manoirs. Il me plaist seulement raconter deux exemples notables & parauéture notoires, qui aduindrét du temps des Gaulois. Mais auant que passer plus outre ie veux dire, qu'il y eut principalemét deux motifs, pour lesquels les Romains aisemét s'impatroniserent des Gaules dót le premier est assez solemnisé par la bouche du commun peuple, c'est à dire les diuisions & partialitez qui y regnoient, desquelles Iules Cesar, qui estoit de nature prompte & remuante, sceut tresbien faire son profit, non seulement encontre nous, mais aussi à l'endroit de sa propre patrie. En sorte qu'il n'y eut iamais plus grande occasion qui apporta fin à la liberté des Gaulois, que celle mesme qui donna peu apres definement à la grand republique de Rome. Et de ceste cause en sourdit vne autre qui leur pourchassa entieremét leur ruine. Car estans en ceste façon, les Sequanois Auuergnacs, & Heduens aigriz pour attaindre au hault degré de principauté l'vn sur l'autre, vn chacun selon ses necessitez pratiquoit aide estrangere: esperans

par ce moyen venir à chef l'vn de l'autre:
non toutesfois preuoyans le grand dommage qu'ilz se brassoient, dont l'issue leur
donna certain auertissement. Pour laquelle chose deduire plus amplement, faut entendre que les Heduens apres plusieurs
rencontres ayans gaigné le premier lieu
de souueraineté entre les Gaulois : les
Auuergnacs & Sequanois, ialoux de ceste
seigneurie, & se trouuans n'auoir l'auantage de leur costé, tournerent toute leur
pensée vers l'Alemaigne : de maniere que
apres plusieurs instáces, promesses, & sollicitations, ayans attiré à leur cordelle
le Roy Ariouist & ses gens, du pays de la
Germanie, ilz remuerent si bien mesnage,
que finablement toute la puissance des
Heduens fut transportée aux Sequanois.
Mais que leur auint il de ce grand bien? si
grand mal qu'il leur eust esté trop plus
expedient que la primauté fut tousiours
demourée en son entier vers les Heduens.
Car estant leur puissance amortie, & se
voyant Ariouist assez puissant pour forcer
les Sequanois, luy mesme leur imposa
Loix & s'inuestit, bon gré mal gré, de la
tierce partie de leurs terres & seigneuries.
Et ainsi regna quelque temps auec toutes

les extorsions & tirannies, dont il se peut
auiser, iusques à la venue de Cesar: duquel
les Gaulois se voulans aider pour dechasser Ariouist (ne s'estans encor rendus sages pour l'exemple des Sequanoys) par le
moyen de ïules César exterminerent véritablement Ariouist, mais ilz feirent par
ceste victoire telle planche au Romain,
que depuis par longue succession de téps
demeura la domination des Gaules deuers luy. Qui sont deux exemples, qui
deussent seruir d'vn bon mirouër, & enseignement à nous autres, qui fondons vne partie de noz victoires dessus ces armes auxiliaires, espuisans par ce moyen
nostre France d'vne grande partie de son
or, & aneantissans noz subiects pendant
que nous soudoions l'estrager, & luy donnons courage de se duire, & industrier à
noz despens, aux armes, lesquelles (peut
estre) vn iour il emploira à nostre desauantage. Ce qu'il ne plaise à Dieu permettre.

Des François extraicts de la Germanie
& de leur ancienne demeure.

CHAP. VI.

IL SEMBLE que to9 noz Historiés ne sçauent ou ils en sont, traictãs ceste presente q̃stiõ: chose qui est, à mõ iugemẽt, procedée de l'incertitude qu'õt eu to9 les anciés autheurs de ceste grande regiõ de Germanie. Premierement, si vous vous arrestez aux Grecs plusieurs estiment qu'ils en parlerent à la trauerse. Et les Romains quoy q̃ pour la cõtinuelle frequẽtatiõ des guerres en deussent plus estre informez, si est-ce qu'ẽ ce qu'ilz nous ont laissé par escrit, encor n'y a-il asseurance. Et qu'ainsi soit, où sõt en Iules Cesar parlãt de la Germanie, les Cattiés, Quadiés, Frisiés, Marcomanes, & autres peuples à plain recitez par les autres? Certes vous trouuerez que Cesar fait mẽtion des Vbiens, qui tenoyẽt quelques enuirõs du Rhin: & des Sueues, lesquels il p̃se sur to9 exhausser lors qu'il dit qu'ils tenoient en leur puissance cent petites republiques ou citez: & neãtmoins Tacite attribue seulemẽt ces cẽt villes aux Senes, faisãs vne p̃tie sans pl9 des Sueues: sans en ce cõprendre les Lombards, Rédimes, Anglois, Vatiniés, Eudosses, & autres peuples cōpris sous ce grand nom de Sueues. Tellement que desia on les voit vaciller en vne diuersité d'opinions causees de quelque ignorance. Comme semblablement vous voyez Ptolomee ne faire que trois peuples de Sueues, qu'il appelle Lōbards, Anglois, & Senes, oubliant tous les autres qui sont adioustez par Tacite. De maniere qu'il faut que les vns ou autres pechent au trop ou moins mettre. Or si ceste varieté entre les autheurs de la premiere demy douzaine, a apporté vne confusiō & incertitude en la teste de ceux qui leur ont succedé: encor y a-il plus d'occasion d'estre empesché pour le regard des François, desquels vous ne voyez aucune métion en Cesar, Pline, Tacite, Ptolomee, ou Strabon. Et a esté le desastre tel, que toute l'ancienneté, escriuant de la Germanie, oublia les deux nations qui estoient comprises sous elle, desquelles toutesfois les deux plus grandes contrées du Ponant empruntent auiourd'huy les noms. Car & des Lombards & Anglois, vous en voyez quelque mention dedans Ptolomee & Tacite. Et posé qu'aucun d'eux ne face mention des Bourguignons, si est-ce que Pline y a suppleé: ainsi qu'a faict du semblable Strabõ pour le regard des Sicãbriens. Mais en quel endroit d'eux tous trouuerez vous estre faict recit de l'Aleman, dõt toutesfois auiourd'huy toute la Germanie porte le nom? ny semblablement du François, du nom duquel les Gaules ont esté depuis onze cens ans appellées? tellement qu'il semble que ce fussent du commencement mots forgez à plaisir par gens de guerre, lesquels depuis selõ leurs heureux succez, apres auoir pris terre ferme, les auroient tournez en noms de nation & contrée. Et que les François se baptiserent en ceste façon pour vne liberté & franchise qu'ilz progetoient en leur esprit: & que les Alemans s'appellerét aussi de ce nom, par ce que sur leur premiere venue, ilz estoient ramassez de toutes sortes de gés: car Man en langue Germanique (comme disent ceux qui en font profession) veult dire Homme, & Al, tout: qui seroit, pour se conformer à l'opinion d'Agathie, qui les disoit estre rapiecez de toutes sortes de gens. Au demeurant pour venir à noz François, nous sommes si fort aueuglez en leur faict, que par maniere de dire nous n'en parlons qu'à tatons: toutesfois la cõmune resolution est que les François exraits premierement des Troyens, depuis appellez Sicambriens, ayans fondé vers le fleuue de Tanais, ioignant les paluz Meotides, & sur la coste de la Scithie, vne ville nommée de leur nom Sicambrie : depuis, ayans, en faueur de Valentinian premier Empereur de ce nom, deconfit les Alains rebellans côtre la courône de l'Empire, furent par l'Empereur du nom Grec (disent nos histoires) appellez François: qui vaut autant à dire côme preux, vaillās, & hardis, & tout d'vn mesme moyen afrāchis de toutes tailles, subsides, & tribus pour dix ans : pendant lesquels ils donnerent vers le Rhin. Auquel lieu (les dix ans expirez) ne voulās payer le tribut annuel, furét par Valétinian defais auec vne playe mémorable, qui leur seigna depuis long téps. Telle est l'opinion de Gaguin, & Gilles, qu'ilz ont tirée de Sigisbert, laquelle ie souhaiterois toutes-fois estre plus curieusemét remachée. En premier lieu, que noz premiers François soyent descendus des Troyans quel autheur ancien de nom auons nous, qui nous y puisse seruir ou de guide ou de garend ? D'auantage qui ne sçait que long temps au parauant le declin des Empereurs de Rome, les Sicambriens habitoient desia sur le Rhin, ainsi que recite Strabon pour laquelle cause le mesme autheur soustient qu'ils furēt les premiers boutefeux, & suscitateurs des guerres de la côtrée de Germanie encontre l'Empire Romain. Et de dire qu'ilz fussent surnommez Frāçois par Valētinian, cela est si fort esloigné du vray, que tāt s'en faut que lon doiue faire estat de ceux qui meirēt ceste opinion en auant, qu'au contraire il semble qu'ilz n'ayēt iamais gousté en aucune maniere, l'ancienneté. Et qu'ainsi soit, Vopisque sous Aurelian faict métion de plusieurs François, qui desia vogoyent dans les Gaules, qui furēt par luy deffaits. Eutrope au neufiesme liure atteste q̄ du tēps de Diocletian & Maximian, les François rodoiēt toute la coste de la mer Belgique: & au dixiesme, que Constantin subiugua quelques Roys de Frāce. Et dans Marcellin la plus part des affaires qu'auoit Iuliā l'Apostat au pays de Germanie, c'estoit encontre les François. Toutes lesquelles choses se sont passées au parauāt le temps de Valētinian. Qui sont argumēs suffisans pour monstrer que les François n'eurent Valentinian pour parrain. Aussi de mettre en auant que cest Empereur feit telle deconfiture de nous les dix ans paſſez, vraiement ie ne trouue autheur ancien qui le die, ains au cõtraire trouuerez au vingt & ſeptieſme liure de Marcelin, que nouuelles vinrent à Valentinian eſtant lors en Italie, que la grand Bretaigne eſtoit lors grandement degaſtée par les Pictes & Eſcoſſois, & ſemblablement qu'en la Gaule e debordoit de toutes parts vne grand quantité de François & Saxons : toutesfois de decõfiture, nulle mention. Ce qu'à mon iugement n'euſt obmis ce gentil hiſtoriographe, entētif ſur toutes choſes à nous deſcouurir les guerres de ſon temps entre les Germains & l'Empire, eſquelles il aſſiſta, & qui meſmement floriſſoit du temps de ce Valétinian premier. Parquoy ſans aller rechercher d'vne lõgue trainée, ny les Troiens, ni les Sicambriens dedans les paluz Meotides (dont nous ne ſçauriõs auoir autheur certain ny aſſeuré, fors quelques moines) les François furét peuples aſſis en pays mareſcageux, comme dit Vopiſque, coſtoyans d'vn coſté le Rhin la part où ce grand fleuue commence à perdre ſon nom dedans la mer Oceane, ainſi que recitent & Procope & Agathie : & d'vn autre coſté (ſuyuant Marcel-

C'eſt le tiltre pays, où ſõt maintenãt les Friſons.

lin (attenants aux Saxons) premieremē[t]
nommez Senois) comprins sous l'ancie[n]-
ne diuision de Sueues. A cause dequo[y]
ils retenoyent quelques cas des vieill[es]
façons des Sueues, mesmement lors qu'i[lz]
aborderent és Gaules. Car tout ainsi q[ue]
Tacite tesmoigne que les Sueues auoye[nt]
pour coustume sacrée & generale, de po[r]-
ter les cheueux lõgs, par lesquelz les p[lus]
grands estoyent separez & recognus d'[a]-
uec leurs serfs, esclaues, & autres gens [de]
basse condition: aussi (comme raconte [A]-
gathie) les Roys de France, & ceux qui [e]-
stoyent de leur sang, portoyent vne lo[n]-
gue cheuelure, non pas retorce com[me]
estoit l'ancienne vsance de Sueues, m[ais]
(comme toute façon se change) esparp[il]-
lée sur les espaules en signe de maie[sté].
Enlaquelle mesme maniere les princes [de]
Sueues auoyent apris de porter leur p[er]-
ruque du temps d'Arcade & Honoré [em]-
pereurs, comme l'on peut, descouurir [en]
quelques vers que Claudian escriuo[it de]
Stilicon. Semblablemēt ny plus ny mo[ins]
que les Sueues (ainsi que recite Cesar) [font]
vne profession annuelle, c'est à dire qu[ils]
faisoyent d'an en an, estoyēt coustumi[ers]
d'enuoyer nouueaux gendarmes çà &[là]

pour guerroier leurs voisins(pour laquelle cause vous voiez long temps apres la mort de Cesar les Lombards auoir occupé vne partie de l'Italie & les Anglois la grād Bretaigne, toutes deux nations de Sueues) aussi les Frāçois, pour la proximité & voisinage qu'ils auoient auec eux, feirent vn perpetuel vœu de conqueste & contre les Gaulois, & contre toutes autres nations iusques à ce que finablement ilz attaindrent au dessus de la Gaule. Qui est la cause pour laquelle Iornande Euesque, & autheur d'assez grande efficace, iouste à l'ancienne diuision des Sueues, les François & Thoringiens. Aussi voyez vous en quelques endroits de Marcellin & Eutrope par diuerses fois les François accompagnez des Saxons (qui sont les anciens Senois) auoir entreprins plusieurs courses encōtre la nation Gauloise, pour le voisinage des lieux qu'ils auoiēt ensemblemēt. Ausquelles entreprises les François s'abādōnoiēt plus hardimēt pour deux causes: estans (cōme dict est) d'vn costé fauorisez du Rhin: de l'autre, de la mer Oceane: d'ailleurs en la plus part de leurs pays enuirōnez de grands marescages & bois. Qui estoit cause qu'aisément ils assailloiēt, & en

cas de mauuais fuccés, en leurs retraites e-
ſtoient mal aiſemét aſſaillis par les natiõs
eſtrãgieres, à l'occaſiõ des eaux & difficul-
tes des paſſages. En ceſte façon (cõme nous
apprenons d'vn Panegiric adreſſé à Maximian Empereur) voyõs nous que par telles
cõmoditez ſous l'empire de Probe Empereur ils coururét la Grece, Aſie, Libye, & à
leur retour prindrent & pillerét la ville de
Siracuſe, & (ainſi que dit Nazare en vn au
tre Panegiric à Cõſtantin) eſtendirét meſmement leurs forces iuſques au pays des
Heſpaignes, en ſorte qu'ils tenoient toute
la mer Oceane en leur ſubiectiõ. Au moyé
dequoy ilz furent ſur toutes nations de la
Germanie redoutez par les Romains, & à
la moindre victoire qu'ils obtenoiét encõ
tre eux, les orateurs de ce téps là applaudiſ
ſans aux Empereurs, & entre autres choſes
leur gratifioient qu'ils auoient rendus les
mers quoyes & aſſeurées, ayans repoulſez
les François, cõme ſi par leur ſeul moyen,
tout l'Oceã fuſt troublé. Qui eſt argumét
aſſez pertinét, outre les authoritez cy deſſus métionnées, pour monſtrer qu'ils ioi-
gnirét à la mer Oceane. Et au regard de la
proximité du Rhein, nous en ſommes acer
enez par vn paſſage d'Agathie au liu. r. ou
il dit

il dit en termes formels, qu'ils habitoient ioignant le Rhin pour leur premiere demeure, & que depuis ils occuperent vne grãde partie des Gaules. Dequoy mefmement Marcellin noũs en baille affeurãce, quand il dit en la vie de Iulian, que luy fe fiant tant en fon bon heur, qu'en la vaillãtife des fiens ayant paffé le Rhin, occupa dés l'inftant mefmes, l'vne des côtrées des François, qui fe nommoyent Antuariens. Lefquels par luy furprins, furẽt facilemẽt vaincus, pour autant qu'ils fe confioyent en l'affiette de leur pays, & que de leur memoire oncques prince eftrãgier n'y auoit mis le pié pour la difficulté des aduenues & chemins. Duquel lieu nous pouuõs prefque rapporter qu'ils ioignirent au Rhin. & combiẽ que cefte difficulté de paffages foit dicte en termes generaux, fi la faut il rapporter aux forefts & lieux marefcageux, defquels ilz eftoyent enuironnez, cóme nous pouuons tirer de Sulpice Alexandrin par le rapport de Gregoire de Tours, & d'autres autheurs dignes de foy. Ainfi ayans & la cõmodité du Rhin à paffer, & eftãs (fi ainfi faut que ie ledie) foffoyez de toutes parts, & remparez de la commodité de leurs eaux, baillerent mille fe-

E

cousses au Romain, & specialement vers les parties de la Gaule. Ce qui ne fust pas en tous les autres peuples de Germanie: car les aucuns eurent la commodité du Rhin, mais leur deffailloyét les retraites: & les autres, combien qu'ilz eussent les marests à propos, ne furent proches voisins de ce fleuue, par l'entreiect duquel est separée la Gaule de la Germanie. Car (cōme dit Paul le Diacre) les Saxons estoient aussi bien que les François, en terre maresf cageuse: toutesfois n'estans attenans du Rhin ne se peurent si facilement adomestiquer de la Gaule, comme feirét ces braues François: mais prenans auecques les Anglois la route de la mer Oceane, descendirent de fois à autres en la grand Bretaigne, de laquelle ils se feirent à la parfin maistres: & les Lombards par les Panonies vsurperent aussi l'Italie. Voila comment & par quelles voyes les François furent redoutez des Romains en la tuition de leur Gaule, leur faisans cōtinuellemét guerre au moyen de leur assiette En quoy ils prospererent petit à petit si heureusement, que les Romains, non point sous Valentinian pour combatre les Allains, comme recitent noz Annalles, mais au

parauant & apres, s'aiderét de leurs armes.
Car & Procule, qui vsurpa l'Empire au
pays de Gaule, se disoit extrait de nation
Françoise: & par la gendarmerie des François, qui estoiét à la soulde de l'Empereur
Cõstance, Siluain se feit proclamer Empereur en la ville de Coloigne. Séblablemét
Gratiã par le moyé de Mellobaudes Roy
des François, tua Macrian Roy des Alemans, & aussi desconfit vne infinité des
Lants Qui nous donne enseignement en
quel bruit & reputation estoient lors les
Fráçois enuers les Romains, puis que les
Empereurs cherchoient si songneusement
leur alliance. Laquelle toutesfois n'estoit
de telle durée, que pour aucuns qui se sousmettoient à l'Empire (car ils estoient diuisez en plusieurs peuples, comme Saliés &
Antuariens) les autres ne passassent souuent le Rhin, pour endommager les Romains, ainsi qu'ils feirent sous meilleurs
gages, quand il s'emparerent des Gaules,
& de tout le pays que possedoit le Romain
en la basse Alemaigne.

Des courses, que feirent les François és Gaules, & comment, & en quel temps ils s'en impatroniserent.

CHAP. VII.

La plus part des autheurs d'Alemagne, qui se sont amusez à discourir sur ce poinct, pensent faire grande bãniere encõtre nous, lors qu'ils se vantét que les Frãçois (issuz de la Germanie) ont pour quelque fois reduit sous leur obeissance, les Gaules. Veritablemét, il fault que nous tous d'vn commun accord recognoissions & confessions que ces vieux François furent gens aguerris au possible, & qui de leur prouësse dónerent maintes espreuues, non toutesfois telles, qu'il nous en faille desauãtager d'aucun poinct. Et de moy, discourant ceste affaire en mon esprit, il me semble que toutes les choses de ce monde se reiglent par vne entresuite, ou pour mieux dire, par vn eternel iugemét de la volõté diuine: tellement que tantost nous voyons les empires estre demourez en vn lieu, tãtost auoir fort changé de main, cõme il plaist au souuerain maistre: & ceux, qui furét bien grãds, par succession de temps estre venuz bien petits. Si que lon pourroit approprier aux royaumes, ce que le commun peuple dict des maisons nobles, qu'ils sont en cét ans bannieres, & en cent autres ans ciuieres. Non toutesfois que pour cela il faille mesestimer les nations, qui eurent pour quelque temps du pis: leur estat ce pis de fois à autres procuré par vne generale ordōnance des affaires de ce monde. Voire qu'il semble qu'en cecy se descouurēt les iustes iugemens de Dieu, qui permet, que selon la proportion & mesure que l'on a traicté ses voisins, on reçoyue puis apres mesme traictement. Ce que nous voyons estre aduenu au peuple Romain. lequel tout ainsi qu'au temps de sa vogue, se dōna toute autre nation en proye, aussi luy bastant puis apres mal la fortune, se trouua estre la proye de toute nation estrāgere. En ceste façon nous en print il en la Gaule: Car tout ainsi que quelque fois du téps d'Ambiguat Roy de Bourges (cōme nous auōs dict cy dessus) nous nous desbordasmes, tant cōtre l'Italie sous la cōduite de Belloueſe q̄ contre la Germanie sous Sigouese, plātans en l'vn & l'autre pays nos demeures: aussi par succession de temps, l'Italien vsant premierement de reuange, occupa la dominatiō sur les Gaules, & puis apres le Germain. Parquoy c'est (sauf meilleur aduis) mal balancer les affaires de rap-

E iij

porter à noſtre deshonneur la ſuperinten-
dence que les François vſurperent en la
Gaule: veu qu'ils ne iouoyent que la reuange du tort, que nous leur auions, ou à leurs
compagnons, long téps au parauant pour-
chaſſé. Et au ſurplus il ſe trouuera (ie dy
cecy par vn priuilege peculier, qui nous a
eſté octroyé par la fortune) que l'heur de
la Gaule a eſté tel, que de la meſme main
qu'elle a eſté ſubiuguée par l'Italien ou
Germain, ceſte victoire s'eſt tournée à la
foule & oppreſſiõ, voire entiere ſeruitude,
de l'Italie ou Germanie, qui ſe vãtoit eſtre
de nous victorieuſe. Qu'il ſoit vray, n'eſt
il certain que Iules Ceſar, qui rendit les
Gaules tributaires, ſoudain au retour de
ſa grande cõqueſte enuahit l'Empire Romain, au grand dommage & ruïne de toute la liberté, ainçois de toute la choſe pu-
blicque Romaine? Voire iuſques à fauoriſer le Gaulois au deſauãtage des ſiens, luy
donnant, contre l'auis de tous, entrée au
Senat & commun parlement d'affaires?
De meſme façon voyez vous que ce grãd
Clouis Germain eſtant venu à chef d'vne
partie de noz Gaules, non content de telle
victoire, ou (peut eſtre) induit par vne de-
ſtinée Gauloiſe, s'attacha au meſme pays,

duquel il estoit decendu, c'est à dire à la Germanie lors possedée en la plus grand part par l'Aleman : sousmettāt le tout, par vne braue victoire, qu'il eut à la iournée de Tolbyac, sous sa puissance? Vsant de là en auant de la Gaule comme de son vray manoir, & rendant l'Alemaigne à soy tributaire, comme si elle luy fust estrangere. Qui est vne consideration qui tourneroit grandement à l'honneur de nostre pays, n'estoit que les victoires estant iournalieres, c'est, à mō iugement, vne querelle assez mal fondée, de s'estimer de plus ou moins, pour auoir esté quelquefois ou vaincu ou victorieux, quand la vertu n'a failly d'vne part & d'autre au besoing. Les Gaulois vsurperēt premierement vne partie de la Germanie. Les Germains depuis nous rendirent, par la venue des François, le semblable. Et depuis sous Clouis, & assez long temps apres sous Charlemaigne, la Germanie fut reduite en toute extremité d'obeissance sous la Gaule, & dura ceste monarchie iusqs vers le tēps des Othons Ainsi changēt de main les royaumes, sans que pour cela, ils doiuēt estre vilipendez. Chose, que i'ay voulu deduire en passant, à fin de coupper la broche aux estrangers

de fe haut louër deffus nous, & à quelques
vns des noftres de s'excufer: lefquels fou-
ftiennent (comme faict François Conam
honneur de noftre Paris) que ces François
eftoient encores du vieil eftoc des Gaulois, qui fous le prince Sigouefe auoient
choifi leur demeure és enuirons de la
foreft Hercinienne. Mais pour venir à
mon poinct, & parler du temps, auquel les
François s'emparerent de la Gaule, qui eft
le principal but & proget de ce chapitre,
il faut que ie me plaigne de la fortune du
temps, laquelle femble s'eftre du tout for-
malifée en ceft endroict encontre nous.
D'autant que la plus part des chofes anciennes du temps de deuant & apres l'entrée des Frãçois, a eu fes hiftoriographes,
defquels on peut tirer quelque eftincelle
des faicts de noz Frãçois. Mais lors qu'ilz
entreret és Gaules pour s'y habituer à iamais, auecques vn general banniffement
des Romains (qui eft tout l'entreiect de
temps depuis l'Empire de Valentiniã premier, iufques à Zenon Empereur de Con-
ftantinople) il femble qu'auecques le declin de l'Empire, les hiftoires fuffent totalement taries. Car de plufieurs endroicts
nous pouuons diuerfement recueillir vne

grande opiniatreté qu'ils eurent à s'empietrer de la Gaule. Parce que deuant mesmes qu'Aurelian fust inuesty de l'Empire, c'est à dire, sous Valerian & Galien, ils faisoyét plusieurs rauages en ce pays, si nous croyons à Vopisque. Et Eutrope, comme i'ay deduit au chapitre dernier passé, raconte que sous Diocletian, ilz escumoient toute la mer de la Gaule Belgique & de la petite Bretaigne. Aussi Nazare en vn sien Panegiric tesmoigne, que sous Constance pere de Constantin, ilz auoyent occupé tout le pays de Holande, duquel ils furét par luy dechassez. Et Marcellin en quelque lieu est tesmoing, que Iuliã l'Apostat, estant empesché aux affaires de la Germanie, à son retour les trouua s'estre faicts seigneurs des deux villes. Et peu apres il dict que le mesme Iulian, voulant tourner tout son esprit à la guerre des Germains, la premiere recōmandation qu'il eust, fut de s'adresser aux François, qui auoyent maintesfois osé entreprendre dessus les marches du Romain. Qui sont tous tesmoignages apparens que les François de tout temps auoyent esté acharnez à l'enuahissement de la Gaule. Mesmement (cōme tesmoigne encor' Marcellin) nouuelles vindrēt à Valentinian premier (ainſi que n'agueres ie diſois) que les Frāçois & Saxons, auecques pluſieurs gens de guerre, eſtoyent deſcenduz contre nous. Ce neantmoins qui nous ait depuis dict ny quoy ny comment les choſes allerent, au moins des autheurs anciens, il eſt fort malaiſé d'en trouuer, ains demeurerent les hiſtoires acrochées depuis ce gētil Marcellin, iuſques vers vn Procope & Agathie, l'vn deſquels commence ſon narré à Theodoric Roy des Gots, qui regnoit en Italie du tēps de Clouis: & l'autre, à Childebert, Clotaire, Clodomire, & Theodoric fils de Clouis. De ſorte qu'entre ces deux temps s'eſcoulēt les quatre premiers princes, que nous ennombrons entre les anciens Rois de France : Pharamond, Clodion, Merouée, & Childeric: & faut preſque que du demourant nous iugions par coniectures. Au ſurplus d'attribuer toute la venuë des François ſous vn Valentinian premier ou dernier, comme ie voy pluſieurs Hiſtoriens d'Italie maintenir, ce ſont certainement abus: d'autant qu'ils n'occuperent les Gaules d'vn premier effort ou deſbord, ains par vn aſſez lōg progrez & apres auoir dōné pluſieurs eschecs à l'empire finablement le materét, Et pour autant q̃ de la venue & aduenemét des François & autres peuples prouint la ruine de l'Empire Romain, il me semble qu'il ne sera hors de propos de discourir en ce lieu les moyés par lesquels ces nations estrãgeres eschantillonnerent en par celles l'estat de Rome, parce qu'encores que le periode du malheur vĩt vers l'Empire d'Arcade, Honore, & Valétinian le tiers, si est-ce que qui vouldra raporter chasque piece à son vray poinct, certainement il trouuera que la mutation de l'estat prenoit ces racines de plus loing. Car pour vray dire les republiques simbolisent en cecy auecq' les corps humains, lesquels bien qu'ils rendét l'ame en certain temps, toutesfois ce definement leur aduient par les humeurs peccantes qu'ils ont de longuemain amassées en eux. Aussi se trouue le semblable en tout ordre politic, lequel ayant eu ses commencemens & promotions fauorables, vient apresà defaillir par certains accidents; desquels on peut infailliblement presagir sa fin par demonstrations politiques qui ne sont pas moins palpables que celles de Mathematique à ceux qui en font profession.

De ma part discourāt en moy tous les derniers deportemēts de l'épire ie me suis tousiours fait acroire que l'vn des premiers acheminemens de sa ruine prouint de Cōstantin (encores qu'il ait esté par les nostres surnōmé le Grand) qui depuis se cōtinua sans interruption iusques au dernier souspir. Car qui remarquera les guerres ciuiles qui furent durant son empire entre luy, Licinius, & Maxence: le transport de l'estat qu'il feit de l'ancienne Romme, en la nouuelle, qu'il appella de son nom Constantinople: la nouuelle mutation par luy faite des legions establies sur les limites & frontieres pour faire teste aux courses des Barbares: les transportans de leurs anciennes garnisons au cœur de l'Empire où il n'en estoit nul besoing: De la qui repassera à la continuation des guerres ciuiles qui se trouuerent entre les enfans de Constantin: & que le tout estant depuis reduit & réuny en la personne de Constance, encores eut il a guerroyer quelques Princes & grands seigneurs de ses subiects, voire que pour closture de ses actions Iulian mesme (qui aurauant luy auoit esté vn seur & fort rāpart és Gaules contre les aduenuës des

Germains) se rebella, en contre luy: Qui auec ce adiouſtera la neantiſe de Iouinian qui feit vne paix ſi honteuſe auecques les Perſes, que iamais depuis la puiſſance Romaine ne s'en peut remettre ſus au Leuāt: Neātize acōſuiuie de pres par celle de Valentinian & Valens ſucceſſeurs de Iouinian Princes, certainement de peu, & dont les effects feirent paroiſtre qu'ils n'eſtoiēt non plus duitz à l'exercice des armes, que des bonnes lettres: Qui conſiderera en apres la moleſſe de Theodoſe, & les grandes & exceſſiues ſurcharges qu'il impoſa ſur ſon peuple, pour fournir à ſa deſpenſe extraordinaire: & qu'a Theodoſe ſuccederent deux ieunes garçons ſes enfans, Arcade & Honore, qui furent commandez, ou pour mieux dire gourmandez, pendāt leurs minoritez, par Ruffin & Stilicon, leurs gouuerneurs: Qui iettera encores l'œil ſur les meurtres & aſſaſins que les Princes faiſoient faire de leurs fauoriz & mieux aimez, ſans cognoiſſance de cauſe, lors qu'ils en eſtoient las & atediez, (car auſſi bien feut tué ce grand & braue capitaine Etius par le cōmandement de Valentinian dernier, comme Ruffin & Stilicon par Arcade & Honore) que ceux qui entroient en leur lieu n'eſtoient de plus grand merite, que les meurdriz & homicidez, ains qu'ils iouoient a qui mienx mieux au boutehors, ſans porter aucun zele, ni à leur ſouuerain ſeigneur, ni au public, & que les gouuernements des prouinces ſe vendoient (ſi ainſi le fault dire) a l'enquant au plus offrant & dernier encheriſſeur : Qui peſera d'auantage les changements des eſtats, & offices anciens en nouueaux, la multiplication d'iceux qui ſe feirent à la foule & oppreſſiō du peuple ſous Conſtantin & Theodoſe: La mutation de religion qui aduint à huis ouuert ſous l'vn & l'autre de ces deux Princes: Et oultre ce, les ſectes, diuiſions & partialitez qui eſtoient meſmes entre ceux qui par nouuelle permiſſion de leurs Princes, auoiēt empieté quelque authorité deſſus l'anciéne: & qui auecques tout cecy ramenera en memoire les peuples eſtrāgers dont pendant les troubles & guerres ciuiles, l'Empereur eſtoit contraint de s'aider, voire les adopter dans ſes legions comme naturels Romains, ſe les rendants comme domeſticz : Bref que les affaires de l'Empire eſtoient arriuées en tel deſarroy par la puſillaminité & nonchaillance de quelques Princes, que les villes estoient contrainctes de se liguer & souldoyer elles mesmes, & s'exempter de la puissance ancienne des Empereurs, pour s'opposer à ceux qui par vn droit de bien seance vouloient vsurper nouuelle tirannie : Comme nommément il aduint tant és Gaules, qu'en la grand Breraigne, quād vn autre nommé Constantin, nouueau tyran voulut occuper ces deux contrées, au preiudice d'Arcade & Honore : car lors ces deux ieunes Empereurs deffaillants de garendz à leurs subiects, la plus grāde partie des villes & citez, voyant d'vn costé qu'elles n'estoiét soustenues de leurs Princes naturels, d'vn autre ne pouuans souffrir vn illegitime seigneur : sans faire estat de la en auant de la maiesté imperiale de l'Empire, n'y des Visempereurs qui gouuernoient leurs prouinces, s'en feirent accroire eux mesmes, & à leurs propres cous & despens, soustindrent le desroy de la guerre : s'afranchisants par ce moyen par voyes sombres & couuertes, de l'ancienne obeissance qu'ils auoient en leurs Empereurs, lors qu'ils faisoient contenance de les supporter & fauoriser : Qui di-ie meslera toutes ces rencontres ensemble, il iu-

gera fort aiſémét que tout ce grãd Chaos
& meſlange d'affaires couuoit dans ſoy,
toute la mutation de la Republique : qui
ne s'eſcloït pas tout en vn coup, ains par
traite de temps, ſelon que les occaſions
enſeignerent à l'eſtranger de choiſir ſon
apoinct. Comme auſſi n'y a il la moindre
de toutes ces particularitez, qui ne ſoit ſuf
fiſante pour ſubuertir vn eſtat. Afin que
ie n'obmette en paſſant, que ces Empereurs
vſoient (ſi ie ne m'abuſe) plus de la religion pour la commodité de leurs affaires,
que par zele ou deuotion : & que les plus
aduiſez ſe rangeoient du parti le plus affligé, a ce que le prenant ſouz ſa garde &
protection, il put faire fondz plus aſſeuré
de luy contre leurs ennemis. Ainſi trouuerez vous que Conſtantin le Grand ayant
à guerroyer vn Licinius ennemi iuré de
noſtre Chriſtianiſme, commença d'atirer
à ſoy les Chreſtiens, lors grandement rebutez, par le moyen deſquels il obtint
depuis vne infinité de victoires encontre
ces corriuaux. Et neantmoins ne receut le
ſainct Sacrement de Bapteſme, qu'vn ou
deux iours au parauant ſon decés. Et comme ainſi fut que dedãs noſtre Religion le
diable euſt placé vn ſciſme treſpernicieux

par

par la damnable doctrine d'Arius, prestre d'Alexandrie, & que sous Constantin le parti Arien eut esté grandement terrassé par les Catholiques, Constance son filz pour subuenir à la necessité de ses guerres ciuiles, commença de l'ébrasser contre ses aduersaires: & d'vn mesme conseil Iulian son successeur reprit les anciennes brisées du Pagnanisme, qui estoit lors aussi grandement auili, par la puissance & authorité que les Chrestiens auoient occupé sur eux, bié q̃ sous deux diuerses sectes. Et seroit mal-aisé de dire cōbié & l'vn & l'autre feirent de braues exploits d'armes so' cest artifice, vsant de la religion par discours. Ne s'aduisans pas toutesfois que pendant qu'ils se iouoient en ceste façon de Dieu & de sa religion, Dieu aussi se iouoit d'eux à meilleures enseignes, lequel desirant estre adoré par vn zele interieur de vraye foy, & non par discours politiques, tenoit nud entre ces mains le glaiue de vengeance sur eux, qu'il desploya depuis par l'entremise de toutes ces nations estrangeres, lesquelles butinerent entre elles la plus grande & meilleure partie de l'Empire. Car pendant les guerres ciuiles des enfans de Constantin, mesmes sous l'Empire de Constance, les François, Allemans, & Saxons, occuperent bien quarante villes assises vers la liziere du Rhin, & enleuerent vne infinité de pauures ames captiues en leurs pays: & d'vne mesme licence les Quadiens & Sauromates roderent les Pannonies & la Mysie: & pareillement les Perses qui au parauant s'estoient tenuz quoiz pour quelque temps, commencerent de remuer nouueau mesnage: & bien que Iulian l'Apostat s'opposast courageusement à leurs desseins, & qu'il fut venu aucunement à chef d'eux, toutesfois la necessité de ses affaires luy aprit apres les auoir vaincuz, de les prendre à sa soulde, & en faire diuers regimēts, qui ne fut pas vne petite playe. Car deslors en auant il y auoit des plus grands capitaines de France, qui viuoient auec les Romains, comme vn Mellobaudes, Baudon, Arbogastes, & autres de telle marque. Et combien que la presence de Iulian grand guerrier eut par quelque temps tenu en bride toutes ces nations Transrhenanes, si est-ce que luy decedé, elles commencerent à se desborder beaucoup plus licentieusement que deuant: estant ores vaincuz, & ores victorieux. Desbord qui prit son plus grand commencement dessous

Valentinian premier, sa continuation sous Gratian & Theodose, sa fin & accomplissement sous Arcade, Honore, & Valentinian le tiers. Car pour bien dire les François recommencerent de plus beau leurs courses & rauages sous Valentinian premier, & à lors qu'ils degastoient en ce point les Gaules, d'vn autre costé les Sarmates (comme i'ay dit maintenant) pilloient & desertoient la Pannonie : les Pictes, Saxons, & Escossois, la grand Bretaigne: les Maures l'Afrique: les Gots, les Thraces, le Roy de Perse, l'Armenie: bref, sembloit qu'vne infinité de nations se fussent ensemble liguées par vne generale ligue encontre l'empire Romain. Or combien que le degast fust lors grand & quasi vniuersel, toutesfois si ne s'empieterent pour lors les François de ceste Gaule: d'autāt que, depuis la mort de Valentiniā, Gratian son filz tint les Gaules pourquelque tēps assez paisibles, lequel defeit mesmement vne grande quātité de Lants conioints auec autre peuples d'Alemaigne. Vray que depuis la routte & desastre, qui aduint à Valens son oncle cōtre les Gots, il commença de là en auant à receuoir

F ij

plusieurs troubles & fascheries. Et de fait, Alaric Roy des Visegots s'estant acheminé en Italie, il luy accorda pour demeure le pays d'Aquitaine. Duquel, du temps de l'Empereur Honoré, sous la conduite d'Ataulphe leur Roy, apres auoir fourragé toute l'Italie, ils se meirent en possession. Ce temps pendant les Bourguignons auoient ia gaigné grand pié dans la Gaule. Car comme recite Paul le Diacre, dés le temps de Valentinian premier, ils vindrent iusques au bord du Rhin, auec soixante dix mille hommes, ou enuiron : & desia estoient en possession du pays, que nous nommons maintenant de leur nom, quand les Visegots se vindrent ensaisiner de l'Aquitaine. Ny ne se trouue que pour lors les François se fussent grădement auancez en ce pays, comme auoyent fait les Visegots ou Bourguignons. Bien est il à presumer que Pharamond premierement, puis son successeur Clodion, voyans l'Empire en tel desordre, ne demouroient ce temps pendant engourdis, estans d'vn naturel instinct, comme tous leurs deuanciers, adonnez à entreprinses hautaines. Aussi qu'ils estoiĕt à cela taisiblement semŏd (qui fut la consommation de malheur du tout l'empire) par les factions & intelligences de Stilicon, beaupere de l'Empereur Honore, lequel ayant toute son entente fichee à faire tomber la couronne de l'empire, de son gendre Honore en la personne de son filz Euchere, brassoit sous main auec les nations estranges toutes manieres de troubles, à fin que plus aisément il peust venir au dessus de ses attaintes, quand Honore de toutes parts seroit reduit à l'estroict & angusties d'afaires. Tellement que de ce temps là, cest à dire sous Honore, il ne fut malaisé à Pharamond, puis à Clodion occuper les terres que tenoyent au parauant les Romains le long du riuage du Rhin, desquels Roisle dernier feit quelques courses sur le Cambresy. Car quand à Pharamond, il est certain & sont toutes doctes personnes d'auis, qu'il ne penetra iamais iusques à nous : comme il est assez facile de retirer de Paul le Diacre (.à fin que, peut estre, on ne pense que ie parle par cœur de cecy) en la vie de Gratian : auquel lieu deduisant les menées sourdes de Stilicon auecques les Suéues, Bourguignons, Allains, & Vvandes, pour moyenner par leurs troubles l'empire du

F iij

„ Ponant à ſon filz: Parquoy (dict-il) l'He-
„ ſpaigne Betique echeut aux Vvandes: le
„ pays de Galice, aux Allains & Sueues: aux
„ Gots, le Tholoſain & Láguedoc: aux Cat-
„ tiens & Allains, la Catelongne. Pendant
„ leſquelles mutations, Aetius gouuerneur
„ des Gaules (qui n'eſtoyent tombées en
„ la puiſſance du Got ou Bourguignon) en-
„ tretint touſiours en debuoir deſſous l'Em-
„ pire, le Touringeois, Angeuin, & le Bre-
„ ton. Ce neantmoins entre ces grandes re-
„ uoltes les François commencerent à le-
„ uer la creſte. Et ores que pour quelques
„ fois ilz euſſent eſté repouſſez par Aetius
„ en leurs pays, ce neantmoins voyans leur
„ apoint ſous la conduite de Cleon & Ne-
„ ronée radoubans leur force & puiſſance,
„ commencerét à courir les Gaules, & dreſſer leur ſiege & royaume és villes d'Orleans & Paris. Là où, à mon iugement, au
lieu de Cleon & Neronée, il faut lire Clodion & Merouée: & à tant peut on à plus
pres voir par là, de quel temps les François
aborderent en ce pays, & que Pharamond
ne paſſa de gueres les bornes du Rhin,
ains ſans plus Clodió ſon filz, & apres luy
Merouée, qui entre les autres François ſe
donna la premiere loy de ſe promener

hardiment par la Gaule, soit que par force d'armes, il s'ouurit la voye en ce pays, ou que par capitulation faicte auec les Romains luy fut donnée assiete en ceste Gaule. D'autant que du temps de Valentinian le tiers il se trouua auec Aetius en la bataille, qui fut donnée vers Chaalons contre Attile Roy des Huns. Et pour ceste cause noz ancestres le recognoissans quasi comme premier Roy, qui passa en ce pays, appelloient de luy les Françoys, Merouingiens. Depuis luy regna Childeric, qui fut chassé, puis remis, & eniamba assez auant en la Gaule. Pendant lequel temps Boniface gouuerneur du Pays d'Afrique, pour quelque maltalent qu'il auoit conceu contre Valentiniam Empereur troisiesme de ce nom, donna entrée en son gouuernement à Genseric Roy des Vuandes, qui lors estoient mal menez des Visegots en Hespaigne. Ainsi ayant d'vn costé les Visegots defalqué l'Aquitaine, & Hespaigne de l'Empire, les Bourguignons toute la coste fertile de la Gaule, possedée deuant eux par les Sequanois, les Vvandes l'Afrique, les François premierement du temps d'Honore sous Pharamond, les places ioignantes au Rhin,

F iiij

puis sous Valentinian le tiers, quelque villes de la Belgique & Celtique, finablement nasquit entre ces eclipses, vers le temps de Leon & Zenon Empereurs de Constantinople ce grand Roy Luduith, ainsi nommé par les Alemans, ou Luduin (en la façon qu'il est appellé és epistres de Cassiodore) lequel nous auons, selon la commodité de nostre langue nõmé Clouis, auquel, à bien dire, nous deuons rapporter la vraye entrée, & ensemble la promotiõ des Frãçois en ceste Gaule : d'autãt que les quatre premiers se tenans tousiours clos & couuerts, & ayans la grãdeur du nom de cest Empire Romain pour suspecte, n'auoient faict que temporizer, espians (comme ie croy) leur oportunité pour s'auancer : Laquelle se trouua par la magnanimité & prouësse de ce grãd Roy, qui extermina de tout poinct toute la puissance des Romains, sans que depuis ils y ayent eu aucun regrez. Et pour autant qu'il luy restoit encor à gaigner tout le pays que tenoiẽt les Bourguignons & Visegots, pour le regard des Bourguignons ils furent par deux subsecutiues defaictes renduz à luy tributaires, & finablement leur royaume du tout aboly par ses quatre fils. Et quant aux Viſegots, ne pouuant demourer de requoy qu'il n'euſt la ſouueraineté entiere de la Gaule, il leur liura dure guerre, en laquelle Alaric leur Roy fut en champ de bataille mis à mort de ſes propres mains. Au moyen dequoy apres telle roupte luy fut aiſé d'vſurper vne grande partie de ſes pays: le reſte demourant és mains de Theodoric Roy d'Italie, cõme tuteur d'Amalaric fils d'Alaric: lequel Amalaric, ayant prins à femme l'vne des filles de Clouis, & luy donnant mauuais traictement, fut finablement tué en champ de bataille par Childebert, auec ſi grande perte des ſiens, que depuis la memoire des Viſegots s'eſuanouyt en la Frãce, tout le peu qui reſtoit de ceſte bataille, prenant la fuite vers les Heſpaignes. Ainſi n'y auoit plus qu'vne partie de la Prouence, qui, ſous vmbre d'vne curatelle, eſtoit demourée és mains des Oſtrogots ſucceſſeurs au pays d'Italie, de Theodoric: toutesfois fut le tout remis és mains des enfans de Clouis, lors que l'Empereur Iuſtinian, par l'entremiſe de Beliſſaire, liura la guerre à Theodar, puis à Vitige leur Roy: craignans iceux Oſtrogots, qu'eſtans d'vne part épeſchez cõtre l'Empereur, les

François (qui lors estoient fort redoutez) ne leur donnassent d'vn autre costé à dos. En effect, voila comment les François se feirét vniuersels possesseurs de ceste Gaule: ayans premierement par diuerses courses donné mille algarades aux Romains: de là sous Valentinian premier, s'estans mis en tout deuoir de fourrager ceste Gaule: puis à meilleures enseignes auec leur Roy Pharamond ayans occupé du temps d'Honore, les appartenances du Rhin: & sous Valentinian le tiers, vne partie de la Gaule, iusques à la venue de Clouis, qui meit fin à leurs longs proiets. Toutesfois pour autant que nous auons n'agueres fait mention des Ostrogots & Visegots, qui tindrent pour vn temps quelques parties des Gaules, il ne sera, peut estre, hors propos, si nous deduisons sommairement, ce qui en fut, estant vne histoire, qui tombe ordinairement en propos, neantmoins non de tous entendue.

De l'entrée, progrez, & definement de la Monarhie des Gots.

CHAP. VIII.

Es Gots, qui furent peuples sortiz des pays montaigneux d'entre la Scithie & l'Alemaigne, se logerent premierement vers les finages de la Thrace. Auquel lieu receuans mauuais traittement des gouuerneurs de l'Empire, commencerent à se bander & piller tout le plat pays: tellement que par vne heureuse bataille qu'ils eurent, en laquelle l'Empereur Valens & toute la noblesse Romaine & Gregeoise fut mise à mort, commencerent à leuer la teste. Et de faict, partagerent ensemblement par esperance cōmune, l'Empire, dont les aucuns prindrent le Leuant pour leur lot, qui furent nommez Ostrogots, c'est à dire en leur langue Gots Orientaux: & aux autres escheut le Ponant, sous la conduite d'Alaric, lesquels on nomma Visegots, qui sonnoit en Gottique autant comme Gots Occidentaux. Estans doncques iceux Visegots arriuez sur les marches d'Italie, l'Empereur Gratian, pour d'estourner de luy cest estourbillon, leur octroya pour demeure tout le pays d'Aquitaine: duquel se voulās mettre en possessiō apres le deces de Gratian, Stilicon (qui, cōme beaupere d'Honore fils de Gratian, tenoit toutes les affaires de l'Empire Occidental en sa main) espiant son apoint, lors qu'ils voulurét passer les monts, leur donna vn iour de Pasques à doz: qui les irrita tellement, que rebrouſ-sans-chemin, tournerent visage vers l'Italie, laquelle ils mirent à sac, & prindrent la ville de Rome d'emblée: de là poursuiuans leur routte plus loing, au milieu de leur entreprinse mourut Alaric leur Roy: auquel succeda Ataulphe, qui pour la seconde fois retournant vers Rome, apres auoir glané tout ce qui y estoit demeuré de la premiere despouille, enleua Placidie sœur de l'Empereur, & par les prieres d'elle s'achemina suiuāt leur premier dessein en Aquitaine, dōt il se feit possesseur, chas-sant les Vvandes (qui peu au parauant l'a-uoient vsurpée) aux Hespaignes. Apres luy regna Rugeric: puis Vallie, qui chaſſa les Vvandes totalemeut des Hespaignes: puis Theodoric, qui, s'estant ioinct auec Aetius & Merouée, fut tué en la bataille contre Attille: & succeſſiuement Thorismond, Theodoric son frere, Eurit, Alaric, gēdre de Theodoric Roy des Ostrogots, & finablement Amalaric son fils, qui fut tué par Childebert Roy de Frãce: auquel faillit en ceste Gaule le nom & la puissance des Visegots: qui prindrent de là en auant leur accroissement en Hespaigne. En ce pendant les Ostrogots (qui tenoient lors l'Italie) depuis la mort d'Alaric (comme i'ay dict au chapitre prochain) s'estoiét saisiz d'vne partie du Languedoc, & Prouence sous vmbre de la tutelle d'Amalaric: auquel (combien que venu en aage de regner) ils restituassent ses terres, si y auoient ils tousiours garnisons, tellement qu'apres sa mort ils en demeurerent seigneurs. Pour laquelle chose entendre plus parfaictemét, il faut sçauoir que les Gots, qui apres la deffaite de Valens estoiét de mourez en la Thrace, eurét plusieurs grãdes trauerses. En sorte que pour quelque téps ils furét reduits sous la puissãce d'Attile Roy des Huns, auec lequel mesmemét ils se trouuerét le iour de la bataille q̃ fut donnée côtre Actius. Neantmoins apres la mort de luy cõmença la châce à tourner, faisans la guerre aux Huns, & encontre plusieurs autres nations, desquelles ils se feirent maistres sous le Roy Theodemir, au grand dommage de l'Empire: & mesmes pour quelque despit qu'ils eurent côtre l'Empereur Martian, coururent tout l'Illyric: toutesfois depuis par traicté de paix Theodoric fils de Theodemir fut baillé en ostage à Martian. Mais l'ostage depuis rendu, & faisans guerres de plus deau finablement en paix faisant leur fut bonné par l'Empereur Zenon certain pays pour assiette. Et depuis Theodemir allé de vie à trespas, Theodoric son fils luy ayant succedé à la couronne, fut grandement cheri par Zenon, estant mesmement long téps à sa suitte, pour la cognoissance qu'il auoit euë de luy au precedent, durát le téps de son ostage. Pendans lesquelles choses Odoacre Roy des Eruliens de simple sodat ayant occupé l'Italie, Theodoric, du consentement de l'Empereur laissant la Thrace, penetra iusques à Odoacre: lequel estant, pour l'abreger, par luy meurtry, il se feit couronner (par l'adueu de Zenõ) Roy de toute l'Italie: Prince certainement grand & debonnaire en toutes choses, fors que sur le declin de son aage, pour quelque ialousie de regner, il souilla ses mains au sang de Boece & Symaque. C'est celuy qu'en l'autre chapitre ie disois auoir vsurpé souz le nõ de son arriere fils Amalaric (car Alaric pere de luy auoit espousé vne siéne fille) vne partie de Lãguedoc & de la Prouéce. Apres luy regnerent Alaric fils d'Amalassôte sa fille, Theodat, côtre lequel Iustinian Empereur sous les estendars de son grãd capitaine Belissaire entreprit de reduire l'Italie sous l'anciéne obeïssance de l'empire. Lequel Theodat se voyãt assiegé d'affaires de tous costez, feit accord auec les François (qui ne sortit toutesfois pour lors effect, estant preuenu de mort) par lequel fut capitulé qu'il mettroit entre leurs mains le demeurant de la Gaule, qui estoit des appartenãces des Gots. A luy succeda Vitige le mal heureux, lequel & aussi tout son Royaume apres quelques reuolutions d'années tomba en la puissance de Belissaire. Ce neantmoins les Ostrogots reprenans depuis cœur creérẽt Theudibault pour leur Roy, & redoublans leurs forces sous Totille son successeur, coururent toute l'Italie, & reprindrent la ville de Rome. Apres lequel regna Teïe, qui par vne rencontre qu'il eut côtre Narses lieutenant de l'Empereur, fut tué auec telle defaite des siens, que deflors fut le nom, & la crainte des Gots desracinée de l'Italie. Depuis le partement de Belissaire, & la neuuelle vẽuë de Narses, les Gots voulans encor iouër des cousteaux pour le recouurement d'Italie, les histoires diét que adonc craignās que les Frāçoiz feissent quelques troubles ou empeschemens à leur entreprise, ils les inuestirét du reste des terres qu'ils tenoiét en la Prouence & Lāguedoc. A quoy mesmement de son gré condescendit l'Empereur, combien que ces pays fussent de son ancien dommaine. Ainsi la fin & ruïne des Visegots & Ostrogots, fut l'auancement des Frāçois, qui demourerent par ce moyé paisibles de toutes les Gaules, perpetuans leurs noms & seigneurie iusque à auiourd'huy sans tomber en main estrangere.

Du progrez des Bourguignons en la Gaule, & pourquoy ilz furent ainsi appellez.

CHAP. IX.

CE peuple au parauant que arriuer en la Gaule, estoit cōsinant aux Alemans (car lors la Germanie n'estoit encor appellée Alemaigne, d'vn nom general) & eut vne coustume fort estrāge & farouche à l'enl'endroit de ses Roys auāt q̃ d'occuper ce pays: car cōme dit Ammiā Marcellin, il eſtoit couſtumier de les deietter de la courōne, en cas de malheureux ſuccez, ou meſmemēt, ſi la terre leur euſt manqué de foy, & failly à leur rapporter pour quelque année. Au ſurplus en ce grand degel de toutes nations contre l'Empire, ils abordorēt en la Gaule peu après que les Viſegots ſe furent emparez de l'Aquitaine, toutesfois auec vne fortune qui leur fut de courte durée: d'autant que leur monarchie ne ſe cōtinua qu'en la ſuitte de trois ou quatre Rois pour le plus. L'vn des premiers, dōt la cognoiſſance eſt venuë iuſques à nous, eſt Athanaric, puis Gondochie, qui fut tué par Attile en la bataille contre Aetius: le tiers Childeric, pere de Clotilde, meurtri par Gondebault ſon frere quatrieſme Roy, que Clouis rendit tributaire à la courōne de France : & ſuiuamment ſon fils Sigiſmond, lequel contreuenant aux accords & pactions paſſées contre Clouis & Gōndebault, fut ietté & toute ſa famille dans vn puis par les enfans de Clouis. A luy ſucceda Gondemar ſon oncle, auquel faillit la race des anciens Bourguignons : tombant le Royaume en vne autre nation, c'eſt à

G

dire és mains des François, & de Theodoric Roy de Mets fils de Clouis, & apres sa mort à Theodebert son fils, qui acquit plusieurs villes & seigneuries sur le Pau pendant la guerre des Ostrogots: auquel succeda Thibault, non de telle faction & entreprinse que son pere, lequel decedant sans hoirs procréez de son corps, tout l'estat de la Bourgongne, côme semblablement de Mets, fut vny en la personne de Clotaire Roy de France. Ils furent nommez Bourguignons selon l'opinion d'Orose, parce qu'ayans sous la soulde de Druse & Tibere vaincuz par plusieurs fois les Germains, ils commencerent à croistre tant en renommée & credit, qu'en multitude de peuple. Au moyen dequoy bastisans sur le Germain plusieurs villes, lesquelles ils appelloient Bourgs, furent de leurs voisins appellez Bourguignons, & de nous autres par maniere de moquerie Salez, lequel surnom ie croy auoir esté par eux apporté du pays de Germanie en ceste Gaule: pour autant que tant qu'ils residerent au pays de là le Rhin, ils querelerent perpetuellement contre les Alemans leurs salines. Ce que ie tire d'vn passage d'Ammian Marcellin au vingthuictiesme liure de son histoire, où il dict que Valentinian, voyant que les Alemans s'estoient opiniastrez à faire guerre sans cesse aux Romains, s'auisa apres plusieurs conseils debatus en son esprit, de leur donner en contrecarre les Bourguignons. Parquoy escriuit à leurs Roys quelques lettres sous main pour c'est effect, lesquelles furent d'eux (dict cest autheur) fort bien receuës pour deux raisons: la premiere, pource que de toute memoire ils rapportoient leur ancié estre aux Romains, comme s'ils fussent extraits d'eux. Et aussi qu'à l'occasion de leurs salines, & semblablement de leurs frontieres, ils auoient de tout temps infinies querelles auec les Alemans. Qui nous peut donner à penser, que leurs voysins, les voyans en ce poinct picquez, & continuer leurs discordes à l'ocasion du sel, s'induirent facilement à les appeller Salez.

Que les Romains presagissoiēt la Ruine de leur Empire deuoir venir de la Germanie: & de quelque fatalité qu'il y a eu en ce pays là, pour le declin de l'Empire.
CHAP. X.

G ij

Si ie ne m'abuse, i'ay noté deux passages dans Cesar, par lesquels il semble taisiblement monstrer qu'il eut en grand doute les Germains: quoy que soit que tous ses desseins tendoient à ne permettre qu'ilz s'empietassent tant soit peu de quelque païs l'imitrophe au Romain: craignant que ce ne leur fust occasion à entreprise plus hardie au dómage de la republique de Rome. Au premier liure de ses memoires de la Gaule, vous trouuerez qu'estant venu à chef des Heluetiens (que nous appellons ores Souisses) & les ayans pris à mercy, il leur cómanda de retourner en leur païs, & de rebastir leurs villes, qu'ils auoiēt au parauant arses, en intention de se rendre paisibles possesseurs de la Gaule. Et fut induit
,, Cesar à ce faire, cõme il dit, pour autant
,, qu'il ne vouloit que ce pays demeurast
,, longuement en friche: craignant que ce
,, ne fust occasion aux Germains, de se desborder de leurs limites, & s'emparer de ceste contrée là, qui estoit cõtiguë à la Prouence, lors subiette au peuple Romain. Et peu apres au mesme liure, oyāt Cesar que Ariouist Germain auoit occupé quelques

terres du Sequanois, voulant contre luy entreprendre le party & protection de la Gaule (côme il difoit, mais en verité pour le profit de luy ou de fa patrie, côme l'effect demôftra) apres quelques propos par luy deduits fur la caufe & motif de fon entreprife, adioufte tout d'vne main : Et d'accouftumer dit-il, petit à petit les Germains à outrepaffer le Rhin, & aborder en la Gaule auec grâd nombre de gendarmes, il luy fembloit eftre chofe fort chatouilleufe, fpecialllement pour le peuple Romain. Attendu que ces hômes barbares & farouches, s'eftans vne fois appriuoifez de la Gaule, ne s'en garderoient iamais, nô plus qu'au parauant les Cimbres & Teutones, qu'ils ne donnaffent iufques en la Prouence, & de là iufques en Italie. De ce paffage i'apprens deux chofes, dont l'vne n'appartient au prefent fubiet, mais eft ce neantmoins notable pour les Princes & grands feigneurs, qui doiuêt fur tout empefcher que leurs voifins, & ceux dont à la longue ils pourroient encourir mefchef, ne s'agrandiffent facilement pres de leurs portes, encores que pour l'heure prefente cefte grâdeur ne fe tourne à leur defauantage: mais (ayâs plus d'efgard à l'aduenir

G iij

qu'au present)ils repensent que la conuoitise des hōmes est sans bride, & qui iamais ne treuue assouuissement: si que plus ilz croissent en auctorité & grādeur plus veulent ils s'augmenter en accroissement de pays. Ceste maxime fut fort bien entendue par Cesar, & depuis par ceux, qui ont eu quelque commandement au pays d'Italie, lesquels sont coustumiers faire ligues pour supprimer & aneātir la puissance de celuy qu'ils voyent trop heureusement prosperer, iaçoit q̄(peut estre) sur son aduenemēt ils fauorisassent son party: cōme de la memoire de noz ayeux aduint au roy Charles huictiesme en son voyage de Naples. Quant au discours du present chap. vous pouuez voir par ces deux passages, que les Romains auoient ia les Germains pour suspects, cōme gens du tout aguerris & exposez au fais & trauail de la guerre. Au moyen dequoy ce gentil Iules Cesar, d'vn esprit militaire, & preuoyant de longue main le desastre, qui par eux pouuoit aduenir à l'Empire, leur vouloit coupper toute broche, & oster tout moyen de sortir hors de leurs pays. Chose que depuis ses successeurs eurent en mesme recōmandation. Car estant l'ordre de la republique devolu en la personne d'vn seul, ils entretindrent bien longuement le long du Rhin sept ou huict legions Romaines (tantost plus, tantost moins, selon les occasions) esquelles consistoit la plus grand force de l'Empire, tant pour liurer la guerre aux Germains, que pour leur estre vn perpetuel retenail aux courses qu'ils eussent peu faire sur le territoire du Romain, & leur barrer le trauers de la riuiere du Rhin. Et toutesfois ie ne sçay quel heur il y a eu en ce pays de Germanie : car encor que la plus part des progrés des Empereurs de Rome fussent fichez celle part, si n'eurent ils iamais fortune si fauorable, qu'ils s'en peussent dire seigneurs & maistres: & au contraire, y receurent plusieurs grandes hontes & routes : comme fut la desconfiture du temps d'Auguste des trois legions sous la conduite de Quintile Vare, qui fut telle, qu'à peine en rechapa il vn seul pour en venir rapporter nouuelles. Et mesmement quant à Iules Cesar, combien qu'il fut l'vn des premiers qui oza percer iusques à eux, toutesfois il ne les feit que recognoistre sans coup ferir : & encor racompte lon entre l'vn de ses malheurs, qu'il y perdit deux de ses principaux capitaines, Titie, & Aronculeie. Bien est vray, que Germanic & plusieurs autres Princes de Rome leurs dresserent maintes escarmouches, toutesfois iamais fortune ne permist qu'ils s'en rédissent paisibles. Mesmement incontinent qu'ils les laisserent plus que de coustume en requoy (qui fut apres la transmigration de Constātin à Bizance) soudain se trouuerent ces Germains dresser à l'Empire Romain cēt mille trousses & algarades, ayans de fois à autre du pire, mais ordinairement plus du bon: tant que finablement apres auoir esté lōg temps d'vne part & d'autre en balāce, ils demembrerent petit à petit de ce grand Empire vne grāde partie de leurs prouinces. Sous Honore, & apres sous l'vn des Valentiniens les Vvandes, Sueues, & Allains occuperent les Hespagnes: les Gots qui confinoient à l'Almaigne, l'Aquitaine: les Bourguignons, les Sequanois: les François, la Gaule Celtique: les Pictes & Escossois, celle partie de la grande Bretaigne dicte Escosse: les Anglois & Saxons, l'autre partie que nous appellons de leur nom Angleterre: & les Lombards sous Iustin, la Gaule qui estoit par les Italiens appellée Cisalpine. Voire qu'il semble (voyez que peut vne opiniastreté fichée au cerueau d'vn peuple vsité à la guerre) qu'estant venu à neant tout l'honneur & Empire de Rome, & depuis releué par nostre Charlemaigne, toutesfois si ont ils voulu tirer deuers eux encor ce tiltre d'Empereur, quasi cóme derniere despouille de la grãdeur des Romains. Et la plus grand part des Royaumes, qui depuis lõg temps furent, & encor sont en vogue au Ponant, prindrent leur origine d'eux. Lesquels estans policez de la façon qu'ils sont auiourd'huy, ie puis dire que tout ainsi que les Iardiniers entent sur sauuageons greffes dont le fruict est souëf, & du tout contraire à son pié: aussi de ces gens brusques & grossiers (ie les nomme grossiers, eu esgard aux conditions qu'ils auoiét, quand ilz s'esparpillerent parmy les natiõs estrãges) sont yssues les monarchies comme la nostre Françoise, l'Hespagnole, & l'Angloise, qui florissent en bonnes coustumes & ordonnances sur toutes autres nations.

Des Bretons Gaulois, que quelques vns estiment auoir emprunté leur nom de ceux de la grand Bretaigne.

CHAP. XI.

L'OPINION de plusieurs François est (ne sçay en quel endroit peschée) que ceux de la grand Bretaigne, estans vers le téps de Theodose & Valentinian, grandement offensez des Pictes & Escossois, & non secourus des Romains, apres auoir plusieurs fois imploré en vain leur aide, furent contraincts de creer vn Roy de leur nation nommé Voltiger: par l'auis duquel ilz appellerent à leur secours les Anglois & Saxons, peuples de la Germanie, adoncques fort redoutez. Lesquels, ayans fait voile vers la grand Bretaigne, prindrent la protection du pays sur leurs bras, auec plusieurs heureux exploits d'armes qu'ils executerent contre les Escossois. En façon que pour leurs victoires, fauorisez du Roy Breton il leur feit assigner pour certain téps quelque territoire, dans lequel (allechez de la fertilité du pays) ils commencerent sous main à se fortifier côtre les aduenuës des Bretons mesmes. Laquelle chose leur succeda si apoint, que les pauures Bretons furent finablement contrains leur quitter le lieu & la place : demeurant le Royaume és mains des Anglois. Au moyen dequoy quelques vns, qui se sont meslez d'escrire entre nous ont imaginé que les vrays habitans, bannis de leurs propres demeures, forcez en tout desespoir de se pourchasser nouueaux sieges, singlerent vers ceste coste des Gaules, que noz ancestres appellerent Amorique : laquelle estant par eux prise d'emblée, la nommerét de leur nom Bretaigne. Ceste histoire tiét en tout lieu de verité, fors vers la fin. Car d'estimer que les Bretons d'outremer occupassent (depuis leur desconuenue) aucune partie de la Gaule (au moins auec telle puissance, qu'ils y eussent peu fonder leur nom) c'est vne opinion qui a esté controuuée pour la conformité des deux noms. Et est certes la verité (recogneuë mesmement par les histoires Anglesches) qu'apres que les Anglois & Saxons eurent entierement reduit sous leur deuotion la grand Bretaigne, ils confinerét les vrays Bretons en vn arrierecoing de la côtrée, nommé Gales. Qui fut cause que les Bretős, se ressentans tousiours du tort que leur tenoiét les Anglois, eurent plus de quatre ou cinq cens ans vn Royaume de Galles separé d'auec celuy d'Angleterre. Et depuis estans vnis par force sous leur obeissance, tousiours furent les premiers, qui tindrent promptement la main aux seditions & reuoltes. Parquoy si onc ques les Bretons eurét occasiō de baptizer l'Armorique du nom de Bretaigne, ce qui ne leur aduint iamais, ce fut lors, que sous l'aueu de Maxime, qui s'estoit faict proclamer Empereur de Rome en la grand Bretaigne, vn sien lieutenant nómé Conā s'en empara d'vne partie auec vne infinité de Bretons, sous ferme propos d'y continuer sa demeure. A raison dequoy mesmement pour faire nouuelle peuplée de gens de sa nation, manda querir iusques à vnze mille, que femmes, que filles: lesquelles par fortune de mer perirent toutes. Non pourtant que pour cela Conan depuis, ny les gentilshommes de sa suitte fussent demeuz de leur entreprinse, ains s'habituerét en la Gaule, où ils donnerent commencement au Royaume de nostre Bretaigne, laquelle au parauant auoit tousiours esté gouuernée sous la generalité de ceste prouince Gauloise: Qui est le temps, à mon iugement, qui donna le premier cours à la langue que nous appellons Bretonne bretonnante, & feit separation entre le Breton Galois & le Breton Bretonnant, par vn redoublement de mesme parolle, comme si noz anciens eussent voulu dire, qu'vne partie des Bretons qui habitoient és Gaules auoiét aprins à Bretonner en la maniere du Breton d'oultremer. Car quand au mot de Bretaigne, il est certain que la nostre estoit ainsi appellée de toute ancienneté, & du temps mesmes des premiers Empereurs, comme nous pouuons apprendre de Pline en la description des Gaules, qui est plus de cinq cens ans au parauant la venuë ny de Conan, ny des Anglois. Au contraire ie diray cecy pour recommendation de noz Bretons, si nous croyons Bede homme natif de Angleterre, & qui florist vers le temps de nostre Pepin, ceste isle de la grand Bretaigne, au parauant appellée Albion, fut depuis ainsi nommée Bretaigne par les Bretons Gaulois, qui s'en estoient faicts maistres long temps deuant la venuë de Iules Cesar. Et à dire le vray, noz Bretons ont esté tousiours gens de guerre, & qui par priuilege speciel seuls entre tous les autres peuples de Gaule se sont dispensez de la domination des François. Bien est vray, que comme dit Gregoire de Tours, ils furent debellez par Clouis, & encores sous Chilperic ils estoient gouuernez par Comtes qui obeissoient aux François, toutesfois dés le mesme temps ils commécerent à se reuolter, & ne vouloir de là en auant dependre que de leur seule authorité & puissance iusques au temps de Dagobert, qui les rédit tributaires. Toutefois depuis ce temps ils eurent tousiours eu Roys ou Ducs extraits de leur ancien estoc, & n'ont noz Roys establis gouuerneurs en leurs pays, comme aux autres Prouinces. Qui est la cause, pour laquelle en ceste generale diuision, & aristocratie de Pairs leur Duc n'y fut ennombré, côme celuy qui faisoit ses besongnes apart, & qui ne dependoit de l'anciéne police de nos Ducs, qui d'vne office viagere & temporelle, en feirent vne perpetuelle, côme i'entends deduire au second liure de ce mien œuure. D'autant que le Duc de Bretaigne, pour s'entretenir en grandeur, temporisa tousiours selon les affaires, & occasions des saisons, tâtost ne voulant tenir son authorité que de Dieu & de l'espée, comme l'on veit du temps de

Louys le Debonnaire, & de Charles le Chauue, qui, pour ceste cause, le guerroyerent longuement auecques diuerses fortunes tãtost s'il se sentoit plus foible, nous recognoissant pour souuerain: vne autrefois, si la necessité le forçoit pour quelque desastre qui nous fust suruenu, recognoissant tenir ses biens de la couronne d'Angleterre. Cõme de la memoire de nos ancestres, nous en veismes vn exẽple notable (afin que ie ne m'amuse aux autres qui sont de trop longue recherche) du temps de Philippe de Valois entre la maison de Blois & celle de Montfort, qui querellerent longuemẽt pour la succession du Duché, auenuë par la mort de Iean Duc de Bretaigne. Philippe de Valois ayant prins en main la cause du Blesien, lequel luy en auoit faict foy & hommage : & Edouard Roy d'Angleterre, le party de Iẽa de Mõtfort, qui d'vn autre costé aduouoit tenir sa terre de l'Anglois: iusques à ce que ceste querelle ayans prins fin par la mort de Charles de Blois en la iournée d'Aulroy, & le Duché demeurãt au Cõte de Montfort du consentement du Roy Philippe, il nous en feit lors pour luy & ses successeurs recognoissance & hõmage, qu s'est

depuis continuée iusques à la mort de ma
Dame Anne de Bretaigne fille vnique du
Duc François : laquelle coniointe en premieres nopces auec Charles huictiesme, &
depuis auec Louys douziesme, annexa à
la couronne de France le Duché par ma-
Dame Claude sa fille aisnée, mariée auec
François premier de ce nom, duquel mariage nasquit nostre Roy Henry, n'agueres decedé, à bien dire premier entre tous
noz Roys, qui fut Roy de France & Duc
de Bretaigne.

*Des Northmans, nouueau peuple de la
Germanie, qui occuperent quelque partie
de nostre Gaule.*

C H A P. X I I.

IL sembloit, que l'Ale-
maigne deust demourer
quoye dans ses fins, &
limites : ayans au declin
de l'Empire les Huns,
Alains, Vvandes, Bour-
guignons, Visegots, O-
strogots, François, Anglois, & Lombards
(car ie voy qu'idnifferemment lon con-
fond ces

fond ces pays sous la Germanie, encores qu'il y en eust quelques vns qui en fussent seulement voisins, ietté leur feu & donné plusieurs tesmoignages de leur vaillantise, toutesfois restoient encor les Daciens ou Danois à faire monstre de leur vertu. Ceux cy du temps de Theodebert, Roy de Mets, feirent quelques courses contre les Thoringiens. Depuis ce temps leur nom ne fut grandement mentionné en la France, iusques au regne de Charles le grand, auquel temps ilz n'attenterent aucune chose contre la France. Bien est vray, qu'ilz degasterent en la Germanie ou Alemaïgne [ces mots nous sont pour le iourd'huy indifferens] quelques pays de noz appartenances: mais craignans la fureur de nostre grand Roy, meirent bride à leurs entreprinses, espians temps plus opportun, qui se trouua sous le regne de Charles le Chauue, auquel ceste grande ardeur des Martelz se trouuoit ia toute refroidie. Et encor d'auantage sous Carloman, qui fut contraint pour obtenir d'eux quelque relasche, par vne paix ignominieuse leur promettre douze mille liures de tribut. Durant laquelle saison, pour les partialitez qui voguoient entre les Roys d'An-

H

gleterre, donnerent plusieurs affaires aux Anglois, le plus du téps rapportans d'eux plusieurs belles despouilles & victoires, & quelquesfois s'enfuyans auec leur courte honte, selon que le vent de la guerre leur donnoit en pouppe, ou non. En quoy ils poursuiuirét leurs desseins auec telle opiniastreté, qu'en fin de ieu, ils demeurerent maistres du tablier, c'est à dire paisibles du Royaume d'Angleterre par l'espace de vingt & huict ans, sous leur Roy Suenon & son fils Danut. Les heureux succés, que ils auoiét en ceste coste d'Angleterre, occasionnerent quelques autres de leur nation à semblable rauage en la France. Partant sous la conduite de Raoul s'achemina à ce degast vne grande quátité de Danois, appellez Northmans, pour autant qu'au pays de Dace, ils tenoient le quartier du Septentrion. C'estoit chose assez familiere aux Germains de se façonner nouueaux noms, selon les bandes qui se liguoient ensemblement pour entreprendre nouueaux voyages: côme i'ay discouru cy dessus du François & de l'Aleman: qui est la cause, pour laquelle les anciens n'ont eu aucune cognoissance de ces Northmans, non plus que des François & Alemans.

Vray qu'Adon Euesque de Vienne, qui attoucha presque ce temps là, & qui a concluð son histoire en la vie de Charles le simple, faict mention sous Charlemaigne d'vn Vvitiginch prince Saxon, lequel, pour euader le courroux de ce grand Roy, s'enfuit auec quelque trouppe des siens, en Northmandie : & en la vie du Chauue il tesmoigne qu'il eut plusieurs grans affaires à demesler, auec les Danois & Northmans. Qui me fait esbahir pourquoy Raphael Volaterran (homme en toutes choses de grande leçon toutefois) ne veut extraire de la Germanie, ou de Dace les Northmans, ains les dict estre venuz du pays mesmes de la Gaule, d'vn peuple par les anciens appellé Romanduens : ayans comme il dict, faict de ce nom Romand, par corruption de langue, vn Normand. Estant doncques les Northmans (pour retourner au premier fil de mon propos) arriuez en ceste contrée auecques leur capitaine Raoul, si oncques la France se trouua faschée par le trouble de gens estrangers, certainement ce fut lors. Et encores la chose qui plus nous donnoit à penser, estoit, que nous estiõs maniez par vn prince enuironné de toutes pars d'affaires,

H ij

mesmes côtre les siés, d'ailleurs, vn prince, qui pour son peu de sens & conduicte, fut de nous appellé le Simple. Au moyen dequoy entre tât de diuorces il ne fut mal aisé aux Northmans de nous donner mille trauerses. Ils coururent toute la riuiere de Loire: prindrét les villes de Nantes, Tours, & Angers, saccagerét toute la Guiéne, fourragerent vne partie de la Bourgôgne & des enuirons de Paris, mirent sous leur obeïssance Rouén: tellement que le Roy estôné de tels degasts & rauages, fut côtraint par personnes interposées de leur demander la paix, en mariage faisant d'vne sienne fille, nommée Gilette, auecques Raoul, qui moyennant ce, prendroit le sainct caractere de Baptesme: & à tant luy donnoit le Roy & à ses gens pour assiette le pays de Neustrie, lequel il recognoistroit tenit en foy & hommage de la couronne de Frâce. Les peuples de ceste Neustrie (afin qu'auant que m'esloigner plus loin, ie discoure quelque peu sur ce nom) n'estoient par les anciens Romains appellez d'vn seul mot, mais comprins souz plusieurs petites sortes de peuples, côme Lexobiens, Aulèrciens, Eburociens par le nô de chasque cité. Depuis les François arriuans en la Gaule, pour la grādeur de leur royaume, vouluret deſigner leurs peuples ſouz deux noms, dont les vns ſ'appelleret Oſtriens, qui vouloit dire François Oriētaux, & eſtoient ceux qui tenoient les parties du Rhin: & les autres Vveſtriens, c'eſtoient François Occidentaux qui reſſeoient en ceſte Gaule: en la meſme façon q̃ nous voyons que des Gots, les aucuns ſ'intitulerent Oſtrogots, & les autres Vviſegots. Vray que pour la proximité que l'vn & l'autre auoiēt enſemble (meſmemēt aux anciens caracteres des François, comme il eſt facile de voir aux plus vieilles chartres de pluſieurs Egliſes (il fut aiſé par ſucceſsion de temps au lieu de deux Vv, n'y en mettre qu'vn, & puis d'vne Veſtrie faire Neuſtrie. De ceſte ancienne diuiſion viēt, que vous voyez ſi frequente mentiō dans noz autheurs, du royaume d'Auſtraſie : & meſmement quād le Roy Dāgobert mourut, l'on recite qu'à ſon aiſné Sigisbert eſcheut le Royaume d'Auſtraſie, & à ſon puiſné Clouis celuy de France Occidentale. De laquelle diuiſiō y auoit encor apparence, au moins pour le regard de Neuſtrie du tēps de noſtre Debonnaire, quand par accord faict entre ſes enfans à Lothaire eſcheut Rome, auec l'Italie, Prouence, & vne partie de Lorraine : à Louys, le Royaume d'Auſtraſie, c'eſt à dire toute la Germanie iuſqu'au Rhin, & quelques autres de delà : à Charles, toute la Neuſtrie, qui fut le pays, qui depuis luy ſe continuant de main en main à ſes ſucceſſeurs, fut par nous appellé le Royaume de France. En quoy noz hiſtoriographes faillent aſſez lourdement, pour autāt que parlans en ce partage de la Neuſtrie, ils eſtiment que ce ſoit ſeulemēt le pays que nous appellons Northmandie : & neantmoins ils ſont d'accord que le Debonnaire ayant laiſſé à ſon puiſné la Neuſtrie, ſes deux autres fils faſchez de ceſt auantage, après le decés de leur pere, luy feirent vne treſcruelle guerre, en laquelle mourut en vne iournée toute l'ancienne fleur des Frāçois. Comme s'il fuſt à preſumer que Lothaire & Loys, qui eſtoient ſi richement aſſortiz, fuſſent entrez en ialouzie pour vne ſi petite piece de terre, comme eſt la Northmandie : petite, di-ie, au regard d'vne Italie, ou Germanie. Parquoy failloit neceſſairement que ſous le nom de Neuſtrie, fuſt lors entendu la plus grande partie des pays que nous auons depuis le regne du

Chauue touſiours comprins ſous la France. Bien eſt vray que par traite de temps, comme toutes choſes ſe changent, d'vn nom de pays general nous en feiſmes vn particulier, qui eſt celuy qui par la venue des Northmans, fut appellé Northmādie: eſtant de là en auāt reiglé par Ducs (Ducs toutesfois, qui recognoiſſoient le Roy de France pour ſouuerain) deſquels le premier fut Raoul, qui au ſainct ſacrement de Bapteſme eſchangea ſon nom en celuy de Robert, prince de grande recommandation, ſoit que nous conſideriōs ſes memorables faicts d'armes, ſoit que nous ayons eſgard au commun cours de iuſtice qu'il eſtablit en ſon pays: bref, tel qu'il failloit pour donner longue continuation à ſa poſterité & lignee. Auquel ſucceda Guillaume, ſecondant aſſez en vertuz & bonnes complexions ſon feu pere, mais comme voulut ſon malheur, il fut tué par les aguets & embuſches d'Arnoul Comte de Flandres: qui apporta depuis quelques mutations à la Northmandie. Car Loys Roy de France prenant à ſon auantage que ceſtuy auoit laiſſé pour heritier vn ſien fils aagé ſeulement de deux ans, pretendoit le depoſſeder premierement par menees puis par inimitiez ouuertes. Dont s'esmeurent apres grandes querelles, qui s'assopirent par les fréquétes descouenues de Loys, & finablement par sa mort. Et cóme ce Duc eut deux enfans, l'vn masle nómé Richard, l'autre femelle appellee Emme: à son duché succeda Richard, qui fut second de ce nom: & pour le regard d'Emme elle fut cóiointe par mariage auec vn Roy d'Angleterre: affinité, qui accreut depuis grandemene la puissance des Northmans. Ce Richard eut pour successeur vn autre Richard sien fils, qui fut troisiesme de ce nom. Lequel estant assez tost allé de vie à trespas, le duché tóba par droit d'heritage és mains de son frere Robert. Cestuy fut pere naturel de Guillaume, qui pour ses grandes conquestes fut surnómé le Conquerant. Lequel, ayant subiugué l'Angleterre, apprit à ses successeurs le chemin & moyé de tenir vne nation mutine en bride, combien que quelque Latineur de nostre téps, qui a redigé les vies des Rois d'Angleterre par escrit, luy vueil le tourner ceste grande rudesse à blasme, non digerant le naturel du pays, duquel il entreprenoit l'histoire. A la verité, encores qu'il semble que nous autres François

(picquez des anciénes querelles que euſmes auecques les Northmans) leur voulions naturellement mal, & qu'en communs propos meſmement nous deteſtiõs
ceux qui leur ont ſuccedé, ſi faut-il que ie
recognoiſſe franchement, qu'entre toutes
les nations du Ponant, depuis que les autres demeurerent calmes & tranquilles,
ceſte cy principalemẽt s'adõna d'vn cueur
gay & magnanime, à nouuelles conqueſtes. En quoy fortune la fauoriza tellemẽt
que de ce tige, quaſi comme d'vn grand
ſep, ſe prouignerent deux royaumes : en
l'vn deſquels, qui eſt l'Angleterre, leur po
ſterité dure encor : & en l'autre, qui eſt la
Pouille & la Calabre, ſe continua longuement: Et qui plus eſt, ne tint qu'à Robert
Duc de Northmandie au premier voyage
d'outremer, que les Roys de Hieruſalem
ne prinſſent leur commencement en luy.
Quant au royaume d'Angleterre, la con-
queſte qu'en feit Guillaume, & l'Eſcoſſe
qu'il reduiſit ſouz ſon vaſſelage, nous en
rendent aſſez aſſeurez. Et poſé le cas qu'en
Héry ſon fils defaillit ſa lignee aux hoirs
maſles, ſi reprint elle racine en Mathilde
fille de Henry, de laquelle ſortit vn autre
Henry, qui tant de la ſucceſſion de ſes pe-

re & mere, que du costé de sa femme, se
veit en vn temps Roy d'Angleterre, Duc
de Northmandie, & de l'Aquitaine, Cõte
d'Aniou, Poictou, Maine, & Touraine:
qui causa depuis grans trauaux à nostre
France, iusqu'à la venue de nostre Philippe Auguste, que Dieu, ce semble, enuoya
expressement pour faire retourner aux
François les forces, qui sembloient estre à
demy esgarees par la defaillance de cueur
de la plus part de nos Rois. A ce Guillaume le Bastard, combié que le duché n'ap-
partint, ains aux plus proches lignagers
issuz de loyal mariage: ce neantmoins
pour autant que Robert son pere, allant
veoir le sainct sepulchre, l'auoit recom-
mandé à Henry Roy de France, la chose
fut conduite de façon, que Robert estant
decedé auant son retour, Guillaume par
l'entremise de Henry succeda à tous les
hõneurs de son pere. Qui fut cause (voyez
cõme vn malheur nous engendre quelque
fois vn heur) que Guischard, qui estoit
selon le branchage, vray & legitime heritier, fasché du tort qu'on luy tenoit, s'a-
chemina auec quelques compagnies Fran
çoises & Northmandes vers la Calabre
& Sicile. Ces pays, comme plusieurs au-

tres, estoient lors grandement degastez par les Sarrasins, lesquels (depuis que l'Empereur Rhomain eut par force osté des mains de Constantin son pupille l'Empire de Constantinople) s'estoient mis en possession de toute ceste marche: feignans de vouloir aider a Rhomain, de la subiection duquel s'estoient substraits les Siciliens. A cause dequoy Guischard, soubs vmbre de porter faueur à nostre Chrestiété, s'acconduit à ceste entreprinse auec vn vent si propice, qu'au grand plaisir de tout le monde il recourut de la main des Sarrazins toute la Pouille & Sicile. En luy prindrent cómencement par vne nouuelle police, les Rois de Naples & de Sicile: laquelle forme s'est perpetuée iusques à nous. Peu apres les decez de Guischard, fut à Clairmont arrestée la grande & premiere Croisade à l'instigation du Pape Vrbain second. Parquoy Robert fils de Guillaume le bastard, esmeu d'vn iuste deuoir, engagea son duché de Northmandie à Guillaume le Roux son frere, pour entreprendre, auec Godefroy de Bouillon & autres princes Chrestiens, le voyage. Auquel il se porta si vaillamment, qu'apres la conqueste de la terre saincte il fut créé premier

Roy de Hierusalem. Ce qu'il ne voulut accepter, pour l'esperance qu'il auoit de rétrer & en son duché & au royaume d'Angleterre, qui luy appartenoit de droit si tellement qu'à son refus Bouillon & sa succession emporta seulement ce tiltre. Qui ne sont pas traits de petite louange, pour les Normanths. Afin que cependant ie ne passe sous silence, que Richard, duquel Guillaume estoit trisayeul, au voyage de Hiérusalem conquesta le royaume de Chipre, duquel il inuestit les Rois de Hierusalem, lors que leur authorité & puissance se trouua du tout anichilée, par le moyen de Saladin. En maniere qu'en vn peuple Normand se trouuent presque quatre couronnes royales, desquelles il a esté par sa vaillance possesseur : tant eut de vertu & puissance ce sang Northmand, conioint auec l'illustre sang de France.

Du pays de Gascoigne & du Languedoc.

CHAP. XIII.

Ce lieu parauenture requiert, apres auoir faict mentiõ de quelq̃s autres nations, qui butinerent les Gaules, parler semblablement des Gascons, peuples certainemẽt in-cogneuz à noz vieus Gaulois, lors mesmement qu'ils sentirent le desbord de tant de peuples estrangers. Et à vray dire, malaisément que lon puisse bien descouurir en quel temps ils planterent leur demeure en Aquitaine, pour estre leur venue presque oubliée, ou par l'iniure des ans, ou par le nonchaloir de nos ancestres. En quoy mesmement quelques autheurs varient, d'autant que les aucuns (comme Blõde) ne recognoissent les Gascons, sinon d'autant qu'ils estiment qu'ils fussent issuz des Visegots, qui pour quelque temps occuperent l'Aquitaine: voulãs dire que de Visegot, se feit à la longue le mot de Visgot, puis de Vascon, que nous auons dict en nostre langue Gascon. Tout de la mesme façon que nous voyons qu'il n'est pas, hors de propos, d'estimer le pays de Languedoc estre ainsi appellé, quasi comme langue de Got, pourautant que premierement les Visegots, puis apres les Oſtrogots y feirent aſſez longue demeure, ainſi que i'ay deduit autrepart. Quant à moy ie ne faiz aucune doubte que le pays de Languedoc n'ait eſté dit par vne tranſpoſition & alteration de parole quaſi Languedegot : encore que ie ſache, bien que l'erreur commune ſoit telle que l'on eſtime que ce pays ſoit ainſi nommé de ceſte diction Oc, qui ſignifie entr'eux Ouy, pour laquelle cauſe quelques ignorants financiers diuiſent la Frãce en Languedoc & Langued ouy, comme voulans dire que les vns prononcent Oc, les autres Ouy. Mais c'eſt choſe grandement ridicule d'eſtimer que par ces deux dictions affirmatiues l'on ait voulu diuiſer toute ceſte France. Parquoy la verité eſt comme i'ay dit que Languedoc a eſté ainſi appellé par vne corruption de langaige à cauſe de la lãgue de Goth qui s'eſtoit inſinuée plus familierement en ceſte contrée qu'é toute aultre, pour la dominatiõ qu'illecq' auoient eu le Goth. Et de fait liſez tous les anciens autheurs de la France parlants de ce pays la en Latin, ils appellent *linguam Gotticam*. Toutesfois que tout ainſi que pour le regard du Languedoc ie ſuis d'aduis qu'il ait emprunté ſon nõ des Gots

RECHER. DE LA FRANCE. 66

aussi n'accorderay-ie tout au cõtraire à Blõde que le Gascon ait pris sa deriuaison de
Visegot, d'autant que long temps au parauant que le nom de Visegot fut en vsage,
celuy de Gascon estoit cogneu. Car de luy
fait métion Tacite au 10 de ses annales &
Lápride en la vie de l'Empereur Alexãdre.
Et d'eux parle le Poëte Silie Italien, lors
qu'il dit qu'ils n'estoient coustumiers marchans en bataille de porter armet en teste. Et Lampride les pleuuit auoir esté
grandement experts & entenduz en ces
superstitieuses diuinations que les Ethni-
ques tiroyent des oiseaux. Et à ce que l'on
peut recueillir de l'ancienneté, les Gas-
cont feut vn peuple demeurans dans
le Pirené aux confins & frontieres de l'Espagne, non grandement eslongné de l'A-
quitaine, qui feut cause que plus aisément
il gaignat pied cellepart comme nous
pouuons mesmes nous rendre certains de
ces vers que Paulin escriuoit à Ausone.

Quid tu mihi vastos,
Vasconiæ saltus, & pinguida Pyrenæi.
Obiicis hospitia? in primo quasi limine fixus,
Hispaniæ regionis agam.

De rapporter seurement au vray poit le téps

de leur premiere arriuée, cõbié que ce soit chose malaisée, comme maintenant ie disoys, toutesfois, à mon iugement ce peut estre vers le regne du Roy Chilperic, ou peu apres: d'autant qu'au parauant noz autheurs n'en faisans aucune mention, commencent de là en auant à les mettre assez souuent sur les rangs. Mesmes qu'il semble que Gregoire de Tours nous en baille quelque aduertissement au septiesme chapitre du neufieme de ses histoires, quand il dict, que peu apres la mort de Chilperic, du temps que Gontran son frere tenoit vne bonne partie de la France, bien qu'il ne s'intitulast que Roy d'Orleans, descendirent les Gascons des montaignes au plat pays, degastans les chãps labourables & vignes, bruslans maisons & villages, & ensemble menans quant & eux vne infinité de pauures captifs auec leur bestial: contre lesquels se presenta assez souuent Austrouault Duc & gouuerneur d'Aquitaine, combien qu'il y feist assez mal ses besongnes. Depuis ce temps là ils s'empieterent du pays, qui est auiourd'huy de leur nom: ne recognoissans autre seigneur que de leur nation, iusqu'à ce qu'enuiron quarante ans apres ils furent

rent deffaits par Dagobert, & reduits en forme de prouince. En laquelle maniere ils durerent longuement sans grandes reuoltes, excepté vers le temps de Charles Martel. Car tout ainsi que Martel entreprenoit toute puissance & authorité sur le royaume, aussi à son exemple en voulurét faire autât en leur endroit plusieurs Ducs. en maniere que Martel, qui representoit sous son estat de Maire du Palais la personne du Roy, se trouua auoir plusieurs grandes affaires contre Eude Duc d'Aquitaine, aydé en ses entreprinses du Duc de Gascongne. Vers lequel mesmement Gaifer & Hunault enfans d'Eude (desheritez du temps de Charlemaigne du pays qu'ils affectoient) se retirerent, ausquels il donna pour quelque temps assez grand confort & ayde: tant que finablement sous nostre Debonnaire, Loup Duc de Gascongne fut prins, & par l'aduis des Barons de France confiné en perpetuel exil. En cestuy finirent les Ducs de Gascongne: car depuis, noz Roys, ayans reuniz tous ces pays de Eude, & de Loup souz leur puissance, comprindrent de là en auant le pays de Gascongne sous le gouuernement d'Aquitaine.

I

I. LIVRE DES
De ce que noz autheurs rapportent l'origine des François aux Troyens.

CHAP. XIIII.

Tout ainsi que maintenant la plus part des nations florissantes veulent tirer leur grandeur du sang des Troyens, aussi courut il quelquesfois vne autre commune opinion, par laquelle plusieurs contrées estimoient ne tenir leur ancienne noblesse, que des reliques des Grecs, lors que Hercule & ses compagnons, côme cheualiers errans, voulurent voyager tout ce monde, Ainsi rapportoit à luy le Gaulois quelques Rois de la Gaule, disant que Hercule poursuiuant Gerion aux Espaignes, & passant par ce pays, eut cognoissance de la fille d'vn Roy Gaulois, en laquelle il engendra vne grande suite de Rois, qui depuis gouuernerent ceste grande monarchie, Semblablement les Germains luy faisoient annuels sacrifices, comme ayant par sa venue embelly la plus grãd part de leur pays. Et les Indiens aussi faisoient grande solennité de la commemortion de luy. Et mesmes au voyage d'Alexandre le

Grand, disoyent qu'apres la venue d'Hercule & Bacchus, Alexandre estoit le tiers fils de Iupiter, qui auoit pris terre en leur pays. Au demeurant quant aux Troyens, c'est vrayement grand merueille que chasque nation presque d'vn commun cōsentement s'estime fort honorée de tirer son ancien estre de la destruction de Troye: En ceste maniere appellent les Romains pour leur premier autheur, vn Aenee: les François, vn Francion les Turcs, Turcus: ceux de la grand' Bretaigne, Brutus: & les premiers habitateurs de la mer Adriatique se renomment d'vn Anthenor. Comme si de là fust sortie vne pepiniere de cheualiers, qui eust donné commencement a toutes autres contrées, & que par grande prouidéce diuine eust esté causée la ruine d'vn pays, pour estre l'illustration de cent autres. Quant à moy, ie n'ose ny bonnement côtreuenir à ceste opinion, ny semblablement y consentir librement: toutesfois il me semble que de disputer de la vieille origine des natiōs, c'est chose fort chatouilleuse: parce qu'elles ont esté de leur premier auenement si petites, que les vieux autheurs n'estoient soucieux d'employer le temps à la deduction d'icelles:

I ij

tellement que petit à petit la memoire s'en est ou du tout esuanouye, ou conuertie en belles fables & friuoles. Laquelle faute nous voyons semblablement aduenir à ceux, qui se peinét en vain à nous representer par quelque superstitió & raport des noms, les fondateurs de chasque ville. Non que ie veuille soustenir, que par fois ils ne se puissent bien dire : mais c'est lors qu'vn prince ou grád seigneur s'est de propos deliberé delecté à les diuiser ou bastir par vne magnificence singuliere: ainsi que vne Constātinople par Constantin: & vne Alexandrie en Egypte, par Alexandre le grand. Mais aussi combien y a il de villes, lesquelles par progrés de temps, soit pour la temperie de l'air, soit pour la commodité des nauigations & trafiques, ou que les Princes s'y delectassét, sont arriuées en tel degré de grandeur, qu'elles en ont supplanté plusieurs autres? Desquelles toutesfois qui se voudroit informer, qui auroit ietté la premiere pierre, se trouueroit aussi empesché comme tous noz Annalistes, qui n'ont recours qu'aux Troyens. Et tout ainsi que des villes, aussi ie veux dire des nations, les aucunes estre fortuïtes, pour le moins telles que les premiers habitateurs en font totalement incogneuz, comme le fuccez des chofes l'a voulu: les autres auoir pris leurs noms par raifon, & telle que la trop efloignée antiquité nous en a fait perdre la cognoiffance. Ny plus ny moins que nous voyons la Gaule, qui anciennement auoit efté dicte par les Romains Cifalpine, auoir efté depuis appellée Lombardie, pour la grande flotte des Lombards, qui par l'aduertiffement de Narfes, defborderét en cefte cofte: noftre Gaule, auoir efté nommée France, pour la multitude des François qui y vindrent de la Germanie: & les Sequanois tout de la mefme occafion, Bourguignons. Qui font vfurpations de Royaumes de l'vn à l'autre, dont la memoire a penetré iufques à nous: mais de paffer outre, & venir à cefte vieille antiquité, qui eft defia toute effacée, comme de parler de la primitiue origine des Germains, Fraçois, Lombards, Anglois, ou autres telles natiõs de la Germanie, defquels mefmemét le nom ne fut de gueres congneu, que fur le definement de l'Empire: ie croy qu'il eft autant aifé, comme de trouuer autheur certain & approuué, qui nous en baille bon & affeuré tefmoignage. Et croy à la verité

I iij

que ce, que nous nous renommons de l'ancien estoc des Troyens, soit venu pour autant que nous voulons faire des nations comme des familles, esquelles lon fonde le principal degré de noblesse sur l'anciéneté des maisons. Aussi les historiographes, voulans donner faueur aux pays, desquels ils entreprenoient le narré, se proposerent extraire leur origine d'vne des plus anciennes histoires, dont les fables Grecques font mention. En quoy toutesfois ils ont tres-mal iugé : d'autant que ce n'est pas grand honneur d'attribuer son premier estre à vn vaincu Troyen, & eust esté de meilleure digestion le prédre d'vn victorieux Gregeois, qui par vn naufrage au retour de sa conqueste eust esté transporté en vne autre region, comme nous voyons que sur ce theme Homere prit occasion de nous bastir vn grand poëme. Mais ie demanderois volontiers si Troye ne fut iamais saccagée, ainsi que voulut soustenir l'ancien Dion de Pruse en son liure intitulé de Troye non destruite ny prise, vers quel Sainct adresserons nous de ce costé la noz vœuz?

Des Rois & Ducs que l'on tient auoir regné sur les François au parauant l'auenement de Pharamond à la couronne.

CHAP. XV.

IE trouue en ceste deduction noz autheurs n'estre conuenables: pour autant que les aucuns sont d'aduis que l'anciéne, & premiere police des François fut sous vn gouuernement de Ducs, & non de Rois, iusques au temps de Pharamond: & les autres tiennent (qui est l'opinion plus receuë) que, depuis la defaite des Troyens, les François furent tousiours gouuernez par vn Monarque, fors enuiron quarante ans au parauant le regne de Pharamond. Pendant lequel temps ils font eclipse de Rois: disans qu'en leur lieu furent establis certains Ducs pour le maniment des affaires. Opinions toutes deux chatouilleuses, qui les voudra considerer de plus pres. Car au regard de ceste longue suitte de Rois qui nous tirent file à file depuis le premier Roy Troyen, il est certain (au moins me semble il qu'ainsi le trouuera on) que tout ainsi que les François estoient diuisez en plusieurs peuples, comme Anthuariens, Saliens & autres, aussi estoient ils coustumiers d'auoir en mesme temps plusieurs Rois. Et à ceste occasion Eutrope au dixiesme de son histoire raconte, que Constantin, qui fut depuis surnommé le Grand, apres plusieurs rencontres heureuses contre les François, feit deuorer deux de leurs Rois en vn spectacle publique par bestes brutes : lesquels se nommoient (comme dict Nazare) Astaric & Comes. Et Marcellin qui ne parloit de cecy par ouyr dire, ains comme celuy qui assista en la plus grand' partie des expeditions que Iulian eut vers le Rhin, recite que cest Empereur, ayant reduit sous sa puissance la ville de Colongne (qui auoit esté distraite de sa subiection par quelques Germains) feit paix auec les Rois de France. Semblablement Claudian en vn sien Panegiric fait mention des deux Rois de France, qui furent pris en vne mesme bataille par Stilicon, dont l'vn fut confiné en perpetuel exil vers la Toscane, & l'autre restabli en toutes ses perrogatiues & estats : pour autant qu'il iura à Stilicon, de luy mettre és mains tous les pays & appartenances de l'autre. Aussi voyons nous quelquesfois vne partie des François auoir fauorisé le party Romain, & les autres l'auoir en mesme saison guerroyé. Qui nous peuuent estre auertissements assez vray-semblables pour nous induire à croire, que les François n'estoient point gouuernez par Ducs, ains par Rois : & par mesme moyen, qu'ils n'estoient point sous le gouuernement d'vn seul Roy, ains de plusieurs, selon la pluralité des contrées qu'ils possedoient. Et ce en quoy noz historiographes se sont d'auantage oubliez : c'est, que pour ne s'estre arrestez aux autheurs qui parlerent des choses auenues de leur temps, ains s'estre seulement amusez en quelques imaginations de moines, ils ont esté trouuer ie ne sçay quels Rois supposez, & ont neantmoins obmis ceux qui ont esté recitez par gens fideles. Car en quel lieu (ie vous pry) trouuerez vous en Triteme & ses semblables estre faite mention de Mellobaudes, lequel toutesfois Marcellin veit de son téps estre vn des Rois de France? D'auantage, où lirez vous vn Ascaric & Comes, lesquels Rois ce neantmoins Nazare, au Panegiric qu'il prononça deuant Constanstin, dict auoir esté par son commandement exposez aux bestes? Certainement il falloit pour donner fueille à leur dire, qu'ils inserassent dans le Calendrier de leurs Roys, tous d'vne mesme main ceux cy lesquels il est certain auoir regné, puis que & Marcellin & Nazare ne parloient de ces Roys à credit, ains comme de ceux qu'ils veirent regner de leur saison. Au demeurant quant aux Ducs qu'on nous a mis parmi noz Roys en entreligne, il n'est pas hors propos de penser que ce qui donna vogue à ceste opinion, fut par ce qu'vn peu au parauant le general desbord des François, aucuns de noz croniqueurs, faisans mal leur profit du Latin, ont trouué quelques entreprinses, qui furent exploitées par les François, sous la conduite de quelques notables Capitaines. Et pour autant que ceste diction de Capitaine en Langue Latine se represente par le mot de Duc, ils ont iguoramment estimé qu'ils estoient gouuernez par Ducs: non toutefois s'auisans qu'il n'est pas estrange que les Rois, sans y estre en propres personnes, enuoyassent en leur lieu Capitaines generaux pour faire guerre. Et aussi que ce mot de Duc, pris de telle façon qu'ils le

prennent, n'eſtoit encores en vſage, ains
fut inuention de Romains vers le temps
de l'expulſion des Gots de l'Italie, & quelque peu apres la venuë des François és
Gaules. Mais de ceſte queſtion, comme
ſemblablement des Troyens, eſtant
plus curieuſe que profitable, il
me ſuffira pour ceſte heure
y auoir donné quelque
attainte.

FIN DV PREMIER LI-
ure des Recherches.

LE SECOND LI-
VRE DES RECHER-
CHES DE LA
France.

*Lequel des deux, de la Fortune, ou du Cõ-
seil, a plus ouuré à la manutention de
ce Royaume de France.*

CHAP. I.

TOVTES les fois que ie considere en moy les trauerses qu'a receu nostre Royaume, ie ne puis
que auec grande admiration, ie ne m'e-
stonne & ne mette entre les choses qui se
sont passées plus miraculeusement en ce
monde, comme il a esté possible que sain
& entier il se soit perpetué iusques à nous.
D'autant que s'il vous plaist repasser, la
plus part des Royaumes qui se firent
grands par les ruïnes de l'Empire, vous

les trouuerez auoir esté fort transitoires, & par maniere de dire, en moins de rien s'estre esuanoüis en fumée. Car les Bourgnignons qui commencerent à s'accroistre en grandeur sur le temps de Gratian Empereur, se trouuerent abastardis enuiron l'Empire d'Anastaise : qui sont peut-estre cent ans. Et les Vandales (appelez par nos enciens Vvandelx), qui sous Valentinian le tiers, par la semonce de Boniface, auoient auec leur Roy Gentzerich occupé le pays d'Affrique en furent totalement expulsez par le grand Bellissaire du temps de Iustinian, c'est à dire, soixante ans apres leur entree : Semblablement les Ostrogots, qui auec leur Roy Theodoric du cósentement de l'Empereur Zenó, s'estoient fais maistres de l'Italie, & d'vne partie de la Prouence, furent de fonds en cóble rasez par la derniere rencontre que Narses eut contr'eux du temps de l'Empereur Iustin : qui est enuiron soixante ou quatre vingts ans pour le plus apres leur premiere venue. Et les Lombards, qui sous le mesme Empereur à l'instigatió de Narses, s'emparerent de la Gaule Cisalpine, prenás leur fin souz nostre preux Charlemagne, ne durerent que deux cens dix ans. Nous seuls, qui auions comme les autres trouué nostre grādeur dedans les despoüilles de Rome, sommes demourez redoutez & florissans iusques à huy, sans auoir enduré la possession d'autres Roys que de ceux qui ont faict estat de la Gaule cōme de leur vray seiour. Certes qui considerera noz affaires, à peine qu'il puisse bonnement ballancer auquel des deux nous sommes plus redeuables de ceste prosperité & bon-heur, ou à la fortune & hazard, ou à vne bonne conduite. Car qui est celuy, ie vous pry, qui ne trouue grandement esmerueillable, quand apres la mort de Clouis le Royaume ne commençant encor qu'à n'aistre, il se trouua par deux fois demembré ēn quatre parties, auec vne infinité de guerres ciuiles, & neātmoins que la fortune nous fut de tant fauorable, qu'apres tant de diuisions, il se reconsolida, en fin de compte par la mort des autres Roys, en vn seul. Au surplus lors que nos Roys commencerent par leur neantize à s'abastardir, ne fut ce point chose estrange & non accoustumee d'eschoir qu'à ceste belle occasion aucuns estrangers ne s'ingerassent d'eniamber dessus noz marches, comme lon auoit veu peu au parauant aduenir à ce grand Empire Romain? Et s'il nous faut passer plus bas, quel plus grand miracle de fortune sauroit lon dire, que quand le Royaume fut diuisé en tant de Ducs & Comtes, qui depuis Charles le Simple iusques bien auant sous lignée de Hugues Capet faisoient contreteste à nos Roys, toutesfois en la fin finale fut le tout reuny à la couronne & en la personne du Roy. Ie n'adiouste à tout cecy que le Royaume estant au dessouz de toutes affaires, le temps a tousiours enfanté quelques braues Princes & Seigneurs, quasi pour releuer à point nommé la grandeur de ceste nostre monarchie. Tesmoins en sont les Martels & Pepins, pendant l'assopissement de la generation de Clouis, tesmoing en est vn Conquerant, par la vaillantise duquel nos Rois sont demourez en partie tels que nous le voyons auiourd'huy : combien qu'au precedant pour la multitude des Ducs & Comtes, ils ne seruissent quasi que de monstre. Et depuis les Anglois desertans la France par plusieurs ans, se trouua finablement ce gentil Roy Charles septiesme, qui par la prouësse & prudéce de ses bons capitaines, les en extermin do tout point. Qui sont toutes œuures de la Fortune: car si les choses eussent pris plus longue traite, sans nous donner à chasque occasion Princes ainsi magnanimes, à la verité il n'y alloit que de la ruïne de France. Quand ie nomme icy la Fortune, à fin que ie n'apreste à aucuns occasion de se scandalizer, i'entens les mysteres de Dieu qui ne se peuuent descouurir par nostre prudence humaine.

Et toutesfois qui auec la fortune vouldra considerer la police & bonne conduite de nos Rois, ie m'asseure qu'il la trouuera n'auoir cedé à la Romaine. En quoy me semble que pour deduire les choses de leur fondement, il faut que selon les mutations des lignées nous considerions diuersement les côfirmations du Royaume. Premierement, s'il vous plaist discourir en quel estat furent nos affaires sous Clouis, trouuerez vous plus grand Roy, soit que nous tournions nostre esprit aux armes, soit que nous nous arrestions à la paix & maniement d'vne cômune police. Lequel ayât forcé par sa vaillâce les Gaules, & reduës sous luy paisibles, n'eut chose en plus grande recommandation pour perpetuer sa monarchie, & gaigner le

cœur

cœur de ses suiets, que de s'accommoder à la commune Iustice, & ensemble Religiõ du pays. Parquoy vsans les Gaulois par ancienne obseruãce de la police qui long-temps au parauant leur auoit esté prescrite par les Romains : & semblablement estants de commune profession Chrestiens: Clouis, comme Prince sage & aduisé, n'eschangea rien des Comtes, (qui estoit inuention Romaine) & entant que touche la Religion Chrestienne, il en prit aussi le vray & sainct caractere. Laquelle chose, combien que ie pense qu'elle luy vint en partie par zele & deuotion, toutesfois ceste deuotion fut (comme ie croy) l'vn des principaux moyens par lequel il attira le commun peuple de la Gaule à luy porter affection. Aussi ont remarqué Procope & Agathie qui attouchoient presque sou temps, & la Iustice, & la Religion, en noz Roys par dessus tous autres Princes qui auoient occupé les Prouinces des appartenances de l'Empire. Et à dire le vray il captiua tellement le cœur des Gaulois, que long temps apres, combien que ses successeurs ne s'entretinssent enuers le peuple que par image, sans auoir l'œil sur leurs affaires, toutesfois la chose en quoy se trouua le plus empesché Pepin, voulant faire tomber la Couronne en sa famille, fut à desraciner ceste ancienne opinion que le peuple auoit côceuë de la lignée de Clouis. Au moyen dequoy il s'auisa par vne gentille inuention d'y employer la saincte auctorité du Pape. De maniere, qu'estant le Royaume reduit sous la puissance des Martels, outre les armes ausquelles ils furent fort florissans (car ils reconfirmerent sous nostre vasselaige l'Allemagne, gaignerent toute l'Italie, & esbraslerent par plusieurs fois les Espaignes) fut par eux introduite vne notable police sous Pepin & Charlemaigne. Lesquels en leurs plus vrgens affaires, commencerent à faire assemblées sans feintise de leurs Barons. Ie dis assemblées sans feintise : d'autant qu'assez long temps auparauant les Maires, pour tromper le peuple en auoient introduit l'vsage : faisant Pepin & son fils communication des affaires publiques à leurs premiers & grâdz seigneurs. Comme si auec la monarchie, ilz eussent voulu entremesler l'ordre d'vne Aristocratie & gouuernement de plusieurs personnages d'honneur. Ce qui a esté l'vn des premiers commence ments des Parlements que nous auons en ceste France, comme ie pense deduire au chapitre ensuyuant. Vray que tout ainsi qu'en la personne de Charlemagne, nostre Royaume se trouua grand en extremité, aussi fut ceste grandeur bornée en luy, & ses deux deuanciers Pepin & Martel, se trouuant ce grand feu amorty en leurs successeurs. Tellement qu'en Hugues Capet (troisiesme changement de lignée) qui ne fut si grand guerroyeur, se trouuerent les grandes polices: Car là ou auparauant noz conquestes estoient furieuses, les estendants sur vne Allemangne, Italie, & Espagne: de là en auant noz Roys se contentans de leurs frontieres, commencerent au lieu de leurs armes, à se fortifier par loix pour entretenir leur grandeur. De là fut mise en auant l'opinion des douze pers de France, de là l'entretenement des Parlements en leur auctorité & grandeur, à la decision des affaires de la iustice, sous le iugement desquels mesme se souzmet la maiesté de nostre Prince : Puis le renouuellement de la loy Salique, introduction d'apenages aux fils des Roys, interdiction des dons & alienations du dom-

K ij

maine de la Couronne sans cognoissance publique: appellatiōs comme d'abus pour brider sans aucun scandale la puissance des prelats, entreprenās dessus l'authorité Royalle: Regalles en Eueschez & Archeueschez, & autres mille telles considerations, lesquelles bien pesées certainement il se trouuera que toutes les maximes qui sont requises à maintenir en sa grandeur vne monarchie de marque, se trouuent obseruées en la nostre. De toutes lesquelles choses ou partie d'icelles nous parlerons à leur rang, tant en ce deuxiesme Liure de noz recherches, qu'aux autres, selō que les occasions nous admonnesteront de ce faire. Qui monstre qu'en nostre Republique, le conseil ayant esté conioinct d'vne mesme balance auec la fortune, noz Roys sont arriuez en ceste grandeur que nous les voyons auiourd'huy: En laquelle Dieu les vueille continuer sans foulle & oppression de leurs subiectz.

Du Parlement Ambulatoire & premier introduction d'iceluy.

CHAP. II.

TOVS ceux qui ont voulu fonder la liberté d'vne Republique bien ordonnée, ont estimé que c'estoit lors que l'opinion du souuerain Magistrat estoit attrempée par la remonstrance de plusieurs personnes de marque, estás constituez en estat pour cest effet: & quand en contreschange, ces plusieurs estoient controullez par la presence, commandement & maiesté de leur Prince. Et vrayement qui voudra sainement discourir sur le fait de nostre monarchie, il semble que cest ordre ait esté quelquesfois tref-estroitement-obserué entre nous, par le moyen du Parlement. Qui est la cause pour laquelle quelques estrangers discourás dessus nostre Chose publique, ont estimé que de ceste commune police, qui estoit cóme moitoyenne entre le Roy & le peuple, dependoit toute la grandeur de la France.

LES premiers qui mirent ceste noble inuention sur les rangs, le feirent pour captiuer par ce moyen le cœur & deuotion des subiects: car noz anciens Maires du Palais, voulans vnir en leurs

Premiere introduction des parlemens.

personnes toute l'authorité du Royaume, & vsans de noz Roys par forme de masque: pour ne se mettre en haine des grãds Seigneurs & Potentats, introduisirent premierement vne forme de parlement annuel, qui se tenoit au mois de May, auquel presidoient noz Roys, assistez de la plus grand' part de leurs Barons, & donnoient responce tant aux plainctes de leurs subiects, qu'aux Ambassadeurs qui venoient des pays estranges: le tout selon les instructions & memoires que souz main ilz receuoient de leurs Maires. Ceste coustume depuis fut assez songneusement obseruee par le Roy Pepin, lequel cognoissant qu'à tort il s'estoit emparé du Royaume pour obuier à toute sedition intestine, & monstrer que de sa seule grãdeur ne despendoient toutes les affaires de France, assembloit selon les vrgentes difficultez qui se presentoient, le corps general de ses Princes & grãds seigneurs, pour passer par leur determination & cõseil. Ostant par ce moyen toute mauuaise & sinistre opinion que l'on eust peu auoir imprimee de luy pour l'iniuste inuasion qu'il auoir faict de la couronne.

Chose que Charlemaigne son fils, qui

n'aspiroit pas à petites choses, pratiqua plus souuent que luy: Specialement lors qu'il s'offroit quelque entreprise de guerres, ou qu'il deliberoit ordonner quelque chose à l'aduantage de sa famille ou du Royaume vniuersel. Et estoit l'vsance de noz anciens Roys telle, qu'es lieux ou la necessité les semonnoit, se vuydoient ordinairemens les affaires par assemblees generales des Barons. Telles assemblees s'apelloient *Parlements* comme nous apellõs maintenant celles ou se fait vn traité de paix *Pourparler de paix*. Duquel mot de Parlement celebré de la façon que ie dy, vous verrez frequente mention dans la vieille histoire S. Denis és vies de Pepin, Charlemaine & Loys le Debonnaire.

Or se rendirent tels Parlements beaucoup plus recommandez qu'au parauant souz le regne du Debonnaire: Car tout ainsi que ce Roy estoit plus enclin au soulagement de son peuple, qu'à faire grands exploits & chefs d'armes, aussi voulut-il principalement maintenir sa grãdeur par telles solennelles assemblees. Et atant cõmencerent à se pratiquer, deux fois l'an d'ordinaire. Non toutesfois à iours certains & prefix, cõme depuis souz Philippes le Bel, mais selon ce qu'il se trouuoit bon au depart de telles congregations, on auisoit de la ville & du téps qu'on les renouuelleroit. En ce lieu donc se decidoient toutes affaires qui importoient de quelque cõsequence au Royaume: Estoiét receües par le Roy les Foys & Hõmages des Princes estrãgers: Et en ceste façon lisons nous en Theodulphe & Adon de Vienne qu'en vn Parlement tenu à Compiegne Tassile Duc de Bauieres auec plusieurs grãds seigneurs de sa prouince vint promettre le serment de fidelité à Pepin & à ses enfans. Et dit Aimoïnus religieux de sainct Germain des prez (iadis appellé Annonius par alteration de lettres) que ce mesme Roy ayant reduit les Saxons souz son obeïssance, leur feit promettre de luy amener tous les ans à chasque parlement general trois cens roussins de tribut. Estoient semblablement emologuees les volontez du Roy, c'est à sçauoir celles qui cõcernoient le fait general de la France. Ainsi pour nourrir paix & concorde entre ses enfans, Charlemaigne leur donna assignation de partage en vn Parlement, faisant iurer à tous grands Seigneurs & Barons de l'auoir pour agreable. Et en vn autre Parlement il adioignit auec soy à la couronne de l'Empire son fils Loys le Debonnaire. En ce lieu de mesme façon se terminoient les differens des plus grands Princes, & principalement de ceux qui estoient accusez de trahisons, rebellions & crimes de lese maiesté, comme il en print à Tassille du temps de Charlemaigne au Parlement qui fut tenu ioignant la ville de Mayence, lequel par l'aduis de tous les Barons pour ses frequentes & repliquees rebellions, fut condamné à mort. Qui luy fut neantmoins eschangee par la douceur de l'Empereur en vn confinement de religion & monastere, duquel iugement fait honorable mention Paul Emile. Et du temps du Debonnaire, fut accusé en vn autre Parlement, Theadagre prince & Duc des Abodrites, & Tougon l'vn des principaux des Sorabes: comme suscitans l'vn & l'autre plusieurs factions & noualitez encontre la Maiesté du Roy A cause dequoy dit Aimoïnus, ou si ainsi le voulez Annonius, qu'il leur fut donné assignation à vn autre prochain parlemét: auquel depuis ilz se purgerent. Voire pourautant que le Debonnaire, outre son pere & ayeul, adiousta en telles assemblees les Euesques & Abbez, se determinoient en icelles, plusieurs differents entre les prelats. A ceste cause lit on qu'vne controuerse meuë entre les Euesques de Lyon & Vienne pour raison de leurs Eueschez, tomba souz la decision du Roy & de son assistance.

CERTAINEMENT telles congregations (que noz historiographes Latins appellent *Placita*, & noz plus vieilles histoires Françoises, comme i'ay dit, *Parlements*, estoiét arriuées en tel dgré d'administration, que non seulement elles sembloient estre comme vne ressource en laquelle respondoient les grands negoces de France, mais aussi les differents mesmes qui tomboient entre les estangers estoient souz-mis à leur arbitrage. C'est pourquoy raconte le mesme Aïmoïnus lequel i'employe icy plus souuent, pour-autant qu'il fut du temps de Loys le Debonnaire) qu'en vn Parlement que ce Roy tint en la ville de Francfort, auquel lieu se trouuerent de toutes pars François, Allemans, Saxons & Bourguignons, se presenterent deux freres d'vne nation, nommée Vvitzes, laquelle par vœu &

profession ancienne, exerçoit inimitiez mortelles contre nostre France, lesquelz freres sur le debat qu'ilz auoient de leur Royaume, s'en rapporterent à l'aduis de l'Empereur & de son Parlement. Par ce que Milegast, l'vn des deux contendants, comme aisné auoir esté appellé au Royaume apres le decez de son pere, dont on l'auoit depnis deieté, pour ses extorsions extraordinaires, & en son lieu inuesti du Royaume Celeadagre son puisné : En laquelle assemblée fut par commun aduis & deliberation sententié en la faueur du puisné. Qui nous apprend & rend cettains en quelle reputation estoient telz Parlements euuers les nations estranges. Ceste police, qui auoit esté entre nous si religieusement obseruée souz le Debonuaire, fut intermise par l'outrecuidance & orgueil de Charles le Chauue son fils, & depuis ramenée en valeur par Loys le Begue. Au moyen dequoy noz Historiographes racontent qu'il gaigna grandement le cœur des suietz à demy alienez, pour auoir esté telles assemblées mises souz pied & à nonchaloir du viuant de son deuancier.

VOILA, selon mon aduis, la primitiue origine & institution des Parlemens, lesquels tout ainsi qu'en vn coup ils ne furent iectez en moule, aussi selon la diuersité des saisons trouuons nous qu'ils prindrent diuers plis souz Hugue Capet & ses successeurs : Souz lesquelz ilz se continuerent encor plus frequentement que deuant. Car combien que ce graud Prince eut occupé le tiltre de Roy, si n'en auoit-il presque que le nom : Par ce que tout de la mesme façon que luy en son endroit, aussi chasque gouuerneur de Prouince se maintenoit estre vray titulaire du lieu qui estoit demouré souz sa charge. Et n'y auoit presque Ville de laquelle quelque gentil homme de marque ne se fust enseigneurié. Chose que ce Roy nouuellement installé, fut contraint de passer par conniuence. N'ayant pas dequoy respondre, comme autresfois auoit eu vn Pepin encontre Eude Duc de Aquitaine, qui voulut faire à l'auenement de luy le semblable. Parquoy Capet plus fin que vaillant, & qui par astuce seulement estoit arriué à la couronne, fit au moins mal qu'il peut vne paix auec tous ces grands Ducs & Comtes, qui commencerent deflorsà le recongnoiftre feulement pour fouuerain, ne f'eftimants au demourant gueres moins en grandeur que luy. Et certes quelques vns, non fans grand' apparence de raifon, font d'auis que la premiere inftitution des Pers commença adonc entre nous.

ESTANS dõcques ces grãds feigneurs ainfi lors vnis, fe compofa vn corps general de tous les Princes & Goúuerneurs par l'aduis defquels fe vuideroient non feulement les differents qui fe prefenteroiét entre le Roy & eux, mais entre le Roy & fes fubiects. Qui fut vne inftitution notable pour contenir cefte France en vnion, laquelle eftoit ce neantmoins diuifée en plufieurs Ducs & Comtes, qui amoindriffoiét l'authorité du Roy de tant plus, que hormis le baifemain que par prerogatiue ilz luy deuoient, ilz ne defpendoient au furplus que de leur authorité & grãdeur. Tellement que maintesfois ilz guerroyoient particulierement le Roy mefme, & le reduifoient en grandes anguftics. Toutesfois apres plufieurs guerroyements, fi fe foumettoit vn chafcun à ce commun Parlement. Laquelle vfance (prefque de la mefme façon) auoit efté obferuée par les anciens Gaulois, lesquels combien que ils fuſſent partializez en ligues, ſi auoient ils tous enſemble vn general reſſort de la Iuſtice, qui ſe manioit au pays Chartrain par leurs preſtres qu'ils nommoient Druydes.

IL ſeroit malaiſé d'eſtimer quel profit apporta depuis ceſte inuētiō à noz Roys. D'autant que par ce moyen, comme d'vn Concile general, ſe gardoit eſgalement droict & au Roy & aux Ducs & Comtes. Et neantmoins eſtant ce conſeil à la ſuitte du Roy, comme celuy qu'entre les autres vn chacun recognoiſſoit pour ſouuerain, lon trouua à la longue moyen de r'entrer en pluſieurs terres par arreſtz qui emanerent du Parlement, au deſauantage de pluſieurs Seigneurs, deſquels les ſeigneuries, voire les Duchez & Comtez par deſobeiſſance & forfaicture eſtoient declarez acquiſes & confiſquées au Roy. Emquoy ſe rendoient les Princes meſmes executeurs de telz arreſtz. Car combien que le Roy n'euſt quelquefois force à ſuffiſance pour faire ſortir plain effect aux choſes determinées, ſi eſtoit-il ſecouru par les autres Ducs & Potentats, qui eſtoient facilemēt induits à luy donner confort & ayde, com me despendant son droict de la Iustice & raison. A maniere que petit à petit noz Roys temporisants & faisans, comme l'on dit d'vne main l'autre, sans que ces grands Ducs & Comtes y prinssent garde, remirent à leur dommaine toutes leurs terres & pays, demourans monarques & vniques Princes de la France : Car les Ducs que nous appellons auiourd'huy ne sont que vne image des anciens sans grand effect.

Voire qu'au moyen de ceste souueraineté, le Roy s'estant petit à petit rédu le plus fort dans son Royaume, adonc commença à se renforcer la commune police à l'auantage de sa couronne. A cause dequoy les appellations des Baillis & Seneschaux ressortissoient premieremét au conseil ou eschiquier des Ducs ou Comtes, & de là en cour de Parlement: pour laquelle cause estant ceste cour arrestée dedans Paris, eurent les Duccs & Comtes cótinullemét leurs procureurs generaux pour defendre leurs iugemens. Ainsi trouuons nous aux plus anciens registres de la cour certaine ordónance portant qu'és pays que le Roy d'Angleterre tenoit dans les limites de la France, seroient receuz les appellans tant en cause ciuile q̃ criminelle, au lieutenát du Roy d'Angleterre, ou au Iuge qui en cognoistroit en son lieu, & la seconde appellatiõ seroit tousiours à la cour du Roy de France: Toutesfois si ce lieutenant en cognoissoit en premiere instáce, on en appelleroit à la cour du Roy. De laquelle chose i'ay trouué autresfois vn exemple fort notable & digne d'estre icy inserée. Le Vicomte de Beard ayant deux filles, l'vne qui eut nom Matilde, & l'autre Marguerite, celle la fut donnée en mariage au Cõte de Foix, & depuis instituée heritiere vniuerselle par son pere, & ceste-cy mariée au Comte d'Armignac. Le pere estant decedé, le Comte d'Armignac debat ceste institution, s'aydant d'vne coustume du pays, par laquelle il pretendoit que quand la succession tomboit en quenoille elle se partageoit par egales portions. Surquoy les douze Barons tindrent cour maieur, & appellerent auec eux les Prelats & autres gens notables du païs. Finablemẽt parties ouyes fut par eux le vicomté de Beard adiugé au côte de Foix à cause de sa femme. Duquel iugement le Comte d'Armignac appella à Bordeaux pardeuant le cõseil & les commis au gouuernement de Guyenne de la part du Roy d'Angleterre Duc de

Guyenne

Guyenne: Où par sentence il fut dit que ce iugement estoit bon & valable, & que mal & sans grief Armignac auoit appellé, de laquelle sentéce il appella de rechef au Parlemét de Paris, où il releua son appel, & en sont les lettres d'appel en la Cour, qui y furent apportées dedans vn sac l'an mil quatre cens quarate trois, apres la prise du comte l'an d'Armignac. Auquel sac y a plusieurs choses concernátes les droicts du Roy. Et fut ceste lettre apportée par maistre Guillaume Cousinot lequel par commandement du Roy fut delegué pour inuentorier tous les tiltres & enseignemens concernants ce Comté.

Toutesfois pour ne meslongner de mó propos, & reprendre mon premier fil: Tout ainsi qu'en ces Parlemens, le Roy tenoit le premier lieu, aussi estoit-il assisté de plusieurs grands Princes & puissans seigneurs, que depuis nous auons appellez Pers ou Peres de France (à l'imitation des Patrices qui furent soubz les Empereurs) auec lesquels estoient plusieurs Conseillers & Assesseurs. Et pour autant qu'en ces Parlemens ne se traictoiét ordinairement que causes de grand poix, pour celles qui se présentoient communément en la tour du Roy, l'on auoit de coustume d'éployer, non seulement quelques Seigneurs de sa suitte, qui estoient du corps du Parlemēt, mais le Roy mesme souuentesfois dōnoit audience aux parties. Et en ceste façon recite le Sire de Ionuille que sainct Loys, apres auoir ouy Messe, s'alloit souuēt esbatre au bois de Vincenne, & se seoit au pied d'vn chaisne, faisant asseoir aupres de luy quelques Seigneurs de son Parlemēt, prestant audience libre à chacun, sans aucun trouble ou empeschement: Puis demandoit à haute voix s'il y auoit aucū, qui eut partie, & s'il se presentoit aucun, l'escoutoit prononçant sa sentence sur ce qui s'offroit deuant luy. Qui est à bien dire vn acte digne de Roy, & symbolisant grandement auec celuy de l'Empereur Auguste, ou de l'Empereur Adrian, lesquels nō seulement rendoient droict aux parties, seans en leur tribunal, mais aussi le plus du tēps pendant leur repas, quelquefois dedans leurs litieres, telle fois couchez en leurs licts. Tant ils auoient peur que iustice ne fut administrée à leurs subiects.

OR estoient ces Parlemens de telle & si grande recommendation, que Federic second Empereur de ce nom, en l'an mil deux cens quarante quatre, ne douta de vouloir remettre à iceluy tous les differés qu'il auoit auec le Pape Innocét quatriesme ausquels n'y alloit que du nō & tiltre d'Empire. Et est icy à noter que le Parlemét pour lors ne se tenoit en certain lieu & designé, mais selon les occasions maintenāt en vne ville, puis en vne autre, & destinoient les bonnes festes pour le tenir tantost vers les festes de Pasques, de Pentecoste, tantost vers celles de Noel, Toussainctz, nostre Dame de-my Aoust, selon les necessitez & occurences. En memoire dequoy, le Parlement ayant esté faict sedentaire l'on a eu tousiours de coustume les suruelles de telles iournées, prononcer en robe rouge quelques arrests de consequence pour tenir comme lieu de Loy. Depuis se trouuans les causes en plus grāde affluence, Philippes le Bel ordonna & certain temps & certain lieu. C'est à sçauoir, que dans la ville de Paris se tiédroit le parlement deux fois l'an ordinairemét, apres les festes de la Natiuité de Iesu-Christ, & de la purification nostre Dame. Et remarquent ceux qui ont esté curieux inuestigateurs des arrests qu'au cāp d'Anceny, en la presence du Roy sainct Loys,

Arrostz prononcés en robe rouge.

L ij

fut donné vn arrest en l'an mil deux cens
& trente, encontre le Duc de Bretaigne,
où assisterent les Comtes de Flandres,
Champagne, Neuers, Bloys, & Chartres,
le Connestable de France, & autres. Toutesfois afin que ie recognoisse libremét
ce que i'en pense, ie ne voy point estre
lors faicte mention des douze Pers, pour
les recognoistre en tel ordre & estat cōme depuis nous leur auons assigné lieu au
Parlement & cour souverainz de France.
Depuis telles assemblées furent faictes
perpetuelles, & auec autres ordres que
ceux qui estoient entretenus du passé,
Pour lesquelles choses deduire tout
au long, il n'est pas ce me semble
impertinent de leur dresser vn
chapitre à part pour donner
halaine au Lecteur.

Du Parlement faict perpetuel dedans la ville de Peris, & ensemble des autres Parlemēts espars parmy ce Royaume.

CHAP. III.

COMBIEN que ie me sois icy proposé de deduire seulemēt vne partie de la grādeur de nostre Frāce, ce neantmoins tout ainsi que la diuersité des saisōs a apporté diuerses polices, aussi s'estans au cours du tēps eschāgez les ordres de noz anciens Parlemēts, ie ne puis bonnement discourir sur les particularitez du present subiet sans defricher plusieurs propos qui ne se rendrōt aggreables à tout le monde. Car en ces premiers Parlements dont i'ay parlé en l'autre chapitre, se traictoiēt toutes matieres d'estat seulemēt, auec les differents de consequence & grande estofe: Les Iuges ordinaires vuidoiēt en dernier ressort la plus grande partie des negoces, toutesfois pour les abus & maluersations qui s'y commettoient, les plaintes venants souuēt aux aureilles du Roy & de son Par-

L ii

II. LIVRE DES
lement, la necessité voulut que philippes
le Bel, souz lequel la cheualerie des François s'estoit ia tournée en chiquanerie, fut
contraint faire deux seances ordinaires de
son parlement, dans paris, auec vn tel ordre & police, qu'apres luy seroiét les douze Pers de France, six Ecclesiastiques & six
Laiz: dont les six laiz representoiét en image les anciens Ducs & Cõtes, qui s'estoiét
eclipsez de la couronne par l'iniustice du
temps. Et au dessouz de ceux-cy, y establit
plusieurs autres, comme Assesseurs & Cõseillers, lesquels estoient non seulement
tirez de gens de lettres & robe longue
(qui est chose fort notable) mais aussi de
personnes de bon sens & entendement,
qui faisoient estat de la guerre. Faisans vn
mesme ratelier & de lances & de proces.
En signe dequoy, voyons nous, encor dans
paris en l'Eglise sainct Estienne des Grecs
vne tumbe sur laquelle est vne statue armée de pied en teste portant en lettres à
,, demy effacées. Cy gist noble hõme messi-
,, re pierre de la Neuf-ville, Cheualler Sei-
,, gneur de Nonray, & iadis Conseillier du
,, Roy nostre Sire en son parlemét, qui tres-
,, passa l'an de grace mil trois cens octante
,, le lundy neufiesme iour d'Auril. Et à ce

propos les Conseillers de literature, pour se distinguer des autres és actes qui interuenoiét de leur part, souloiét cotter leurs qualitez souz le tiltre de Clercs & Cóseillers, non pas pour difference des laiz, cóme ils font pour le iourd'huy, ains pour se separer des gens de guerre : par ce que ce mot de *Clercs* sonnoit à noz anciens, hommes de lettres, & *Clergie* science & literature. Tellement qu'outre les chefs principaux qui presidoient és affaires, il y auoit doubles Conseillers, dont les aucuns estoient de robe courte, & les autres de robe longue. Et de ceux-cy, les vns estoient indistinctement gens mariez & purs laiz, & les autres faisans profession de l'Eglise. Voire que de ceste coustume, tout ainsi que souz le Debónaire tous prelats auoiét accés au grandes assemblées que faisoiét noz Roys, aussi fut l'entrée de ce parlemét sedentaire, ouuerte à tous Euesques & Abbez. Laquelle coustume dure encores pour le regard des Euesques. Bié est vray qu'ils n'ont auiourd'huy voix deliberatiue au Conseil, fors l'Euesque de paris & l'Abbé de sainct Denis en France. Et en tát que touche tous les autres Abbez, par arrest de la Cour du vingt neufiesme Auril mil

L iiij

quatre cens & vn, il leur fut expressément
defendu de s'asseoir en haut auec les presidents & Conseilliers, laquelle coustume
depuis s'est entretenue iusques à nous. De
ceste mesme façon les gens non lettrez &
de robe courte, croissans les chiquaneries
en ce lieu, commencerent de s'en bannir
volontairement. Ce neantmoins pour autant que ceux-cy estoient ordinairement
tirez du corps de la noblesse, posé que de
là en auant n'y entra dans le Parlement
que gens d'estude & de sçauoir, si est-ce
que du regne de Charles sixiesme, le treiziesme iour de Decembre l'an mil quatre
cés & dix, cōme lon procedast, selō l'vsance qui lors estoit, à l'élection de quelques
Presidents & Cōseillers des enquestes, s'y
trouua vne difficulté grande. par ce que
les nobles disoient qu'ilz deuoient estre
preferez aux roturiers, quand ilz se trouuoient suffisans. Et se trouue mesme que
peu apres, combien que deux cōcurrassent
en balance de voix & suffrages, toutesfois
le Roy gratifia à Milou, pour autant qu'il
estoit noble.

parlemēt faict perpetuel dās paris

Or combien que ce parlement fust arresté dans paris par le Bel, si ne tenoit-il
pas seance ordinaire, ains seulement deux

fois l'an (cōme i'ay deduit) c'est à sçauoir à la natiuité de Iesus Christ, & purificatiō nostre Dame. Qui nous apréd le peu d'affluence de causes qui lors estoiét. Depuis Loys Hutin, par vn nom de mauuais presage & qui pronostiquoit les querelles & controuerses qui abonderoient en ce lieu (car Hutin en vieil lāgage frāçois, ne signifioit autre chose que mutin) Hutin, di-ie, pour rendre ce Parlement plus certain, luy assigna lieu au palais, ancien seiour & demeure des Roys de Frāce lequel auoit esté fraischement restably par Anguerrand de Marigny. Et lors fut faict vn departement general en deux chābres, dōt l'vne estoit appellée la grāde, vouée pour les plus grandes causes, l'autre fut dite des Enquestes, laquelle posé qu'elle fraternisa auec la grande, si n'estoit elle de si grande authorité. Parce mesmes que ie trouue que iusques au vingt & cinquiesme de Ianuier mil quatre cens vingt & deux, il n'estoit loisible aux presidents & Conseilliers des Enquestes, mettre les appellations & ce dont estoit appellé au neant. Car quant à celle que nous appellons les requestes du palays, elle ne fut à mon iugement inuentée du mesme temps, encores que ie sache

premier departemēt des chambres du parlemēt

quests du palis.

bié que plusieurs qui ont leu Iean Sire de
Ionuille en la vie de sainct Loys estimét
que deslors ceste iurisdiction fut celle que
lō appelloit les plaits de la porte. Il auoit
de coustume (dit il parlant du Roy sainct
Loys duquel il estoit familier & contemporain) de nous enuoier les sieurs de Nes-
le, de Soissōs, & moy aux plaits de la porte qu'on appelle autrement les requestes
du palays de paris, & puis il nous enuoyoit querir & nous demādoit comme tout
se portoit, & s'il y auoit aucun qu'on ne
peut depescher sans luy : & plusieurs fois
selon nostre rapport il enuoyoit querir les
plaidoyants, & les contentoit les mettant
à raison & droicture. pensants plusieurs
par ce passage que les requestes du palays
soient ce que l'on appelloit pour lors les
plaits de la porte. Toutesfois qui voudra
vn peu examiner ce lieu, il verra ayfémét
que ce qui est là parlé des requestes du
palays de paris, c'est vne paréthese adioustée par forme d'entreligne par celuy qui
a voulu rendre au lāgage qui court maintenant, l'ancien langage dont auoit vsé
l'autheur. Lequel a estimé que les plaits de
la porte fussent ce que depuis lō à appellé
requestes du palays de Paris. Et qu'ainsi

soit cest Autheur n'eut pas deuiné ceste police, laquelle depuis long temps apres le decés du Roy sainct Loys, fut introduite dans paris. Attendu que souz luy le parlemēt n'estoit encor' aresté, voire que souz philippe le Bel les requestes du Palais n'estoient encores en vsage, cōme nous monstrerons cy apres. parquoy ces plaits de la porte pourroiēt mieux estre comparez aux appointements que les Conseillers donnoient particulierement à la barre, laquelle fut ainsi dicte pour autāt que deuant la porte du plaidoyer y auoit vne grāde barre sur laquelle s'appuyoient les Cōseillers se presentans aux parties qui auoiēt quelque petit different à vuider. Lequel ou ilz decidoient sur le chāp, ou s'il estoit d'importance (tout ainsi q̄ ces anciens seigneurs en faisoient leur rapport au Roy en cas de difficulté) aussi faisoient le semblable ces Cōseillers à toute leur compagnie. Le tout en la mesme forme & façon comme nous voyons estre encores obserué en nostre palays.

Anciēneté des appointemēs dōnés à la barre du palais.

Au demeurant quant aux causes que nous voyons estre commises aux Conseillers des Requestes du palais, elles furent premierement agitées deuant les Maistres

Requestes du Palais.

des Requestes de l'hostel, ausquelz Philippes le Bel par edit exprés ordonna tant la cognoissance des debats des offices qu'il auroit donnees, que semblablement des causes pures personnelles qui se presentoient encontre ses domestiques. Toutesfois ces Maistres des Requestes se trouuās occupez à plus grandes charges, mesmes estans ordinairement à la suite des Roys, se reseruerent seulement la cognoissance en premiere instance des debats qui interuiendroient à raison des offices. Et au regard des differents des Officiers & domesticques du Roy en matiere personnelle, comme estants peut estre de trop legere importance, furent laissez à la deuotion des Conseillers qui residoient perpetuellement dans Paris. Lesquels pour ceste occasion tirerent quelques personnages de leur corps, qu'ils commirent pour cognoistre de telles matieres. Et pour autāt qu'en telles causes ceux-cy succedoient aux Seigneurs des requestes de l'hostel, ils furent de là en auant appellez les gés tenants les requestes non de l'hostel, ains du Palais, duquel ils estoient extraicts, & auquel ils faisoient residence. Chose qui doit estre aduenue entre le regne de Philippes le

Bel & de Philippes de Valois, souz lequel Guillaume Broüillon (ayant le surnom conuenable au subiect qu'il a traicté) au liure qu'il a intitulé le stile de Parlement, qu'il escriuit souz le regne d'iceluy Valois, fait estat de trois chambres dans le Parlement, qui sont les deux premieres cy dessus mentionnées, & ceste troisiesme des requestes, qui fut députée comme i'ay dit, pour iuger les causes des Officiers domestiques, non pas toutes, ains celles que lon estimoit de peu de consequence, c'estoient les personnelles, ausquelles furent adioustées les possessoires, qui furent à noz ancestres reputées de si petite importance, que mesmement ilz y denierent l'appel: Car quant aux petitoires, comme estans matieres de fonds, il les failloit obtenir par benefice du Prince, ainsi que nous apprenons de ce vieil Stile, naguères par moy allegué. Voire que pour l'inconuenient qui pouuoit aduenir d'estre maniées telles causes par main estrangere, ne pouuoit le mineur (que noz anciens appellerent moindre dians) les poursuyure souz l'authorité de son tuteur ou curateur. En quoy noz anciens estoient si religieux, que si telle instance eut esté encommencée

du viuant du pere, luy mort elle superse-
doit & dormoit iusques à ce que le mineur
eut attaint aage d'entier commandement.
Induitz ces bons vieux peres à ce faire, tât
pour l'importâce de la cause, qu'aussi que
pendant la minorité & souz aage, le laps
& prescription de temps ne couroit. De là
vient que dans les vieux registres de la
Cour, l'on trouue Arrest, par lequel il est
ordonné que les mineurs procederont de
là en auant contre les maieurs.

Ceste chambre des Requestes pour
autant qu'elle estoit tirée & extraicte du
corps de la Cour, s'augmêta au long aller
en authorité & grandeur. Car pour luy
gratifier sur tout autre Iuge subalterne,
fut defendu à tous autres Iuges de prendre
cognoissance d'vn Committimus, en vertu duquel l'on iouit du priuilege des requestes, & ainsi fut iugé par arrest dés le
huictiesme iour de Iuillet l'an mil trois
cens soixante sept. Voire & estendirent
leur puissance si loing, que le quinziesme
iour de Mars mil cinq cens huict, fut iugé
qu'vn homme iusticiable du Parlement de
Tholose seroit tenu proceder aux requestes de Paris, en vertu d'vn Committimus,
laquelle chose ne s'obserue pas ce neant-

moins pour le iourd'huy. Aussi petit à petit les Procureurs & Aduocats par vn droit de bienseance commencerent à se vendiquer mesmes priuileges. Au moyen dequoy messire Guillaume Brissonnet Chancelier souz le regne de Charles huictiesme, & en l'an mil quatre cens quatre vingts dixsept, interdit les Committimus à tous, fors & excepté aux domesticques & officiers, & nommément deffendit n'en estre plus deliurez aux Aduocatz & procureurs: lequel commandement n'ayant pas esté estroictement obserué par la negligence de ceux qui vindrent apres luy, feu messire François Oliuier, Chancelier souz le Roy François second, que Dieu absolue, voulut faire passer telles deffeces par edit: Mais pour le refus qu'on luy en fit à la Cour, il deffendit depuis à toutes Chanceleries qui despendoient de l'authorité de son séel de n'en deliurer de là en auant aucuns: lesquelles deffences furét depuis reiterées par messire Michel de l'hospital, son successeur (le vray Caton de nostre temps) pour oster à plusieurs chiquaneurs le priuilege qu'ilz se donnoient de tourmenter, souz ombre de leur Committimus, le pauure peuple que l'on eslongnoit de leur domicile pour plaider. Et depuis par l'edit fait en Ianuier mil cinq cens soixante, sur la doleance des estatz qui furét lors tenuz à Orleans, furent tous sieges & Officiers des Requestes supprimez, establiz en tous autres Parlements, fors toutesfois le siege des gens tenants les Requestes du Palais à Paris, pour ce qu'il estoit d'ancienne institution. Bien est vray, que pour autant qu'il failloit rembourser grande quantité d'Officiers qui auoient esté, pourueuz de ces Estatz, cest article est encores à executer. Et pour autant que souz ombre des committimus ceux qui auoient le priuilege se faisoient ceder quelques debtes, pour vexer les parties, & les distraire de leur iurisdiction, par mesme edict, article trentesixiesme, fut ordonné que lors qu'il seroit question de cessions ou transportz, fussent lucratifz ou onereux, on ne pourroit en vertu d'vn Committimus faire assigner vne partie hors les fins & limites de son territoire.

Les Iuges anciénnement pris à parties.

Au surplus en tant que touche la generalité de cest ancien Parlement, se trouuet trois ou quatre choses dignes de n'ô estre escoulées souz silece. Car en premier lieu pour dôner occasion & aux Iuges de bien iuger, & aux parties de ne prouigner leurs procés, noz anciens eurent premierement vne coustume generale de faire adiourner les Iuges (i'entends ceux qui ne despendoient directemēt de l'authorité du Roy) pour venir soustenir leur iugé à leurs perilz & fortunes). Et faisoient seulement intimer & signifier l'appel à la partie qui auoit obtenu gaing de cause, afin qu'elle assistast au plaidoyer, si bon luy sembloit pour oster toute occasiō au Iuge de ne s'étendre & colluder auec l'appellāt. Laquelle coustume, ores qu'elle soit perie, si en sont encores demourées les vieilles traces iusques à nous : En ce qu'encores pour le present on adiourne les Iuges, & intime lon seulement les parties. Qui me fait presque penser (d'autant que ie voy ceste façon de faire estre obseruée tant à l'endroit des Iuges Royaux, qu'autres Iuges guestrez & pedanées) que de vieille & primitiue institution estoient aussi bien les Iuges Royaux pris à parties comme les autres, & que depuis par succez de temps fut supprimée la rigueur de ceste coustume : De sorte que puis apres elle fut seulement practiquée à l'endroict des Iuges non Royaux, comme nous apprenons du

M

vieil stile de parlement. Et a ceste mienne opinion assiste, que par anciennes Ordonnances ilz deuoient assister en personnes aux iours de leurs parlements, pour veoir reformer leurs sentences, & du droit mesmes originel des François, ilz eurent vne sorte de Iuges qu'ilz appelloient Rhatinbourgs, expressément destinez pour decider les causes qui se presentoient pour le fait de la Loy Salique. Lesquelz se trouuants auoir sententié autremēt que la Loy ne portoit, se rendoient pour ceste faute emendables en certaine somme, enuers celuy cōtre lequel ilz auoient iugé, ainsi que l'on trouue au Chapitre soixantiesme de la Loy Salique. Tellement qu'il ne est pas du tout hors de propos d'estimer qu'anciennement tous Iuges de quelque qualité qu'ilz fussent, estoient responsables de leurs iugements: Et que depuis ceste coustume fut retrainte & limitée en contre ceux seulement qui se trouuoient Iuges non Royaux: iusques à ce que finalement s'est ceste maniere de faire du tout anichilée entre nous, ne nous estant demouré pour remarque de toute ceste ancienneté que les paroles sans effect. Car encores que nous facions adiourner la

Iuges comme vrayes parties, si est-ce que cela se fait à present tant seulement pour la forme : demourant en la personne de l'intimé le frais & hazard des despens. Et à la mienne volonté que ceste ancienne coustume eut repris sa racine en nous, pour bannir les ambitions effrenées qui voguét auiourd'huy par la France en matiere de Iudicature.

Aussi eurent nos ancestres vne chose qu'ils obseruerent tressongneusement, par ce que du commencement il n'estoit permis bailler assignation aux parties aduerses, sinon aux iours qui estoient du Parlement de leurs Bailliages ou Seneschaucées. Pour laquelle chose entendre, faut noter que ce Parlement estant ainsi arresté, l'on distribua les territoires, ordonnât par rang certains iours dediez pour rendre droit à chasque Bailliage au lieu des deux seances qui se tenoient à la natiuité & Purification. Ces iours, selon qu'ilz estoient ordonnez, s'appelloient iours de Parlement de Vermandois, Touraine, Aniou, Maine, ou autrement. Et estoit lors vne coustume notable & recogneuë par noz vieilles Ordonnances: Car apres que lon s'estoit presenté, lon faisoit les rolles *Rolles ordinaires.*

ordinaires, dans lesquels chasque cause estoit couchée à son rang, Se pouuans chascun asseurer d'auoir expedition en iustice, selon son degré de priorité ou posteriorité. Et trouue lon mesmement arrest donné long temps apres la resseance du Parlement, par lequel des le neufiesme de Octobre mil quatre cens trente six, sur les importunitez qui se presentoient par les parties qui vouloient enfaindre ce vieil ordre, fut ordonné que les Lundis & les Mardis lon plaideroit des causes ordinaires, & non d'autres: Et defendu à toutes personnes de ne demander les audiences extraordinaires. Pour lesquelles furēt reseruez les Ieudis ainsi qu'il plairoit au president qui tiendroit le siege les distribuer en faueur des vefues, orphelins & paures. Laquelle ordonnance encores qu'elle ait esté continuée iusques à nous, si a ce esté auecque telle sobrieté que nous auōs veu vn temps que ceux qui estoient couchez dedans ces roolles ordinaires estoiēt presque asseurez de ne voir iamais la vuidāge de leurs differents. L'occasion de cecy estoit procedée pour autant que ceux qui tenoient la clef des audiences ne vouloient ouurir la porte aux paures parties

Rolles extraordinaires.

que par prieres de ceux qui les pourfuy-
uoyent en prefence, pour lefquels ilz dreſ-
foient roolles de prefents. En quoy par
fucceffion de temps ils fe defborderent de
façon, pour entretenir leur grandeur, que
les roolles ordinaires eftoient demourez
comme de nul effet & valeur. A caufe dequoy plufieurs deteftants cefte ambitieu-
fe & peruerfe couftume, appellerét vrayement telles manieres de roolles, roolles
de prefents : vfants toutesfois de cefte diction à leur auantage, par l'equiuoque &
double entente qui eft contenue deffouz
ce mot de (prefents.) Pour laquelle occafion de noftre temps fut cefte anciéne police de rechef commandée aux prefidents
par l'Edit d'Orleans donné à la pourfuite
des Eftats. Par lequel (article quarante
deuxiefme) il eft eftroittement enioint à
tous de ne donner point audience extraordinaire fors & referué les Ieudis. A l'entretenemét duquel article s'eft rendu grãd
obferuateur meffire Chriftofle de Tou à
prefent premier Prefident, perfonnage
grandement accompli de plufieurs bónes
parties, & fingulierement du deuoir de diligéce qu'il prefte à l'expeditió des caufes.
POVR retourner au progrés de mó pro-

Iours destinez pour la vuidange des proces des Bailliages.

pos en ceste distribution de Bailliages assignez à certains iours, estoit vn chascun astraint de soy contenir dans les bornes de son parlement, iusques à ce que la subtilité des praticiens trouua vne clause de Chancellerie que lon a encores de coustume de inserer dedans les lettres d'appel, par laquelle il est porté de donner assignation à sa partie aduerse, posé que ce ne soit des iours dont lon plaidera au parlement, ainsi que Iean de Bouteiller vieil praticien nous admonneste de faire en sa pratique, intitulée Somme rurale, en laquelle y a plusieurs decisions anciénes tres-notables. De la cómencerent à sourdre ie ne sçay quelles petites chiquaneries (comme les esprits des hommes ne demeurerent iamais oiseux és cas où leur profit se presente) sçauoir si ceste clause estant obmise, l'impetrant des lettres deuoit à son aduersaire les despens de l'assignation, comme l'ayant de son autorité priuée, & sans derogation expresse assigné à iours hors le Parlement. Sur laquelle difficulté Ieã Gallus, homme qui florissoit du temps de Charles sixiesme, se vente en quelque endroit de ses decisions auoir respondu. Et de faict en la question cent vingt quatriesme il dispute ce qu'opere ceste clause mise dans vn relief d'apel.

ENTRE ces honorables coustumes, nos anciés eurent vne chose digne de grãde recommendation. Car desirans couper toute broche aux procez, ce neantmoins cognoissants que de permettre en ceste Cour qu'il y eut certains hõmes qui n'eussent autre vacation qu'à procurer les affaires d'vn estranger, seroit au lieu d'amortir les procez, les immortalizer à iamais d'autant qu'il est bien mal-aisé qu'vn homme aime la fin d'vne chose dont despend le gaing de sa vie: pour ceste cause estoit vn chascun forcé de venir aux assignatiõs en personne. Et toutesfois la où il n'eut eu si prompte expedition & depesche que les affaires de sa maison desiroient, luy estoit permis creer vn procureur en sa cause. Non pas auec tel abandon qu'à present, ains par benefice du Prince, & encore souz telle condition que le Parlement expiré, s'expiroit aussi chasque procuration. Tant estoyent nos ancestres soucieux d'empescher qu'aucun ne fit son estat de viure à la poursuite & solicitation des causes d'autruy. Preuoyant le mal qui depuis en est aduenu. Ceste vsance estoit fort louable,

Anciẽnement defendu de plaider par procureur.

M iiij

& à bonne intention instituée: toutesfois (voyez comme vne chose bonne d'entrée se corrompt par traite de temps) la malice & opiniastreté des plaideurs necessant, failloit renouueler d'an en an telles procurations par benefice du seel, dont les secretaires corbinoyent vn grand gain. De la est que la premiere lettre qui se trouue aux protecoles de chancelerie, ce sont lettres que noz predecesseurs appelloyent Grace à ploidoyer par procureur. Par lesquelles le Roy, de grace speciale permettoit à vne partie de plaider par procureur en Parlement & dehors, iusques à vn an. Pour obuier à telz abus, la Cour depuis d'vn bon aduis, voulut que par requeste generale presentée par les procureurs au commencement de chasque Parlement, seroyent icelles procurations continués annuellement par l'authorité de ceste Cour, sans que de là en auant il fut besoin auoir recours au seel. Laquelle chose s'est obseruée iusques en l'an mil cinq cens vingt huit, que par ordõnance du Roy François premier, furent toutes telles procurations confirmées & continuées iusques à ce que elles fussent reuoquées expressément, par les Maistres. Ainsi sont creuz en nombre excessif procureurs. Au moyen dequoy à bonne & iuste raison le mesme Oliuier, duquel i'ay parlé cy dessus, defendit par edict exprés, souz le regne de François premier, qu'on n'eust à en pouruoir aucuns de nouueau à cest estat. Lesquelles mesmes defences auoyent esté faites du temps de Charles huitiesme, en l'an mil quatre cés quatre vingts & sept.

VOILA comment chasque chose à pris diuers plis selon la diuersité des temps & saisons. Outre lesquelles mutations, encores s'en sont trouuées d'autres dignes d'estre en ce lieu remarquées. Car les Espices que nous donnons maintenant, ne se donnoyent anciennement par necessité. Mais celuy qui auoit obtenu gaing de cause par forme de recognoissance, ou regraciement de la Iustice qu'on luy auoit gardée, faisoit present à ses Iuges de quelques dragées & confitures: car le mot d'Espices par noz anciens estoit pris pour confitures & dragées, & ainsi en a vsé maistre Alain Chartier en l'histoire de Charles septiesme, chapitre commençant l'an mil quatre cens trete quatre. Où il dit que le Roy Charles septiesme seiournant en la ville de Vienne, & ayant esté visité

Dont est procedée l'origine des Espices.

par la Royne de Sicile, le Roy luy fit
(dit il) grande chere & vint apres souper,
» & apres ce que la Royne eut fait la reue-
» rence au Roy, dancerent longuement,
» & apres vint vin & espices, & seruit le
» Roy monseigneur le Comte de Clermõt
» de vin, & monsieur le Connestable seruit
» d'espices: Et en cas semblable Philippes
de Commines au second chapitre de ses
Memoires, dit, que Philippes Duc de
Bourgongne donna congé aux ambassadeurs qui estoyent venus de la part du
Roy de France, apres qui leur eust fait
prendre le vin & les espices: Lequel mot
pris en ceste signification, s'est perpetué
iusques à nous, és festins solennelz qui se
celebrent aux escoles des Theologiens de
ceste ville de Paris, esquelz lon a sur le
dessert accoustumé de demander le vin &
les espices. Ces espices doncques se donnoyent du commencement par forme de
courtoisie à leurs Iuges, par ceux qui a-
uoyent obtenu gaing de cause, ainsi que
ie disois ores. Neantmoins le malheur
du temps voulut tirer telles liberalitez
en consequence: Si que d'vne honnesteté
on fit vne necessité. Pour laquelle cause
le dixseptiesme iour de May mil quatre

cens & deux, fut ordonné que les Espices qui se donneroyent pour auoir visité les procez, viendroient en taxe. Et pour autāt que les procureurs vouloyent vser de mesme priuilege sur leurs cliēts le dixneufiesme iour en suyuant furent faites defenses aux procureurs de n'exiger de leurs Maistres aucunes choses sous ombre d'Espices: Toutesfois si les parties estoyent grosses & qu'il eut esté questiō de matiere qui importast, estoit permis de leur donner deux ou trois liures d'Espices. Depuis les Espices furent eschangées en argent, aimans mieux les Iuges toucher deniers que des dragées. Tout de la mesme façon que nous voyōs aux doctorādes la plus part de noz Maistres de la Sorbōne aimer mieux choisir vingts solz qu'vn bonnet : Ou en cas encores beaucoup plus semblable, ainsi que lon fait en la ville de Tholose: Auquel lieu les nouueaux Docteurs ont accoustumé de faire presents de boëtte de dragée aux Docteurs regents, par forme de gratification de leur nouuelle promotion : Ce que i'ay veu de mon temps plusieurs regents auoir eschangé en argent.

OR combien que ce lieu & souuerain Parlemēt ait quelque fois esté repris pour

Emologation des Edicts du Roy au parlement.

les chiquaneries & longueurs qui y ont esté introduites entre les parties priuées, si a il esté tousiours destiné pour les affaires publiques, & verification des Editz: Car tout ainsi que souz Charlemagne & ses successeurs ne s'entreprenoit chose de consequence au Royaume que lon ne fit assemblée & de Prelatz & de Barons, pour auoir l'œil sur ceste affaire: aussi le Parlement estant arresté, fut trouué bon que les volontez generales de noz Rois n'obtinssent point lieu d'Editz, sinon qu'elles eussent esté verifiées & emologuées en ce lieu. Laquelle chose premierement se pratiquoit sans hypocrisie & dissimulation. Deferantz noz Rois grandement aux deliberations de la cour. Et auec ce lon prestoit pour les grãds & premiers estats de la France serment en cette cour. Ainsi trouue-lon és registres neufiesme Septembre mil quatre cens & sept, serment presté par Iehan Duc de Bourgongne comme Per: le septiesme Nouembre mil quatre cens dix, reception d'vn grand pannetier: & aussi vn Mareschal de France, receu le sixiesme iour de Iuin mil quatre cens dix-sept: & le mesme iour vn Admiral: Et le seiziesme iour ensuiuant vn grand Veneur: le troi-

sieſme de Feurier mil quatre cens vingt-
& vn ; le grand Maiſtre des Arbaleſtiers:
le ſeizieſme Ianuier mil cinq cens trente-
neuf, Courtenay, receu Admiral : Et qui
plus eſt, vn Treſorier & general admini-
ſtrateur des Finances, le ſeizieſme Auril
mil quatre cens vingt cinq : Et le ſemblable le trezieſme Octobre mil quatre
cens trente neuf. Laquelle choſe nous a-
uons veu s'obſeruer de noſtre temps ſouz
le regne du Roy Henry ſecond, en la reception de meſſire Gaſpard de Colligny
ſeigneur de Chaſtillon en l'eſtat de l'Ami
rauté. Toutesfois ie ne ſçay comment ces
couſtumes ſe ſont par traite de temps ſinõ
du tout anichilées, pour le moins non ſi
eſtroitement obſeruées comme noz anciens auoyent fait. Auſſi ſemble il que
telles couſtumes ayent eſté plus ſongneu-
ſement obſeruées lors des minoritez de
noz Roys, où en cas d'alteration de leur
bon ſens, comme eſtoyent preſque toutes
les années que i'ay ſpecifiées cy deſſus.
Pendãt lequel tẽps l'authorité de la Cour
a eſté touſiours de quelque plus grande
efficace que ſouz la maiorité de noz Rois.
Et au ſurplus au regard des emologations
des Edits ; encores que l'vſance en ſoit

venue iusques à nous, si faut il que nous recognoissions que quelques fois lon les passe & enterine contre l'opinion de cette Cour. Et l'vn des premiers qui à son plaisir força les volontez de la Cour, feignant de luy gratifier en tout & par tout, fut Iean duc de Bourgongne (fleau ancien de la France) duquel entre autres choses on lit que voulant pour gaigner le cœur du Pape, faire suprimer les ordonnances qui auoient esté faictes quelques années au parauant contre les abus de la Cour de Rome, enuoya par plusieurs fois souz le nom du Roy, Edit reuocatoire d'icelles, que iamais la Cour ne voulut emologuer. Au moyen dequoy messire Eustace de Laistre, Chancelier, faict de la main de ce Duc, le Comte de sainct Pol lors gouuerneur de Paris, le seigneur de Mauteron, vindrét au parlement le trentiesme de Mars mil quatre cens dixhuit: Et firent publier ces lettres reuocatoires, sans ouïr le Procureur General & en son absence. Et commanda le Chancelier que lon y mit. *Lecta publicata &c.* Et apres son partement vindrent plusieurs Conseilliers au greffe, remonstrer que puis que c'estoit contre la deliberation de la Cour, il ne deuoit mettre ce Lecta. Ou bien s'il le vouloit mettre deuoit y adiouster clause, par laquelle il apparut que la compagnie n'auoit approuué ceste publication : Lequel fit respōce qu'il se garderoit de mesprendre. Et le lendemain ceux des Enquestes vindrent à la grand chambre faire pareilles remonstrances : Surquoy fut dit que nonobstant ceste publication, la Cour n'étendoit approuuer ceste reuocation, & aussi qu'il y auoit par le commandement du Chancelier. Depuis ce temps les affaires de France furent tousiours en grandz troubles, & souz la subiection des Anglois. Pendant lequel temps le Duc de Bet-fort, lors Regent, se fit semblablement souuent croire contre la volonté de la Cour. Et les choses estants au long aller reduites sous la puissance de Charles septiesme (vray & legitime heritier de la couronne) Loys onziesme son filz, entre tous les autres Roys de France, n'vsa gueres de l'authorité de ceste grāde compagnie, sinon entant que directement elle se conformoit à ses volontez. Voulant estre ordinairement creu d'vne puissance absoluë & opiniastreté singuliere. Ainsi que mesmement on lit de luy estant encores simple Dauphin en certaine publication requise au profit de Charles d'Anjou Comte du Maine, beau frere de Charles septiesme. Car comme Charles d'Anjou requist que lon eust à publier en la Cour, la donation qui luy auoit esté faite par le Roy, des terres du grand sainct Maixant, Mesles, Ciuray & autres, à quoy le Procureur general du Roy fist lors responce que les deux Aduocats estoient absens, & que sans leur conseil il ne pouuoit riens: & que par le conseil du Comte fut repliqué qu'il n'estoit besoin de conseil en la cause qui lors s'offroit: il se leua lors vn Euesque qui remõstra que le Dauphin l'auoit là enuoyé expressément, pour faire publier ces lettres. Au moyen de quoy la Cour, veu le temps & volonté du Dauphin, qui pressoit ainsi ceste affaire, fist enregistrer sur le reply des lettres. *Lecta de expresso mandato Regis per Dominũ Delphinũ præsidentem in ipsius relatione:* Fait le vingt-quatriesme Iuillet mil quatre cés quarante & vn. Mais le Dauphin manda querir soudain les presidens, & leur dict qu'il vouloit que lon ostast ce (*de expresso mandato*) & qu'il ne bougeroit de Paris iusques à ce que cela fust rayé. Protestant que

que s'il aduenoit quelque incouenient par faute d'auoir esté la part où il luy auoit esté enioint par le Roy, en faire tôber toute la tare & coulpe sur la Cour. A cause de quoy la Cour, temporisant en partie, ordonna le vingtquatriesme iour de Iuillet ensuiuant que l'on osteroit le *de expresso*: mais que le registre en demeureroit chargé pour l'aduenir. Tellemét que ces mots furent seulemét rayez de dessus les lettres. Et depuis en lan mil quatre cens soixante cinq le mesme Loys, estant Roy, fist publier bon gré mal gré en plaine Cour par son Chancelier le don qu'il auoit fait au Comte de Charolois, & nonobstant toutes protestations que fissent la plus grand part des Conseilliers, il voulut que sur le reply fut mis *Registrata, audito procuratore regis, et non contradicente*. Telles protestations ont esté depuis assez familieres en cette Cour. Et se trouuent assez d'Edits portans; *De expresso & expressissimo mandato Regis, pluribus vicibus reiterato*. Laquelle clause tout ainsi qu'elle est adioustée, pour bonne fin, aussi souhaiteroient plusieurs (paraduenture non sans cause) que ceste honorable compagnie se rendit

N

quelquesfois plus flexible, selon que les necessitez & occasions publiques le requierent.

Quel profit apporte à la republique Françoise l'ordre du Parlement & côme quelques princes en ont voulu abuser.

GRANDE chose veritablement, & digne de la maiesté d'vn Prince, que noz Roys (ausquels Dieu a donné toute puissance absoluë) ayent d'ancienne institution voulu rendre leurs volontez souz la ciuilité de loy: & en ce faisant que leurs Editz & Decrets passassent par l'alambiq de cest ordre public. Et encores chose pleine de merueille, que deslors que quelque ordonnance a esté publiée & verifiée au Parlement, soudain le peuple François y adhere sans murmure: comme si telle compagnie fust le lien qui nouast l'obeissance des subietz auec les commandemens de leur Prince. Qui n'est pas œuure de petite consequence pour la grandeur de noz Roys. Lesquelz pour ceste raison ont tousiours grandement respecté telle compagnie, encore que quelquefois sur les premieres auenuës, son opinion ne se soit en tout & par tout rendue conforme à celles des Roys. Voire que comme si cest ordre fust le principal retenail de toute nostre monarchie, ceux qui iadis par voyes obliques aspirerent à la Royauté se proposerent d'establir vne forme de Parlement la part où ilz auoient puissance. Enguerrand de Monstrellet nous raconte que Iean Duc de Bourgongne ayāt esté deschassé de la ville de Paris & de la presence du Roy Charles sixiesme, de laquelle il faisoit pauois pour fauoriser ses entreprinses encontre la maison d'Orleans, s'empara puis apres de plusieurs villes, comme celles d'Amiens, Senlis, Mondidier, Pontoise, Montlehery, Corbeil, Chartres, Tours, Mante, Meulant, & Beauuois: & tout d'vne suite s'estant ioint & vny auec la Royne Isabelle (laquelle estoit lors en dissension auec son fils Charles, qui depuis fut septiesme Roy de ce nom) il aduisa d'enuoyer maistre Philippes de Moruilliers dedans la ville d'Amiens, accompagné de quelques personnages notables & d'vn Greffier: pour y faire, souz le nom de la Royne, vne Cour souueraine de Iustice au lieu de celle qui estoit au Parlement de Paris. Afin qu'il ne fust besoin d'aller en la Chancellerie du Roy pour obtenir mandements, ny pour quelque autre cause qui peust aduenir és bailliages d'Amiens, Vermandois, Tournay, senechaucé de ponthieu,

ny es terres qui estoient en sa suiection &
obeissance. Auquel Moruilliers il bailla vn seel dans lequel estoit emprainte l'image de la Royne, estant droite & ayant
les deux bras tenduz vers la terre: Du costé droit les armes de France miparties auec celles de Bauieres, duquel lieu elle estoit extraitte. Et estoit escrit à l'entour,
C'est le seel des causes souueraines & appellations pour le Roy, Ordonnant que
les lettres s'expediroient souz le nom de
la Royne, en la maniere qui s'ensuyt. Isabel par la grace de Dieu Royne de Frāce,
ayant pour l'occupation de Monseigneur
le Roy le gouuernement & administratiō
de ce Royaume, par l'ottroy irreuocable
à nous sur ce faict par mondit Seigneur &
son Conseil. Ceste vsurpation & monopole de la Royne & Duc de Bourgongne
aprint puis apres la leçon à Charles lors
simple Dauphin: Car estant le capitaine
l'Isl'Adam & les Bourguignōs entrez dās
Paris de nuit, & par intelligence, il seroit
impossible de raconter tout au long les
pilleries cruautez & inhumanitez qui furent exercées à l'encontre de ceux qui tenoient le party contraire de Bourgongne. Messire Bernard d'Armignac Cō-

nestable, messire Henry de Marle Chancelier, Iean Gauda Grand Maistre de l'artillerie, les Euesques de Coutance, Senlis & Clermont furent miserablement mis à mort, auec sept ou huict cens paures hommes prisonniers : En ce miserable spectacle la plus part des hommes notables de la Cour de Parlement, & singulierement ceux qui fauorisoient sans arriere boutique au Dauphin, se retirerent auec luy pour euiter la fureur de ceste populace. I'ay leu dans Historien que i'ay en ma possession, & qui estoit curieux de rediger par escrit les miseres de ce temps là, que l'an mil quatre cens dix-neuf qui fut deux ans apres l'entrée de l'Isl'Adam, le Dauphin ayant recueilly ses forces, ordonna pour le fait de la Iustice vn parlement dans Poitiers, Presidents & Conseilliers : C'est assauoir de ceux qui en cette desolation s'estoient garentis par fuitte. Et lors fut aduisé pour le commencement que les causes des grands iours de Berry, Auuergne, & Poitou, seroient les premieres expediées. Gardans au demeurant tout le style de la Cour de Parlement de Paris. Pareillement euoca lon toutes les

Parlement de Poitiers

causes qui estoient pendantes à Paris : au moins celles qui estoient des pays obeïssants au Dauphin : lequel prit desiors le titre de regent en France. Charles sixiesme toutesfois qui estoit adonc mal ordonné de son cerueau, ne laissoit pas d'auoir son Parlement dans paris, auquel fut estably (par la volonté du Duc Ieau) premier president messire Philippes de Moruilliers, duquel i'ay fait n'agueres mention. Bien est vray que le Parlement chomma sans rien faire depuis l'entrée de l'Isladam, qui fut le vingt-neufiesme de May mil quatre cens dix sept, iusques au vingt-cinquiesme de Iuin: pendāt lequel entreget, le peuple vsoit des vies des hommes comme si elles leurs eussent esté baillées à l'habandon.

Extermination des Anglois de la ville de Paris.

AINSI demourerent les affaires de France bigarrées l'espace de vingt ans ou enuiron, y ayant double Parlement, l'vn dans Paris pour les Anglois qui possedoient le Royaume de France, & se disoient legitimes heritiers de luy: & dans Poitiers pour les adherans du Dauphin. Depuis ces Anglois en l'an 1436. le treiziesme iour d'Auril, furent deschassez de Paris par le Connestable de Richemont,

& autres plusieurs grands seigneurs partizans de Charles septiesme. Au moyen dequoy le sixiesme iour ensuiuant, ceux de la Cour de Parlement de Paris deleguerent quelques vns de leurs corps vers le Connestable, pour entendre ce qui luy plairoit qu'ilz fissent. Ausquels il fist responce qu'il en escriroit au Roy son maistre, & le prieroit de les auoir pour recommandez: mais ce pendant qu'ilz expediassent les causes comme de coustume. Ceste graticuseté contenta grandement vn chacun: Et furent les affaires conduites de sorte que le Parlement de Poitiers fut depuis vny & conioint auec celuy de Paris. Toutesfois noz regiſtres n'en expliquent point la façon. Mais i'ay trouué dans vn autre liure, auquel toutes choses qui auenoient en ce temps là, sont escrittes par forme de papier Iournal, que le iour sainct Clement au mesme an, reuint le Connestable dans Paris & sa femme, & qu'auec eux estoyent l'Archeuesque de Reims, Chancelier, le Parlement du Roy & entrerent par la porte Bordelle (c'est celle que nous appellons auiourd'huy porte sainct Marcel) qui lors nouuellement auoit esté desmurée: Et que le

Ieudy enfuyuant vigile de sainct André, fut crié à son de trompe que le Parlement du Roy Charles, qui depuis sa departie auoit esté tenu dans Poitiers, & sa chambre des Comtes à Bourges en Berry, se tiendroit desormais au Palais Royal de Paris, en la forme & maniere que ses predecesseurs Roys de France auoient accoustumé de faire. Et dit l'autheur qu'ilz commencerent le premier iour de Decembre en ensuiuant à le tenir. Auquel mesme iour noz registres portent que tous les Conseilliers firent renouuellement de serment d'estre fideles & loyaux suiets au Roy Charles septiesme: Qui nous enseigne que le Roy se voulut porter gracieusement auec tous les Conseilliers Parisiens, & qu'il ne les voulut point degrader de leurs dignitez, ains se contenta seulement de prendre d'eux le serment de fidelité. Lors que le Parlement de Poictiers reuint, messire Adam de Cambray y estoit premier President, lequel fut employé à plusieurs grandes legations & ambassades pour le faict de la paix & vnion du Roy & du Duc de Bourgongne: Les os duquel personnage reposent dans les Chartreux de Paris.

OR en ceste nouuelle réunion des deux

Ordre tenu au palais après la réunion du parlement de paris auec celuy de poitiers.

Parlements, pour-autant que pendant le tumulte des guerres, plusieurs choses auoient esté en tresmauuais ordre, & mesmement que durant cestuy temps les requestes du Palais auoient esté suprimées, & sans effect: Charles septiesme apres s'estre rendu paisible, voulant remettre tout en bon estat, ordonna qu'en la grand chābre y auroit trente Conseilliers, quinze laiz, & quinze clercs: Et en la chambre des Enquestes quarante, seize laiz, & vingt & quatre clercs. Remettant sus la iurisdictiō des Requestes en laquelle il ordōna cinq Cōseilliers clercs, & trois laiz, en ce compris leur President. De laquelle il fist publier l'auditoire le cinquiesme iour de Iuillet mil quatre cens cinquante deux: Et pour autāt qu'en la chābre des Enquestes y auoit deux Presidents, il la voulut diuiser en deux pour l'expedition des procez: Enioignant semblablement qu'en la Tournelle se vuidassent les causes criminelles: A la charge toutesfois que si en disfinitiue il failloit iuger d'aucun crime qui emportast peine capitale, que le iugement s'ē fit en la grand chambre. Depuis la multitude des proces fit faire trois chābres des Enquestes, & par François premier du nom y fut adioustée la quatriesme, que lon appelast du Dommaine: parce que souz le nom & pretexte du Dommaine trouua ceste inuention pour tirer argent de vingt nouuelles Conseilleries qu'il exposa lors en vente.

L'Indult de la Cour depar le mēt.

OR ont tous ces Conseilliers vn priuilege annexé à leurs offices, lors qu'ilz y entrent, par lequel ilz se peuuent souz le nom d'autruy (qu'ilz empruntent pour cest effect) nommer sur telles Eueschez & abbaies qu'il leur plaist pour auoir (à leur rang & tour) le premier benefice vaquant & qui se trouue en despēdre. Laquelle costume semble auoir pris cōmencement du temps que les Anglois gouuernoient, viuant toutesfois Charles sixiesme. Et à ce propos se trouue dans les registres, que l'ā mil quatre cēs & vingt, le douziesme iour de Feurier, fut auisé, que pour pouruoir les Conseillers de benefices, lon escriuoit au Roy que son plaisir fust leur donner les benefices vaquants en regale. Et aussi d'en escrire aux ordinaires. Et le vingt-huitiesme de May mil quatre cens trente quatre, maistre François Lambert requit estre intitulé au roolle que la Cour enuoyoit au Pape, attendu qu'il auoit esté autrefois Conseillier. A quoy fut dit qu'il se roit enrollé: Lequel Indult ie croy leur fut accordé par le Pape, à fin que par telle maniere de gratification la Cour ne s'opposa plus si souuent aux Annates & autres pernicieuses coustumes que le Pape leuoit sur le clergé. Chose que la Cour de Parlemét ne voulut aucunement receuoir, & à cause dequoy il y auoit eu mille piques entre la Cour de Rome & celle de Paris. Et de fait combié que ceste cause ne soit expliquée, si est ce que depuis que cest Indult eut grande vogue, ie ne voy plus que la Cour ait tel estat d'empescher les Annates comme elle auoit fait au precedent. Et neantmoins furent telles nominations de la Cour intermises pour quelque temps par sa nonchalance ou negligence : Iusques à ce que souz le regne de François premier, maistre Iacque Spifame Conseiller, ayant fueilleté les anciens registres, & voyant que ce droit leur estoit deu, mais que par long laps de temps il s'estoit à demy esgaré, prit la charge d'en faire les poursuites & diligences enuers Pape Paul troisiesme : Ce qu'il fit si dextrement que depuis il en apporta belles bulles à la Cour. Au moyen desquelles elle a depuis iouy plainement de ce priuilege.

Departement des parlemens par la Frāce

DEPVIS que Charles septiesme eut reduit les choses en tel train que i'ay discouru cy dessus, encores que la Cour de Parlement de Paris semblast auoir toute authorité par la France, si est-ce que pour le soulagement des suiets, le mesme Charles retrancha quelque peu la iurisdiction & cognoissance qu'auoient eu par le passé les Parisiens. Car comme ainsi fut que deslors que le Parlement fut aresté, il estendit sa puissance sur tous les territoires de la France, cestuy Roy premierement eclypsa le pays de Languedoc & vne partie de l'Auuergne: establissant vn Parlement dedans la ville de Tholose: Lequel y auoit esté à demy ordonné par Philippes le Bel, mais non auec telz liens & conditions que souz Charles. A l'imitation duquel, Loys onziesme son filz eschangea le conseil qui estoit tenu dans Grenoble pour le Dauphiné, & l'erigea semblablement en parlement. par succession de temps puis apres, Louys douziesme en crea vn autre dans la ville de Bordeaux, pour les pays de Gascongue, Xaintonge, & Perigord, vn autre en celle d'Aix, pour la Prouence, vn dans

Dijon pour la Bourgongne, & vn finalement dans Rouen pour contenir toute la Normandie en deuoir. Demourant tousiours ce nonobstant au Parlement de Paris le nom de la Cour des Pers, & semblablement la puissance & authorité d'emologuer les Edits generaux de la France, comme elle faisoit au parauant. De nostre temps on a plusieurs fois mis en deliberation & conseil de faire vn nouueau parlement à Poitiers, tout ainsi qu'autres-fois ceste mesme deliberation auoit esté mise en auant souz le regne de Charles septiesme. Et n'est pas chose qu'il faille passer souz silence, que pour les grands frais qui se faisoient souuentesfois en ceste Cour en causes de petite consequence, le Roy Henry deuxiesme de ce nom au voyage d'Allemagne institua en chasque siege presidial certain nombre de Conseilliers pour decider les procez en dernier ressort, qui monteroient à dix liures de rente, & de deux cens cinquante liures pour vne fois. Aussi en l'an mil cinq cens cinquante quatre, souz ce mesme Roy, par vn general changement de face, fut ce parlement de Paris fait Semestre, & diuisé en deux seances, dõt l'vne estoit destinee depuis le premier iour de Iáuier, iusques au dernier de Iuillet: & l'autre du mois de Iuillet, iusques à la fin de l'annee. Ayant chasque seance ses presidens & conseillers particulierement. Tellemēt qu'au lieu de quatre presidens qui estoiét de tout téps & anciéneté se virent huict presidens. Et de la mesme façon que le Roy auoit fait cruës d'officiers, aussi leur augmenta il leurs gages, iusques à huict cens liures par an, auec defences de ne toucher de la en auāt Espices des parties. Qui fut l'vne des plus grãdes mutations & trauerses que receut iamais ceste Cour. Ie sçay bien qu'on trouue en l'an mil quatre cens six, souz Charles sixiesme, vn Mauger receu president cinquiesme, & extraordinaire: & vn maistre Anthoine Minart du semblable, souz François premier: Et encore vne creuë de vingt conseilliers souz le mesme Roy. Et du temps de Loys onziesme en l'an mil quatre cés soixante cinq, Hales receu tiers Aduocat pour le Roy. Toutesfois ceux cy estoient tousiours vnis ensemble, & representans vn mesme corps: mais au Semestre la diuision estoit telle, que ce que les courtisans ne pouuoyent obtenir en vne seance, ilz le pratiquoyent en l'autre, rendans par ce moyē l'authorité de la Cour à demy illusoire. Au moyen dequoy fut ceste inuention annullée, & les choses remises en leur premier estat au bout de trois ans, c'est à dire en l'an mil cinq cens cinquante sept, peu au parauant la reprise de la ville de Calais. Bien est vray que pour la multiplicité des Presidens & conseillers qui ne pouuoyent estre si tost reduits par mort en leur nombre ancien & primitif, lon aduisa de faire vne chambre de conseil supernumeraire, où se vuideroyent les apointez au conseil de la grand'chambre. Tellement qu'ainsi que les choses sont disposées pour le iourd'huy, il y a grand chambre ordonnée pour la plaidoirie & publication des Editz: celle du conseil qui la suit, ausquelles deux chambres indifferemment president les cinq premiers presidents qui restent auiourd'huy du Semestre. Puis quatre chābres des Enquestes, entre lesquelles est cōprise celle que lon appelle la chābre du Dommaine. De toutes lesquelles ensemble on tire la chambre qui est destinée au criminel. Le tout sans asseurance de certain nombre de conseillers, pour autant que par Edit publié la veille de la nostre Dame de Septembre mil cinq cens soixante, tous officiers furent supprimez par mort, & n'est loisible à aucun de s'en demettre és mains du Roy, iusques à ce que les offices erigés pour subuenir à l'iniquité & iniustice des guerres soyent reduits au nombre qui estoit il y a trente ans. Vray que le Roy a depuis donné plusieurs dispenses encôtre l'Edict qui estoit bien fort rigoureux.

Certainement en ce Parlement outre les choses par moy discouruës, se trouuét plusieurs particularitez notables. Et n'est pas chose qu'il faille oublier, que le vingt & vniesme iour de Nouembre l'an mil quatre cens & cinq, par arrest furent faites deffenses qu'aucun ne s'appellast Greffier de quelque greffe que ce fut, Royal, ou autre, ny huissier, fors les greffiers & huissiers de ceste Cour. Se trouue aussi qu'en ceste mesme année les presidens auoyent obtenu lettres patentes du Roy, par lesquelles leur estoit permis de corriger & oster les Conseillers quand ilz faudroyét. Toutesfois ne fut obtemperé à icelles : & le dixhuitiesme Feburier fut arresté que l'on s'excuseroit au Roy.

C'EST

Ceste compagnie, comme i'ay dit, a esté tousiours fort recommandée dans la France, comme celle par laquelle sans esclandre sont verifiées les volontez de nostre prince. Vne chose toutesfois y est sur tout ennuieuse, c'est la longueur des procedures, laquelle semble y auoir fait sa derniere preuue par la subtilité de ceux qui manient les causes d'autruy: Lesquelz pendant qui'lz ombragent & reuestent leurs mensonges de quelques traitz de vray-semblance, mandiants d'vne contrarieté de de loix la decision de leurs causes : tiennent tousiours vne pauure partie en suspens. Estants bons coustumiers prédre en cecy aide d'vne Chancellerie : Laquelle fut premierement introduite pour subuenir aux affligez, pour benefice du Roy, qui s'en veut dire le protecteur. Neantmoins les plus fins & rusez en vsent comme d'vne chose inuentée pour tenir en haleine ceux qui se sont opiniastrez en leur ruine, pour trouuer par ce moyen quelque ressource en vne cause desesperée. Tirants & aduocats & procureurs de telles longueurs (i'ay cuidé dire langueurs) vn grand proffit. Qui est cause que plusieurs bons esprits de la France, pipez de l'amorce du gain present, laissent bien souuent les bonnes lettres pour suiure le train du Palais, & s'assopissét par ceste voye, pendant que comme asnes vouez au moulin, ilz consomment leurs esprits à se charger de sacs, au lieu de liures. Aussi sont maintenant les choses ordonnées de tel estat que dedans l'enclos du Palays Royal, auquel se tient le Parlement, y a dixneuf ou vingt rateliers, ausquels chacun diuersement trouue à paistre. Car outre les sept chābres destinées pour le Parlement, y a de plus les Requestes du Palays, commises pour les causes des domestiques de la maison du Roy, & autres qui peuuét vser du priuilege de Cōmittimus: Les requestes de l'Hostel, qui congnoissent des differens qui procedent des prouisions des offices: La Chancellerie, pour seeller lettres és choses esquelles est besoing vser du benefice du prince: La Cour des generaux des aydes, pour congnoistre en dernier ressort du fait des tailles, aydes, subsides & soulde de cinquante mil hommes: Chambre des monnoyes. Les escuz de l'election de Paris & des enuirons, cōgnoissants en premiere instance sur le fait des tailles: La chambre du Tre-

La diuersité de iurisdictions qu'il y a au palais de Paris.

sor, créé pour le domaine du Roy assis en certains Bailliages qui luy ont esté ottroiez par François premier de ce nom: Mareschaucé & Connestablie de France à la table de marbre, vouée aux procès qui sõt entre les gens de guerre & les Tresoriers pour le faict de leurs gages & autres dependantz de ce: Le siege de l'admirauté aussi assis à la table de marbre, ayant iurisdiction des traffiques & autres choses qui concernent la marine. Le bailliage du Palays, qui a certaine iurisdiction limitée dedans la cité & sur les marchans & merciers qui debitent leur marchandise tant dedans l'enceinte, qu'au tenant du palays: Auec lesquelz ie pouuois mettre entre les premiers, les seigneurs de la chambre des Comptes: mais ilz ont procureurs & practiciens à part & separez de ceux de la Cour. I'ay leu qu'anciennement le grand Maistre des Arbalestiers y auoit semblablement son siege aussi bien que le Cõnestable. Mais tout ainsi que cest ordre est anichilé aussi est venue ceste iurisdiction à neant. N'aportant la pluspart de ces iurisdictons que confusion à l'ordre de la Iustice ordinaire, qui se rend à chascun sur son domicile. Pour laquelle raison les

O ij

Estats qui furent assemblez à Orleās souz le Roy Charles à present regnant, requirent que les officiers du Tresor, des eaues & forests, Mareschaucé, Admirauté & autres extraordinaires, fussent supprimez: Mais tout ainsi que la plus grande partie de telles assemblées proposent de braues progets sans effect, aussi le Roy par l'edit qu'il bastit sur l'aduis d'iceux Estatz, reserua à y pouruoir en autre saison: Qui aduiendra parauenture quand les affaires de France se trouueront en meilleur train.

De l'ordre des douze pers de France, au moyen desquelz le Parlement de Paris est appellé Cour des pers

CHAP. IIII.

LA plus grande partie du peuple est d'auis & tiēt pour histoire arrestée q̄ l'Empereur Charlemagne pour asseurer ses Estats, & esperāt gaigner le cœur des siens, dōna presque semblable authorité qu'à soy, a douze de ses principaux, à la charge toutesfois de se reseruer la principale voix en chapitre. De de ceux-cy on en nomme six laiz, & autant d'Ecclesiastiques: & encore diuise le peuple, ceste generale police en Ducs & Comtes: C'est à sçauoir les Ducz & Prelatz de Reims, de Laon, & Langres: les Côtes & Euesques de Beauuais, Chaalons & Noyon: les Ducs de Bourgongne, Normandie, & Guyenne: les Côtes de Flâdres, Champaigne, & Tholose. Veritablement quiconque ait esté inuenteur de ceste police (si telle a esté reellement & de faict introduicte & obseruée) il deut estre bien grãd personnage. Et croy que les premiers qui s'induisirét d'en attribuer la premiere inuention à Charlemaigne, furent esmeuz à ceste opinion, tant à l'occasion de son bon sens, qu'aussi qu'il esperoit par ce moyen se fortifier contre l'ancienne famille de noz Roys de France, sur lesquelz Pepin son pere s'estoit emparé du Royaume. Toutesfois il me semble que ceux qui ont esté de cest aduis ne digererét onques bien la puissance de Charlemagne, ny comment les affaires de France se demenoient de son temps: Car de ma part ie ne preteray iamais consentemét à ceux cy. Et croy à bien dire que ce discours ait esté plustost emprunté de l'ignorance

Que l'ordre des douze pers n'est institutiõ de Charlemaigne.

O iij

fabuleuse de noz Romās, que de quelque histoire authentique. Qu'il soit ainsi, il est certain que Charlemaigne gouuernoit ses pays de l'authorité de luy seul, & nō de la necessité des Ducs & Comtes : lesquelz pour lors n'estoient que simples gouuerueurs & tels qu'il les deposoit à sa volonté. Ie sçay bien que lors que Charles Martel son ayeul commença de rapporter à sa famille souz le nom de Maire du Palays toute la maiesté de Frāce, plusieurs Ducz se mirent de mesme façon en deuoir de faire tomber en leur maisons les côtrées desquelles ilz auoient le gouuernement. Toutesfois ilz furent successiuement rangez par Martel, puis par Pepin: Tellement que toutes rebellions effacées: les Duchez furent reduictes selon leur ancienne forme, & données & ostées au bon plaisir des Roys de France. Ainsi ce seroit abus de penser que Charlemaigne eut voulu auoir pour pers ou semblables à soy, ceux qui totalement despendoient de son authorité & puissance. Ce neantmoins pour verifier cecy par pieces, en quel lieu ie vo' supply trouuerez vous mention de ce temps là d'vn Duc de Guyenne separé d'auec le comte de Tholose: certes il ne s'en trouue chose aucune : mais est la verité, que souz le nõ d'vne Duché d'Aquitaine estoit compris & ce que nous appellons maintenant Guyenne, & la ville mesme de Tholose. Voire que les Comtes alors & mesmement ceux de Tholose, n'estoient que simples Iuges & administrateurs de Iustice en chasque ville, comme nous deduirons plus amplement au chapitre destiné pour tel suiet. D'auantage, qui est celuy qui ne sache que l'on ne parloit point adonc de Normandie, ains fut vn nom qui depuis souz Charles le simple commença d'entrer en credit auec l'erection de Duché qui en fut faicte en faueur des Normans? Et aussi que la Flandre lors à demy inhabitée & deserte estoit gouuernée seulement par vn simple grand forestier. Afin que ie n'adiouste à cecy que la police de ce temps là estoit telle, que ce qui estoit maintenant dit Duché (quand il estoit és mains de quelque prince gouuerneur d'vne contrée au nom du Roy) en moins de rien prenoit le nom de Royaume, lors qu'il tomboit au partage d'vn filz de France. Estant ce Royaume de telle qualité qu'il ne recognoissoit de là en auãt autre seigneur que Dieu & son Roy,

O iiij

En ceste façon voyons nous que le pays d'Aquitaine fut pour vn temps appellé Duché souz Charlemagne, puis Royaume quand il en inuestit Loys Debõnaire son fils, lequel deslors commença de tenir ses Estatz à part. Et depuis cettuy Debonnaire faisant partage general à ses enfans, dõna l'Italie à Lothaire son fils aisné, le faisant sacrer Empereur, A Loys son second fils le Royaume de Bauieres & de la Germanie & à Pepin celuy d'Aquitaine, Verité est que Pepin estant decedé du viuant de son pere, ceste Aquitaine se trouuant reunie à la Couronne, fut donnée en partage à Charles le Chauue son dernier fils auec la plus grande partie de ce que nous nommons la France. Semblablement apres la mort de Loys Debonnaire, Lothaire Empereur partageât ses Royaumes à trois autres siens enfans, à l'aisné qui estoit Loys, dõna l'Empire auec le Royaume de Lombardie, à Charles qui estoit le second, le Royaume de la Lorraine, & pour Charles son puisné, il fit vn Royaume de la Prouence, & de partie de la Bourgongne: Et à peu dire, depuis la venuë de Charlemagne iusques souz deux ou trois lignées successiuement, la Maiesté de la maison de France estoit telle que les enfans de noz Roys s'entrepartageoiét les Prouinces par forme d'Empire ou de Royaumes, & non par forme de Duchez. Et ne lit on point de la lignée de Charlemaigne aucun enfant masle qui se soit contenté d'vn simple nom de Duc ou de Côte, ains de Prince souuerain & Roy. Voire que Charles le Chauue, souz lequel toute la grandeur de ceste noble famille n'estoit pas encor' amortie, mais cõmençoit beaucoup à s'estaindre, donnant le pays de Prouence & partie de la Bourgongne qui luy estoient retournez par le decés de ses neueux, à Bosson duquel il auoit espousé la sœur, erigea de rechef ces pays en Royaume. Et le premier & le dernier d'entr'eux tous, si ie ne m'abuse, qui prit la qualité de Duc, fut celuy Charles que Hugues Capet desherita du Royaume: Mais les affaires de la France auoient desia pris toute autre forme qu'au precedét, ainsi que ie discourray en ce chapitre. De sorte que pour retourner à mon but, c'eust esté vne police frustratoire, si Charlemaigne eut voulu faire douze Pers de ceste marque, pour en anichiler la coustume à vn instant, & à vn simple partage, qu'il eut fait entre ses enfans. Et qui m'induit encores à ceste opinion, c'est que combien que dans Theodulphe, qui fut du téps de Charlemaigne, & dans Aimoïn, soit faite frequente mention des parlements qui estoient adoncq' tenus, si n'ay-ie iamais leu que les Ducs y assistassent en ceste qualité de Pers, cóme nous en vsons auiourd'huy. Toutes lesquelles coniectures m'ont tousiours semonds de penser qu'à tort c'estoit le peuple imprimé ceste fole persuasion de rapporter l'introduction de cecy en la personne de Charlemaigne. Laquelle chose tout ainsi que ie la tiens pour asseurée, aussi est-il fort difficile de pouuoir remarquer le temps soubz lequel ceste police de douze pers, fut introduite. Tellement qu'il nous faut en cecy proceder à l'Academique, ie veux dire monstrer par bónes & vallables raisons ce qui n'est pas, & timidement asseurer ce qui peut estre. parquoy, pour descouurir ce que i'en pense, mon opinion est que le mot de per s'est insinué entre nous de l'ancienne dignité de patrice qui fut à Cóstantinople. Pour laquelle chose deduire de fonds en cóble, il faut entendre que sur le declin de l'Empire de Rome Constantin le Grand voulut introduire, & met-

Dont s'est insinuée entre nous l'origine des Pers.

Quel estoit le patritiat sur le declin de l'Empire de Rome

tre en hôneur la dignité du Patriciat, tout d'vne autre façon qu'elle n'auoit esté mise en vsage par les premiers peres de Rome, tellemét qu'elle ne se donna de là en auāt par les Empereurs qu'à leurs fauorits & autres personnes qu'ilz auoient en grāde recōmandation. Et de fait, le plus grand hôneur dont ilz pouuoiét caresser vn prince estranger, estoit de luy enuoyer l'ordre de Patrice en signe de confederation & alliāce. Ainsi lisons nous que l'Empereur Anastase l'enuoya au grand Roy Clouis: Et quand Adalgise fils de Didier Roy des Lombards se fut retiré vers Constantin Empereur de Côstantinople, il ne le peut mieux hônorer que de le ranger au nombre de ses Patrices. Et enuoioyent cest estat auec vn grand appareil de langage, dont le formulaire est inseré au sixiesme des Epistres de Cassiodore. Ie ne puis presque mieux comparer cest estat qu'à l'ordre de sainct Michel que donnent auiourd'huy noz Roys à ceux ausquelz ilz veulent gratifier, ou pour la faueur qu'ilz leur portēt, ou pour la vertu qui est en eux. Car tout ainsi que les cheualiers de sainct Michel n'ont pour l'occasion de leur ordre autre commandement sur le peuple, sinon que par là ilz se ressentent en quelque chose de la maiesté de nostre Prince, aussi ces Patrices n'auoient autre prerogatiue sur le cōmun, sinon qu'ils attouchoient de bien pres la personne d'vn Empeureur. Et outre plus, entrāt en ceste dignité, par la teneur de leur priuilege, estoient absouz & affrāchis de la puissance de leurs peres. Ainsi que lon peut voir dās le mesme Cassiodore, & encores dans Iustinian au premier liure de ses institutiōs Imperiales. Or ny plus ny moins que ces Patrices approchoient de pres la lumiere & splendeur des grands Empereurs, aussi leur estoient les grandes charges commises. Non vrayement à cause de l'estat de Patrice, ains pource que le Patritiat ne se donnoit gueres qu'à ceux qui estoient les mieux aymez & cheris. En sorte que petit à petit pour autant que d'ordinaire on ne donnoit les Prouinces en maniement qu'à tels patrices, il escheut par succession de temps que les Gouuerneurs des Prouinces furent de quelques vns appellez de ce nom de Patrice. Ainsi appelle lon ce grand Aetius qui combatit Atille aux champs Catalauniés, le dernier Patrice des Gaules : Voire que ceux mesmes qui pendant les troubles de la Republique occuperent le Gouuernement d'Italie, & qui à nom ouuert ne s'osoient nōmer Empereurs, s'appellerent Patrices de Rome. De telle marque sont Auire, Maiorian, & autres iusques à Augustule qui fut chassé par Odoacre Roy des Hetuliens. Et certes tout de la mesme forme que ces Empereurs vserent du Patritiat, aussi noz vieux Roys François voulurent pratiquer le semblable pour recompenser les Courtizans qui estoient à leur suite. Et en ceste façon Gregoire de Tours au quatriesme liure de ses Histoires, chapitre vingt & quatriesme dit, que Gontran Roy d'Orleans degrada vn personnage nommé Agrecula de l'honneur de Patritiat, & donna ceste dignité à Celsus. Et au quarante-deuxiesme ensuyuant, vn Gentilhōme nommé Moumole fut orné de ce mesme ordre par le mesme Roy. Voire qu'à l'imitation des Romains, commencerent noz Roys à donner les grands gouuernements aux Patrices. Dont vint qu'on vsa puis apres de mots de Patrice, & Ducs indifferemment, pour Gouuerneurs de prouinces. Pour laquelle cause Aimoïn au troisiesme Liure est autheur, que le mesme Gontran au vingt-septiesme an de son regne fit Landegifile Patrice de la Proüécc : Et au quatriefme il dit qu'apres que Clotaire second eut regné trente ans, il fit Garnier, par le moyē duquel il estoit paruenu au Royaume d'Austrasie, Maire de ce pays là, & donna semblable estat à Rhadon en la Bourgongne. Et au pays Vltraiurin, c'est à dire, qui est outre la mōtagne de Iura, il institua Herpon Patrice. Et au mesme Liure il fait mention d'vn autre Patrice Vltraiurin, nommé Guillebaud. Aufquels trois passages Patrice se prend pour Duc & Gouuerneur. Et au Chapitre cinquante-septiefme du mesme liure, ie trouue qu'il appelle Hunold Patrice d'Aquitaine, lequel peu apres il nomme Duc du mesme pays. Vrayement ie ne fais aucune doute qu'aux generaux Parlements que tenoient Pepin, Charlemagne, & ses successeurs, tels Ducs & Patrices ne tinssent l'vn des premiers degrez, comme ceux ausquels estoient commises les grandes Prouinces en chargē. Et qu'au lieu de Patrices ne les ayons appellez en nostre vulgaire Ducs & Peres, comme i'ay leu dans vne vieille histoire Françoise, & depuis par abreuiation Ducs & Pers de France. A l'imitation desquelz quand les

Ducs & Comtes se firent perpetuelz, ilz commencerent semblablement (pour authorizer d'auantage leurs Cours) d'appeller leurs grands Barons peres ou Pers, & leur donner voix & assistance en leurs iugements : comme nous voyons auoir esté anciennemét pratiqué au Duché de Normandie. Et en cas semblable les mediocres Seigneurs, qui veulent ordinairement se composer à l'exemple des plus grands, establirent en plusieurs endroits semblables formes de Perries que noz ancestres, au long aller & par corruptiõ de langage appelloiét *Pares curiæ*, desquels est fait frequent recit dans les anciennes Loix des Lombards, qui ont esté en partie médiées des nostres, & encores en voyons nous pour le iourd'huy quelques obseruãces en plusieurs particulieres coustumes de ce Royaume, comme en celles du Bailliage d'Amiens & Senechauché de Pontieu. Qui a esté cause que quelques vns ont veulu tirer en cõiecture que l'inuétion des douze Pers de France fut apportée du pays de la Germanie, par les François, Lombards, & autres peuples Germaniques. Estimants que tout ainsi qu'és fiefs les anciens François eurent leurs Pers, aussi les Duchez &

Des pers qui se rencõtrent és fiefs.

Comtez s'estans renduës patrimoniales, noz Roys sur le modelle ancien des fiefs voulurent faire souz leur couronne, vn establissement de Perries, telles que nous les voyons auiourd'huy. Toutesfois i'ay quelque raison qui me semble corrompre vray semblablement ceste opinion, d'autãt que ie ne voy point ces Pers estre venus en vsage, en matiere feodale, sinon lors que les fiefs commencerent à se perpetuer aux familles : C'est asçauoir lors que les Seigneurs & Gentils-hommes commencerent à se iouër de leurs fiefs, & les desmembrer pour en gratifier à vns ou autres soldats de leur suite, que nous appellons maintenant arriere vassaux. Aussi n'est-il pas à presumer, si ceste police eut esté entre les François quand ilz arriuerent és Gaules, que nous n'en eussions eu quelques enseignements & addresses, par noz anciennes Histoires aussi-bien que du Patrice & Patritiat, ce que toutesfois ie ne trouue point. Bien sçay-ie qu'au troisiesme liure des Ordonnances de Charlemagne, article soixante cinquiesme, il semble y auoir vn passage respondant à ceste opinion. *Quicunque ex eis qui beneficiũ principis habent, parem suum cõtra hostes cõmuni in ex-*

*in exercitu pergentē dimiserit, & cum eo ire
vel stare noluerit, honorē suum perdat.* Tout
homme (dit-il) ayant vn benefice du
prince, qui aura delaissé en la guerre son
pair, s'acheminât contre l'ennemy, & qui
ne voudra aller ou demourer auecques
luy, qu'il soit desapointé de son estat &
honneur. Lequel lieu quelques vns veulent
rapporter aux Perries que lon pratique
aux fiefs: toutesfois, seló mon iugement,
iamais l'intétion de Charlemagne
ne fut telle. Et de fait entre toutes les loix
& Edicts de cest Empereur, & du Debonnaire
son fils, posé qu'il soit fait infinie
mention des benefices ou fiefs, & semblablement
des vassaux & beneficiers: ce
neantmoins ce passage est le seul & vnique
auquel lon trouue ce nom de pair, és
endroits qui traittent de ces benefices. Et
certes ie ne me puis persuader aisément
que si les Perries eussét esté deslors en vogue
és matieres feodales, que nous n'en
eussions plusieurs autres sentiments par
les mesmes loix. Parquoy mõ auis est que
ce que l'Empereur Charlemagne defend
au Beneficier de ne laisser son Pair en la
guerre, c'est vne police militaire, par laquelle
il commande a ses vassaux, qu'e-

P

estoient tenuz quãd la necessité se presentoit de porter les armes (comme encores ils sont auiourd'huy) ne laisser leurs cõpagnõs & coüassaux à la guerre, sur peine de priuation de leurs fiefs. Prenãt ce mot Pair, selon sa vraye & naïue significatiõ, sans qu'il pensast oncques de le retirer à l'ordre & police des Pers. Et en ceste mesme façon est prise ceste diction au quatriesme liure des mesmes ordonnances, article soixante & dixseptiesme, lequel liure est destiné pour les loix de Loys le Debonaire. *Vt in hoste nemo parem suũ vel quemlibet alium hominẽ bibere cogat.* Nous defendons (dit-il) à tous estans au Camp

,, de n'inuiter de boire leurs Pers, ny aucũs
,, autres qui que soient. Vrayement ie croy
,, que tout homme de bon céruceau me passera condamnation, que l'Empereur le Debonnaire ne voulut point lors defendre à ses vassaux de boire d'autãt à leurs Pairs, ainsi que nous le prenons auiourd'huy, ains que son intentiõ fut pour bannir l'iurongnerie de son Camp, de prohiber à tous soldats de n'inuiter à boire tãt leurs Pairs & compagnons que tous autres, iaçoit qu'ilz ne fissent professiõ des armes. Et en la suite de l'histoire de

Notez que l'histoire de Annonius suit depuis la fin du 19. chap. du 13. 4.

Aimoïn, quiconques ait esté celuy qui ait voulu accómoder son labeur souz le nom de cest Historiographe au chapitre trente-huictiesme du cinquiesme Liure, *ure iusques au bout du Liure.* touchant de mot à mot les articles de la trefue qui fut iurée entre le Roy Loys le Begue, & Loys Roy d'Allemaigne son cousin, lon trouue ces deux grands Roys qui ne dependoient en riens l'vn de l'autre, en auoir vsé de mesme façon. *Vt autem, quia firmitas amicitiæ & coniunctiunis nostræ modo quibusdã causis præpediẽtibus esse nõ potuit, vsq; ad illud placitũ, quo simul vt cõueniam, statutũ habemus: talis amicitia inter nos maneat, Domino auxiliante, de corde puro, & cõscientia bona & fide nõ ficta vt nemo suo pari vitã regnũ aut fideles suos, vel aliquid quod ad salutẽ seu prosperitatẽ ac honorẽ regni pertinet, discupiat aut male cõciliet. Vt si in alterutrius nostrum regnum paganũ seu pseudochristiani insurrexerint, vterq; veraciter suum parẽ, vbicunque necessitas fuerit, si ipse rationabiliter potuerit, aut per semetipsum aut per fideles suos, & consilio & auxilio, vt optime possit, adiuuet.*

Qu'est à dire, Et pour autãt que nous ne pouuós pour le present iurer vne amitié ferme & stable à iamais (pour quel-

P ij

» ques raisons qui l'empeschent) iusques à
» ce que nous nous soyós trouuez au pour
» parler que nous auós conclud ensemble.
» Ce temps pendant toutesfois demeurera
» entre nous, Dieu aidant, la presente con-
» federation de bon cœur, sincere conscié-
» ce, & sans hipocrisie. Sçauoir est que nul
» de nous ne s'estudiera d'oster la vie à son
» Pair, son Royaume, ou ses fideles & vas-
» saux ou atteter chose aucune qui se peut
» tourner à son deshonneur ou dommage.
» & si peut estre les payens ou faux Chre-
» stiens couroient sur les marches de l'vn
» ou l'autre de nous, en ce cas chacun d'en-
» tre nous sera tenu sans dissimulation ou
» feintise porter conseil & aide à son pair,
» si le peut bonnement faire, ou par luy ou
» par l'entremise de ses suietz feaux, le tout
au moins mal qu'il pourra. En tous lesqls
passages l'on voit que le mot de pair est
pris pour compagnon seulement, & à tát
il me semble le semblable auoir esté fait
en ce soixátecinquiesme article des ordó-
nances de Charlemaigne. Ne me pouuát
faire acroire (comme i'ay deduit cy dessus) si la police des pers eut lors esté en
essence és benefices & fiefs, que nous n'
eussions eu plusieurs autres instructions

& memoires du mesme Empereur, les ordonnances duquel sont presque la plus grand part du temps vouées à traiter de ces Benefices & fiefz.

Toutes lesquelles choses i'ay voulu deduire en passát: Par ce que ie voy quelques doctes personnages contreuenir à mon opinion: estimants que non des patrices, ains des Pers qui se trouuét obseruez és fiefs ayét esté introduits noz douze Peres ou Pairs de Frãce. Parquoy pour reprẽdre ma premiere visée que la necessité du present discours m'a fait esló́gner de l'œil, ie ne fais aucune doute que du temps de Charlemaigne & de toute sa lignée ces Ducs & Peres de France ne fussent en tresgrand credit, & que pour ceste cause ilz ne tinssent les premieres seáces au Parlemẽts & generales assemblées qui se tenoient par noz Roys: toutesfois il ne me peut entrer en la teste que ceste generale police des douze Pairs, tãt celebrée par la bouche de tous, fut ny du tẽps de Charlemaigne, ny lõg temps apres en vsage. Que si la vray-semblance quelquesfois tient lieu de verité és anciennetez, mesmement és choses esquelles les liures nous faillent, il y auroit certaine-

Sça-
uoir ʃi
les
dou-
ze
pairs
eʃtoiẽt

P iij

du tēps de Hugues Capet.

mēnt plus d'apparence que souz Hugues Capet ceste distributiō eut pris son cours lors que chasques Ducs & Comtes, qui auoient eschangé le nom de leurs offices en fiefs, luy faisoient teste. Au moyen dequoy lon pourroit à iuste raison dire, qu'il eust esté cōtraint recognoistre tous ces grands Seigneurs, comme ses pairs & esgaux, horsmis le sermēt de fidelité que ils seroient tenus de luy prester: Et seruiroit à ceste opinion grandement, par ce qu'il sembleroit qu'il eut voulu gratifier à son frere Héry Duc de Bourgongne du Doyenné entre les Pers: en la possession duquel Doyenné sont tous les Ducs de Bourgōgne demourez iusques à present. Toutesfois aspirant à ceste opinion, i'ay plusieurs arguments qui m'en diuertissent, entre autres que cōbien que depuis la venuë de Capet ie voye auoir esté tenuz plusieurs Parlemēts, si n'ay ie iamais veu vn Parlemēt general auquel les Seigneurs de Bourgongne, Guiēne, Northmādie, Flandres, Champaigne, & Tholose fussent tous vnanimement assemblez. Mais ou estoient les vns ou les autres guerroyez par le Roy de Frāce, ou exerçoient guerres & inimitiez particulieres entre eux ou estoient absents du Royaume par le moyen des voyages de Ierusalem. Tellement que ie ne trouue point que iamais ceste police generale ait eu lieu en vn seul Parlemét qui se soit tenu auát le regne de Philippes le Bel. Et d'auantage combien que dans Aimoin on trouue mentió d'vn Duc de Champaigne (qui signifioit gouuerneur) si est-ce que quand les Ducs & Comtes occuperent leurs gouuernements au desauantage de noz Roys, les Côtes de Champaigne ne tenoient pour lors aucun lieu : Et estoit ce pays diuisé en plusieurs petites Comtez, de Troye, de Meaux, & autres, iusques à ce qu'vn Thibaut Cópte de Blois, vers le temps du Roy Robert fils de Hugues Capet, commença d'vsurper le nom & titre de Compte de Chápaigne, lequel depuis florit grandement par la France: ioint que l'Euesque de Beauuais, que nous mettons au rang des Pers, n'eut le Comté de sa ville, sinon sous le regne du mesme Robert, par l'eschange qu'il fit auec le Comte de Sanxerre son frere. Et à bref dire ie ne trouue ce nom de Pers solénisé souz la tierce lignée de noz Roys de la façon que nous le pratiquôs, sinon souz Philippes Auguste, au sacre duquel noz histoires font mentiõ que là se trouua Henry le Ieune, Roy d'Angleterre, comme vassal & Per de France. Depuis lequel temps Guillaume de Nãgy est auteur que vers l'an mil deux cens cinquãte neuf, saint Loys arriere fils d'Auguste en paix faisant auec Henry Roy d'Angleterre, il fut accordé que la Normandie, Poitou, Aniou, Maine, & Touraine, demeureroient és mains des François: & que la Gascongne, Limoges, & Perigord demeureroient aux Anglois, lesquels recognoistroiẽt les tenir du Roy en foy & hommage, à la charge que de la en auãt le Roy d'Angleterre s'escriuant entre les Barons de Frãce, s'appelleroit Per & Duc d'Aquitaine. Parquoy apres auoir remué toutes sortes d'aduis en moy, ie suis cõtraint de recognoistre mon ignorance, & cõfesser franchemẽt, qu'entant qu'à moy est, ie pense que les douze anciẽs Pers de France, dont nous disons auoir l'image maintenãt, ne furent iamais en vraye essẽce. Et pense certainement que l'inuẽtiõ en soit modrne: ie veux dire lors que ces grands Duchẽz & Côtez furent vnis en la persõne du Roy, qui fut vers le tẽps

Vers quel temps peut estre ntro-

de Philippes le Bel. Non pas comme i'ay dudit, que ie n'eſtime qu'aucuns Ducs de Normãdie ou d'Aquitaine ne s'appellaſſent Ducs & Pers de Frãce, retenãts telle forme de faire de l'anciẽ ordre de patrice: mais non, pour le pratiquer de la maniere que maintenant. Mon opinion eſt donc que lors que ce Parlement, parauant ambulatoire, fut fait perpetuel dans Paris, Philippes le Bel voyãt que la plus grãde partie de tous ces Duchez & Comtez eſtoient vnis à la courõne: C'eſt aſſauoir la Chãpaigne par le mariage de luy & de Iannẽ de Nauarre ſon eſpouſe: la Normãdie & la plus grãde partie de la Guienne par les cõqueſtes de Philippps Auguſte: le Languedoc & Tholoze par le decés d'Alphõce frere de ſainct Loys, & heritier vnique de Raymond Comte de Tholoſe, duquel il auoit eſpouſé la fille: adõcq'il ſe propoſa de dreſſer en ſõ Royaüme Ducs & Cõtes à l'image de ces anciens. Et pour autãt que la fortune auoit voulu que lors que les Ducs & Cõtes ſe firent perpetuels, les Ducs de Guienne, Normãdie, & Bourgongne, enſemble les Comtes de Tholoſe, Chãpaigne, & Flãdres, fuſſent les plus grãds & redoutez de

dudit des douze Pers.

noz Roys: il voulut qu'autour de luy il y en eut six qui repreſétaſſent ceuxla (pour rendre ſa Cour pl⁹ celebre) leſquels aſsiſteroiét aux ſacres des Roys ſelon leurs dignitez & prééminences: & ſix Eccleſiaſtiques qui, peut eſtre, eſtoiét lors en pl⁹ grād credit enuers luy. Et tout ainſi que lors que les Ducs de Normandie, & ces autres Ducs & Comtes, les vns ou les autres aſsiſtans aux anciens Parlemens tenoient apres le Roy (comme grands Seigneurs) l'vn des premiers lieux & degrez auſsi feroient le ſemblable ceux cy en ce Parlement atteſté: & à leur imitation ſeroient auec leur dignitez Ducalles appellez Peres ou Pers de France: Sur leſquels depuis le peuple a forgé toutes les imaginations de grandeur dōt lon bruit auiourd'huy par la France. Deſquelz ie trouue ſeulement trois priuileges ſpeciaux. L'vn qu'ilz aſsiſtent comme premiers & principaux aux ceremonies des ſacres & couronnements de noz Roys, habillez tous à l'antique, pour repreſenter l'anciéne maieſté de noz Roys: L'autre qu'ilz ont leurs cauſes commiſes en premiere inſtāce en la Cour de Parlemēt de Paris, en ce que concerne leur Pairrie. Lequel priuilege i'ay veu estédre de mon temps aux Barons, pour raison de leurs Baronnies. Et le tiers, que par priuilege expres vn Per de France ne peut estre iugé que par ses autres freres & Pers. Chose dont Charles sixiesme leur fit despecher lettres à la semonce du Duc de Bourgógne son oncle, le deuxiesme iour de Mars, l'an mil trois cens quatrevingts & six, comme l'on trouue és vieux registres de la Cour de Parlement de Paris. Car combien que iusques à lors, ils pretendissent estre en bonne & longue possession de ce priuilege, si n'en auoient ils riés par escript. En effet voila mon aduis, lequel encores qu'à plusieurs personnes semblera fort paradoxé, si ne puis-ie par autre maniere contenter en cest endroit cy mon esprit. Suppliant tout benin lecteur, si ceste nouuelle opinion luy desplaist, qu'il m'en appreigne ce qu'il en sçaura plus au vray: D'autant que depuis Charles la simple, souz lequel est toute la confusió & metamorphose des Estats de ce Royaume, iusques vers le téps de Philippes premier, non seulemét nos histoires, mais aussi celles de to' les autres pays sont si courtes & manques, qu'il est bien

malaisé de pouuoir parler des chose
qui aduindrét en ce temps, sinon par arguments & coniectures.

De l'establissement du grand Conseil, & promotion d'iceluy.

CHAP. V.

AYANT esté le Parlement arresté dans la ville capitale de Frãce, & le Roy desgarny ce luy sembloit, de son ancien Conseil, pour en auoir voulu accommoder ses suiets, ceste nouuelle police dõna acheminemét à vne autre : D'autát qu'il fut necessaire au Prince d'auoir gés autour de soy pour luy administrer Cõseil és affaires qui se presentoient pour l'vtilité du Royaume. Ces personnages estoient pris, tant du corps du Parlement sedentaire, que des Princes & Barõs de France, selon les faueurs qu'ilz auoiét de leur maistre. Et pourautant qu'és deliberations qui se tenoyent entr'eux, s'expedioyent toutes affaires d'estat, l'on commença de mettre le nom du grand Cõseil en auant, duquel est faite assez frequente mention dans les ordonnances emanées depuis Philippes le Bel. Voire tout ainsi qu'auparauant on disoit que le Roy tenoit son Parlemẽt, lors qu'à iours solennelz il faisoit cõuocation des Princes & Prelats, pour terminer quelques differẽts notables ; aussi trouue lon que depuis en cas semblable au lieu de Parlemens, on disoit que le Roy alloit tenir son grand Cõseil en telz ou telz lieux, ainsi que bon luy sembloit. Maistre Alain Chartier en l'histoire de Charles septiesme, chapitre traitãt de l'ãnée mil quatre cẽs cinquante neuf. En ce dict mois (dit-il) ,, vint le Roy à Vendosme, & tint son grãd ,, Conseil qu'il auoit ordonné estre à Mõ- ,, targis, où il ne vint point, à l'occasion ,, de la grande mortalité qui estoit en la ci- ,, té d'Orleans, audit Montargis, & és pays ,, d'enuiron. Et là estants les grands Sei- ,, gneurs, c'est assauoir ceux de son grand ,, Conseil, les Pers de France, & les Sieurs ,, de son Parlement, fut condamné le Duc

d'Alençon de perdre & confisquer toute
„ sa terre, & son corps demourer prison-
„ nier à la volonté du Roy. Et fut mené
„ prisonier au chasteau de Loches en Tou
raine: Auquel lieu vous voyez ceste notable compagnie estre appellée souz le
nom du grand conseil & non du Parlement, comme l'on auoit accoustumé de
faire auant que le Parlement fut resseant
dedās Paris. Non pas toutesfois afin que
le lecteur ne m'espreigne point en cecy,
qu'il faille estimer que le grand Conseil
ne fut ainsi dit, que lors que se faisoient
telles notables assemblées. Car la verité
est que le grand Conseil estoit ordinairement tenu à la suite du Roy: mais ie
veux dire que quand ces grandes conuocations se faisoient enuiron la personne
d'iceluy Seigneur, le mot de Parlement
estoit aboly, & en son lieu estoit lors pris
& vsurpé celuy de grand Conseil cōme
vous voyez par ce passage de Chartier.

  Mais pour ne m'esgarer de mes brisées, ce grand Conseil estant ainsi composé, ie ne puis mieux cōparer ces deux
ordres, i'entends du Parlement & de ce
Conseil, qu'au Senat qui estoit dans Rome: & au Conseil qui estoit a la suite des

Empereurs. Car propremét le Parlement Ma-
repreſentoit quelque choſe de la grãdeur tiere
de ce Senat: & ce grãd Cõſeil ſimbolizoit d'e-
à la police qui fut inſtituée par Adrian, ſtat
& depuis entretenue par pluſieurs grãds ſe trai
Empereurs de Rome, leſquelz auoiét en toit
leur Cour pluſieurs hommes d'eſlite, nõ au
ſeulement tirez du Senat, mais auſſi quel grãd
ques autres perſonnes de marque, ainſi Con-
qu'il leur plaiſoit les choiſir. Bié eſt vray ſeil.
qu'il y a eu quelque differéce. Car le Cõ
ſeil des Empereurs s'eſteignoit auec la fa
ueur de leurs Maiſtres: & ne trouue lon
point qu'il ſe ſoit tourné en vn neceſſité
de police: Et de celuy de noſtre France,
nous en auons fait à la longue, vn hereditaire. Toutesfois pour bien entédre cecy. Ce grand conſeil du commencement
n'eſtoit fõdé en iuriſdictiõ contétieuſe:
Car telles matieres eſtoiét reſeruées pour
la cognoiſſance de la cour de Parlemét,
ains ſeulement cognoiſſoit de la police
generale de Fráce, concernant, où le fait
des guerres, où l'inſtitutiõ des Edits, dõt
la verification appartenoit au Parlemét.
Et dura longuemét tel ordre, c'eſt à dire,
iuſques ſur le cõmencement des factiõs
qui interuindrent entre la maiſon d'Or-

Ieans & celle de Bourgõgne auquel tẽps tout ainsi que toutes les choses de la Frãce se trouuerent grandement brouillées & en tresgrand desarroy, aussi ceux qui auoient la force & puissance par deuers eux pour gouuerner toutes choses à leur apetit, faisoiẽt euoquer les negoces qu'il leur plaisoit par deuers le Cõseil du Roy qui estoit composé, où de Bourguignons où d'Orleannois, selon ce que les vns où les autres des deux factiõs auoiẽt le credit en la cour du Roy Charles sixiesme, qui lors estoit mal disposé de son bõ sẽs. Et par ceste voye frustroient ceux de la cour de Parlemẽt des causes qui leur estoient affectées. Ainsi iouans ces grands Seigneurs à bouthors, trouue lon és registres de la cour, restitution d'offices ostées, & la cognoissãce attribuée au grãd Cõseil, du dixhuitiesme Nouembre mil quatre cens douze. Et au mesme an le vingt-septiesme iour Feurier, la cour procedant à l'election du procureur general vint vn secretaire du Duc Iean de Bourgongne dire, que Loys lors Dauphin de Frãce & Duc de Guiéne, vouloit que ceste election se fit au grãd Conseil: Pour ce qu'ilz auoiẽt enuie d'en gratifier aucune

Premiere confusion qui fut introduite au grãd Conseil.

ieune Aduocat nómé Rapou, qui depuis fut Président en icelle cour. Et à peu dire, toutes & quantefois que les Seigneurs qui gouuernoiét, auoiét enuie d'esgarer quelque matière en faueur des vns ou des autres, ilz en vsoiét en ceste maniere: Laquelle, depuis fut trescurieusemét gardée par le Duc de Bethfort regent en France pendant que les Anglois occupoiét vne grande partie du Royaume. A cause dequoy trouue lon és mesmes registres vn differét qui se presenta en l'a mil quatre cens vingt & deux, le dixiesme iour de Mars, entre le chancelier & la cour, sur ce que le chancelier n'auoit voulu deliurer relief d'appel à quelques vns appellants de certaine sentence contre eux dónée par les commissaires des conspirateurs de la paix, s'excusant le chancelier, parce que le Duc Bethfort vouloit que telles causes fussent vuidées & definies au grand cóseil, & non en icelle cour. Et les vingt & quatriesme Mars mil quatre cens vingt & sept, se trouue vne euocation de tous les dons & prouisions, qu'auoit au parauant fait le Roy Henry, durant sa conqueste de Normandie. Et plusieurs autres telles causes qui empesche-

Q

rent au long aller de telle façon ce conseil que lon fut contrainct, pour la multitude des procés, de faire nouueaux

Côseillers du grand Côseil. Conseillers, qui commencerent a prester le serment à leur reception, & au Roy, & à la cour de Parlement, tout ainsi que s'ilz eussent esté du corps de ceste cour. Et estoient créez Conseillers du grad Conseil à mille liures de gages: De ceux-cy nous trouuôs registres: L'vn du quatriesme iour de Ianuier mil quatre cens & vingt, autre en l'an mil quatre cens vingt & vng, & quelques autres du vingt & quatriesme Iuillet mil quatre cens vingt & trois, du dixhuictiesme Aoust mil quatre cens vingt & cinq, & dixhuictiesme Feurier mil quatre cens vingt huict. Portant le registre, Que tel ou tel a esté receu côseiller au grand Côseil à mille liures de gage, & a presté le serment au Parlement. Ce mesme ordre fut gardé par Charles septiesme apres q̃ les choses furent reduites, & que le Parlemet de Poitiers fut reuny auec celuy de Paris: car en ceste diuersité de differents qui se presentoiet de la part de plusieurs qui vouloient estre reintegrez en leur terres, dont la possession & iouissãce leur auoir oſtée par la venuë des Anglois, le Roy pour les aſſopir renuoyoit la plus grād partie de telles cauſes en ſon grand Conſeil: lequel pour ceſte occaſion commença de s'enfler tellemēt en nombre effrené, & exceſſif de procés, que les trois Eſtats, qui furent tenuz ſur l'auenement du Roy Charles huictieſme à la Couronne, requirent qu'il eſtoit beſoin que le Roy eut auec ſoy vn grand Conſeil de la iuſtice, auquel preſideroit le Chancelier, aſſiſté de certain nombre de notables perſonnages de diuers eſtats & contrees, bien renommez & expers en l'adminiſtration de la iuſtice, leſquelz conſeilliers feroient les ſermens à ce appartenants, & ſeroient raiſonnablement ſtipendiez. Qui fut cauſe que Charles huictieſme s'aduiſa, depuis de reduire ce grand Conſeil en forme de cour ordinaire. Pour laquelle cauſe le Chancelier le ſeizieſme iour de Feurier mil quatre cés quatre-vingts dix ſept, vint faire les remonſtrāces à la cour de Parlemēt pour ceſt effet: & ſur icelles fut deſlors par Edict general créé le grand Conſeil en forme de cour ſeuueraine, auec creation de dix ſept conſeilliers ordinaires. Toutes-

Commencement du chāgement du grand Conſeil.

fois pour autant que peu apres ce Roy fut preuenu de mort, l'execution de cest Edict demoura pour quelque temps en surceance. Au moyen dequoy Loys xii. dés le premier an de son regne, adioustât a l'inuention de son deuancier, par Edict du troisiesme iour de Iuillet mil quatre cens quatre vingts & dixhuit, voulut que ceste compaignie fut complette de vingt Conseilliers, outre le chancelier, & le nôbre des Maistres des requestes de l'hostel, pour iouïr des mesmes authoritez & prerogatiues que toutes autres cours souueraines, & les fist par mesme moyen semestres: Ordonnant que huls autres Côseillers de quelque dignité où condition qu'ils fussent n'étrassent en ce grand Conseil, mesmement au iugemêt des procez, si nômement ilz n'y estoiét conuoquez par le Chancelier. Parquoy, pourbien dire, tout ainsi que le grand Conseil du temps de Loys Hutin auoit esté extrait du corps de ceux du Parlement, non pas pour iuger les procez, ains pour traiter en la preséce du Roy les affaires d'estat, aussi estât par Loys douziesme reduit en ceste forme que i'ay dite, il estoit comme vn nombre tiré du conseil du Roy, pour terminer auec le chācelier les affaires de Iustice qui se presenteroiēt à la suite du Roy. Ainsi pour le cōmencemēt presidoit le chācelier en ce grād Conseil, & en son absence les Maistres des requestes de l'hostel selō leurs degrez d'āciēneté. Laquelle coustume dura iusques au regne de Frāçois premier, souz lequel messire Guillaume Poyet chācelier, pour gratifier à messire Guy Brellay son amy, & homme de grande doctrine, introduisit en faueur de luy vn estat de President au grand conseil, duquel il l'en fist pouruoir. Mais à l'auenement du Roy Henry en fut iceluy Brellay despouruen, & les choses reduites en leur anciē train, & les conseillers presidez par les maistres des Requestes, iusques à ce que le mesme Henry, reprenant les arres de son feu pere, y remist les Presidēts: ce qui s'est continué iusques à huy. Au demeurāt, du regne de François premier y eut Edict cōceu en bons & propres termes, par lequel le Roy vouloit & entendoit que la cour de Parlement & grand conseil fraternisassent ensemble, & fussent reputez vn seul corps, duquel despendoient toutes autres Cours souueraines. Et

Q iij

pour ceste cause ordonna que les Presidents & conseilliers du conseil eussent lieu en icelle cour selon l'ordre de leur reception, & le semblable auroient ceux des Parlements au grand Conseil Chose toutesfois que la cour de Parlemet de Paris n'a iamais voulu receuoir. Au moyen dequoy, ceux du grand Conseil voyant la porte leur estre fermee en ceste cour, aussi ne luy donnent ilz entrée en leur consistoire : combien qu'ilz l'accordassent à tous les autres Parlements, parce qu'ilz reçoiuent la mesme courtoisie d'eux. ô combien que ceste iurisdiction soit grande, si est-ce que pour en dire la verité, elle ne recognoist sa grandeur que par l'indulgéce des chaceliers, lors qu'ilz se desbordent quelquefois en lettres d'euocation. Car estâs tous les territoires de France remplis de Parlements, destinez pour rédre le droit à chascun, Tout ainsi que ce grand Conseil fut ambulatoire & sans arrest, aussi n'eust-il (s'il faut ainsi que ie le die) certaine asseurance de suiet. Mais a lon ou augmenté ou retranché la iurisdictió de ceste compagnie, selon que les occasions se sont presenteés. Aussi à la verité n'y

Iurisdictió du grand Conseil.

est traitée chose aucune dont les parties ne puissent prendre reglement de leurs iuges naturels & domiciliers, ou bié par les Parlemēts. Car les euocations, differents qui procedēt des contrarietez d'arrests, indults de Cardinaux, Archeueschez, Eueschez, Abbayes, Maladeries, Hospitaux, & autres choses dont noz Roys ont voulu attribuer la cōgnoissance au grand Cōseil, pouuoient estré sans aucuns frais extraordinaires traitez sur les lieux mesmes des parties, n'eût esté que la volonté de nostre Prince, auquel deuons toute obeissance, a esté autre. Et au surplus ie trouue que ceste iurisdictiō s'est grandemēt enflee de causes, lors que la cour de Parlement, pour quelques consideratios secrettes, ne s'est peu bonnement induire à passer & emologuer quelque chose, sinō par plusieurs iussions de noz Roys. En ceste façon voyons nous que n'ayant voulu, qu'à toute difficulté, accorder le concordat qui auoit esté passé entre le Pape Leon & le Roy François premier de ce nom, & encores que l'ayant accordé elle ne le pouuoit digerer qu'à longs traits, le Roy, pour auoir telle despesche & expedition de sa volonté qu'il desiroit, luy interdit toute iurisdiction des procès prouenāts à raison des Archeueschez, Eueschez, Abbayes, priorez electifs & conuentuels, & les euoca à sa personne le troisiesme Iuillet mil cinq cens vints & trois: & le sixiesme Septembre ensuiuant, en attribua toute cour & cognoissance, au grand Cōseil. Chose que nous auons veüe de fraiche memoire estre encores aduenuë en cas nō beaucoup dissemblable apres l'Edict de la pacification des troubles de l'an mil cinq cens soixante deux, pour plusieurs procès cōcernans le fait de la religion, que les aucuns appellēt nouuelle, & les autres reformee. Et certes noz Roys se sont assez trouuez empeschez à les occuper, & en ont quelquesfois trenché & coupé, leur donnants, puis leur ostāts, ainsi que bon leur sembloit: car le mesme Roy Frāçois leur donna la cognoissance des offices Royaux en debat. Laquelle depuis en l'an mil cinq cens trente neuf il restablit aux maistres de Requestes de son hostel, comme estoit l'ancienne vsance. Et de mesme façon le Roy Héry leur auoit attribué iurisdictiō des decimes & souldē de cinquāte mil hōmes, qu'il a depuis transportée aux generaux de la Iustice des Aides. Depuis la reduction du grand Cõseil en tel ordre, nous appellons Conseil priué celuy qui se tiét enuiron la personne du Roy: Auquel messire Guillaume Poyet chancelier, qui auoit esté nourry des le berceau à façõner les procés, aporta tant de chiquaneries, que combiẽ qu'auparauant luy, on ne traita en ce lieu que matieres d'éstat, si est-ce qu'il commença de prester l'aureille aux parties priuees pour matieres mesmement qui se doiuent decider dans vn chastelet de Paris: ou vne cohue de Roüen: Laquelle coustume depuis eut grãd vogue souz le roy Henry. Tellement que cela a introduit gens à la suite de la cour qui font acte de procureurs & aduocats en ce Cõseil, tout ainsi qu'aux simples iurisdictions subalternes. Voire & y ont esté quelquesfois taxez les despens par les maistres des Requestes: coustume veritablemẽt indigne de ce grand tibunal de la France. A cause dequoy messire François Oliuier (auquel pendant le regne de Henry on auoit subrogé vn garde Seaux) ayant esté r'appellé à l'administration de son estat de Chãcelier sur l'aduenemẽt du Roy François

Conseil priué

second à la couronne, la premiere chose qu'il eut en recōmandation, fut d'exterminer du Cōseil priué toutes telles manieres de procés, r'enuoyant chacun en sa chacune. Ce qui a esté depuis son decés tresreligieusemēt obserué par son successeur messire Michel de l'Hospital: si ne sçauroit-on si biē faire que lon en espuise ce lieu tout à sec. Au demeurāt les affaires du Conseil priué estoient disposees en tel estat, lors que ie dressay le premier progiet du present chapitre (qui estoit du viuāt de François secōd) qu'outre ce Conseil, auquel s'assembloiēt plusieurs Princes & notables Seigneurs, il y auoit d'abōdant vn Conseil des affaires, auquel trois ou quatre des principaux de la France auoient entrée pour aduiser sur le gouuernemēt general de ce Royaume. Toutesfois depuis ce temps la, les affaires de France ont grandement changé de face pour les troubles ciuils & intestins qui ont couru entre nous: lesquelz ont esté cause que ceux qui ont le principal gouuernemēt du Royaume, pour gratifier aux vns & aux autres, & par ce moyē donner ordre de tranquiliter toutes choses: ont baillé lieu & seance en Conseil à plusieurs personnages d'estofe, augmétants ce lieu de nóbre presque superabódant & extraordinaire. Qui me fait prognostiquer (si toutesfois il m'est loisible d'asseoir mon iugemét, sur choses si hautes & illustres) que tout ainsi que la necessité du téps a apporté ce grád nombre: aussi les choses estants petit à petit cóposées & reduites en meilleur train, vne autre necessité nous enseignera, qu'il n'est pas expedient qu'vn conseil estroit d'vn Royaume soit cómuniqué à tát de persónnes. Or quant est des Conseilliers du cóseil priué, du commencemét ilz n'auoiét seance en la cour de Parlemét. depuis ele fut accordée sur l'aduenement du Roy à present regnant à ceux qui auoient eu autrefois lieu & entrée en cette cour: finalemét apres l'assopissement des tumultes derniers, tout ainsi que les cinq Presidents de la cour furent receuz conseillers au conseil priué, aussi il fut arresté que de là en auant tous conseilliers du conseil priué auroient voix deliberatiue en la cour de Parlement.

De l'assemblée des trois Estatz, qui sont l'Eglese, la noblesse, & le tiers Estat.

CHAP. VI.

La reseance du parlement establie dedans la ville de Paris aporta deux nouueaux ordres en cette France, & non auparauant cogneuz: le grãd conseil dont i'ay parlé au chapitre precedant, & l'assemblée de trois Estatz, dont ie parleray maintenant. Ie di l'assemblée des trois Estatz : car encores que quelques vns qui pensent auoir meilleure part aux Histoires de la France, la tirent d'vne bien longue ancienneté, voire sur elle establissent toute la liberté du peuple, toutesfois ny l'vn ny l'autre n'est veritable. Ie sçay veritablement, & veux recognoistre qu'anciennement és Gaules, & au parauant la venuë de Iules Cesar l'on faisoit des diettes, & assemblées generales pour subuenir aux necessitez de tout le pays, lesquelles mesmement feurẽt par hypocrisie continuées par luy ayant subiuguer les Gaules pour faire paroiſtre qu'il no⁹ entretenoit en noz anciénes frāchiſes, & libertez. Mais en toutes ces capitulations vous ne verrez point que le menu peuple y fut appellé, duquel lon ne faiſoit non plus d'eſtat que d'vn, o, en chifre. Pareillement trouuerez vous ſous la premidre & ſecōde lignée de noz roys les conuocations ſolennelles que lon appelle parlemens dont i'ay diſcouru cy deſſus, principal nerf, & ſouſtenement de noſtre Monarchie: Mais en icelles n'eſtoient appellez que les princes, grands ſeigneurs, nobles, & ceux qui tenoiét les premieres dignitez de l'Egliſe. Or en l'aſſemblée des trois Eſtatz, non ſeulement on y apelle le menu peuple auecque l'Egliſe, & la Nobleſſe, mais qui plus eſt il en fait la meilleure part & portion & cōme tel, ceux qui premiers mirent celle inuention en auant, le voulurent r'oblandir d'vn mot plus doux & moins bas que nous diſons le Tiers Eſtat. Qui eſt la cauſe pour laquelle n'eſt iamais la porte ouuerte à telles aſſemblées que ce ne ſoit auecq' vne eſiouiſſance, & aplaudiſſemét general de tout le peuple, eſtimant luy eſtre par ce moyen faicte ouuerture à vvne honneste liberté, quoy que soit que par ses plainctes l'estat present sera reformé de bien en mieux, duquel par vn ie ne sçay quel instinct de nature iamais nous ne sommes contentz. Ne s'aduisant pas toutesfois n'y pourquoy telles assemblées furét premierement mises sus, n'y de quelle consequence elles luy sont. Ayans esté specialemét introduites pour obuier aux scandales & emotions, lors qu'és necessitez du Royaume lō vouloit leuer des imposts & subsides extraordinaires. Car pour bié dire quād noz Roys commencerét à faire plus de fondz des bources de leurs subiects, que de leurs fortes (ce qui commença d'auoir principalemét son cours vers le regne de Philippe Auguste) le peuple ne le pouuoit aisément gouster, mais d'vn mot odieux apelloit Maletoultes ces entreprises que on faisoit sur luy, comme deniers qu'il estimoit luy estre mal toluz & ostez, & produisoit ceste opinion plusieurs escladres & tumultes en vnes & autres côtrées selon que les occasions se presentoient. Mais ceux qui manierent les affaires du Royaume voulurét au contraire téperer de paroles ce qui sembloit pour l'effet estre de difficile digestion: voire choisir toutes voyes de douceur es cueillettes des deniers qu'ilz vouloiét faire. De la vint qu'ilz ne les nommerent Tributs, ains tailles, cóme si ceu esté vn argét à quoy vn chascun, liberalemét se tailloit & cotizoit pour son Prince. Pareillement ne leur baillerent iugés ains des esleuz, qui estoient gens du comencement par nous volontairement choisis pour iuger cóme à l'amiable des differentz, qui pourroiét prouenir de telles cottizations, tout ainsi qu'encores voyós nous auiourd'huy les Asseieurs & Collecteurs qui procedent aux departeméts, & collectes de la taille estre tous les ans par nous esleuz & choisis, à ce que nous ayós moins d'occasion, de nous mescontenter de nostre surtaux. Tout de ce mesme cóseil feut introduite l'Assemblée des trois Estatz, quand noz Rois reduitz à l'estroit d'argét voulurét tirer quelques impostz inacoustumez, de leurs subiectz. Dautant que pour les persuader à ce faire sans emotion, feut trouué bon de les aduertir par l'organe du Chancelier ou autre grand personnage ayant l'aureille du Roy, qu'ils eussét à proposer les malefaçons qu'ilz trouue

roient en l'estat poury donner quelque
ordre & remede, mais au bout de cela
tousiours le general refrain fut de les
sommer d'aider, & subuenir à leur prince en la necessité pour laquelle principalement ils s'estoient illec assemblez.
A quoy feut par exprés adiousté le commun peuple contre l'ancien ordre de la
Frāce, non pour autre raison (si ie ne m'a-
buze) sinon pour autant que c'estoit celuy sur lequel debuoit principalement
tomber cette charge. Affin que s'estant
en ce lieu engagé de promesse il n'eut
puis apres occasion de retiuer ou murmurer. Inuention grandement sage.
Car le roturier se voyant honoré pour
auoir lieu entre les deliberations, & chatouillé du vent de certain honneur, se
rend plus hardy promoteur à ce que lon
luy demande, & ayant promis il ne luy
est pas puis apres aisé resilir de sa parole
pour l'honneste obligatiō que son Roy
à contracté auecques luy. D'ailleurs
qui est celuy qui ne trouue plain de toute
bonnaireté le Prince lequel par honnestes remonstrances veut tirer de son peuple, ce que quelques esprits hagardz
penseroyēt qu'il peut exiger d'vne puissance

sance absolue. Tellemét que souz ces belles & doulces aprehensions l'on n'ouure iamais les Estats que le peuple ne les embrasse & ne s'en esiouisse infiniment. Et neátmoins en ces generalles assemblées il en prend à noz Rois tout d'vne autre façon qu'il ne fait aux Papes és Cócilz generaux de l'Eglise. Car lon dit qu'il ne se fait gueres de Concil general, auquel on ne retranche aucunement vne partie des entreprises de la cour de Rome sur les Euesques & ordinaires: au moins les conciles de Constáce & de Basle nous en donnent ie ne sçay quel aduertissement: au contraire à peine que les trois Estatz s'assemblent sans accroistre, l'espargne de noz Roys. Chose que vous descouurirez plus à l'œil és prouinces de Bretaigne, Languedoc, Dauphiné, Prouéce, où iaçoit que lon face souuent de telles assemblées particulieres, si est-ce que lon ne les fait que lors que le Roy leur veut demander de l'argent.

LE premier à mon iugement qui meit ceste inuention en auant fut Philippe le Bel, sous lequel aduindrét plusieurs mutations, tant en la police ecclesiastique que seculiere, & qui est l'vn des premiers

R

de noz Princes qui acrust grādement son auoir aux despés du peuple. Cestuy pour obuier aux guerres que luy brassoit de iour à autre, l'Anglois, feut contraint d'innouer certain tribut : C'est asçauoir pour la premiere fois, le centiesme, pour la seconde, le cinquantiesme de tout nostre bien. Qui feut cause que les manans & habitans de Paris, Rouen, Orleans, se reuolterent & meirent à mort tous les officiers qui auoient esté deputez pour faire la recolte de ces deniers : Et luy mesmes à son retour de quelque expedition contre les Flamens, voulut imposer vne autre charge de six deniers pour liure de chasque denrée vendue, toutesfois le peuple n'y voulut iamais condescendre. Au moyen de quoy en ceste disette d'argent ce Roy par l'aduis d'Anguerrand de Marigni grand intendant de ses finances, pour obuier à ces esmeutes, pourpensa de traitter le peuple auecques plus grāde douceur. Car s'estāt faict sage par son exēple, & voulant faire vn autre nouuel impost, il feit eriger vn grand eschafault dedans la ville de Paris, & la feit remonstrer aux sindicz des trois Estats, les vrgentes affaires qui le tenoient assiegé. Auquel lieu lon luy presenta corps & biens: Leuant par le moyen des offres liberales qui luy feurent faites vn grand denier sur tout son Royaume. Ceste coustume fut depuis assez familiere à noz Roys. Car le Roy Iean voulant mettre nouuelle imposition sur son peuple, assembla de mesme façon les estats en l'an mil trois cens cinquante trois. Desquels il obtint tout ce qu'il demandoit, & de dire quelle feut l'offre qui fut lors faite par les subiectz, ie ne la veux reciter, non plus que celles dont ie parleray cy apres, pour ne vouloir fournir de memoires à ceux qui se rendent par mauuais exemple, trop ingenieux à la ruine du pauure peuple. Pareilles conuocations feurent faites sous le mesme Roy pendant sa prison tant en la ville de Paris que particulierement es pays de Languedoc, Champagne, & Picardie, Autres sont Charles septiesme dans la ville de Clairmont en Auuergne, sous Loys onziesme en la ville de Tours, & au mesme lieu sur l'auenement de Charles viij à la couronne, puis souz

R ij

Henry deuxiesme en la ville de Paris, toutesfois qu'elles ayent esté, soient generales où particuliéres en vns & autres pays, ie n'en trouue presque vne toute seule qui ne soit aboutie par la bource, ni que iamais le peuple en ait rapporté tel fruit comme il se fait à tort accroire. Et par ce que ie scay bien que me mettāt de ce parti ie ne me dōne pas petit aduer saire en bute, soustenāt directement vne opinion contre la commune: Voire que moy mesme en quelque mien dialogue du Prince, ordonnay le temperament de nostre Monarchie sur la puissance abso luë de noz Roys, moderée par les remō strances des trois Estatz, ayant plus d'es gard à ce que i'eusse souhaité estre fait, qu'a ce qui se faisoit: Toutesfois quicon ques voudra reuenir à son mieux & se cond péser, ie m'asseure qu'il ne me trou uera eslongné de la foy & verité histo riale en cecy. Veu qu'es deux assemblées où le peuple se promettoit auoir plus am ple victoire de ses opinions, encores se trouua il suplanté: Ie veux dire en celle qui fut tenue l'an mil trois cens cinquā té & six durant que le Roy Iean estoit prisonnier en Angleterre, & en l'autre qui fut tenue pēdāt la minorité de Charles huitiesme. Et de cecy la raison est bonne qui se peut voir à l'œil: Car les Roys ou ceux qui leur atouchent depres tiénēt la clef de la porte des trois Estats, laquelle ils ouurent & ferment quand il leur plaist, de maniere qu'il ne faut pas aisément croire qu'ilz l'ouurissent s'ils estimoient que ceste ouuerture peut ou dut apporter preiudice à leur grandeur & puissance. Iamais assemblée des Estatz ne fut si violente en France & en laquelle le peuple se desbanda si licencieusement contre l'authorité de son Prince, comme fut celle de l'an mil trois cens cinquante six, par moy presentemēt touchée. Car le peuple, (poussé si sourdemēt par les factions & menées du Roy de Nauarre, qui s'opposoit à to⁹ les desseins de Charles septiesme lors regent en Frāce) soustint qu'il deuoit estre appellé & auoir part aux affaires, & qu'a sa deuotiō on deuoit chasser plusieurs notables seigneurs de leurs estatz. A quoy Charles callant la voile à la tempeste fut cōtraint d'obeir quelque peu, ce neantmoins la colere du peuple estāt refroidie tous ces conseils en vn instant cōme vn estourbil

billon s'esuanouirent à neant, par la roupture de ces Estatz, dont vsa sagement le Regent lors que les conducteurs de ceste tragedie pensoient estre plongez au milieu du maniement des affaires de France: Et a ceste cause il me plaist vous coucher icy tout au long le passage de Guillaume de Nangy, duquel i'ay apris ce que i'entens dire, & lequel en pouuoit fort bien parler comme celuy qui estoit de ce temps la. Item le Mercredy ensuiuant (dit il) qui fut lendemain de
" la feste de Toussainz, ledit Duc manda
" au Louure par deuers luy plusieurs du
" Conseil du Roy & du sien & aucuns de
" ceux des trois Estatz dont dessus est faite
" metiō, & meit en deliberatiō asçauoir s'il
" estoit bon que ceux des trois Estatz qui
" estoient à Paris s'en allassent chascun en
" son pays, & luy fut conseillé par la plus
" grand partie de tous ceux qui furent audit Conseil, qu'ainsi se feit. Et pource
" dist à ceux qui presents estoient desditz
" trois Estats qu'ainsi le feissent, & les pria
" qu'ils dissent de par luy aux autres qui
" estoiét à Paris que chascun s'en allast en
" son pays, & leur dit qu'il les remáderoit

quand il auroit ouy certaines lettres qui ,,
venoiét de deuers le Roy ſó pere, qui luy ,,
apporteroyent certaines nouuelles de ,,
par luy, & auſſi qu'il ot eſté par deuers ,,
l'éperer ur ſon oncle, pardeuers lequel il ,,
entendoit aller briefuement. Dont plu- ,,
ſieurs deſditz trois Eſtatz qui auoient ,,
intention de gouuerner le Royaume de ,,
France par les requeſtes qu'ilz auoient ,,
faites au Duc, furét moult dolents, & bié ,,
leur fut aduis, que toutes ces choſes a- ,,
uoient eſté faites par ledit Duc pour de- ,,
partir ladite aſſéblée deſdits trois Eſtatz ,,
qui eſtoient à Paris, & en verité ainſi e-
ſtoit. Et le ſemblable que cecy aduint es
autres Eſtatz qui furent tenus à Tours,
ſouz la minotité de Charles huitieſme,
eſquels apres que le peuple ſe fut aſſez
librement eſclatté en ſes doleances, de-
mandant vn remuement general & refor
mation d'affaires, madame Anne lors re-
gente & les ſeigneurs qui luy aſſiſtoient
detournerent quaſi cóme auec vne eſpée
rabatue ces coups obes, enterináizau peu
ple ce qui leur eſtoit indifferét & remet-
táizà plus lóg examé & diſcuſió ce qu'ils
voioiét pouuoir tourner en cóſequéce. Et
toutesfois ie puis dire q̃ la ſouuenáce de

R iiij

ces deux asséblées à quel q̄ fois fait tenir l'ouuerture des trois Estatz en surceãce. Mais a bien balãcer les choses nous pouuons recueillir de ces exemples que tout ainsi que pendant l'absence ou minorité d'vn Roy ceux qui sont appellez au maniement des affaires, doiuent aporter de grandes craintes & respectz auãt que d'ouurir les Estats, aussi pendant la maiorité de noz Roys, ie ne voy point d'occasion pour laquelle le cõmun peuple doiue souhaitter telles assemblées.

Des Maires du Palais, Cõnestables, Chã celiers, & autres estats de telle marque, estants ioignants la personne de nostre Prince.

CHAP. VII.

Oz François comme i'ay deduit en quelque partie de cet œuure, s'estans emparez de ceste contrée, n'eschãgerent que de bié peu les offices & Magistrats qui lors estoient en credit és Gaules : Voire en empruntérent plusieurs de la maison de l'Empereur de Constantinople. Induits à mon iugement à ce faire, tant par vn braue discours pour n'estonner point par vn remuement de mesnage ceux sur lesquelz ilz auoient à commander de nouueau, que aussi qu'il semble que lors qu'ilz se rendirent paisibles de ce pays, combien qu'au parauant ilz eussent sollicité les Romains par plusieurs guerres, si sembloient-ilz adoncq' auoir grande alliáce auecques eux. De là vient q̃ Merouée troisiésme Roy de noz François se ligua auec Etius, en la bataille cõtre Atile Roy des Huns, & semblablement qu'apres la mort de Merouée, au lieu de son fils Childeric, les François crèerent sur eux vn Gentilhomme Romain nommé Gillon qui tenoit en ce temps là le peu de puissance qui restoit és Gaules, à l'Empire. A laquelle vniõ, les Romains (selon mon aduis) furent forcez bon gré malgré de condescendre. Car se voyans pressez de toutes parts : d'vn costé par le Got, de l'autre par le Vandale & Alain, d'ailliéurs par le Bourguignõ, & en dernier lieu du François qui les auoit exterminez des enuirõs du Rhin : ie croy qu'ilz furent cõtraints de venir à toute hõneste cõposition auec nous faisans semblãt de laisser degré, ce qui leur estoit icy forcé. Et mesme pour ces occasiõs, Procope est autheur, que les legiõs Romaines se meirent souz la protectiõ & sauuegarde des Françoys : cognoissans que toute voye de seurté leur estoit clause & interdicte pour retourner en leurs maisons. Parquoy soit que d'vne prudence militaire, où que par la cõmune familiarité que les nostres auoiét auec les Romains ils sussét semõds à ce faire, la verité est que noz François laisserét la plus grãd'partie des choses en leur entier, non seulement concernãs les affaires publiques, mais aussi raporterent en leur Cour & suite les estatz des domestiques qui se trouuoiét au Palais de l'empereur Grec, & à leur exemple introduisirent les maistres du Palays, Comtes d'estables, Patrices, Ducs, & autres telles sortes d'offices. Toutesfois du cõmencemét ny les maistres du Palays, ny les Comtes d'estables n'estoient estatz de telle grandeur comme depuis chacun d'eux se fit par succession de temps, mais n'y auoit grand Prince qui n'eust en sa maison telle maniere d'officiers tout ainsi que main

Differents entre les Maistres du Palays & cõtes d'Estable.

tenant Maistres d'hostel & Escuyers de leur escurie: Vray que le temps, qui change auecques soy toutes choses, augmenta depuis ces estatz selon l'opinion de noz Roys. Aussi d'estimer que les maistres du Palays & Cótes d'Establcs fussent tiltres de dignitez conformes, cóme quelques vns de nostre temps veulent dóner à entédre pour applaudir au gráds seigneurs, c'est vne chose mal songée: car no⁹ voyós dans noz anciés estre fait estat d'vn maistre du Palays à part, & d'vn autre qui estoit Comte d'estable: lequel n'estoit autre chose que superintendant de tous les domestiques qui auoient charge de l'escurie de nostre Prince. Souz Theodoric Roy de Metz, se trouue dans Aimoïn au troisiesme liure de ses histoires, deux personnages nómez Roccon & Ebroin Cótes de son estable: & au quatriesme liure ensuyuant, Garnier estoit maistre de son Palays. Du temps de l'Empereur Charlemaigne, le mesme autheur nous racóte au mesme liure chapitre soixáte & quatriesme, que cést Empereur enuoya contre les Sclauons, Adalgise son grand Chambellan Geilon Comte de son estable, & Gorat Comte de son Palays. *Accitis ad se tri-*

ſ' miniſtris, Adalgiſo camerario, Geilone comite ſtabuli, & Vuoredo comite palatij, præcepit vt ſūptis orientalib' Frācis & Saxonib' oriētaliū Sclauorū audaciam quāta poſſent celeritate cōpeſcerēt. Il appella (dit-il) à ſoy
" trois de ſes officiers, Adalgiſe Chambel-
" lan, Geilon Comte d'Eſtable, & Gorad
" Comte du Palays, leur enioignant de le-
" uer quelques forces de Frāçois orientaux
" & Saxōs, pour auec leur ayde appaiſer au
" pluſtoſt qu'il leur ſeroit poſſible l'auda-
" ce des Sclauōs orientaux. Souz Loÿs le
debōnaire, dans ce meſme autheur nous
trouuons Atalarde Comte du Palays, & apres ſon decés Bertric, & tout de ce meſme temps, Guillaume eſtoit Comte d'Eſtable. Et à peu dire au troiſieſme liure chapitre ſeptātieſme, ceſt autheur nous a dōné aſſez à entendre quel fut ſur l'aduenemēt de noz Frāçois vn Cōte d'Eſtable, parlant de Lendegiſile qui eſtoit Comte d'Eſtable de Gōtran Roy d'Orleans, frere du Roy Chilperic. *Lēdegiſilius regaliū præpoſitus equorum, quē vulgo Coneſtabulē vocant.* Lendegiſile (dit-il) ſuperintē-
" dant de l'eſcuyrie Royale, lequel on ap-
" pelle en commun langage Conneſtable.
" Au contraire maiſtre du Palays (que de-

depuis nous appellasmes Maire par obmission de deux lettres, comme en canon beaucoup dissemblable, nous disons pour Matrice, Marrice, estoit celuy qui auoit generale superintendence sur toute la famille du Roy. A cause dequoy n'estoient commis à l'exercice de cest estat que les plus fauoris. Qui leur donna occasion, à la longue, d'entreprendre dessus la maiesté de leur Prince

CEST estat commença grandement à croistre souz le Roy Clotaire second, lequel ayant esté en l'aage de deux ans appellé à la Couronne, & depuis par traitte de temps tout le Royaume tant d'Austrasie, que de Bourgongne tombé souz la puissance de luy seul, il cōmença de faire vne generale distribution de ses Prouinces à ses courtizans: reseruant toutesfois au Maire du palays qui estoir ioignant sa personne toute prerogatiue & honneur. Bié est vray que souz son regne les Maires n'estoiét en telle extremité d'hōneur cōme depuis ilz furent, mais en luy ilz prindrent premieremēt leur grādeur. Car au lieu ou au precedét les Maires du Palays estoiét ceux auoient commandement sur les domestiques de l'ho-

Discours sur le Maire du Palais

stel du Roy (comme maintenant vn grād maistre) Clotaire fut le premier qui en fit noms de gouuernement: & dit Aimoin qu'il crea vn Garnier Maire du Palays d'Austrasie: pour autant que par la faction de luy, ce Royaume estoit tombé entre ses mains, & Rhadon Maire du Palays de Bourgongne. Tellement que en ces deux pays, lesquelz peu au parauant estoient appellez Royaumes, y furent en uoyez deux personages pour les gouuerner, qui pour cest effect n'estoient appellez ny Ducs ny Patrices, ains par vn tiltre particulier, Maires du Palais de l'vn & l'autre pays. Et certes ceste dignité depuis le trespas de Clotaire prit encores plus grādes racines souz Dagobert, duquel noz ancestres firent plusieurs fables pour ses lubricitez & paillardises. Et encores creut d'auantage souz le regne de Clouis filz de Dagobert, lequel fut assez tendre & debile de son cerueau: Pendant lequel temps les Maires trouuerent assez d'occasion & de loisir d'eniamber dessus la dignité Royalle. Tout de la mesme sorte qu'il en prit puis apres à noz Roys, depuis le regne de Charles le simple. Car encores qu'apres son decés & Loys, & Lothaire ses successeurs, missent toute diligéce de remettre les affaires de France en bon train, lesquelles auoient esté detraquées par l'ambitió de Eude, qui s'estoit fait pour quelque téps proclamer Roy de France du temps du Simple, si ne peurét ilz si bien besongner qu'en fin le Royaume ne tombast en la famille de cest Eude. Aussi depuis la nóchalance de Dagobert & imbecillité d'esprit de Clouis, ceux qui leur succederent, ne peurét de là en auāt si bié faire, que toutes leurs effaires d'importance ne passassent souz le bon plaisir de leurs Maires: Demourāt par deuers eux petit à petit le vray effect de toute la principauté: adminiſtrants meſmemét & controlans la deſpenſe de noz Roys, ainſi que bon leur ſembloit. En ſa chaire ſeoit le Roy (dit vne anciéne hiſtoire) la barbe ſur ſon pis, « & les cheueux eſpars ſur ſes eſpaules: Les « meſſagers qui de diuerſes pars venoiét à « la cour, oyoit, & leur donnoit telle reſpō « ce comme le Maire luy enſeignoit, & cō- « mandoit ainſi comme ſi ſe fut de ſon au- « thorité. Par lequel paſſage lon peut veoir « que noz Roys n'eſtoient de ce temps là comme images & pourtraictures: & touresfois pourtraictures lesquelles estants mises, comme en vn tableau deuant les yeux de noz Prouinces pour exéple, leurs deussét apprédre de ne se laisser aller tellemét à la mercy de leurs plaisirs, qu'ils ne eussent en grande recómendation les negoces de leur Royaume : & semblablemét de ne se dóner de sorte en proye à la discretió de leurs Gouuerneurs, qu'ils ne se reseruent le dernier ressort de la congnoissance des choses. Car tout ainsi qu'é

Combien il importe à vn Prince d'auoir l'œil dessus ses principaux Ministres.

vn mesnage lon dit que la presence du Maistre sert beaucoup pour l'admendemendement de son cháp: aussi l'œil que le sage Roy a sur ses Conseilliers & ministres, faict que les choses preignét bon traict, & que chacū se tiét en son endroit, sur piedz. Au contraire, quád il est mené & manié totalemét par autruy, estát plus entétif à ses voluptez particulieres, que au pfit de son Royaume: il eschet ordinairemét que ceux qui ont charge souz luy, rapportét toutes les affaires du public à leur pfit & vtilité priuée, par faute d'estre cótrolez. Dót il aduient finalemét que le Roy & ses subiez s'estáts infinimét appauuris, se trouue qu'il n'y a q̃ ces seuls Ministres qui se soiét enrichis de la ruine ne du peuure peuple: prenants bien souuent argument d'arracher le sceptre du poïg de celuy qui auoit ſãs aucune reſerué, atraché ſa confiãce ſur eux : leſquelz pédant q̃ leurs Maiſtres demeurẽt endormis au milieu de leurs voluptez, ne veillent à autre choſe qu'à iouer au roy deſpouillé. Tout ainſi que lõ veit aduenir à nozpremiers roys, quãd apres vne lõgue trainée de temps, s'eſtants gouuernez par mines & beaux ſemblans enuers le peuple, ilz furent en fin finale ſupplantez de leur couronne, par les factions de Pepin Maire du Palays: lequel ayant vny ceſte maiſtriſe, auec la maieſté Royale, ny pl' ny moins que les ruiſſeaux perdent leur nom par la rencontre & confluent d'vne grãd' riuiere: auſſi fut deſlors en auãt nõ veritablement ſupprimée ceſte dignité de Maire, ains reduite au petit pied. No' l'appellons maintenãt grãd maiſtre, ſans autre ſuite de paroles. De quelle façõ eſtoient auſſi appellez les Maiſtres du Palays en la Cour de l'Empereur de Conſtãtinople, cõme nous apprenõs de Procope au premier Liure de la guerre des Perſes, ou il dit que l'Empereur Anaſtaiſe eſtãt aduerty que Cabades Roy de Perſe, te.

S

noiēt assiegée la ville d'Amidas, il y enuoya vn grand ost sur lequel cōmandoient quatre capitaines, dont l'vn estoit Celer, *ordinū in palatio præfectus, quem Romæi Magistrum vocant.* C'est à dire, Celer superintendant des ordres & Estatz du Palays, lequel ceux de la Romaine appellent Maistre. Comme s'il eut voulu dire qu'en Constantinople lon appelloit le maistre du Palays, Maistre, sans autre suitte. Ce que nous apprenons encores d'vn autre passage du mesme autheur parlant d'vn Hermogenes au mesme liure, *Is dignitate Magister erat:* il estoit (dit il) de dignité, Maistre.

CECY doncques nous enseignera que les Maires du Palays & comtes d'Estables (ilz me seront desormais Connestables)n'auoient riens de commun les vns auec les autres, mais estoient les Maites du Palays comme ceux que nous appellons auiourd'huy grandz Maistres. Or se continuerent ces Estatz de main en main depuis la venue de Pepin, iusques à Huguescapet, souz lequel les affaires de Frāce cōmencerent de se composer en meilleur ordre, qu'elles n'auoiēt fait depuis le regne de Charles le Simple, iusques à luy

Et vrayemét ie trouue en ceste troisiesme lignée, qu'à mesure que les Gentils-hommes ou grādz Seigneurs attouchoiēt par la necessité de leurs offices de plus pres à la personne du Roy, de tant plus estoiét ilz requis & honorez. parquoy estoient dessus tous, cinq Estatz plus estimez, le Chancelier, grand chābellan, grand Maistre, grād Eschanssōn que noz anciés appelloient grand Bouteillier & Connestable. Nous estant par cecy monstrée vne grāde œconomie: car aussi n'y a-il maison qui vueille tant soit peu paroistre, en laquelle ces cīq Estatz ne se trouuēt estre necessaires, encores que ce ne soit auec tiltres de telle splendeur. En tāt que touche le premier il semble que du cōmencement il fut appellé grād Referendaire: cōme nous apprenons d'vn passage expres d'Amoïn, au quatriesme liure chapitre quarāte & vniesme. *Andoenus Referēdarius fuerat regis Dagoberti: qui referēdarius ideo dict° est, quod ad eū vniuersæ publicæ conferrētur cōscriptiones: ipseque eas annulo regis siue sigillo sibi ab eo cōmisso, muniret seu firmaret.* Audoen (dit-il) auoit esté referendaire du Roy Dagobert: lequel referēdaire estoit ainsi appellé, par ce que lon luy

Chācelier.

,, apportoit toutes les lettres publiques, lef
,, quelles il corroboroit & confortoit du ca
,, chet du Roy, ou bien du féel qui luy e-
,, ſtoit cõmis. Et de ce meſme eſtat eſt faite
mention dans Gregoire de tours, au di-
xieſme liure de ſes hiſtoires chapitre di-
xieſme, la part ou il deduit l'accuſatiõ &
pourſuite qui fut faicte encontre Gilles
Eueſque de Reims, auquel entre autres
crimes on imputoit qu'il iouiſſoit à fau-
ſes enſeignes de quelques terres appartenants au Roy: Luy au cõtraire ſouſtenãt
qu'il auoit belles lettres du don qui luy
en auoit eſté fait. Parquoy dit l'autheur,
Proferés, Aegidius in publicũ chartas, negat
Rex Childebertus ſe largitũ fuiſſe requiſitus
que Otho qui tunc Roferendarius fuerat (cu-
iusibi ſubſcriptio meditata tenebatur) aſſuit,
negat ſe ſubſcripſiſſe: Cõfecta enim ibi erat ma-
nus in huius præceptionis ſcripto. Gilles re-
,, preſentant (dit il) ſes lettres, le Roy Chil
,, debert nia qu'il luy eut faict aucũ dõ: Au
,, moyé de quoy fut enuoyé querir Othõ
,, qui eſtoit adõcques Referendaire, lequel
,, ſembloit auoir ſouzſigné ceſte lettre. Il
,, cõpare, & denie l'auoir ſuſcripte. Car auſ
,, ſi auoit on falſifié ſon ſeing en icelle. Deſ
,, quelz deux paſſages nous pouuõs tirer, &

que le Referendaire signoit, & pareille-
mét séelloit les lettres ny ayāt pour lors
tel abādon de Secretaires cóme nous voyons auiourd'huy. Depuis, cest estat est
cteu en toute authorité & grādeur de ma
niere q̃ tout ainsi q̃ le Connestable entre
les estatz militaires, obtient le premier
rāg & degré, aussi nostre Chācelier est re
puté le chef de tous les Estatz de la Iustice

A v regard des autres trois Estatz (ie
veux dire grand Maistre, grand Chābel
lan, & grād Eschançō) combien qu'il ne
leur soit pas succedé de ceste façon, si est-
ce que depuis la venue de Capet, iusques
bien auant dedans sa lignée, ilz ne furét
pas de petit credit. Car aussi est-ce la veri
té que l'on ne passoit aucunes lettres pa-
tétes, ausquelles ne fut requise la presence de ces trois Estatz, auecques celles du
Connestable, & au dessouz estoit apposé
le seing du Chancelier. Telles sont succes
siuemét toutes les lettres que lō voit des
Roys Robert, Henry, Philippe, Loys le
Gros, Loys le Ieune, Philippe, Auguste:
De là vint, que quelquefois ces quatre
Estats entrerét en cōtestatiō auecques les
Pers de France (ainsi qu'a remarqué Guil
laume Budé en ses Annotatiōs dessus les

De quatre Estats desquelz estoit anciēnemét requise la presence és lettres patentes du Roy.

Pãdectes) sur ce qu'ilz souftenoiét qu'ilz deuoiét auoir mesme entrée en vne cour de Parlement que les douze Pers: souftenants au contraire les Pers cela leur eftre reserué par vn priuilege special: ce nõ obftant en fin de conte fut arrefté pour ces quatre Eftatz. De là auffi eft que no' trouons vn vieil Regiftre (affez obfcur toutesfois) portant que le Roy, la Royne, Meffieurs leurs enfãs, l'Euefque de Paris, le grand Chambellan, le Conneftable, le grand Bouteiller, le Chãcelier, & le grãd Maiftre, ont leurs droits de poix à Paris, & nõ autres: Et puis dire, que cõbien que lors fut grãde l'authorité d'vn Conneftable, fi eft-ce que, parce qu'il ne touchoit de fi pres à la perfonne du Roy, que les trois autres (car l'vn eftoit deftiné pour eftre le chef de la chãbre, l'autre du manger, & l'autre du boire, & l'autre de fon Efcuyrie) encores q̃ i'aye leuës plufieurs lettres faifans métion de la prefence des feigneurs qui eftoient oppellez à telles dignitez & Eftatz, ce neantmoins ie n'en ay gueres veu, efquelles le nõ d'vn Cõneftable fut inferé le premier, cõbiẽ que les autres indifferemment foient tantoft premiers, tantoft feconds, felon que l'occasion se presente. Depuis ce temps là, les Connestables commencerent de s'accroistre & amplifier en grandeur. Aussi en ces premiers Estatz, il ne faut que trois persónages favorisez successiuemét de leurs Maistres, pour acquerir vne infinité d'auantages & passedroits dessus les autres. Partāt ou la vaillātise, ou bien la faueūr que obtindrét par leur prudéce noz Connestables, les fit monter à ce grād credit qu'ilz tiénent auiourd'huy parmy la Fráce. Et pour autant que l'Escūyrie du Roy semble estre en partie destinée pour les hazardz & necessitez de la guerre, ilz gaignerét au lōg aller, qu'au lieu ou au parauant ilz estoient seulement superintendants de ceste Escurie, ilz commencerét d'estre estimez pour Lieutenāts generaux de toute la gendarmerie de la Fráce. Qui n'est pas estat de petite cósequence en vn Royaume. Et commença ceste grandeur, ainsi que i'ay peu recueillir des Histoires vers le temps du Pere de S. Loys, souz lequel on fait vn singulier estat de Mathieu de Montmorécy, au fait de la guerre: Cestúy, cōme nous enseignent les Annales des Flamens, espousa vne fille du Comte de Henaut, nommée Laurence: & souz le

S iiij

Roy Philippe Auguste fut en grãde estime & reputatiõ pour le regard des armes, & se ttouua en la iournée de Bouines cõtre Othon Empereur d'Allemagne, en laquelle il donna maintes espreuues de sa prouesse: au moyen dequoy il gaigna depuis grãde authorité enuers son maistre: tant que finalemẽt souz Loys filz de Philippe, la premiere année de son regne, il fut créé Cõnestable de Frãce. Depuis ce regne, ie ne ly poĩt les Cõnestables, qu'auec titre de superiorité & superintédence des armes, & pour dire le vray, Lieutenãts generaux du Roy. Pour laquelle cause lã de Mehun, qui florit du temps de sainct Loys, introduisant nature parlant à l'Archipestre Genius, du Seigneur qui l'auoit commise comme pour son Vicegerant sur toutes creatures, dit ainsi:

Cestuy grand Sire tant me prise
Qu'il m'a pour sa chambriere prise,
Pour sa chambriere, certes voire.
Pour Connestable ou pour vicaire.

Et depuis tout ainsi que l'on prenoit le nom de Connestable pour vn chef general d'vne armée, aussi ceux qui cõmanderẽt sur quelques bãdes voulurẽt, quelquefois s'appeller semblablemẽt Cõne-

stables, à l'imitatiõ de leur chef. La vieille histoire sainct Denis en la vie de Loys
le Gros: Il ordõna ses batailles, & mit en
chacunes Connestables & Cheuetains.
Maistre Alain Chartier en sõ histoire de
Charles septiéme, ayãt deduit cõme Ian
Bureau nouueau Maire de la ville de Bordeaux, apres la prise d'icelle, vint faire le
serment au Roy entre les mains du Chãcelier. Et aussi fit pareillemẽt (dit-il) Ioa-
chin Roault le serment comme Connestable de ladite ville & cité de Bordeaux:
Qui est à dire qu'il vint faire le serment
comme Capitaine. Voire prindrent noz
ancestres le mot de Cõnestablie pour esquadron ou bataillon: Froissard au premier Tome de son histoire chapitre quarante quatriesme. Le lendemain les Hãnuyers vindrẽt deuãt la ville d'Aubeton
en trois Connestablies, leurs bãnieres deuant bien ordonnées. Et au mesme liure,
Chapitre quinziesme, recitant le discord
qui s'esmeut entre les Archers d'Angleterre, & les Hãnuyers à la venuë de messire
Iean de Henaut. Si firent lesdits Han-
nuyers plusieurs belles grãdes ordõnan-
ces, & leur cõuenoit aucunefois gesir to⁹
armez, & par iour tenir en leurs hostelz,

& auoit leur harnois appareillez, & aussi leur conuenoit continuellement guetter par Connestablies les champs & les chemins d'entour la ville.

Voyla comment ces Estatz de domestiques du Roy ont pris diuerses reuolutiõs & comme selõ l'entresuite des temps, les Maires du Palais ont eu premieremẽt la vogue, puis les Connestables à leur rág. Et si puis dire que cõbien que les Connestables n'ayent iamais attaint au poinct de grãdeur que gaignerét iadis les Maires, si sẽble-il que cest Estat ait esté pour quelque temps suspect & odieux à noz Roys, & mesmes qu'ils ayent eu en opinion de le supprimer: Parce que depuis la mort du Connestable de Luxẽbourg, qui fut du temps du Roy Loys onziesme, le nom & tiltre de Cõnestable fut enseuely iusques au regne du grand François, lequel voulut gratifier de cest estat à messire Charles de Bourbon, & depuis à messire Anne de Montmorẽcy Cheualier sage & àduisé, la vie & presence duquel me cõmande d'en penser plus & moins dire.

Des Ducs & origine d'iceux.
CHAP. VII

De toutes les dignitez que ie lis auoir selon le changement des temps diuersifié de façons, ie trouue que c'est celle de Duc. Car premierement ce mot ne sonnoit entre les Romains autre chose qu'vn magistrat militaire, comme celuy que nous appellons Capitaine, & la diction de Duché, ce que nous disons Capitainerie. Et ainsi se doiuent ilz prendre dans Suetone en la vie de Neron, Chapitre trétecinquiesme, ou il dit que l'Empereur Neron fit noyer vn sien parent & allié nommé Ruffin, parce qu'abusant du pretexte de luy, il iouoit les Duchez, c'est à dire les Estaz des Capitaines de guerre. Et depuis par traite de temps on en vsa pour vn certain degré au fait de la guerre, & comme on montast graduellement aux honneurs militaires, apres auoir esté soldat on estoit Tribun puis Duc, puis Legat, ausquels termes ie ne m'arresteray pour n'estre de nostre gibier, ains me côtenteray d'en dôner les adresses à ceux qui en voudront estre plus amplemét informez: lesquelz pourrôt, si bô leur semble, trouuer ce q̃ ie dis veritable: lisant la vie d'Alexãdre dãs Lãpride

& celle de Maximian dans Iules le Capitolin. Or cōbien que lon en vsast particulieremēt pour celuy qui deuāçoit au fait de guerre le tribun, & secōdoit le Legat, si est ce que la generalité de ce mot (Duc) ne laissoit pas d'estre employée aux Tribūs, Legats, & autres chefs de guerre: Ny plus ny moins que nº voyōs entre nous y auoir Capitaine, Lieutenāt, & Enseigne Et toutesfois chacū d'entr'eux separémēt estre par les soldatz appellé Capitaine. Paquoy tout ainsi que sur le declin de la republique de Rome ceste diction d'Empereur, qui ne signifioit au parauāt qu'vn General ou Colōnel d'vne armée, se tourna puis apres par factiōs & guerres ciuiles pour mot souuerain d'honneur, en la faueur de celuy qui vsurpa toute la tiranie sur le peuple: aussi la Monarchie & Empire des Romains commençant grādement à balācer par la venue des natiōs estrāgeres, les Empereurs se voyants affligez d'vne continue des guerres, furent contraints de dōner les grandes charges des Prouinces aux Ducs & à ceux qui au precedent auoiēt les cōduictes des guerres. Tellement que le Duc, qui se prenoit premiérement pour chef de guerre, commença lors d'estre pris pour vn Gouuerneur, & depuis par succés de temps, pour nom de principauté. Le premier endroit ou i'ay leu le Duc estre pris pour vn Gouuerneur ou Visempereur, est dans Vopisque en la vie de l'Empereur Bonose, la part ou il dit que cest Empereur auoit esté Duc de la Marche Rhetique. Aussi entre tous les Estats & gouuernements des Prouinces recitez par Cassiodore au six & septiesme Liure de ses Epistres: ie trouue estre faite métion d'vn seul Duc Rethiq̃. De façõ qu'il seble que ce pays là fut le premier auquel le mot de Duché cõmença de ce prédre pour Gouuernemét. Et estime que l'occasiõ de cecy vint, pour autãt qu'il estoit exposé à l'embouchure de l'Allemaigne, dõt sourdoiét de iour à autre infinies noualitez: pour ausq̃lles obuier estoiét les Empereurs cõtraints tirer du corps de leur gédarmerie vn Capitaine pour y enuoyer, Parce qu'il luy estoit autãt besoin auoir l'œil sur vne gédarmerie, cõme sur les propres subiets. Et à ceste cause nous apprenõs du mesme Cassiodore que quand l'Empereur donnoit telle dignité Ducale à celuy qu'il enuoyoit en la Marche Rhethiq̃, c'estoit aue: vne telle

» preface. Ce n'est pas mesme chose de cō-
» māder à vne nation quoyc, comme à cel-
» le que l'on tient pour suspecte, & pour la-
» quelle on ne craīt seulemēt les vices, ains
» les guerres. La rhetique est vn bouleuard
» d'Italie, laquelle non sans grād'cause fut
» ainsi appellée: par ce qu'elle est exposée
» aux nations brutales pour les surprēdre,
» ainsi que les bestes sauuages aux retz &
» panneaux. En ce pays là on reçoit les as-
» sautz des barbares, & les met on en fuite
» à coups de sagettes. Au moyē dequoy tels
» insults vo⁹ sont vne perpetuelle chasse, &
» par maniere de dire ieu, pour les repous-
» ser. Pour ceste cause nous bien & deüe-
» ment informez, de vostre sens, preud'ho-
» mie & suffisance, par ces presentes vous
» dōnōs le Duché & charge de, Rhetiques:
» Afin que par vostre moyē nostre gēdar-
» merie viue paisiblement, & qu'auec elle
» vo⁹ couriez diligēmēt to⁹ les enuirōs de
» vostre pays. Estimāt ne vous auoir point
» esté dōnée petite charge, puis que la trā-
» quilité de nostre Empire despend de vo-
» stre diligēce. A la charge toutesfois que
» voz soldatz viuēt auec nōz suiets de gré
» à gré. Qui nous aprēd que la necessité du
pays fut cause de cōmettre en tel pays vn

Duc non seulemét pour estre Capitaine general sur vne gendarmerie, mais aussi Gouuerneur de ceste contrée. La mesme necessité aprit puis apres aux Romains vser de mesme façon. Car estants agitez d'infinies guerres des nations qui les venoiét assaillir de toutes parts, ils furét cõtraints dõner la charge des villes à leurs Ducs. Et la premiere distribution que ie voy en auoir esté faite, ce fut à l'occasiõ de Totile Roy des Ostrogots, lequel desçõfit deux fois les Romains auec vne telle cheute & vergongne, que iamais il n'auoit esté presque memoire qu'ilz eussent receu semblable playe. Au moyé dequoy Procope au troisiesme de ses histoires dit qu'à la seconde roupte, eux estats reduits en toute extremité, les gédarmes habandonnerent la campaigne, se tenants clos & couuerts dãs leurs villes, contre les auenuës de leurs ennemis. Et dit c'est autheur que les Ducs & Capitaines prindrét lors chacun en partage la garde des villes, c'est asçauoir Constantin, celle de Rauenne, Ian, celle de Rome: Besse, de Spolete: Iustin de Florence, Ciprian, de Perouse, Laquelle police depuis se continua apres que les Ostrogots furent expulsez & reduis à neant par Narses? Car lors que Longin fut commis au Gouuernement d'Italie par le r'appel de Narses, il establit tout vn nouuel ordre au pays, d'autát qu'au lieu des Prefects qui tenoiēt au parauant le Gouuernemēt des villes, il y cōmit Ducs & capitaines, pour tenir, par vn mesme moyē, vn chascun en bride, & obuier aux courses de leurs ennemis: Et quāt à luy, choisissāt son domicile dedās la ville de Rauēne, il prit le nō d'Exarq̄. De là en auant, cōmeça le nō de Ducs à s'accroitre, & mesmemēt les François s'estās impatronizez de la Gaule, apprindrēt des Romains a vser de ce nō de Duc, pour vn Gouuerneur de Prouince. Ainsi que nous pouuōs apprēdre de noz vieilles histoires Frāçoises. Gregoire de Tours au huitiesme de ses histoires nous atteste qu'au lieu d'vn Berulphe, Gōtran Roy d'Orleans dōna pour Duc aux Poiteuins & Tourengeaux vn nommé Ennode: Et au neufiesme il dit, qu'à l'instigation de quelques vns, il l'osta depuis. Desquelz lieux il est aisé de tirer que le nom de Duc se prenoit lors pour nom de simple Gouuerneur. Et encore simple gouuerneur, que les Rois mettoient & deposoiēt

Duc premieremēt en Frāce estoit pris pour Gouuerneur de prouince.

soient à leurs volontez.

Or comme toutes choses ont quelque reuolution auec le têps, ces Ducs petit à petit furent mots de Principautez, & non de Gouuernements. Et les premiers qui en vserent de telle façon, furêt les Lombards: Lesquels, côme recite Paul le diacre, apres que Cleph leur secôd Roy fut decedé (cecy estoit vers le temps de Clotaire premier de ce nom Roy de France) voulurent estre gouuernez par Ducs côme par vne forme d'Aristocratie. De maniere que par l'espace de dix ans entiers chasque Duc eut sa Cité, de laquelle il receuoit les fruits: toutefois les dix années expirées, le peuple voulut de rechef auoir vn Roy. Ce qui fut fait, & luy contribua chasque Duc de la moitié de son reuenu, pour luy seruir de Domaine. Ceste police neantmoins ne trouua si tost lieu en ceste France: Car souz la premiere lignée de Clouis, le nom de Duc fut viager & temporel. Bien est vray que sur le declin de ceste lignée, de la mesme façon que les Maires du Palais auoient attirez à leur Estat toute la puissance Royale, & l'auoiêt faite comme hereditaire en leur famille: aussi voulut chasque Duc en fai-

Duc au lieu de mot de gouuernemêt se tourna puis apres en nom de principauté.

Quelz furêt les Ducs en France souz la lignée de Clouis.

T

re autāt en son endroit. Et de fait se treuue que du temps de Charles Martel, Loup Duc de Gascongne, & aussi Eude Duc d'Aquitaine, s'estoient faits Ducs perpetuels: ne voulants recognoistre le Roy de Frāce à superieur. Voire que i'ay trouué en quelque endroit escrit, que lors quelques Ducs se voulurent intituler Roys de leurs pays, tout ainsi que depuis Pepin fit de tout le Royaume de France. Toutesfois ilz furent tous reduits l'vn apres l'autre en leur deuoir tant par Charles Martel, que par Pepin, & en fin par Charlemaigne, & le Debonnaire son fils.

Autre mutation de l'ordre des Ducs.

Au quel temps s'introduisit autre nouuelle police de Ducs. Car tous ceux qui estoiēt dedās le pourpriz & enceinte de ce Royaume, demourerent comme Gouuerneurs des Prouinces, desquelles ils estoient appellez Ducs. Et de la vint que (comme i'ay plus amplement deduit au Chapitre des Pers) vo' voyez tātost vne Aquitaine estre appellée Duché, quād ce pays estoit regy par grāds Seigneurs, puis à vn instant, Royaume, quād Charlemaigne en inuestit à perpetuité par forme de partage son fils Loys le Debōnaire. Toutesfois és pays lointains & que lon ne pouoit pas si aisément contenir, il y auoit double maniere de Ducs. Les vns possedants les Duchez comme leur propre patrimoine, mais auec certaine recognoissance ou redeuãce qu'ils faisoient à noz Rois. Les autres comme Gouuerneurs, & de la mesme façon que ceux qui estoient dans la France. Du premier rang estoit Tassile Duc de Bauieres, selon que tesmoigne Theodulphe, duquel ie suis cõtent d'inserer les propres mots, pour autant que son œuure n'est pas imprimé, *Tassilonẽ in ducatu Baioiariorũ collocauit per suum beneficiũ: Pipinus autẽ Rex tenuit placitum suum in Cõpendio cum Francis, ibique Tassilo venit dux Baioiarioru in vassatico se cõmendans sacramento iurans, multas et innumirabiles reliquias sanctorũ per manus imponẽs, et fidelitatẽ regi Pepino promisit, et filiis eius scilicet vassum recta mẽte et firma deuotione.* Il donna (dit-il) en fief le Duché de „ Bauieres à Tassile, puis tint Pepin sõ Par- „ lement en la ville de Compiegne, auquel „ lieu vint Tassile luy faire foy & homma- „ ge, & mettant les mains sur plusieurs „ sainctes Reliques, iura de luy garder la „ fidelité & à ses enfans, telle qu'vn bon & „

T ij

loyal vassal est tenu faire à son Seigneur. De mesme façon se voit dans Aimoïn au quatriesme de ses histoires vn Grimouauld Duc de Beneuent en Italie, qui deuoit par chascun an à l'Empereur le Debonnaire sept mil escus de tribut. Ce nõobstant au mesme pays d'Italie y auoit quelques Ducs qui ne tenoient les villes que par forme de gouuernement, comme nous aprenõs du mesme autheur, qui dit au mesme liure, que Sapon Duc de Spolete estant mort, le Roy Loys le Debonnaire y enuoya Atalarde Comte de son Palais en son lieu. Desquels passages & autres qu'on peut lire dans les anciés, nous apprenons qu'és pays lointains de la France, les aucuns Ducs (comme i'ay dit) tenoient leurs Duchez par maniere de gouuernement, & les autres à titre de Principauté pour eux, & leurs hoirs à perpetuité. Laquelle derniere coustume s'insinua depuis entre nous en ceste grãde cõfusion & chaos, qui aduint souz le regne de Charles le simple. Car estant le Royaume abbayé par plusieurs grands Princes, tant par le moyen de son bas aage, que de sa simplicité & sottie: d'vn costé par Eude son tuteur, qui se fit proc-

Vers quel tẽps les Duchez cõmencerẽt de se rẽdre domainiales entre nous.

mer Roy de France, d'vn autre par Loys le Faitneāt & son frere, bastards de Loys le Begue, d'ailleurs par Charles le Gros Empereur, qui souz l'ombre de la proximité de lignage qu'il auoit auec le Simple, se fit aussi nōmer Roy par quelques vns de la noblesse: ce temps pendāt chasque Duc, voire chasque Comte en chasque ville, commença de se faire grād par la ruine du Roy. Ie ne puis mieux comparer ce temps là qu'à ceste grande mutation qui aduint depuis dans l'Italie, par les guerres du Pape & de l'Empereur Federic second, souz les noms de la faction des Guelphes & Gibelins. Car tout ainsi que pendāt que chascun estoit ententif à mener guerre, s'il se trouuast lors quelque puissant personnage qui eut voix & authorité dās sa ville, feignant de la garder à celuy duquel il se disoit estre partizā, il appropria au long aller icelle ville à soy & aux siens: Dont vint l'origine des Ducs de Ferrare, Milan & d'autres villes qui estoient au parauāt Imperiales. Aussi se trouua lors le semblable en ceste Frāce: Car estant ainsi le septre de Frāce enuié de toutes parts, ceux qui se disoient Ducs & Comtes, faisant semblant de

T iij

garder les villes & Prouinces, desquelles ilz estoient gouuerneurs, au profit du Roy & souz son nom, tirerent toute la prerogatiue, voire tout le domaine deuers eux. En quoy ils se fortifierét de façõ, q̃ quãd Hugues Capet occupa le Royaume de Frãce, il trouua vne infinité de Ducs, Comtes, & grands Seigneurs, qui concurroient auec luy (par maniere de dire) en grandeur. Bien est vray que par vne pacification generale estant chascun d'eux grãd en son endroit, si recognurét ilz tous, deuoir le baisemain au Roy: demourãts en tout le surplus demy esgaux à sa maiesté, en leurs Duchez & Comtez. Et par ceste mutation se trouuerent lors les Rois petits terriens au regard de ceux qui auoiét regné depuis la venue de Clouis: Car au lieu ou ils s'estoiét veus posseder toute la Gaule, l'Allemaigne & l'Italie, tãtost le tout, tãtost le moins, de là en auãt sur l'auenement de Capet, il tenoiét seulement en leur plẽine possession, vne partie de la Bourgongne, Picardie, Solõgne, la vile de Paris, & la Beauce. Et sont quelques vns d'aduis que deslors cõmença en la Frãce ceste generale Aristocratie des Pers, tant celebrée par la bouche de tous les François. Si commencerent noz Rois à abaisser l'orgueil de ces grāds seigneurs: premierement par Loys le Gros dés le viuant de Philippes son pere, pendant que les plus grāds Ducs & Comtes estoient occupez au premier voyage de Ierusalem. A cause dequoy Guillaume de Nangis en ses croniques de France, l'appelle le Batailleux. Et depuis Philippes Auguste conquit la Normandie & l'Acquitaine, qui estoient tombées és mains des Anglois par mariages: Et du mesme temps par l'entremise de Simon Comte de Montfort, reduisit presque à sa deuotion Raimond Comte de Tholose, & vne partie du Languedoc: tant que finalemēt soit par alliance, soit par guerres, ou par forfaictures, la plus grand'partie de tous les Duchez & Comtez ont esté ioints & reconsolidez à la Couronne: & seroit malaisé de dire quelle vtilité apporterent pour cest effect à noz Roys, les premiers voyages d'outremer. Car pendāt que la plus grāde partie des Ducs & Comtes s'estoient d'vne deuotion esperdue du tout voüez à la conqueste de la terre saincte, noz Roys qui demourerēt pardeça, sceurent fort biē faire leur profit de ceste lōgue abſence, pendant laquelle ilz guerroyerét les plus petits, & puis s'attacherét aux plus grãds remettãts petit à petit en leurs mains, ce que l'iniuſtice du temps auoit souſtrait de leur couronne.

Ceſte réunion apporta puis apres autre forme de Duchez en la Frãce: car au lieu que lõ auoit veu quelquefois les Duchez eſtre eſchãgez en Royaumes, & d'vn Royaume eſtre fait puis apres vn Duché, depuis par vne nouuelle maniere, noz Rois ont fait, de petites villes, bourgades, & ſeigneuries, Duchez & Côtez à leur appetit.

Nouuelle forme de Ducs qui ſe touurĕt auiourd'huy en France.

En ceſte façon fut erigé Lõgueville en Duché l'an 1510: Vãdomois en Duché & perrie lẽ quatorzieſme Mars 1514: Guiſe au mois de Iãuier mil cinq cens vingt & ſept: Eſtãpes mil cinq cẽs trẽte ſix: Neuers en Duché & Perrie en Iãuier mil cinq cẽs trente huit, & au meſme an Montpenſier auſſi en Duché & perrie: Aumale en Duché & perrie mil cinq cens quarãte ſept: Mõtmorency qui n'eſtoit que ſimple baronnie en Duché & perrie mil cinq cens cinquãte deux. Le tout afin qu'ayãts noz Roys reincorporé ſouz leur puiſſance la plus grãd' part des anciens Duchez, ilz ne ſemblaſſent toutesfois auoir effacé les anciennes dignitez de Frāce, par lesquelles ce Royaume sembloit estre illustré & embelly entre les autres: Cōbien qu'à prédre les choses au vray, les Ducs & Cōtes qui sont auiourd'huy ne soient qu'images de ceux qui estoient du temps de Hugues Capet. N'ayāts, ce semble, aucune prerogatiue sur les autres seigneurs, sinō par vne pōpe du nō, & pour les ceremonies exterieures. Car le Duc va deuāt le Comte, & cestuy deuāt le Baron. Dont est, à mon iugement, procedé que quelques vns nous ont icy aporté certaines maximes qu'ils content par quaternions. Disants qu'il falloit qu'vn Empereur eut souz soy quatre Royaumes: vn Roy, quatre Duchez: vn Duc, quatre Comtez: vn Comte, quatre Baronnies: vn Barō, quatre Chastellenies: & vn Chastelain, quatre Fiefs. Chose que ie croy auoir esté inuentée à credit par gens plus plains de loisir, que de sçauoir: d'autāt que si leur proposition auoit lieu, il n'y auroit gueres de Ducs & Comtes pour le iourd'huy. Car mesmes le Duché d'Angolmois, que l'on baille pour appanage au tiers enfant de France, n'a que le Côté de la Rochefoucaut de souz soy. Et au surplus encores que sur le premier aduenement de nos Roys, les Ducs fussent plus grãds que les Cõtes en dignitez, si est-ce qu'ẽ ceste generale cõfusiõ qui vint en la Frãce, quãd depuis le regne du Simple, iusqs à Capet chasque grãd Seigneur prit son eschãtillon du Royaume, & au desauantage du Roy, certainemẽt les prouinces prindrẽt le nõ, qui de Duchez, qui de Cõtez, plus par hazard & fortune, que par discours. Tellemẽt que non moindre estoit en son endroit vn Comte de Flandres, ou de Champaigne, qu'vn Duc de Guienne, ou de Normandie: ains en egalité de puissãces, differoient seulement de nõs. Et de fait nous voyõs mesmemẽt qu'vn Comte de Chãpaigne auoit souz soy treize Cõtes pour ses vassaux, entre lesquelz estoient les Comtes de Vertus, d'Auxerre, & de Neuers. Et en effet voila les mutations qu'ont eu diuersement les Ducs: estants premierement simples Capitaines, puis par succession de temps gouuerneurs de Prouinces, en apres s'estants faits presque egaux aux Roys, & finalement estants reduits au petit pied tels que nous les voyons auiourd'huy, au regard de ces autres grãds, qui florirẽt sur la venue de Hugues Capet à la Courône.

Des Comtes, Baillifs, preuosts, Vicontes & Viguiers.
CHAP. VIII.

Es Comtez premierement n'estoient dignitez de telle parure comme nous les voyons auiourd'huy, ains de leur primitiue institution estoient mots appropriez presque à toutes manieres d'estatz qui estoient autour des Empereurs de Rome, rapportans les anciens, l'effect de ceste diction à sa signification latine. Pour laquelle cause estoient appellez ceux qui auoient superintēdāce ou sur le Palays, ou sur l'escurye, ou sur l'espargne de l'Empereur, Comtes du palays, Côtes d'Estable, & Côtes des Largitions, & ainsi presque de tous les autres. Verité est qu'à l'imitation de ceux cy, les courtizans, & Gentils-hommes qui estoient pris de la suite des Empereurs pour aller gouuerner les Prouinces, prindrēt semblablemēt en plusieurs endroits ce tiltre de Comte: comme nous voyons estre faite assez frequente métion des Comtes de la marche d'Orient. Et petit à petit ce nom s'espendit de telle façõ, qu'il n'y auoit ville qui n'eut son Cõte pour iuge. Voulãt chascũ iuge raporter sa grandeur, cõme s'il eust esté tiré de la suite & compagnie des Empereurs. De la vint que les François arriuants aux Gaules, y trouuerent presque ceste generale police plãtee: laquelle ilz ne voulurẽt chãger nõ pl⁹ que plusieurs autres. De ces Comtes ayãts ainsi charge & superintendẽce de la cõmune Iustice, vous trouuerez estre souuẽt faite mẽtion dedans les loix de Charlemagne, & de Loys le Debõnaire son fils, lesquelles en la pl⁹ grãd part de leurs chapitres ne chãtent d'autre chose que la diligẽce que les Comtes doiuẽt faire en leurs comptez à rendre droit à chascun. Et fut cecy cause que sur vne mesme ville y auoit vn Duc, puis vn Comte. Mais le duc ayãt souzsoy plusieurs Comtes cõme celuy qui estoit Visroy & gouuerneur, ainsi que i'ay deduit cy dessus, & les Cõtes establis pour le fait de la Iustice. Gregoire au chapitre septiesme du troisiesme de ses histoires, dit qu'Ennode, qui estoit Duc de Tours & de Poitiers, fut osté de sa charge par le Roy Childebert, à l'instigation & poursuite des Comtes d'icelles villes. Or

RECHER. DE LA FRANCE. 153
comme ainſi fut que les Comtes preſtaſ-
ſent reſidence aſſiduelle ſur les lieux, cōme iuges ordinaires des villes, & q̃ pour
ceſte cauſe ilz peuſſent commettre pluſ-
ſieurs abus & maluerſations, qui ne leur
eut fait controle: pour y obuier, noz roys
s'aduiſerét d'vne nouuelle police: ilz de-
leguoient certaains Gentils-hommes de
leur cour, qui auoient tous leurs territoires diſtincts, deſquels l'office eſtoit de va-
guer par leur reſſort, & cognoiſtre ſi les
Comtes exerçoiẽt bien & deuëmét leurs
offices, & s'il venoit quelque clameur du
peuple encōtre eux, ilz en faiſoient puis
apres leur rapport au Roy. Ceux-cy exer-
çans ceſt office eſtoiét appellez par noz
anciens (Miſi) deſquelz eſt faite expreſ-
ſe mention en la Decretale premiere, au
titre des immunitez des Egliſes, dans laquelle il eſt dit en telz termes. *Vt in domi-
bus Eccleſiarum neque Miſſus, neque Comes,
vel iudex publicus, quaſi pro cōſuetudine, placitũ teneãt, ſed in publicis locis domos conſti-
tuant, quibus placitũ teneãt.* Qui eſt à dire "
Nous defendōs que l'Enuoyé, le Comte, "
ou autre iuge public, ne tiennent point "
leur ſiege dans les Egliſes, ſouz pretetxe "
de quelque couſtume, ains qu'ils ſe pour "

" chassent ailleurs vn lieu pour ce faire.
Qui monstre que lors que ceste constitu
tion fut bastie, les Comtes estoient encores Iuges, & outreplus qu'il y auoit vne
autre espece de Iuges, qui estoient appellez. Missi. Aimoïn au chapitre centiesme
du troisiesme liure, les appelle d'vn mot
plus elegant (Legatos) & au dixiesme cha
pitre du quatriesme, Fideles ac creditarios
a latere. Noz Croniques Françoises redi-
gees par escrit du têps de Charles huittes
me, les ont appellez Messagers, & specialement en vn lieu où parlant de l'Empereur Loys le Debonnaire, elles font mention, & des Côtes, & des Messagers, qui e-
stoient en ceste Frâce commis à l'xercice
" de la Iustice. Lors (porte le passage) n'en-
" trelaissa pas l'Empereur qu'il ne pensast
" du profit de la commune. Car il fit auant
" venir ses Messagers qu'il auoit enuoyez
" par tout le Royaume, & enquit diligemm-
" ment à chascun comment il auoit ex-
" ploité. Et quand il sceut qu'aucuns de ses
" Comtes auoient esté paresseux, & lasches
" de leurs terres garder, & de prendre ven-
" geance des larrons, & des malfaicteurs,
" il les condemna par diuerses sentences,
" & les punit de telles peines comme ils a-

noient deserui, pour leurs paresses. Si doit on cecy entendre que ce n'estoient pas Comtes qui fussent Princes, ne hauts Barōs qui tinssent Comtez, ñe heritages: mais estoient ainsi cōme Baillis, que lō ostoit & mettoit à certain téps, & punissoit de leurs meffaits quād ils le desseruoiét. Auquel lieu il ne faut pas estimer que ce qu'il compare le Cōte au Bailly, il enté de que ce fussent mesmes estats: mais le cōpilateur de ces Croniques à voulu dire qu'anciénement les Cōtes n'estoient constituez en telle dignité & prééminéce cōme ilz furent depuis, ains exerçoient l'estat de iudicature à leur vie, cōme de son téps les Baillis. A laquelle opinion Robert Gaguin & tous autres qui sont tant soit peu nourris en l'ancienneté de noz histoires, condēscedent sans difficulté.

L'ESTAT donc de ses Messagers estoit, de vaquer par tout leur ressort (que noz ancestres appellerent *Missaticum*,) & cognoistre si les Cōtes faisoient bōne & loyale Iustice. Pour laquelle cause au quatriesme liure des ordonnances du Debonnaire, article soixante quatriesme, estoit porté en termes Latins. Que nul messager n'eust à faire longue demeure,

» ny conuoquer le peuple aux endroits où
» il trouueroit les Comtes auoir fait bône
» Iustice, ains qu'il s'arrestast seulement és
» lieux esq̃ls il trouueroit la iustice auoir
» esté mal ou negligément administrée.
» Outre ce, estoit leur iurisdiction fondée
sur peages & tributs. Auoient l'œil sur
les Fiefs & vassaux du Roy (car les causes
communes & de legere estofe appartenoient aux Comtes, estoient chargez de
faire sommaires descriptions des cens &
rentes qui appartenoient au prince, & cōbien de serfs & 'esclaues estoient cōpris
souz chasque fief. Et si paraduenture faisants le fait de leur charge, il se presentoit cause d'importance, estoient tenuz
d'en faire leur rapport au Roy. Comme
de toutes ces choses nous sommes acerte-
nez par les ordonnances de Carlemai-
gne & du Debōnaire. Quelquesfois aussi
leur estoit enioint de rapporter aux Parlements ce qu'ilz auoiēt exploité pendāt
leur voyage, cōme nous voyons dans Ai-
monin au quatriesme liure de ses histoi-
» res chapitre quinziesme. Il cōmanda (dit
» -il) à ses messagers d'aider par chasque
» Comté pour nettoyer le pays d'vn tas de
» meschants garniments, qui ne faisoient
que

que piller: à la charge que s'ilz trouuoiēt
resistance, ilz prissent confort & aide tāt
des Comtes, que des gens des Euesques,
pour deffaire ceste canaille. Leur enioignant que de tout ce qu'ilz auroient fait
ilz luy en vinssent faire rapport au prochain Parlement, qu'il deuoit tenir en la
ville de Vvorme. Qui sont tous actes qui
se conformēt directement à noz baillis,
& dont nous deuons estimer leurs estat a
uoir esté pris. D'autant qu'encores pour
le iourd'huy cognoissēt ilz du fait, & cau
ses des Preuosts qui sont au lieu de ces
Côtes: ont specialemēt cognoissance des
matieres des nobles & des fiefs, cognoissent seulz entre les autres iuges, des matieres domaniales du Roy. Et mesmes
tout ainsi qu'anciennemēt ces messagers
visitoiēt les Prouinces qui estoiēt de leur
charge, pour faire droit à chascun, aussi
cōme pour image & simulacre de cecy,
furent pratiquees entre nous les assises,
que les Baillis auāt l'edit, des iuges presi
diaux, auoiēt accoustumé de tenir de pre
uosté en preuosté, qui estoit de leur Bailliage. Toutes lesquelles choses ainsi rap
portées piece à piece, no° rendēt asseurez
dōt est procedée l'origine de nos Baillis.

v

Chose que lon peut encores descouurir aisément à l'œil par vn vieil passage du grād coustumier de Normandie. Car cōme ainsi soit que l'estat du Bailly & du Seneschal soiét tout vn, & different sans plus, de nõs, se trouue au chapitre dixiesme, l'estat du grād Seneschal de Normā. estre en ceste façon expliqué. Anciennemét souloit descourir par le pays de Normandie vn Iusticier greigneur qui estoit appellé le Seneschal au Prince. Il corrigeoit ce que les autres bas Iusticiers auoient delinqué, gardoit la terre du Prince, les loix & les droits de Normandie il faisoit garder: Et ce qui estoit moins que deuëmét fait par les Baillis, il corrigeoit, & les ostoit du seruice du Prince s'il voit qu'il les cõuint oster: il visitoit les forests & les hayes du Prince, & reuoquoit les forfaits, & s'enqueroit cōme ils estoient traitez: Et la paix du pays fermemét il entédoit principalemét à faire: Et ainsi en decourāt par Normādie de trois ans en trois ans, visitoit chascunes parties & Bailliages d'iceluy. A celuy appartenoit en chacun Bailliage d'enquerir de ces excés & des iniures des souziusticiers. Qui mõstre bié que estāts les Baillis reduits cha-

cun en leurs reſſorts, aux pays de Normādie, encores fut érigé vn eſtat par deſſus
eux, qui fut nōmé grand Seneſchal, qui
eſt autant que grād Bailly: lequel faiſoit
les meſmes cheuauchées qu'auoiēt fait
anciénemēt les Baillis. Mais tout ainſi
que ceux qui eſtoient particuliers, les faiſoient ſeulemēt dās les deſtroits de leurs
Bailliages, auſſi celuy là qui eſtoit le grād
& general, les faiſoit ſur tout le Duché.

OR furent ainſi appellez à mon iugement ces Baillis, pour autant que de leur
premiere origine, ilz eſtoient baillez &
enuoyez en diuerſes Prouinces, par noz
Roys. Ou bien ſans aucune alteration de
lettre, Baillis, comme conſeruateurs &
gardiens du bien du peuple encontre les
offences qu'il eut peu encourir des Iuges
ordinaires. Tout en meſme façon comme
de noſtre temps, le Roy Henry voulant
eriger vn magiſtrat en chaſque Bailliage
qui eut l'œil ſur les Baillis & Preuoſts
pour en faire ſon rapport au Conſeil priué du Roy, le voulut intituler, Pere du
peuple: Car le mot de Bailly en vieil langage François, ne ſignifioit autre choſe
que gardiē, & Baillie, garde: Iean de Mehun en ſon Romant de la Roſe.

V ij

Cœur failly
« Qui de tout du il est Bailly.
« ET en autre endroit, où faux semblant
se vante que contrainte abstinence est
en sa garde & protection.
Mamie contrainte abstinence
« A besoin de ma pourueance,
« Pieça fut morte ou mal sortie,
« S'elle ne fut en ma baillie.
« DE la mesme façon, voyons nous que dans la plus grād part de nos coustumes de Frāce nous appellons ceux Baillis ou baillistres, qui ōt la garde noble ou bourgeoise de leur enfans. Tellemēt qu'il ne est pas du tout hors propos, de pēser que telz Messagers fussent de ceste deriuaison nommez Baillis. Aussi Ieā le Bouteiller vieil. autheur, en tout son traité de pratique qu'il intitule Somme rural, appelle Baillies seulement, ce que nous appellons Bailliages. Car quant au mot de Seneschal, qui n'a autre puissance ou authorité entre no' que le Bailly, ainsi que ie disois maintenantt quelques personnages de bon sens, comme feū François de Conan, estiment que ce soit vn mot corrompu mi latin & mi françois, signifiant veil Cheualier. Qui n'est pas vne opi-

nion du tout hors propos: par ce qu'anciēnement tels estats estoiēt seulemēt donnez à vieux Gentils-hommes & Chevaliers: & en estoit la porte fermée aux aduocats & legistes. Voire qu'au vieil stile de la cour de Parlement il est defendu à tous Baillis & Seneschaux de commettre pendant leurs absences, en leurs sieges lieutenants de robe longue. Toutesfois ie suis presque semonds de croire que ce mot de Seneschal eut esté emprunté du viel langage Anglois, par nous nō entēdu: Parce que ie le voy principalemēt pratiqué és lieux de la Frāce qui ont esté autrefois souz l'obeissance des Anglois, voire iusques aux portes presque de Paris, cōme en la Seneschaucée de Ponthieu.

Telle fut doncques la premiere police des Comtes & Baillis. Bien est vray que pour autant que du commencement les Baillis, n'estoient pas Iuges qui pretassēt resseance ordinaire sur les lieux, ains alloient par certains entregets faire leurs reuuës: & au contraire les Comtes se tenoient ordinairement sur leurs iurisdictions, & que d'ailleurs ils auoiēt (cōme nous apprenent les mesmes ordonnances par moy cy dessus alleguees) certains

V iij

fiefz qui eſtoiét annexez à leur eſtats, à fin que d'vne meſme main ils vacquaſſét quand la neceſſité le requerroit au faitde la guerre, tout ainſi que de la Iuſtice: pour ceſte cauſe il aduint que les Baillis, n'ayans ſurquoy prendre terre, ne peurent s'accroiſtre & augmenter de telle façon que firent les Comtes, leſquelz commencerent de là en auant de s'arreſter ſeulement aux bienfaits du Roy, laiſſants la iuriſdiction à leurs lieutenants: dont les aucuns furent appellez Vicomtes, & les autres Viguiers du mot de *Vicarius*, & les autres Preuoſts, d'vn autre mot Latin que nous appellons *præpoſitus* Car en ceſte façon les voyons nous eſtre appellez és anciennes lettres de noz Roys, lors quelles s'adreſſoient aux Preuoſts. A yát, chágé la lettre de P, en vn V, ainſi que nous auons fait de quelques autres dictions Françoiſes: Car de *Lepus, Lepuſculus, & pauper, Aperire, & cooperire, recuperare, operari*, nous auons façonnez les mots de Liéure, léuraut, & pauure, ouurir, couurir, recouurer, ouurer. Ieſçay que pluſieurs ſont d'auis que la dignité Preuoſtale à eſté tirée des Romains, eſtimants que lors que les François arriuetent és Gaules, ils trouuerent chasque cité garnie de ses preuosts, mais apres auoir couru tous les estats que les Romains establissoient sur les Prouinces, ie ne voy point auec lequel d'eux nous puissions assortir ce mot. Et qui m'induit d'auantage à penser que c'est vn estat venu en vsage depuis le temps de Charlemaigne & du Debonnaire: c'est que combien que ie voye plusieurs reiglemēts en leurs ordonnances pour les Comtes en qualitez de personnes qui exerçoiēt la iurisdictiō ordinaire, si est-ce que ie ne voy point vn seul endroit où il soit parlé des Preuosts. Et ne me puis persuader s'ilz eussent esté en essence qu'ilz eussent esté oubliez: de maniere qu'il faut que l'office de Preuost soit venu lors que les Cōtes se desmirent de leurs estats de iudicature sur autry: c'est à dire lors qu'ilz cōmencerent à se faire grands & à manier les armes, tout de la mesme sorte que les Ducs, qui fut depuis le regne du Debonnaire. Croissants en telle grandeur, que cōme i'ay deduit au septiesme chapitre du present liure, entre ces grāds Ducz & Comtes qui florirent du temps de Hugues Capet & quelque interualle au dessouz, il n'y auoit pas grande difference pour le regard de l'authorité & prééminence, ains chacun selon que la fortune & hazard du temps luy donna le titre s'estimoit aussi grand seigneur cestuy estât Comte de Flandre, comme l'autre qui se disoit Duc du pays de Normandie.

Au demeurant entant que touche le mot de Viguier, tout ainsi que nous le voyons estre seulement en vsage au pays de Languedoc & és enuirons, pour representer le Preuost que nous auons en ce pays cy, aussi auoit esté ce mot mis en œuure en ce pays là par Theodoric Roy des Ostrogots, lequel feignant de garder vne partie du Languedoc à son arriere fils Amalaric grandement affligé par les guerres du Roy Clouis, y establit vn vicaire, où si ainsi le voulez dire, Viguier general de ceux qui sous son nõ auoient le gouuernement du pays. *Constituit* (dit Cassiodore parlant d'iceluy Theodoric) *Gemellum in galliis Vicarium præfectorũ ad exercendas iusticias.* Il establit (dit il) aux Gaules Gemelle vicaire de tous ses gouuerneurs pour rendre le droit à chascun. Et combien qu'il die par vn mot general, les Gaules, si les faut-il restraindre au pays que possedoit lors Theodoric de dans icelles, qui estoit seulement le Languedoc. Certes ceste dignité de Viguier destinée à l'estat de Iudicature, estoit fort familiere aux Gots. Et pour ceste cause voyons nous que dans Rome pour mesme effet lorsqu'iceux Gots regnoient sur l'Italie, y auoit vne telle forme de Magistrat, comme nous apprenons du mesme Cassiodore, au quatriesme de ses Epistres, en vne lettre de Theodoric à Iean archiarre, c'est à dire, premier, où principal medecin. Qui fut cause à mon iugement que les Comtes laissantz au pays de Languedoc l'exercice personnel de la iustice pour s'habituer du tout aux armes il fut aysé d'y insinuer le mot de Viguier, tant pour y auoir esté autrefois planté que aussi pour ne representer en sa signification autre chose que l'estat d'vn Lieutenant.

Des terres tenues tãt en Fief qu'ẽ Alleud, du Ban & arriereban, des Chevaliers, des Hõmes d'armes, des armoiries de France & plusieurs autres choses de mesme suiet, concernants le fait de la noblesse de rance.

CHAP. X.

Tout ainsi que nous n'auons liures anciens qui nous baillent à point nõmé certain aduertissement des choses que ie me suis en ce lieu mis en bute, aussi tous tant que nous sommes n'en parlons que par coniectures tirées de noz particuliers iugemens, lesquels encores le plus du temps nous reiglons par noz particulieres passions. Car premierement en tant que touche les Fiefs, ie voy que les aucũs en rapportent la premiere source aux Frãçois, Bourguignons, Lombards, & autres peuples de la Germanie, qui donnerent dans l'Empire de Rome. les autres pésans plus ingenieusement bannir vne barbarie de leurs discours, adaptent ceste inuention, aux plus anciens Romains, & les autres à noz Gaulois, pour gratifier à nostre patrie. Soutenants chascun en son endroit, les vns qu'au parauant la venue des François & autres nations estranges, n'estoit mentió de Fiefs en la Gaule: & les autres que dans la ville de Rome & és Gaules, estoit ceste police en credit, sinon souz les noms de Seigneurs & Vassaux, pour le moins souz d'autres de mesme efficace. Certainement qui voudra repasser tout au long l'ancienneté, il trouuera que dés la premiere naissance & fondation de Rome, Romule premier Roy de ce lieu, cognoissant que l'entretenement de toute Republique bien cōposée, despend de la liaison des grāds auec les petits, voulut que le menu peuple se mit diuersement sous la protection des plus nobles & opulents, auec telles obligations que tout ainsi que les nobles estoient tenus de deffendre ceux qui s'estoient ainsi addonnez à eux, encontre toutes indignitez & iniures : Semblablement estoyent ceux-cy au reciproque obligez faire leur querelle de celles des nobles: voire leur subuenir de leur bien en cas que le besoin le requit. Lesquelles alliāces estoiét aux Romains appellées souz les noms des Patrons & Clients, que plusieurs doctes personnages, entre lesquels

Guillaume Budé, hôneur de nostre Paris, & apres luy Zaze Iurisconsulte insigne, voulurent approprier aux vasselages que nous obseruons maintenant. Or si cest ordre fut en quelque recômandation à l'endroit des premiers Romains, encores fut il plus religieusement obserué par noz Gaulois. Car comme ainsi fut que le cômun peuple fut tenu comme en nul nombre, & que toute la puissance demourast tant par deuers les Druydes, qui auoient la charge de la religion & de la Iustice, que par deuers les Cheualiers, qui estoiét destinez pour la guerre: aussi ce peuple ordinairemét se voüoit souz la protectiô des vns & des autres Cheualiers, à fin que estât d'eux authorizé, il se peut reuenger de toutes oppressions & encombres que lô luy eût voulu pourchasser. Et deslors qu'vn homme estoit entré en ce vœu, il ne faisoit autre estat de sa vie, que celuy qui despendoit de la fortune de son protecteur. Tellement que (comme dit Iules Cesar au troisiesme liure de ses Memoires de la Gaule) lon n'auoit veu guéres de telles gês retiuer à la mort, lors que celuy souz la deuotion & clietelle duquel ilz s'estoient consacrez, se trouuoit auoir esté meurdry: par ce que leur commune profession, estoit (dit-il au septiesme liure) de courir toute semblable fortune que luy, & iamais ne l'abandonner, mesmement aux plus grands desastres. Qui sont toutes choses qui simbolizent grandement auec noz Fiefz, & par lesquels ce docte Parisien François de Conan d'vne gentillesse d'esprit, voulut soustenir que ceste vieille ordonnāce Gauloise donna la premiere entrée aux Fiefs, laquelle opinion se trouue confirmée de quelque autre presomption qui n'est pas du tout hors propos. Car de la mesme façon que nous voyons és Fiefs toutes choses retourner à leur point, ie veux dire au Roy duquel releue & despéd directement vn grand Seigneur, & de luy plusieurs arriere-vassaux de main en main, aussi ces Clientelles cōmençoient premierement par les plus grands Quantons, souz lesquelz se voüoient les plus petites Citez & Republiques, selon ce, qu'elles en pensoiēt receuoir plus de faueur & defense: quoy faisants se rendoient suiettes de prendre les armes pour eux ; & à ceste imitation, le peuple se soumettoit souz la Clientelle des nobles. Ainsi recite le mesme Cesar au septiesme liure, que par generalle diette des Gaulois fut conclud que les Heduens, auec leurs Clients, qui estoient les Secusians, Ambiuares, & autres seroient trête cinq mille hommes de guerre. Et au sixiesme liure parlant de la grandeur des mesmes Heduens, il la fonde specialement sur leurs clientelles. Ne faisant pas moindre estat d'icelles pour le regard de la communauté des Heduens, qu'il fait en vn autre passage, prix pour prix, pour le regard des Chanceliers, où il dit que plus vn Seigneur estoit riche où d'ancienne lignée, & plus il auoit autour de soy de telle maniere de Clients. Voire que ny plus ny moins qu'à l'occasion des Fiefs, furent introduitz par noz ancestres les Bans & arrierebans: qui est vne proclamation publique à tous vassaux de se trouuer la part qui leur estoit assignée par le Roy, comme nous dirons cy apres, aussi semble-il qu'anciennement en la Gaule y eut vne telle forme de Ban. Car aux vrgentes affaires se faisoit vne proclamation generale, à laquelle tous hommes qui se disoient extraitz de l'ancien estoc des Cheualiers, & qui pouuoient porter armes estoient tenus de comparoir: Et dont ils furẽt si estroicts obseruateurs, que le dernier y venát, pour exemple de sa paresse estoit exposé à la mort, ainsi que le recite Cesar en propres termes, parlant de l'entreprise que brassoit contre luy Inducio mare Roy des Triers. Qui mõstre qu'il y auoit és Gaules plusieurs choses qui se conformoient auec noz Fiefs. Toutesfois à bien dire ie ne voy point qu'ẽ tous ces deuoirs de Clientelles, soit que nous tournions nostre esprit à la loy ancienne de Romule, ou que nous nous arrestiõs à la police des Gaules il y eut assignatiõ certaine de terres: à raison desquelles seulement en matiere de Fiefs, nous nous aduouons hommes de noz seigneurs Feodaux, & leur faisons les fois & hõmages. Au moyen dequoy plusieurs doctes personnes sont d'auis, que l'inuentiõ de ces Fiefs proceda des terres & possessiõs que les Empereurs distribuoient à leur gendarmerie, sur les pays, frontiers & limitrophes. Laquelle opinion me semble estre la plus probable, encore que les deux autres que i'ay cy dessus recitées, ayent bons garends qui leur assistent.

TOVTESFOIS pour discourir ceste

opinion tout au long, faut noter que lors que la republique de Rome tomba souz la puiſſance d'vn ſeul, ceſtuy eſtablit diuerſes garniſons en toutes les frontieres tant pour oſter à ſes ſubiectz toute opinion de reuolte, que pour empeſcher les courſes des nations eſtranges. A ceſte cauſe liſons nous qu'il y eut pluſieurs legions eſparces le long du Rhin qui faiſoit la ſeparation ancienne des Gaules & des Allemagnes. Et pour autant que ces Empereurs fondoiēt le principal eſtat de leur authorité & grandeur ſur leur gendarmerie, par le moyen de la quelle ilz auoient occupé la liberté populaire, Auguſte qui premier ſe fit à tiltre ouuert proclamer Empereur de Romme, pour captiuer le cœur des ſoldatz, commença de leur donner certaines aſſiettes de terres, ainſi que nous pouuons recueillir du lieu où Melibée ſoy complaignant a Titire dás la premiere paſtorelle de Virgile, diſoit que ſes terres & poſſeſſiós ſeroient appropriées à l'impiteux gendarme, pendant que luy pauure & chetif en ſeroit à tort defraudé. Laquelle couſtume depuis fut treſeſtroictemét obſeruée par les ſucceſſeurs d'Auguſte, cōme ceux qui

qui faiſoiét leur principal fōds ſur leurs
gédarmes, leſquels le plus du temps tu-
multuairement, & ſans cōſeil depoſoiét
les Empereurs de leurs ſiege, gratifiās de
la courōne de l'Empire, à autres de leurs
chefz & ſuperintendāts, qui leur eſtoiét
plꝰ aggreables. Qui fut cauſe que depuis
la poſterité (voyant les Empereurs auoir
eſté mis nō par la grādeur de lignage &
hōneur, ains par les tumultuaires ſuffra-
ges & proclamations des gédarmes) dit,
& encores diſōs auiourd'uy, que l'Empe
reur eſt faict par force, & le Roy par natiuité. De ces departemēts & diſtributiōs
faictes à ſes Capitaines & ſoldatz nous
voyons aſſez frequente métion és anciés
Iuriſcōſultes, cōme au chapitre premier
du tiltre traictāt des Reiuendications, au
chapitre 11. du tiltre des Euictiōs, & encores au 10. liure des Conſtitutiōs Imperia
les au tiltre qui eſt expreſſémét dedié à la
deduction des terres limitrophes qui e-
ſtoient octroyées aux ſoldats: Ie dy aux
ſoldatz nommémét, par ce qu'à autres ne
ſe diſtribuoiét telles terres: leſq̄lles (qui
eſt choſe à noter) ne leurs eſtoiét du cōmencement octroyées qu'à vie. Et le premier qui franchit le pas en la faueur des

X

heritiers de gensdarmes, fut l'Empereur Alexádre Seuere: qui permit (comme dit Lápride en la vie de luy) que leurs hoirs iouïssent de ces terres, là & au cas toutes fois, qu'ilz suyuissent les armes & nõ autrement. Ordonnãt tresexpressémẽt que iamais tels heritages ne peussent tõberés mains de ceux qui meneroiẽt vie priuée. Et quelque temps apres luy, Constãtinle grand au cõmécement de son Empire dõna à ses principaux Capitaines (& ceux desquelz il se pẽsoit plus preualoir encõtre ses corriuaux) à iamais & perpetuité, les terres qui leurs estoient assignées, si nous croyons à Põponius Lætus autheur non du tout à vilipender. A dire le vray, tout ainsi que la gendarmerie Romaine estoit grãde, & qu'il eut fallu en chasque cõtrée grãd territoire pour en faire part à chascũ, où biẽ faire les portiõs fort petites, aussi est-il à presumer que c'estoit premierement aux chefs de guerre, puis aux bãdes de pl' grãd choix & eslite, qu'estoient faites telles gratieusetez. Ie trouue q̃ sur le declin de l'épire il y eut principalemẽt deux manieres de gẽs de guerre qui furẽt sur tous les autres en reputatiõ d'estres braues au fait des armes: dõt les vns

RECHER. DE LA FRANCE. 164

furent appellez Gentilz, & les autres Escuyers, desquelz specialemét Iuliã l'apostat faisoit cópte lors qu'il seiournoit aux Gaules. De ceux cy parle assez souuent Amiã Marcellin auecq' marques d'hóneur & expressémét au 17. liure de ses histoires: où il raconte que Iuliã ayát repris la ville de Colongne, il s'en alla hyuerner en la ville de Sens en attédát le Printéps pour renouueller la guerre, & espádit son armée en diuers lieux, afin que les viures ne luy fussent couppez. *Hac solicite expensante* (dit-il, *hostilis agreditur multitudo oppidi capiūdi spe, in manus accēsa: Ideo confidentes, quòd nec Scutarios adesse (prodētibus profugis) didicerát, nec Gétiles, per municipia distributos, vt cõmodi9 versarētur.* Qui est à dire : Iuliã songneusement ententif à ces choses, fut sur ces entrefaictes assailly par vne troupe d'ennemis, qui esperoient prendre la ville : A ceste esperáce induits d'autát qu'ils auoient entendu par quelques vns qui s'en estoient enfuys, que les Escuyers n'estoient auec luy, ny semblablement les Gentilz, ains tenoient garnison és enuirons pour plus commodemét viure. Au liure vingseptiesme parlát de Saluius & Lupicin deux braues Soldatz,

Gentilz hom- mes Et Escuyers.

X ij

» *Scutarius vnus, alter e scola Gentiliū:* L'vn
» (dit-il) estoit Escuyer, l'autre sorty de l'es-
» cole des Gētilz. Et au vingtiesme, *De Scu-*
tariis & Gētilibus excerpere quēque prōptis-
simū, & ipse perducere Scintula tunc Cesaris
stabuli Tribunus iussus: Scintule comte de
» l'Estable de Cesar (dit-il) eut commāde-
» mēt de choisir des pl? bragards & prōpts
» à la main d'entre les Escuyers & Gētilz
» & de les conduire. Et afin que lon ne pense point que ce mot d'Escuyer se raporta
aux Escuyers d'Escuyries, qui ont esgard
dessus les cheuaux du Prince: Par ce qu'ē
ce dernier passage il est dit, que Scintule
côte d'Estable eut charge de choisir des
plus braues d'être les Escuyers, c'est que
ces Escuyers auoiēt leur Capitaine àpart
& separé du comte d'Estable: Tellement
que ce fut lors vne commissiō extraordinaire, qui fut adressée à Scintule, comme
il appert par vn passage du quatorziesme
liure: *Infamabat hæc suspicio Latinū dome-*
sticorū comitē, & Agilonē tribunū stabuli, at-
que Scudilonem Scutariorū rectorem. Ceste
» suspition (fait-il) diffamoit Latin Comte
» des domestiques, Agilon comte d'Esta-
» ble & Scudilon cōducteur des Escuyers.
Desquelz passages lon voit notoiremēt

que les Gentilz & Escuyers furent cōpagnies de guerres, sur lesquelles les derniers Empereurs de Rome, cōstituoiēt la meilleure partie de leur force (ainsi qu'anciennement vn Soldat d'Egypte sur les Mamelus: maintenant le grand Turc sur les Ianissaires: Et nous autres François quelquefois, tāt sur les Archers que sur les Arbalestriers,) & à ce propos recite Procope que vingt & deux Escuyers desconfirent trois cens Vādales. Qui fut selō mō iugemēt cause qu'ē ceste distributiō de terres, qui se faisoit aux Soldats, ces Gētilz & Escuyers, estōyēt les mieux assortis: cōme les plus estimez. Or que ces terres s'appellassent Benefices cōme firēt du commencement les Fiefz entre nous, ie ne l'ay pas veritablement remarqué. Biē trouue-ie estre faicte mētion des gēdarmes beneficiers: Qui semblent auoir esté seulz ausquelz l'on faisoit telles assignations. Et de telz gendarmes trouuerez vous passages exprés, & non grandement esloignez de mon intention, en la vingt & vniesme, & vingt & septiesme epistre de Pline à l'Empereur Traian.

Or comme les affaires de la gendarmerie Romaine se demenoient de coste sorte par la Gaule, d'un autre costé les princes de France vindrent occuper ce pays. Ilz avoiét lors abādoné leur propre patrie & cōtrée, en intētiō de gaigner terre sur les Romains, ayās aueq eux vn grād attirail & suite de gēdarmes, lesquelz d'vne mesme deuotiō s'estoient vouëz & cōsacrez à la cōqueste de ce Royaume. Parquoy après auoir en partie satisfait à leur opiniō, la raison vouloit bien que noz Rois vsassent de liberalité à l'endroit de leurs soldatz, selon leurs degrez & merites. Pour ceste cause en recompense de leurs trauaux ilz leurs assigneret certaines terres, qu'ils appelerent, Benefices. Aīsi pour me recueillir, il n'est pas hors de trespoignāte suspition, d'estimer, que tout ainsi que les Romains appelloient leurs gendarmes Beneficiers, c'est à sçauoir ceux ausquelz ils assignoiēt les terres frōtieres & limitrophes, aussi noz Reys voulants vser du semblable, voire plus grandes liberalitez enuers les leurs (car comme victorieux ilz leurs firent part de leurs conquestes au beau milieu de la Gaule) ilz appellassent les terres qu'ilz leurs octroyoient benefices. Dictiō que nous voyons estre pure Romaine, & de laquelle noz

Confrontatiō & raport des fiefs auec les terres qui estoiēt sous l'Empire Romain assignées aux gendarmes.

premiers Fraçois vserent familierement, pour nous signifier ce que depuis nous auons voulu nommer Fiefs. De toutes les choses que i'ay cy dessus discouruës, selõ mõ aduis proceda, que ny plus ny moins que ces distributiõs limitrophes ne se faisoient qu'en faueur du soldat Romain sẽblablemẽt n'estoiẽt les benefices & Fiefs donnez par noz Roys, qu'à leur gendarmerie. Et mesme de la façon que ces assignations Romaines estoiẽt viageres seulement, aussi furent du cõmencement les Benefices dõnez à vie par noz Roys. De là aussi proceda q̃ les Gaulois qui auoiẽt veu durãt l'Empire des Romains, les Escuyers & Gentilz entre les autres soldats emporter sur les pays frontieres les plus belles pieces de terre, cõmencerẽt (cõme il est à presumer) par vne accoustumãce tirée de ce qu'ilz auoiẽt veu obseruer entre les Romains, d'appeller Gentilzhõmes & Escuyers, ceux qu'ilz veirent estre pourueuz par noz Roys de tels Benefices, comme estãts principalemẽt baillez à ceux, qui en l'ost & exercice du Roy reluisoiẽt de quelque prouësse. Et pour-autãt qu'ilz voyẽt ceux-cy n'estre chargez d'aucune redeuãce pecuniaire araison de

X iiij

leurs terres Beneficiales enuers le Prince
& outre plus qu'à l'occasion d'icelles ilz
deuoient prendre les armes pour la protection & defense de ce Roiaume le peuple commença de fonder le seul & vniq
degré de noblesse, sur telle maniere de
gés. De façõ que par long vsage de tẽps,
nous auõs appellez Gentilzhommes &
Escuyers, ceux que nous estimõs estre nobles. Toutes lesquelles rencontres nous
donnent assez à entendre de quel fonds
sourdit l'inuentiõ de noz Benefices: desquelz est faicte ample mention dedãs les
Loix de Charlemagne. Car d'estimer (ie
diray cecy en passant) que nous l'ayons
empruntées des Lõbards, comme ie voy
la pluspart du peuple se le faire accroire
c'est vn abus. D'autãt qu'il est certain &
sans doute, que du temps de Clouis ceste
police estoit ja en regne en ceste France:
cõme nous apprenons d'vn passage d'A-
moin au 7. chapitre du 1. Liure, où ayant
deduit qu'Aureliã auoit esté enuoyé par
Clouis pour negotier le mariage de luy
& Clotilde: ce qu'il auoit conduit à chef
ses pratiques & menées, il adiouste. *Vnde
eũ Clodoueus regnũ suũ vsque ad Sequanã,
atque postmodũ vsque ad Ligerim fluuios am*

*Que
l'in-
uen-
tion
des
Fiefs
ne
proce-
de des
Lom-
bars.*

pliaſſet: *Milidunū caſtrū eidē Aureliano cū tottus ducatu regionis iure beneficij cōceſſit.*

A cauſe de quoy (dit-il) ayant Clouis amplifié les bornes de ſon Royaume iuſq̃s à la riuiere de Seine premierement, puis iuſques à celle de Loire, il donna à Aurelian le chaſteau de Melū auec tout le Duché & gouuernemét de ceſte regiō, pour le tenir de luy par droit de Benefice. Duquel lieu nous remarquerōs que deſlors non ſeulemét lon donnoit à tiltre de Benefice les lieux & places, cōme villes bourgades, & chaſteaux, mais les cōtrées meſmes. Non toutesfois qu'il faille eſtimer que la dictiō de Duché, qui eſt portée par ce paſſage, ſe prenne pour mot de Principauté, come depuis elle fit ſous la lignée de Capet, mais veut ceſt autheur dire que Clouis bailla ce qui eſtoit du gouuernement de Melū à Aureliā pour le tenir de luy par forme de Benefice. Au demeurát ce lieu nous monſtre apertemét q̃ c'eſt totalement errer, d'approprier l'origine de ces Benefices où Fiefs aux Lombards: leſquels aborderét tát ſeulement en Italie, ſouz l'épire de Iuſtin ſecond, c'eſt à dire long temps apres le decés de Clouis, qui floriſſoit du temps de Zenon, puis d'Ana staiſe Empereurs de Cõſtãtinople: apres leſquels y a deux Empereurs de ſuite, Iuſtin premier, puis Iuſtiniã ſon ſucceſſeur, qui tindrẽt l'Empire pres de quarãte cinq ans, & impererent tous deux au parauant Iuſtin ſecond: Tellement qu'il eſt beaucoup plus croyable que les Lõbards ayẽt mãdié de nous ceſte inuention, que non pas nous des Lõbards. Toutesfois pour autant que iamais aucun de noz François ne s'ingera de voguer à plaine voile ſur ce ſuiet, ains que to9 ceux qui en ont parlé, l'õt fait comme à la trauerſe, & quaſi traitãts autre choſe: Et au cõtraire qu'vn Orbert de orto Millannois nous en a laiſſé quelque recueil qui court auec les liures du droit Ciuil, l'ignorance du tẽps à voulu, que pluſieurs ayent attribué aux Lombards l'introduction d'vne choſe dont eux meſmes nous ſont redeuables.

ESTANTS doncques les François arriuez és Gaules, & s'en eſtants faits maiſtres & patrons, ilz eſtablirẽt double police en ceſte contrée: l'vne tirée du Romain, & l'autre de leur propre eſtoc. Par quoy ilz diuiſerẽt les terres, en Beneficiales, & Allodiales: deſtinãs les premieres, pour ceux qui faiſoient profeſſió des armes:& celles cy pour tous suiets indifferemment. Les Benefices (comme i'ay dit) de leur primitiue origine, furent entre nous viagers, toutesfois tout ainsi cõme au lieu du mot de Benefice, nous en auõs vn nouueau, par lequel nous le designõs, qui est ce que nous appellons Fief: aussi comme toutes choses varient, au lieu ou ces Benefices nons estoient du commencement donnez par vsusfruit seulement, nous les auons depuis faits & rendus patrimoniaux à nous & noz successeurs. Bié est vray qu'au lieu de cecy, il nous en est resté quelque remarque entre nous. Car tout ainsi que ces fiefs & benefices estoiét primitiuement viagers, pareillement à cest exemple, quãd l'Eglise commença de s'enrichir par les aumosnes des gens de bien, lon appella les Eueschez, Abbayes Priorez, & Cures, Benefices. Parce que les Ecclesiastiques les possedoiét tout de la mesme façon que les anciens gendarmes faisoient leurs Benefices & Fiefs. Et mesmemét de cest ordre s'en ensuiuit au lõg aller vn desordre: Car voyants noz Roys que les Abbayes s'estoient faites tresopulétes & qu'elles estoient presque reduites à l'instar de leurs Benefices militaires ilz commencerét de les conferer à leurs gendarmes. Ce qui se trouua pratiqué depuis le regne de Charles le Chauue iusques à celuy de Robert. Ne redoutant les grās Seigneurs qui suyuoient les armes, de s'appeller Abbez & Doyens, non plus que maintenant Ducs, Côtes, Barons, ou Chastelains. Si fut ceste forme de viage és fiefs, selō mon auis introduite auecq tref-grāde sagesse. D'autāt que noz Roys ne voulants espuiser le fonds de leurs liberalitez, ains retenir souz leur deuotiō leurs braues Capitaines & soldats, sans bourse deslier, ilz leurs donnoient, durāt leurs vies, terres & possessions, auecques charge expresse de porter les armes pour eux, tant & si longuement qu'ilz en seroient detenteurs. Estimants que telles possessions & heritages estoient suffisants tant pour le desfroy des guerres, que pour passer honorablement le commun cours de ceste vie. Et en ceste façō Barthelemy Georgieuich au liure où il traite des meurs & conditions des Turcs, nous tesmoigne que les Princes & grands Seigneurs de Turquie, qui ont tousiours admiré sur toutes nations les François, ne possedoiēt aucune cité ou bourgade par

droit successit, ny ne la pouuoient trans-
porter par leurs decés à leurs enfãs sans
permission expresse du grand Seigneur.

Or combien que ces Benefices fussent
du commencement distribuez aux gens
dediez au fait de la guerre, si ne leur estoit
il pourtant defendu de tenir terre en Al-
led: Qui estoiẽt terres que lon tenoit en
proprieté, & qu'en mourant lon transfe- *Des*
roit à ses heritiers. Ceste dictiõ d'Alleud *terres*
prit, selon mon iugement, sa premiere *tenues*
source d'vn anciẽ mot Frãçois, Leud, qui *à Al-*
signifioit vn Suiet. Gregoire de Tours, au *leud.*
liure du huitiesme de ses histoires, recitant cõme Gontran Roy d'Orleans vint
à Paris pour leuer sur les fonds Clotaire
fils vnique du feu Roy Chilperic, indigné de ce qu'on luy vsoit de remises: par
ce que l'on luy auoit dõné premieremẽt
assignation au iour & feste de Noel, puis
à Pasques, & finalement à la sainct Iean
Baptiste, pour baptiser cest enfant, & neãt-
mois on luy auoit tousiours failly de parolle: *Veni igitur & ecce abscõditur nec ostẽ-*
ditur mihi. Vnde, quãtum intelligo, nihil est
quod promittitur: sed, vt credo, alicuius ex
Leudibus nostris sit fili⁹: nã si de stirpe nostra
fuisset ad me vtiq; fuisset deportatus. Ie suis

» icy venu (dit-il) & voyla que lon me le ca
» che, & que lon ne me le monstre point.
» Au moyen dequoy, à ce que ie voy, ce
» sont friuoles dont on me repaist: Et doit
» estre certainement cest enfant le fils de
» quelqu'vn de noz Leuds: car, s'il fut de no
» stre lignée, on me l'eut pieça apporté. Et
» au liure neufiesme recitant la teneur du
traité de paix qui fut entre le mesme Gōtran, & Childebert Roy de Mets son nep-
» ueu, *Similiter cōuenit vt nullus alterius Leu-*
» *des nec sollicitet, nec veniētes recipiat* Il a e-
» sté semblablemēt accordé entr'eux, qu'au
» cun d'eux ne solicite, ne retire par deuers
soy les Leuds de son cōpagnō. Et au mesme endroit. *Similiter conuenit vt secundum*
pactiones inter domnū Gōtranū & bonæ me-
moriæ domnum Sigisberū, initas, Leudes illi
qui dōno Gontrano post transitum dōni Clo-
tarii sacramenta præbuerunt, si postea cōuin-
cātur se in parte alia tradidisse, de locis vbi
manere vidētur cōuenit vt debeāt remoueri:
similiter & qui post transitū dōni Clotarii cō-
uincuntur domno Sigisberto sacramenta pri-
mitus præbuisse, & se in aliā partem trāstule-
» *runt, simili modo remoueātur.* Aussi a esté
» accordé que selon les traitez & conue-
» nances qui furent faites entre dom Gon-

tran, & feu de bonne memoire dom Sigisbert, les Leuds qui auroient fait le serment à Gontran apres le trespas de feu
dom Clotaire, s'ils sont côuaincus de s'e-
stre depuis ce temps là retournez de l'autre costé, qu'ilz ayent à vuider des lieux
esquelz ilz semblent auoir assis leur demeure. Et en cas semblable ceux qui se
trouueront apres le decés du mesme Clotaire, auoir presté le serment és mains de
feu dom Sigisbert, & l'auroat depuis delaissé, qu'ils soiét ten° de retourner. Desquels lieux on voit apertement que la signification de *Leud* entre noz Frāçois, se
prenoit pour vn suiet. Comme encores
lon peut tirer clairement d'vn passage de
Aimoïn au 8. chapitre du 3. de ses histoires, *Fuit Gontranuus in bonitate præcipuus
Leudis suis beneuol°, gētib° externis pacat°.*
Gontrā. fut souuerain en bonté, gratieux
& debonnaire à ses Leuds, & aux estrangers paisible. De ce mot vint que noz anciens Roys de France faisants és Gaules
le departement general des terres appel-
lerēt celles estre tenues en Alleud qui deuoient cens & redeuāce. Estant à mon iugement cest Alleud, la pension qu lon
paioit pour recognoissāce des horitages,

en signe de subiection. Pour laquelle occasiō furent dites aucunes terres estre tenues en frāc Alleud, c'est à dire celles qui
n'estoient pas de si grāde marque que les
Benefices, lesquelles furent assignées diuersement à la commune des François,
desquelz noz Roys, par vn passedroit special, ne voulurent prendre aucune recognoissance de cens, comme ilz firent des
Gaulois. Dont auint que s'estants depuis
ces deux natiōs cōfuses par telle course
de tēps, qu'il estoit mal aisé à distinguer
l'vne de l'autre, on employa ce mot de
franc Alleud à toutes terres indifferemm-
mēt, que par possession immemoriale on
maintenoit estre exempts de cens & rentes. Et en ceste façon recite Procope, que
les Vvandales ayant occupé l'Afrique, le
Roy Gentzerich leur dōna plusieurs belles terres franches de toutes redeuances,
que lon appela de la en auant, terres des
Vvandales. Qui n'est pas chose grandement eslōgnée du franc Alleud, des Frāçois. De ceste diction, Alleud, est venu ce
que nous appellons Lotir, pour partager
vne chose qui est en Censiue: & Lot pour
part & portion. Car quant à ce qu'en cas
d'achapt il faut payer les Lots & ventes,
cela

Terres tenues en franc Alleud.

Lots & ventes.

cela est venu d'vn autre vieil mot François, Los, qui signifie gré & volonté: Duquel encores nous disons Allouer pour la chose que nous auons pour agreable. Et ainsi en est vsé en la vieille histoire saint Denys, chapitre septiesme, ou il est dit q̃ le Pape Adrian tint vn Concile, par lequel il fut ordõné que les Archeuesques & Euesques seroient de là en auant inuestis de leurs prelatures par Charlemaigne & f'ilz y entrẽt (porte le texte) par autruy sans son gré & sans son Los, qu'ilz ne peussent de nully estre sacrez: Parquoy nous appellames payer Los, & ventes, la recognoissance qui se faisoit par nous à nostre Seigneur direct & foncier, par le gré & Los duquel nous estions impatronizez: & entrions en pleine saisine de la chose qui nous estoit vendue.

Lors de la premiere distribution tant de ces terres Beneficiales, qu'Allodiales, il n'estoit point mention de tailles, ains estoient les nobles tenuz de supporter à cause de leurs Seigneuries, le fais des armes: & le demourãt du peuple qui nestoit necessité à ce faire, en recompẽse payoit par forme de tribut, les cens & Alleuds à noz Rois de Frãce, pour supporter en par

Y

Frese rēdus patrimoniaux.

tie les frais qu'il leur conuiēdroit faire. Depuis (cōe toutes choses p lōg vsage de téps chāgét de face) ces Benefices ou fiefs se firēt ppetuels: prenāt ceste mutatiō grād auācemét souz la lignée de Charlemagne, & sa fin & accōplissemét sur la venue de Capet. Et deslors les Seignrs qui tenoient les grāds Benefices des Roys, cōmencerēt à les subdiuiser à autres persōnages, desqls ils attendoient seruice: leur baillās telles conditions de fois & hommages que bon leur sembloit. Adonques commencerét de s'insinuer entre nos les termes de fiefs & arrierefiefs (que nous auōs ainsi appellez pour la feauté que nous promettōs à noz Seigneurs) & de vassaux & arrierevassaux: ces derniers estāts ainsi appellez, à la difference de ceux qui releuét directement & sans moyen, leurs fiefs, du Roy. Aussi commençames nous d'appeller les aucūs de ces vassaux, hommes liges, qui sans exception promettoient tout deuoir de fidelité à leurs Seigneurs: & les nōliges, ceux qui seulement promettoient deuoir à raison du Fief superieur, dōt dependoit le leur qui estoit inferieur. Semblablement vindrent en vsage les loix de droit d'ainesse, nō cogneues par noz Erāçois sur leur premiere arriuée. De ces mutations aussi il auint que par succesßió & progrés de temps, les gens roturiers, coustumiers & non nobles, commencerent à posseder Fiefs, contre leur ancièñe & primitiue institution. Qui apporta vne question qui fut autrefois traitée en plain Parlemēt, ainsi que feu maistre Mathieu Chartier (que ie nomme icy par hōneur, comme celuy qui par l'espace de quarāte cinq ans a tenu le premier rang d'Auocat fameux en nostre Palais) m'a autrefois asseuré auoir leu dedans quelque vieux registre: Sçauoir si vn gentilhōme estoit tenu prester foy & hommage à vn bourgeois, nouuel acquereur d'vn Fief, lequel au parauāt il releuoit d'vn noble hōme. Et toutesfois combiē que les roturiers eussent à la lōgue gaigné cest auātage sur les nobles, si falloit-il neātmoins que du cōmencement, & long téps apres, ils impetrassēt cecy par benefice du prince, & luy en payassent finance, tout de la mesme forme & maniere que font les ecclesiastiques, lors qu'ils veulent amortir par chartres du Roy, quelques terres que ilz ont acquises. I'ay leu la copie de certaines lettres, extraites d'vn registre de la

Fiefs possedez par gēs roturiers, & non faisans profession des armes.

Y iij

chambre des Comptes, emanées de Charles cinquiesme, le vingt quatriesme iour de Feurier, l'an mil trois cés soixāte douze, & adressées au Bailly des montaignes d'Auuergne, par lesquelles luy est mādé qu'il s'aisisse & remette és mains du Roy toutes terres & possessions acquises depuis quarante ans en là, en Fiefs nobles en son bailliage, ou és ressorts d'iceluy, par personnes non nobles, ou bien qui eussent esté de nouueau ennoblies.

Or tout ainsi que ces Fiefs tomberent sans aucune distinction és mains du noble & non noble, du gendarme, & du bourgeois: aussi commencerét petit à petit à s'amortir entre nos les loix militaires. Et eut esté vn chacun tres-content de iouïr de la franchise de sa terre, & neantmoins se soustraire du faix & trauail de la guerre. Au moyé dequoy commencerent à estre mis en auāt par noz Roys les ordonnances du ban & arriereban pour raison des Fiefs.

Ban & arriereban. Ce mot de Ban estoit vne vieille dictiō Frāçoise, per laquelle noz anciés voulurent signifier vne chose qui estoit publique, ainsi que ie deduiray plus amplemét au sixiesme de mes recherches, & singulie

remét approprierent ce mot a vne procla-
matiō, qui se faisoit parmy le peuple. A ceste occasiō voyōs nous que pour oster les
mariages clādestins, nous faisons faire par
nostre curé en noz Eglises, les bās q sont
annōcez publiqs du mariage qui se traite
entre les futurs espoux, à fin que nul n'é
pretende aucune cause d'ignorāce. A ceste mesme occasion se font les adiourne-
mens que nous appellōs à ban & cry public. Et en outre les bannissements lesquels anciénemét se faisoiēt à son de trō-
pe, afin que le bāny n'eut à soy repatrier
en la terre de laquelle il estoit exilé. Tout
de la mesme façō noz Rois qui dressoiēt
leurs cāps de leurs benefices & vassaux,
auoiēt accoustumé de se faire bannir par
la Frāce, c'estoit à dire proclamer: & à ceste semonce cōuenōient tous la part qui
leur estoit ordōnée. Ainsi voyōs nous en
l'ancien coustumier de Normandie, chapitre quarante troisiesme estre porté en
tels termes: L'ost au Prince de Normādie
dés le iour qu'il est banny prolonge les
querelles. De là nous appelames bans &
arrierebans les proclamations qui se faisoiēt des vassaux & arriere vassaux du roy
pour luy faire compagnie en guerre. Si

Y iij

(peut estre) ne voulons dire que ceste diction d'arrierebã soit venue du mot Heriban, dont nous voyõs este faite frequéte métion dans la loy Salique, lors q̃ noz Rois conuioyent leurs suiets de les suyure en la guerre. Et deslors que telles proclamations estoient faites, chasque vassal estoit tenu de soy presenter en personne en bon equipage, sans vser d'exoine, ou de remise, sinõ qu'il fust, peut estre malade: auquel cas il estoit tenu d'enuoyer hõme suffisant en son lieu. Toutesfois tombãts les fiefs aussi bien en main roturiere cõme noble, nos Rois vserent de Bans & arrierebãs, comme d'vne forme de taille. Estant loisible à chascun qui tient Fief, d'aller en personne seruir le Roy, pour la tuition du Royaume, en son lieu, ou de deleguer hõme mettable & de sorte, ou bien en tout euenemẽt fournir argẽt pour le defroy du Bã & arrierebã, que lõ leue en chasque Bailliage ou Seneschaucee.

Llano besse.

Depuis que les premiers & anciens ordres des Fiefs furent de ceste façon alterez, par la passion indeuë & irreguliere qu'en voulurent prendre les non nobles: & que nos Rois, d'vn autre costé, eurent introduit parmy le peuple, les tailles sur les personnes roturieres chascun commē ça deslors selon son possible à faire estat de noblesse, non toutesfois fondee sur les Fiefs. Car noz Rois voyants que plusieurs casaniers & bourgeois, qui ne faisoient estat des guerres, les possedoient par importunitez, ne voulurent prendre cela en payement, mais ordonnerent que les tailles fussent imposees sur tous hommes qui seroient de qualité roturiere. Tellement qu'il pouuoit aduenir qu'vn homme qui possedast plusieurs Fiefs, se trouuast toutesfois taillable, pour au tant qu'il estoit roturier: & au contraire, que celuy qui auoir tous ses heritages en censiue, en fut exempt: Par ce qu'il estoit de condition noble. Pour ceste cause les plus riches commencerent à obtenir lettres d'Ennoblissemēt de noz Rois, ou bien de fonder leur noblesse sur l'anciēneté de leur race (par auanture non cognuë pour auoir changé de pays) verifiants que leurs ancestres auoient tousiours vescu noblemēt, sans estre cottizez à la taille, & sans exercer aucun estat de marchādise. L'on recite qu'entre les loix que Licurge establit aux Lacedemoniés, il y en eut vne principalemēt par laquelle tous mestiers & arts mecani-

Les Frāçois simbolizent en faict de leur blesse auec les Lacedemoniens.

Y iiij

ques furent delaissez aux serfs & aux estrãgers, qui ne iouissoiét du priuilege de Bourgeoisie, mettãt és mains de ses citoyens & gens libres, seulement l'escu & la lance, & leur interdisant toutes autres communes industries: voire les marchandises & trafiques dont és autres Republiques le commun peuple fait plus grand fonds: pour autant qu'il estimoit que telles vacations deuoient appartenir aux esclaues, & autres telles manieres de gens, sur lesquels il ne vouloit employer la seuerité de ses loix. Le semblable auõs nº gardé religieusement en ceste Frãce entre les nobles. Tenans nõ seulemét pour chose indigne d'vne noblesse, mais aussi estre fait acte derogeant au priuilege d'icelle, lorsque lon en trouue aucũ, au lieu de l'estat de la guerre exercer vn estat mecanique, ou bien faire train d'vne marchandise, c'est assauoir en achetãt quelques denrees, pour puis apres les debiter à son profit: car des choses qui nous sont prouenues de nostre creu, le cõmerce ne nous en fut oncques defendu. Tãt est demeuree recõmãdee entre nous ceste vieille impression des armes, sur laquelle noz premiers Frãçois establirẽt le fondemẽt de leur noblesse. Tellement qu'encores que depuis que les loix de chiquaneries furēt esparces par la Frāce, plusieurs gēs de Iustice & de robe longue, cōmençassent à prēdre dedans leurs familles ceste qualité de nobles, pour les grāds estatz qu'auoiēt exercé leurs ancestres, si est ce non seulement par le suffrages des courtizans, mais aussi par la voix commune du peuple, ceste noblesse fut estimee cōme bastarde. Par ce que telz personnages ne font profession des armes. Et pour ceste raison ceux qui se veulēt dire estre à bonnes enseignes nobles, laissent les villes, pour choisir leurs demeures aux chāps. Tant à l'occasiō de ce que la plus gran d' partie de noz Fiefs y sont assis, lesquelz, comme i'ay deduit cy dessus, il estoit seulemēt permis aux nobles & gens suiuants les armes de posseder, qu'aussi que par ce moyen ilz pensent se garentir de toutes opinions que lon pourroit auoir d'eux, qu'ilz pratiquassent ou trafiquassent dās vne ville: chose qui obscurciroit (ce leur sembleroit) la lumiere de leur noblesse. I'ay leu dās Hugues de Bercy poëte Frāçois, qui florit vers le tēps de S. Loys, quelques vers, par lesquels il

L'habitation des Gētils hōmes specialmēt aux chāps.

se complaignoit que de son temps les Princes & grands Seigneurs commençoient d'abādonner les villes pour choisir leur residence aux champs.

Mais li Roy, li Duc, & li Comte,
Aux grandes festes font grand honte,
Qu'ils n'aiment mais Palais ne Salles,
En ordes maisons & en salles
Se reponent, & en bocages,
Lor cours ert: pauures & vmbrages,
Or fuyent ils les bonnes villes.

Cela auint parauenture lors que les Bourgeois pour contretrancher des nobles, commencerent d'auoir permission de posseder Fiefs: Afin que lou discernast celuy, qui au pris de son sang, & non au pris d'argent, gaigneroit ce degré de noblesse. Car aussi, à bien dire, entre toutes les vies qui approchēt plus pres de la militaire, en temps de paix, c'est la champestre. A cause dequoy nous lisons que les bons vieux peres & preud'hommes Romains, comme Cincinat & autres personnages de tel calibre, estoient appellez de leur charruë aux armes, & des armes s'en retournoiēt à leur charruë. Ainsi noz Gētils-hōmes qui establissent le principal point de leur noblesse sur les armes, s'en durcissants aux champs, au trauail, appellerent villains, ceux qui habitoient mollemét dedans les villes, dont s'est depuis faite vne distictió generale des estats entre nous. Les vns estants appellez Gentils hommes, qui sont les nobles, & les autres villains, qui sont de condition roturiere. Comme si ce fussent choses incópatibles d'estre noble, & faire sa reseáce és villes, esquelles on viuoit en delices & oisiueté: mesmemét s'il auiét que nous appelliós quelqu'vn Gentilhóme de ville, c'est par forme de risee & mocquerie. Quát à moy ie ne me suis point icy proposé de vilipéder les estats de ceux qui suiuét la robbe longue, ni generalement de ceux qui se sont habituez és villes clauses: Car en ce faisant seroy-ie traistre & preuaricateur contre moy mesmes. Aussi sçay-ie bien que tout hóme en tout estat, qui fait profession de vertu & de vie sans reproche, est noble sans exception: toutesfois si en vne republique, c'est chose du tout necessaire, de faire degrez des ordres, & mesmement qu'il soit requis de gratifier d'auátage aux hommes qui se rendent plus meritoires, à fin qu'à leur exemple chascun soit induit à bien faire, ie ne seray ia

Gentilsh mesó & vilains.

Difference qu'il y a entre ceux qui sont de robbe longue, & ceux qui suiuét les armes.

mais ialoux ny marry, qu'à ceux qui exposent leur vie pour le salut de nous tous, soit attribué le titre de noble, plustost qu'à ceux qui dedans leurs Palais, à leurs aises, se dient vaquer au bien des affaires de vne Iustice. Ceux là se moyẽnent ce nom de noblesse à la pointe de leurs espees, ceux cy, à la pointe seulement de leurs plumes: Ceux là s'abãdonnent au vent, à la pluye, & au Soleil, n'ayants le plus du tẽps autre meilleure couuerture que celle qu'ils peuuẽt impetrer de la misericorde du ciel, pẽdãt que ceux cy regorgent de leurs plaisirs dans leurs maisons de parade: Ceux-cy ont les oreilles ententiues à la clameur d'vn huissier, pour faire monstre de leur langue dans vn Barreau: Et quãt aux autres, ils se resueillent au son des clairons & trõpettes, pour se cõbatre à vne barriere, ou dõner coup de lãce à point. Les vns s'estoquent à coups de canõs & de voix, & les autres s'exposent & prostituẽt à l'espreuue d'vn canõ ou artilere, qui n'espargne ny grãds ny petits: Tous deux trauaillẽt tant pour le public, que pour leur hõneur: mais en ceste cõformité de trauaux, y a telle difference, que ceux là en trauaillant pour le

public, ordinairemét s'apauuriſſent, & ſe
ils aquieręt quelques biés, c'eſt de la deſ
pouille de leurs ennemis: Et ceuxcy trou
uent dedãs leurs trauaux, comme dedans
vne gráde miniere d'or, infinies richeſſes, le plus du tęps tireęs de la ruine des
pauures ſuiets du Roy: Et à peu dire, ceux
cy font ſeulemőt eſtat de la vie, ceux là
ſans plus de la mort: Ne leur reſtant de
recompenſe pour toute conſolation de
leurs maux, que l'opinion du lict d'honneur auquel ils s'acheminent d'vne grãde gayeté de cœur. Tellement qu'entre
tát de rudeſſes, c'eſt le moins qu'ils puiſ-
ſent faire durát leur vie, q̃ de ſe flatter de
ceſte opiniõ de nobleſſe, par deſſus le reſte du peuple. Et vrayemét ç'a eſté touſiours choſe aſſez familiere à toutes braues nations, de dőner au gendarme quelque caractere de nobleſſe, par deſſus le
cőmun. Plutarque en la vie Licurge eſt
autheur, qu'il n'eſtoit point permis d'eſcrire deſſus le tőbeau, le nő d'vn treſpaſ-
ſé, ſinő qu'il fut mort en la guerre. Pierre
Crinit au vingt & vnieſme liure de ſes ob-
ſeruations, traitás, de l'honneſte diſcipli-
ne, remarque des anciés, qu'il n'eſtoit loi
ſible d'enſeuelir dedãs la ville de Rome

Celuy qui a ſuiui les armes, a touſiours eſté reputé le plus noble en toute republique.

vn citoyen, sinon celuy qui par plusieurs braues exploits d'armes s'estoit rendu digne de ceste sepulture. Iean Cuspinian en son traité des meurs & conditions des Turcs, nous raconte, qu'au pays de Turquie n'y a aucune distinction de noblesse tiree de l'ancien estoc des ancestres, ains que celuy entre les Turcs est seulemét reputé noble, qui en fait de guerre à dóné plusieurs expreuues de sa vaillátise. Afin que ie ne recite qu'au pays de Cramanie il estoit defendu d'espouser femme, à celuy qui n'auoit fait present à son Prince, de la teste d'vn ennemy: Et qu'en la Scithie, éstant vne ancienne coustume aux grands banquets & festins solénelz, d'apporter sur le dessert vn grand hanap à la compagnie, pour boire, qui estoit chose que l'on réputoit à grande singularité, & qui signifioit quelque traict de grádeur, à ceux ausquelz il estoit presenté, toutesfois si n'estoit-il permis de le prende, sinon par ceux qui auoient attestatió publiq d'auoir occis & mis à mort l'vn des ennemis du pays. Parquoy nous ne deuós point enuier au gendarme, qu'il se donne quelq̃ prerogatiue de noblesse par dessus no^s, moyennát qu'il ne se laisse point piper d'vne folle imagination fondee en la memoire de ses ancestres, & que pendant qu'il s'endort sur la noblesse que luy ont pour chasse ses predecesseurs, par leur prouesse, il ne s'aneantisse point, ains tasche de les surmonter, ou pour le moins les esgaler.

Mais pour retourner aux anciennetez de nostre France, & ne me perdre point icy en vn discours qui ne plaira pas à chascun: nos Roys qui sur leur premiere arriuée auoient (comme i'ay deduit cy dessus) recompensez leurs Capitaines & braues soldatz en Fiefs nobles, voyās apres vne longue reuolution d'annees, que le fonds de leurs liberalitez estoit pour ce regard mis à sec (d'autant que toutes les terres de leur Royaume estoient réplies) s'auiseret de trouuer vne autre forme de recōpense, non veritablement si riche & opulente, mais de plus grād honeur que les Fiefs. Parquoy fut mis ingenieusemēt par eux, ou leurs sages Conseillers, l'ordre de Cheualerie en auant. Car au lieu ou premierement ilz recōpensoient leurs suiets, en terres & grandes possessions, à mesure qu'ils gaignoient les Prouinces, de là en auant ils commencerent de les

Cheualiers.

recognoistre pour bons & loyaux seruiteurs, par grandes & amiables caresses,
c'est à sçauoir par acolees de leurs personnes. Ces acolees depuis se tournerent en Religion. De maniere que lors
que noz Roys vouloient semondre quelques Gentils-hommes ou braues soldats
à bien faire le iour d'vne bataille: ou bié
qu'ilz leur vouloient gratifier à l'issue
d'vne entreprise, les caressoient d'vne a-
colee: Et en ce faisant auec quelques autres petites ceremonies, ilz estoient reputez Cheualiers. Ayant par ce moyen,
comme s'ilz fussent sorti des propres costez du Roy, autant de primauté & auantage dessus le reste de la noblesse, côme
la noblesse en son endroit dessus le demourāt du peuple. Ceste ordre premierement fut inuenté en faueur de ceux qui
suyuoient les armes, comme mesmement
l'etimologie du mot nous rend certains:
toutesfois tout ainsi comme en la noblesse, aussi par traite de temps au fait de
la cheualerie, quelques gens de robe lon
gue y voulurent auoir part, à l'occasion
de leurs dignitez & offices. Au moyen
dequoy on fist double distinctiō de cheualiers : Les aucuns estants Cheualiers
des

des armes, & les autres Chevaliers des loix. Pour laquelle cause Iean de Mehun en son Romant de la Rose, au lieu ou Faux semblant descourt les cas, esquelz il estoit loisible de mandier, dit:

Ou s'il veut pour la Foy defendre
Quelque chevalerie emprendre,
Ou soit d'armes ou de lectures.

AINSI recite Froissard au chapitre cétsoixāte & dixseptiesme du premier liure de ses histoires, que dans Paris furent tuez trois Chevaliers, ioignāt Charles cinquiesme lors regent en France, dont les deux estoient d'armes, & le tiers de loix: Les deux d'armes, dit-il, monsieur Robert de Clermont gentil & noble grandemēt, l'autre le Seigneur de Conflans, le Chevalier des Loix monsieur Simon de Bussi. Et à ce propos Guillaume de Nangy, qui fut presque contemporain d'iceluy Charles cinquiesme, dit que cettuy de Bussy estoit conseiller au grand Conseil, & premier President en la Cour de Parlement. Qui fut cause pour laquelle il fut appellé Chevalier de loix: pour autant que les premiers Presidēts se dient par priulege anciens auoir ennexé à leurs offices l'estat de Chevalier: Quant aux Chevali-

Chevalers de robe longue.

Z

cheua-
liers
Ban-
nerets
ers d'armes, entre les autres ie trouue vne sorte de Cheualiers qui furét appellez Bannerets, qui estoiét ceux entre les Cheualiers, qui pour estre riches & puissāts, obtenoient permissiō du Roy de leuer Bāniere, c'estoit vne cōpagnie de gés de cheual ou de pied. En ceste sorte dit Mōstrelet au quatre vingt-treiziesme chapitre du premier tome de ses histoires, parlāt du siege que le Roy Charles sixiesme mit deuant la ville de Bourges, dās la quelle s'estoiét enclos tous les Princes de la factiō du Duc d'Orleās. Là, deuāt la ville (dit-il)
,, pres du gibet, le Roy fit plus de cinq cens
,, Cheualiers, desquelz & aussi de plusieurs
,, autres, qui n'auoient porté banniere, furent
,, immemorables bannieres esleuees.
Le sire de Ionville recitant comme le Roy sainct Louys vouloit renouueler son armée, dit qu'il luy demanda s'il auoit point encores trouué aucuns Che-
,, ualiers pour estre auec luy : & ie luy res-
,, pondis (fait il) que i'auois fait demourer messire Pierre de Pont-Moulin, luy tiers en banniere. Et en vn autre endroit plus bas, il racomte que des prisonniers, qui estoient demourez deuers les Admiraux d'Egipte, en reuindrent quarante Cheua

liers qu'il mena deuers le Roy pour auoir pitié d'eux, & les retenir à son seruice: & comme quelque personnage du conseil du Roy luy eust dit, qu'il se deuoit de- « porter de faire telle requeste au Roy, « attendu que son espargne estoit lors cour « te: Ie luy responds (recite-il parlant de « soy) que la male auanture luy en faisoit bien parler, & qu'entre nous de Champa- gne, auions bien perdu au seruice du Roy trente cinq Cheualiers tous portans ban- niere. Et encores est ceste maniere de che- ualiers trop mieux donnee à entendre par Froissart, au premier liure de ses histoires la part ou le Prince de Gales estãt prest de « cõbatre messire Bertrand du Kesclin auec « Henry Roy de Castille, se presenta deuãt « luy messire Iean chandos: Là apporta (dit « il) messire Ieã Chandos sa banniere entre « ses batailles, laquelle n'auoit encores nul « lement boutee hors de l'ost du Prince, au « quel dit ainsi: Monseigneur veez cy ma « bãniere, ie la vous baille par telle manie- « re qu'il vous plaise la deuelopper, & qu'au « iourd'huy ie la puisse leuer: car, Dieu mer « cy, i'ay bien dequoy terre & heritage « pour tenir estat, ainsi comme appartient à « ce: Ainsi prit le Prince & le Roy Dampie- «

,, tre, qui là estoient, la bãniere entre leurs
,, mains, qui estoit d'argent à vn pieu agui
,, sé de gueules, & luy rendirent en disants
,, ainsi: messire Iean veez cy vostre bannie
,, re, Dieu vous en laisse vostre preu faire.
,, Lors se partit messire Iean chandos & r'a
,, porta entre ses gens sa banniere, & dit ain
,, si: Seigneurs veez-cy ma banniere & la
,, vostre, si la gardez comme la vostre. Qui
,, est vn passage presque assez formel pour
,, nous apprendre quelz furẽt iadis les che
,, ualiers Bannerets.

Av demeurant, pour-autant que les factions de la maison de bourgõgne & Orleans auoient amené vn grand Chaos & & desordre à ceste ancienne police, par ce qu'à chasque bout de champ les vns & les autres faisoient des Cheualiers à leur poste: Loys onziesme pour couper broche à ceste cõfusion, introduisit dés le premier iour d'Aoust mil quatre cens soixante neuf, vn ordre de Cheualiers par forme de Confrarie, leur donnant pour patron S. Michel. Induit specialement à ce faire: par-ce qu'il estimoit que sainct Michel aũoit esté le principal protecteur de ceste France, pendant les guerres des Anglois. Car Ianne la pucelle (du pretexte de la-

ordre des Cheualiers de S Michel.

quelle s'eſtoit grandement aidé le Roy Charles ſeptieſme, pour le recouurement de ſes terres) publioit en tous lieux, quelle auoit propos & cōmunication du conſeil, toutes les nuits, auec ſainct Michel, ainſi que lon peut lire dedās le procés qui luy fut fait. Tellement que Loys onzieſme eſtimāt que le plus grād ennemy que euſſent eu les Anglois, ceſtoit ce grand Sainct: lequel meſmement n'auoit laiſſé venir en leur ſuiection le lieu ou de tout temps & ancienneté on luy a dedié vn tēple, qui eſt le mōt ſainct Michel, vouluſt dreſſer ceſte cōfrairie, quaſi pour eternel trophee & commemoration des victoires que ſon pere auoit obtenue ſur les anciés ennemis de la France : & pour ceſte cauſe il inſtitua d'entrée trente-ſix Cheualiers de ceſte ordre, dont il eſtoit le chef & ſouuerain : & quant à ceux qu'il vouſut honorer premierement de ceſte ordre, ce fúrent Charles ſon frere. Duc de Guienne, Iean Duc de Bourbonois & d'Auuergne, Loys de Luxembourg Comte de S. Paul, Conneſtable de France, André de Laual ſeigneur de Loheac, mareſchal de France Iean Cōte de Sanxerre, ſeigneur de Brueil Loys de Beaumōt, ſeigneur de la Foreſt &

Z iij

Pleſſiz, Loys de Toute-ville, ſeigneur de Torcy, Loys de Laual, ſeigneur de Chaſtillon, Loys baſtard de Bourbon, Comte de Roſſillon & Admiral de France, Antoine de Chabanes, Comte de Damp-martin, grand maiſtre d'hoſtel de Frãce, Iean baſtard d'Armignac, Cõte de Cominges & Mareſchal de France, George de la Trimoille, ſeigneur de Craon, Gilbert de Chabanes, ſeigneur de Curton ſeneſchal de Poitou, Taneguy du Chaſtel, gouuerneur du pays de Roſſillon & de Sardaigne, & le ſurplus pour accomplir & parfaire le nombre des trente-ſix, il le reſerua à la diſcretion ſelon que l'occaſion le requerroit. Au parauant ceſte braue inſtitution le Roy Iean auoit inſtitué l'ordre de l'eſtoille au chaſteau de S. Ouen, le ſixieſme iour de Ianuier mil trois cens cinquante & vn: Et portoit chaſque Cheualier vne eſtoille d'or à ſon chaperon, comme ceux de ſainct Michel ſont tenus de porter l'effigie de ſainct Michel à leur col. Et preſque de ce meſme tẽps, Edouart troiſieſme Roy d'Angleterre inſtitua l'ordre de la Iartiere, qui eſt vn Iartier bleu que tout Cheualier de ceſt ordre eſt tenu de porter au genoueil droit. Et eſt la de-

ordre de l'Eſtoille.

ordre de la Iartiere.

uise de cest ordre HONNY SOIT IL QVI MAL Y PENSE: Chose qui proceda pour autant que ce Roy Edouart estāt grandement amoureux de la comtesse de Sabery, & l'entretenāt de paroles, il auint par cas fortuit, que l'vn des iartiers de ceste dame tomba, lequel fut par vne promptitude assez mal seante à ce Prince soudainement releuée: Qui appresta occasiō de rire à plusieurs qui luy assistoient : Au moyen de quoy le Roy indigné, protesta deslors que tel s'en estoit mocqué, qui s'estimeroit bien heureux de porter la iartiere. Et de fait, tant pour l'amitié de sa dame qu'en haine & desdain de ceux qui en auoient fait risée, il institua ceste ordre de cheualerie en son Royaume, auecques ceste diuise, HONNY SOIT IL QVI MAL Y PENSE: Voulant dire que l'amitié qu'il portoit à la Comtesse, & qui luy auoit causé de leuer sa iartiere, estoit en tout honneur. Il y a eu aussi quelques autres ordres de marque, & entre autres celuy de la Toison d'or de la maison de Bourgongne, qui fut introduite l'an mil quatre cens vingt & neuf, par le bon Duc Philippes de Bourgongne. Et semblablement celuy de l'Annonciade en la maison

ordre de la Toison d'or

ordre de l'Annōciade.

de Sauoye institué par Aimé sixiesme Cõte de Sauoye. Tous lesquels se sont trouuez de grande recommandation, chascun diuersement selon la diuersité des pays & côtrées. Et par special entre nous, ces cheualiers de sainct Michel, lesquels nous appellons simplement, Cheualiers de l'ordre: Ausquels toutesfois il s'est rencõtré vn grand desordre, depuis que le mot de Huguenot a pris vogue parmy ceste Frãce. D'autant que là ou anciennement lon bailloit le collier, auec vne grãde religiõ & respect, à peu de personnes: lon a (depuis le commencement de ces troubles intestins) fait vne infinité de telz Cheualiers, auec vn tresgrand abandon. Mais pour ne parler point des viuans, ie lerray ce discours à ceux qui sans aucune crainte entreprennent dedans leurs estudes priuées, l'histoire du temps present: histoire laquelle estant bien escrite & d'vne main non partiale, apportera grande merueille & admiration de ce siecle à tous les siecles qui ont à nous succeder.

Hommes d'armes.

MAIS pour retourner à mon entreprise, tout ainsi que le desarroy qui auoit couru parmy la France, par le moyen de ces deux grandes maisons & familles d'Orleãs & de Bourgõgne, auoir enfanté vne infinité de Cheualiers: Qui fut cause que les choses estants adoucies, le Roy Loys onziesme, pour gratifier, de quelque titre extraordinaire à ses fauoris, introduisit l'ordre de S. Michel: aussi ce mesme desarroy occasionna le Roy Charles. 7. (apres plusieurs trauaux & fatigues) d'establir vne nouuelle police au fait de sa gendarmerie. Iamais ne fut qu'en ceste Fráce n'y eut gens de cheual & de pied, pour la conseruation du Royaume, toutesfois l'iniustice du temps auoit esté telle, premierement par les factions de ces deux maisons, puis par la suruenue des Anglois que toute la gendarmerie Fráçoise estoit presque en confusion & desordre, pillant, rodant & degastant le plat païsans controlle. Par ce que le Roy, qui auoit affaire de gens pour faire teste à l'Anglois, estoit contraint de passer outre par conniuence. Toutesfois ayãt depuis reduit souz sa deuotion la plus grande partie des terres de l'ancienne obeïssance de noz Roys, & fait son entrée dedans la ville de Paris: il voulut en l'an mil quatre cens trente neuf, remettre toute sa gendarmerie, en meilleur train qu'elle ne s'est oit trouuée pendãt les guerres qui s'estoiẽt peu au parauãt passées. Pour ceste cause dit maistre Alain Chartier en l'histoire qu'il à escrite de son temps. Voyant le Roy Charles septiesme, qu'à tenir tant de gẽs courans sur les champs, ce n'estoit que destruction de son peuple, & qu'à chacun combatant faloit dix cheuaux de bagage, de fretin, de pages & valetz, & toute telle coquinaille qui ne sont bons qu'à destruire le peuple: Si ordonna par grãde deliberation de son conseil, de mettre tous ces gendarmes ès frontieres: chacun homme d'arme à trois cheuaux, & deux archers, ou trois, & non plus. Et seroient faictes leurs monstres, & payez tous les mois, & chassez hors tout le demourãt du harpail. Et pour ce faire, & cõmencer telle ordonnance, le Roy fit bailler & deliurer à tous ses Capitaines, argent & artillerie. Et quelques années apres (sçauoir est l'an mil quatre cẽs qurante quatre) le mesme autheur no⁹ atteste que ce Roy ordonna que tous ces gẽdarmes feroient monstre, & que des mieux equippez & des plus gẽs de biẽ, on en prendroit quinze cens lances, & quatre mille Archers, & le demeurãt s'en retourneroit en leurs maisons. Chassant tous les Capi-

RECHER. DE LA FRANCE. 182

taines, en ordōnāt seulement quinze qui ,,
auroient cent lāces, & au pro rata des Ar- ,,
chers, lesquels seroiēt logez par les villes ,,
de ce Royaume, & payez & nourris du ,,
blé du peuple. Et si hardy d'iceux gēdar- ,,
mes & archers de faire desplaisir, ny rien ,,
prendre sur hommes des champs ny des ,,
villes. De là commença la police des garnisons, qui sont distribuées par les villes
de ce Royaume, pour nourrir & alimēter **Dont**
les hommes d'armes. Et de ce mesme or- **vient**
dre il est aduenu que nous attribuons au **que**
Roy Charles vij, d'estre le premier in- **lō ap-**
troducteur d'iceux hommes d'armes, tels **pelle**
que nous les auōns pour le iourd'huy en **les hō-**
ceste France: Lesquelz furent depuis ap- **mes**
pellez Gens des ordonnances, pour le rei **d'ar-**
glement qui leur conuint lors tenir, par **mes,**
les ordonnances de ce Roy. Ce mesme **Gens**
Roy aussi congnoissant en quelle tempe- **des or-**
ste il auoit passé sa ieunesse, & cōbiē luy **dōnā-**
estoit necessaire auoir en son Royaume **ces.**
des gés nourriz & entretenus aux armes,
introduisit les frācz archers. En ce temps **Frācs**
(c'estoit vers l'an mil quatre cens quarā- **ar-**
te huict) le Roy ordonna (dit le mesme **chers.**
autheur) d'auoir en chacune paroisse de ,,
sō Royaume vn archer armé, & prest, tou ,,

„ tes les fois que bõ luy sembloit pour fai
„ re guerre à son plaisir, quand il luy seroit
„ besoin. Et à ceste occasiõ afin qu'ilz fus-
„ sent subiectz à ce faire, les affranchit de
„ non payer tous subsides courants en son
„ Royaume. Et fut ordonné aux Baillis du
„ dit Royaume, chacun endroit soy, choisir
„ en chacun bailliage & parroisse, les plus
habiles & idoines. Qui n'estoit pas vne inuention petite, attendu mesmement que telles gés estoient de petit coust au Roy Toutesfois pour les ab' qui depuis s'y cõmettoient, en l'election de telle maniere de francz archers, ceste inuention se perdit assez tost entre nous. D'autant que

Armes e-stränge-res & liai-res. Loys xi, qui estoit d'vn entendemét particulier & soupsonneux, au lieu de soy ayder des siés, fut celuy qui premier s'ayda des armes des Suisses, laissant les siennes naturelles en arriere. Chose qui ne fut oncques approuuée en tout Royaume bié reformé: Pour autant que pendãt que nous aguerrissons à noz despens l'estranger, nous aneantissons le cœur des nostres, faisãts plus d'estat de leurs bourses que de leurs forces: Dont viennent petit à petit les ruiues des grãdes republiques & monarchies. Sur lequel propos il me

ouuient auoir leu que du temps du fuf-
nentióné Charles 7. la neceſſité des guerres auoit tellement endurcis au trauail
des armes, noz François, qu'en l'an mil
quatre cens quarante & quatre, ayant le
Roy faicte vne trefue de dixhuit moys
auec l'Anglois, il prit concluſion en ſon
conſeil, d'aller guerroyer de gayeté de
cœur, l'Allemagne : afin que ſes ſoldatz
ne s'aſſopiſſent point ce pendant, dans v-
ne laſche oyſiueté. Ce qui fut fait & accõ-
ply ſouz la conduite du Dauphin. A la
quelle entrepriſe ſe ioignirent de meſme
cœur pluſieurs cõpagnies Angleſches:
Laquelle choſe intimida de telle ſorte les
Allemãts, qu'apres auoir eſprouuez quel
ques efforts & ſecouſſes des noſtres, ilz
furent cõtraints d'implorer la paix moyennant certaines ſommes de deniers, que
ils fournirent pour le defroy de la guerre. Qui nous apprend combien pourroit
le François de ſoymeſmes s'il eſtoit touſiours duit & induſtrié aux armes.

Ce lieu m'amonneſte, apres auoir diſcouru ſur les fiefz, ſur la nobleſſe, cheualerie
& gens des ordonnances, de donner ſemblablement icy lieu aux Eſcuſſons & Armoiries, que noz nobles & gentils hom-

*Diſ-
cours
ſur les
Eſcuſ-
ſõs &
armoi-
ries.*

mes portent ordinairement pour vne remarque de leur nobleſſe ancienne. C'a touſiours eſté vne couſtume familiere à toutes natiós d'auoir eu quelque image, pour eſtre en temps de guerre vne enſeigne, ſouz laquelle ſe peuſſent r'allier les gédarmes. Agrippa en ſon diſcours de la vanité des ſciéces, au chapitre 9, s'eſt amuſé à nous en amaſſer pluſieurs exemples. Diſant que les Romains eurét l'Aigle, les Phrigiens, le Pourceau, les Traciens, vne mort, les Gots, vne Ourſe: les Alains arriuants és Eſpaignes, vn Chat: les premiers Fráçois, vn Lyon, & les Saxons vn Cheual. Et certes le premier qui entre les Romaîs prit l'Aigle pour le rédre perpetuel, ainſi que nous apprenós de Valere, fut le vaillant capitaine Marius. Car auparauát ſa venuë les Romains vſoient indifferemét en leurs eſtédarts, de Loups, de Leopards, & d'Aigles, ſelon ce qu'il mótoit à la fátaſie des coulónelz de leurs oſts. Depuis (cóme i'ay dit) ceſt aigle leur fut vne perpetuelle enſeigne, pour le general de l'armée. Et cóſecutiuement chaſques bendes eurent certaines formes d'Armoiries diſtinguées, en leurs enſeignes, qui furét auſſi perpetuelles, ainſi que nous pouuós apprédre du liure qui court ésmàins des doctes, intitulé la Notice de l'Empire Romain. Toutesfois quant à nous, ie ne me puis perfuader q̃ ny noz Roys, ny leurs Capitaines, fur leur premiere arriuée en cefte Gaule, euffent telles manieres d'éfeignes où armoiries perpetuelles : ains eft mon iugement tel (combien que ie m'en rapporte de cecy à l'opinion des plus fages) que les armoiries anciennes tant de noz Roys, que de leurs fuietz, eftoiét deuifes telles qu'il plaifoit à vn chacun fe choifir. Comme de noftre temps nous auons veu le Roy François premier du nõ auoir pris pour fa deuife, la Salemãde : & le Roy Henry fon filz, le Croiffant. Car voyãt que tãtoft quelques autheurs diẽt que les armoiries des François eftoient trois crapaux, tãtoft trois couronnes, tantoft trois croiffants, tãtoft vn Lyon rampant portant à fa queüe vn Aygle, ie ne puis penfer dont procede cefte diuerfité d'opiniõs, finõ que les autheurs qui nº deuancerent fur le milieu de noz Roys, trouuerent quelques vns d'entreux porter en fes armes, l'vn trois Croiffans, l'autre trois Crapaux & ainfi rapportans cefte particularité à vne generalité du païs (d'autant que du temps d'iceux autheurs, les armoiries estoient ia faictes perpetuelles) ilz estimerét chacũ en son endroit que les armoiries de France fussent les vnes trois Courónes: les autres, trois Croissants: les aurres le Lyon: les autres, trois Crapaux iusques à la venuë de Clouis, lequel pour rédre son Royaume plus miraculeux, se fit apporter par vn hermite, cõme par aduertissement du Ciel, les fleurs de Lis, lesquelles se sont continuées iusques à nous. Et quasi à mesme propos me souuient que Polidore Vergile en la vie de Guillaume le bastard, dit que iusques à la venue de ce braue Roy, tous les Roys d'Angleterre n'auoiét armes certaines & arrestées, ains les diuersifioiét à chasque mutation de regne, ainsi qu'il plaisoit au Roy, sur son aduenement à la couronne. Pour laquelle chose auerer, il asseure auoir veu vn vieil liure cõtenãt les armoiries particulieres de tous les autres Rois d'Angleterre. Et vrayement dedans noz anciens Romants, que nous ont souz le masque de leurs fables represété les vieux temps, ie ne trouue point les Cheualiers auoir armoiries arrestées, & encores mois cõtinuées de pere à filz, ains diuersemét

tirées

tirées, où de la faueur qu'ilz receuoiét de leurs dames, ou felõ quelque acte de vaillance qu'ils auoient executé, où bien fuiuãt l'opiniõ qu'ils fe promettoient de biẽ faire à l'auenir, Imprimãt chafcũ fur fon Efcu, ce qu'il auoit en la penfée: afin qu'ẽ vne meflée, il peut eftre recogneu des autres par fa deuife. Chofe qui a fait que depuis ont efté telles remarques appellées entre nous, Armes, Armoiries, Efcuffõs. Toutesfois ny pl[us] ny moĩs que les Roys d'Angleterre fe bornerent aux armoiries de Guillaume le baftard, & les François, en ces liz miraculeux de Clouis: auffi chafque grande famille, apres auoir eu quelque perfonnage de nom, qui par fa prouëffe & vertu, donna anobliffement à fa race, f'arrefta à la cõmune deuife de luy. Et ceux qui fe fõt voulu exaucer en cas de nobleffe deffus le commun, fe font eftimez tenir plus de la grandeur, lors que leurs armes leurs eftoient données par le deuis & opinion de noftre Prince. En cefte maniere recite le Sire de Ionuille, qu'vn nommé meffire Arnaut de Cõminge, viconte de Couzerans, auoit fes armes d'or à vn bord de gueules: lefquelles il difoit auoir efté données à es predecesseurs, qui portoient le surnom d'Espagne, par le Roy Charlemagne, pour les grandz seruices qu'ilz auoient faicts aux Espagnes contre les infideles. Et tout de ceste mesme façon, Ianne la pucelle, qui pour ses chevaleureux exploitz fut ennoblie auec tous les siés, eut pour ses armoiries, du Roy Charles vij, vn escu à chāp d'azur, auec deux fleurs de liz d'or, & vne espée, la poincte en haut, fermée en vne courōne. Ainsi que les choses vōt pour le iourd'huy, l'on tire les armoiries en deux manieres. Dont l'vne est prise de l'equiuoque des noms, & l'autre fondée sur telle raison que malaysément la peut on rēdre, sinō que de telles armes ont de tout temps immemorial iouy noz ancestres en nostre famille. En quoy combiē que ces dernieres soient grandement aggreables aux Seigneurs, qui seroiét trescōtentz de tirer leur noblesse, d'vne eternité, ou iroient volōtiers chercher leurs predecesseurs (ainsi que Guerin Mesquin son pere, dedās les arbres du Soleil) si est ce toutesfois qu'il y a plusieurs grādes & nobles maisons qui portent leurs armes conformes à leurs noms. Et mesmement les grands Royaumes qui nous sont voi sins, en ont forgées de ceste marque. Car celuy de Grenade porte seulement neuf Grenades entamées: celuy de Galice, vne coupe en forme de Calice, enuironée de six croix: celuy de Leon, vn Lyõ: & celuy de Castille vn chasteau. Il seroit difficile de dire combien de noyses & debatz engédrét quelquefois entre les nobles, ces armoiries. Qui fut cause, qui induisit autrefois Bartole Docteur és droits, à en faire vn traicté expres. Et qu'en cas semblable le facetieux Poge Florentin, se moc-quât de telles querelles, dit que deux Gétilzhommes estât sur le point de cõbatre pour leurs armes, lesquelles chacun d'entr'eux pretédoit estre trois testes de Beuf, fut par les Mareschaux du Camp trouué vn prompt expediant pour les accorder: adiugeâts à l'vn trois testes de Beuf, & à l'autre trois testes de Vache. Aussi à dire le vray sont ce disputes assez oyseuses & inutiles. Car encores que noz armoiries soiét annexées à noz familles, quasi pour vn priuilege ancien de noz vaillances: si est ce que nostre prouësse & vertu ne doit despendre d'icelles armes. Et si quelquefois elles noº furét octroyées par le Prince, pour attestatiõ de quelque cheualerie

Aa ij

faicte par quelqu'vn de nos bifayeux, c'e
ſtoit à luy de les deffendre, & non pas à
nous, de nous alentir ſur ceſte vaine opinion de noz anceſtres, ains deuons penſer qu'il faut que noſtre nobleſſe deſpen
de principalement de noſtre fonds : &
que pendant qu'aſſopiſſons noz ſens ſur
ceſte folle imagination, nous nous trouuons petit à petit deuancez par gens de
plus baſſe condition, mais de plus haut
courage que nous : Ne nous reſtans le
plus du temps, tant des grandz biens, que
des vertuz de nos predeceſſeurs, pour
toute trace, que les armoiries nües & ſim
ples. Laquelle choſe (ſi nous auions autant de ſentiment de douleur, comme fai
ſons ſemblant d'auoir de noſtre grãdeur)
deuſſions eſtimer retourner pluſtoſt à
noſtre honte, confuſion, & improperc,
qu'à noſtre louange & honneur.

Du droit d'ainéeſſe, Apanages, Loy Sali-
que, enſemble des regen-
ces des Roynes
Meres.

CHAP. XI.

M'Estant en ce lieu proposé de deduire vne partie de l'ancienneté de la police de France il me semble que ie ne feray point chose grádement eslongnée de mon intention, si ie discours en ce lieu, là recommandation en laquelle nos vieux peres eurent l'entretenement & perpetuation de leurs familles. Toutesfois premier que de m'aduancer en plus longue estenduë de propos. Il faut que ie me plaigne en passant, de la commune resolution des Aduocatz de ce temps cy, lesquels s'estants aheurtez à vn droict Romain, comme à vn port de seureté, duquel ilz pensent tirer franchise de leurs erreurs, toutes les fois & quantes qu'il s'offre quelque dispute entr'eux, où des Retraits où des Testaments (matieres qui leurs sont assez familieres & occurrantes) estiment la questiõ des Retraits estre de soy odieuse, par ce qu'elle contreuient, ce leur semble, au droit escrit: & au contraire estre fauorable ce qui a esté ordonné par vn Testament, comme estant vne Loy & ordonnance de noz dernieres volontez. Tellement qu'à l'vne des questions

Touchant des matieres concernants les Retraits lignagers, ensemble les Testaméts.

Aa iij

ilz tirent la bride courte, voire iusques à vne superstition treseStroicte: Et à l'autre, ilz laschent les resnes outre mesure: pour autant qu'ainsi ilz ont esté en partie enseignez par ceux qui traitent le droit des Romains. De ma part ie ne veux point icy controlé ce qui a esté opiné par les Iurisconsultes de Rome : mais ie diray franchement, que tous ceux qui digerent de telle façon entre nous, & les Retraits, & les Testamens, ne sonderent iamais au vif quel a esté le droict des François. Les Romains eurent leurs considerations peculieres, aussi eurét noz Fraçois, les leurs. Et si puis dire d'auantage, que nous les deuáçames en cecy. Car si sur les ventes, & dernieres volontez, ilz voulurent gratifier au particulier consentement & contentement d'vn chacun, nous autres d'vn plus haut discours, nous fondames sur le commun deuoir de nous tous. Ne nous arrestans pas és choses que particulierement nous voulions, & le plus du téps par vn iugement effrené, ains à ce qu'il nous estoit bõ & expediét de vouloir, pour l'vtilité du public. Pour cesté cause eusmes nous l'entretenemét des familles en grá-de recommandation, voire sur toutes autres côtrées & nations. Du fonds de ceste raison sourdit (pour commencer par le chef) la Loy Salique, tant profitable au Royaume, qui ne veut que la couronne tombe en quenouille, de ceste les Apanages és enfans puisnez de noz Roys, de ceste le droit d'aineesse entre les nobles grandemét necessaire, pour subuenir aux fraiz des guerres, de ceste generalement vint l'institutió des Retraits, & aussi les interdictions & defenses de ne tester à nostre apetit: sinon iusques à certaine quantité du bié que la Loy nous a prefix, ains que par coustume generale les biens aillent aux plus proches lignages de main en main, Choses à la verité fort bié par noz Anciés ordonnées. Car encores que quelquefois naturellement, c'est à dire suiuát nostre nature & opinió corrompue, nous soyós plus enclins en la faueur des estrágers que des nostres (qui fut la consideratió des Romains) si est-ce que nostre coustume, comme ie disois maintenant, considerant de plus pres à ce que nous auons de faire, qu'à ce que peut estre par vne desordonnée opinion, nous eussions euz en uie de faire, s'aduisa de trouuer frain & moyen à noz passions. Temperant tou-

Aa iiij

tefois les retraits de telle balāce, que sans nous fruſtrer de la liberté des traffiques, elle nous permettoit de vendre à qui bon nous ſembleroit, mais toutesfois à la charge que l'vn de la conſanguinité y auroit dedans l'an ſon regrets, ſi bon luy ſembloit, pour meſme pris que le premier acquereur, & en le rembourçant de ſes fraiz & loyaux couſts. Et au regard des Teſtaments cognoiſſants que pour le defaut & imbecillité de ſens que nous pouuons auoir lors de noſtre decés, pourrions commettre pluſieurs incongruitez, voulurent que la couſtume qui eſtoit au ſuplément de la Loy, en prit la prīcipale charge. Par quoy ne nous fut oſtée plaine faculté de diſpoſer à noſtre arbitrage des choſes acquiſes par noſtre induſtrie : Mais de celles qui nous venoiēt de l'eſtoc de noz peres & meres, ou de noz anceſtres, voulurent q̃ nous vſiſſions de meſme liberalité enuers les noſtres & ceux qui eſtoient de noſtre ſang, cōme les noſtres auoient vſé enuers nous. Eſtimāts (comme eſt le commun prouerbe François) que le bon ſang ne peut mentir. Loy vrayement du tout Platonique, & diſcourue amplement par ce grand Philoſophe Platon dedans l'onziesme de ses loix. Ce qu'entrecogneurêt mesmemêt les Romains sur la fin de leur republique, quand ilz introduisirent les quartes & legitimes, pour brider la volõté des testateurs. Qui demonstre que trop plus est nostre Loy en cest endroit equitable, que la Romaine. Certes quãt au droit d'ainéesse, c'est vne questiõ qui tõbe souuẽt en propos, sçauoir si par raison de nature, la Loy doit dõner plus de passedroit à l'vn des enfans, qu'aux autres. Car à dire le vray il semble que ce soit chose fort estrãge, qu'estants plusieurs enfans sortis d'vn mesme ventre, vn seul soit auãtagé, au desauãtage des autres. Et combien que ceste Loy apporte plusieurs grãds profitz au Royaume, si est ce que noz premiers ancestres ne se peurent aisément induire à l'introduire en leur monarchie. Et de fait ne furent ny les droits d'ainéesse, ny les Apanages, cogneuz souz la premiere, ny mesme souz la seconde lignée de noz Rois. Qu'il soit vray se trouuera qu'apres la mort du grand Clouis, quatre siens fils diuiserent par egales parts, & portions le Royaume, faisants chacun d'eux diuersement leurs sieges, à Paris, Mets, Soissons, & Orleãs, & s'appellants chacun d'entre eux Roy des villes, esquelles ilz auoient establiz leurs principales demeures. Lequel partage fut de rechef renouuelé aux quatre enfans de Clotaire premier. Et qui plus est, pour monstrer que tant s'en faut qu'il y eut lors, ou Apanages, ou droit de consanguinité, si estroictemét gardez cóme nous faisons maintenant, c'est qu'en defaut d'enfans procréez de leurs corps, ilz pouuoient mesmement adopter & faire de faintes afiliations, sans s'arester au droit d'intestat, & proximité de lignage. Car Gontran Roy d'Orleás, au preiudice de ses autres nepueux, adopta só nepueu Childebert Roy de Metz, & moyennant ceste adoption le fit heritier vniuersel de tous ses pays & contrées. Aussi voyons nous que Dagobert ayant eu deux enfans masles, Sigisbert aisné, qui fut Roy d'Austrasie, & Clouis son puisné, qui eut pour partage le Royaume de France, se voyant iceluy Sigisbert sans enfans, instituá pour heritier de son Royaume, vn autre Childebert fils de Grimouault Maire de son Palays. Se donnant par ceste ordonnance puissance de defrauder les enfans de son frere Clouis, de sa succession. Et si nous voulons descendre plus bas, nous trouuerons que Loys le Debonnaire, fit vn partage egal entre ſes quatre enfans : & que s'il y eut inegalité, ce fut pour auoir inueſty de la meilleure piece de tous ſes Royaumes, Charles le Chauue ſō dernier fils: luy donnant pour ſon partage, ce Royaume de France. Dont ſes trois autres freres ialoux, combien qu'ilz eſmeuſſent grandes querelles contre luy, ſi eſt-ce que le partage tint tout de la meſme façon que leur defunct pere l'auoit dreſſé. Tous leſquels exemples nous doiuent eſtre arguments aſſez ſuffiſants, pour penſer que ce droict d'ainéeſſe ne fut cogneu ſouz les deux premieres lignées de noz Roys. Au moyen dequoy il ſemble que ceſte braue inuention, enſemble des Retraits, & inhibitiōs de teſter, ſoit venuë ſouz la lignée de Hugues Capet & qu'eſtāt noſtre Royaume diuiſé en eſchantillons & parcelles, chaſques Ducs & Comtes pour ſe preualoir d'auātage en leurs neceſſitez de guerre, vouluręt q̃ la plus grande part & portion des Fiefs de leurs vaſſaux, vint entre les mains de l'vn des enfans: & fut ceſt vn approprié en la perſonne de laiſné. Car encores que par vue conſideration familiere & œconomique, le partage egalé en

tre les enfãs, semble estre de quelque me
rite, si est ce que pour la protection d'vn
pays, il est bon qu'entre gens qui sont de
stinez pour la guerre, comme sont les no
bles, il y en ait vn entre les autres, qui ait
la plus grande part au gásteau. Parce que
cestuy ainsi auancé supporte plus longue
ment la despense d'vne longue guerre. Et
les autres qui seulemét s'attendent à leur
vertu, se hazardent plus auentureusement
aux perilz, pour trouuer moyẽ de se pouſ
ſer & estre cogneuz de leur Prince. A ce
ste cause voyõs nous qu'és endroits ou il
y eut grands Seigneurs, qui firent pour
quelquè temps teste à noz Roys ils eurét
ce droict d'ainéesse specialement affecté,
comme en la Bretaigne, Guienne, Normã
die, & Vermandois Qui nous enseigne à
demy, que la necessité des guerres de ces
Ducs & Comtez, qui estoient en leurs cõ
trées comme roytelets, nous amena pre
mierement ceste inuentiõ d'ainéesse. Car
quant aux Apanages, qui sont destinez
pour les enfãs puisnez de noz Roys, Paul
Emille diligent perquisiteur de nostre hi
stoire Françoise, a remarqué des anciens,
que ce fut vne inuention, que noz Roys
empruterent des voyages qui se faisoient

outre mer, pour la recouſſe de la terre ſainct. Car au lieu ou premierement tous enfans du Roy eſtoient recōpenſez en Royaumes pour leurs partages: & que depuis lon leur donnoit les grandes contrées par forme de Duchez, auec grandes prerogatiues, & ſoy reſſentants au plus pres de la Royauté, ſouz le nom de Ducs: noz Rois par vne inuention treſpolitique & profitable, pour l'accroiſſement de ce Royaume, commencerent de retrancher ceſte grandeur à leurs freres, leurs donnants terres & Seigneuries en Apanage. Quoy faiſans ilz n'entendoient leur auoir riens donné en partage, fors le domaine & le reuenu annuel. S'eſtants au demeurant reſeruez toute iuriſdiction, enſemble toute ſouueraineté & puiſſance d'impoſer ſur le peuple parties caſuelles, telles que la neceſſité leur cōſeilloit. Il ſe trouue arreſt ſolénel donné par les Pers & pluſieurs perſonnages de marque, iuſques à trente cinq, en l'année mil deux cens quatre vingt & trois, par lequel il fut ordōné que defaillants hoirs maſles du corps, les Apanages retournoient au Roy, & non au plus prochain lignager. Ceſt arreſt prononcé au profit du Roy, pour les Côtez de Poitou,

& Auuergne, qui auoient appartenuz à Alphons frere du Roy sainct Loys, à l'encontre de Charles Roy de Sicile.

Dont a esté dit la Loy Salique.

Or combien que, & le droit d'ainéesse & l'Apanage soient choses nouuelles, au regard de la Loy Salique, si est-ce que pour le profit que nostre Royaume sent de telles maximes, nous les rapportons toutes communémét, comme si elles eussent esté introduites auec ceste Loy Salique, veritablement non sans grande occasion. Car encores qu'elle n'en face aucune métion, ce neātmoins la mesme raison qui occasiona noz ancestres à forclore les filles de l'esperāce du Royaume, fut cause que depuis on voulut attribuer aux aisnez tout le droit de la couronne, & que par mesme moyé les freres de noz Roys, furent seulement appennez. Toutesfois pour parler à son rāg d'icelle loy, qui est tāt celebrée à l'auātage des Frāçois, il semble que pour le iourd'huy ceste Loy no' soit peculiere entre to' autres Royaumes. Pour laquelle cause quelques vns, (cõme Guillaume Postel) estiment qu'elle prit son ancienne origine des Gaules, & qu'elle fut appellée de Salique, au lieu de Gallique, pour la proximité & voisinage que la terre de G en vieil moule, auoit auec la lettre S. Il seroit malaisé de racóter la diuersité des opinions qui se rencontrét en l'etimologie de ce nō. Ieā Cenal Euesque d'Auranches, qui a labourieusement recherché plusieurs anciénetez, & de la Gaule, & de la Frāce, l'a voulu rapporter à ce mot Frāçois, Sale : Parce que ceste Loy estoit seulement ordōnée pour les Sales & Palais Royaux. Claude Seissel, assez mal à propos, à pésé qu'elle vint du mot de sel en Latin, cōme vne Loy plaine de sel, c'est à dire de sapience, par vne metaphore tirée du sel. Vn Docteur és droits nommé Ferrarius Mōtanus a voulu dire que Pharamond fut autrement appellé Saliq'. Les autres plus ingenieusement la tirét de Salogast, l'vn des principaux Cōseillers de Pharamond. Et les derniers pensants subtilizer d'auantage dient que pour la frequence des articles qui se trouuent dans icelle Loys commençāts par ces mots, *Si aliquis*, & *Si aliqua*, elle prit sa deuaison. Combien que la verité soit qu'elle fut appellée Salique, à cause des François Saliens, desquels est faite assez frequéte mention dans Marcelin. Chose qui a esté fort bien recogneuë par Paul Emile : Car les

François, comme nous auons deduit au premier liure, lors qu'il se iournerent sur le bord du Rhin, furent diuisez en plusieurs peuples, dont les aucuns entre autres furent appellez Authuariens, & les autres Saliens. Et mesmement sans se donner peine d'auantage, pour la verification de cecy, on peut apertement discourir, dont à pris ceste loy sa source: singulierement pour le regard du chef qui a banny les femelles de la couronne, par le passage que noz Princes tirant à leur auantage au titre, De allodis ou il est dit,

" *De teria Saliqua nulla portio hæreditatis in mulierẽ trãsit, sed hoc virilis sexus acquirit.*

Nous defendons que aucune part & portion de la terre Salique ne soit baillée aux femmes ains seulement que cela soit fait propre aux masles. Ceste mesme forme de Loy excluant les femelles des Royaumes, à esté approuuée en plusieurs braues Republiques. Au Royaume des Israëlites, encores que la Loy de Moyse fut expresse (comme il appert par le vingt & septiesme chapitre des Nombres) que les enfans masles succedoient premierement, puis en leur defaut, les filles: & à faute d'elle, lon collateraux: toutesfois

on ne

on ne trouue point que iamais fille ait tenu le septre entr'eux. Aux Lacedemoniës, Republique fort bien reformée, fut tout le semblable obserué comme l'on aprend de Plutarque, recitant que le pere de Licurge Roy de Lacedemone, ayant esté meurdry par les siens, laissa pour sucesseur à la couronne Polidecte son fils aisné, qui mourut laissant sa femme enceinte : Et dit nommément cest autheur, que Licurge solicité par quelques vns, d'aprehender le Royaume par le decés de son frere respondit à ceux qui pour luy penser faire plaisir l'importunoient de ce faire que le Royaume ne luy pouuoit apartenir, là & au cas que sa belle sœur acoucha d'vn enfant masle. De sorte que l'on peut de ce recueillir, que si elle eut enfanté vne fille, Licurge eut pretendu l'exclure de l'expectatiue du Royaume. Ceste mesme Loy, pour bien dire, fut pratiquée par nous. Bien est vray que l'entretenement d'icelle nous en fut autrefois cher vendu, lors que Philippes de Valois, par le conseil de Robert Comte d'Artois, la mit en auant, contre Edouart troisiesme de ce nom Roy d'Angleterre, qui auoit espousé Isabelle fille de Philippes le Bel. Et de cecy fut l'occasion pourautāt que de toute ancienneté la forme du tēps n'auoit oncques permis (au moins que ie voye bien exprimé dans noz histoires) que la Couronne se trouuast estre sans hoirs masles en ligne directe, fors depuis la mort de Loys Hutin. Qui fut cause que les Flamens, pensants que ceste Loy fust de nouuelle impression, appelloient en leurs farces & ioingleries, Philippes de Valois, Roy trouué. Cōme si par vn nouueau droit, & non iamais recogneu par la France, il se fut fait proclamer Roy. Aussi se trouua vn riche citoyē de Compieigne nommé Simō Pouillet (cōme dit Gaguin) auquel pour ceste occasion il auint de dire, que le Roy Edouart d'Angleterre auoit plus de droit à la courōne que Philippes. Ce que venu à la cognoissance du Roy & de son cōseil, il luy fit coupper bras & iābes, l'vne apres l'autre & puis la teste: laissant son corps seul comme vn tronc. Et vraiement s'ils eussent touz esté bien informez de l'efficace & ancienneté de ceste Loy, ils eussent changé de propos. Car encores que (comme i'ay dit) le cours du temps n'eut permis que iusques à la mort de Hutin, le Royaume fut iamais tombé en quenoille, si est-ce que si nous voulons rechercher les histoires plus haut, nous trouuerons que non seulement les François, mais aussi la plus part des peuples qui sortirent du profond de la Germanie, eurent ceste loy affectée, & en recōmandation sur toutes autres : bien est vray que souz diuerses modifications. Les Vvandales, possedants l'Affrique, auoient pour Loy & institution solennelle, de ne receuoir à leur couronne que les masles, non toutesfois les plus proches parents, comme nous, ains ceux qui en la famille des Roys estoient les plus anciens de lignage. Les Ostrogots regnants dessus l'Italie, ne receuoient à la successiō du Royaume les femelles, mais aymoient encores mieux auoir vn enfant pour leur Roy, que si vne femme : tellement que le fils forcluoit la mere. Chose que nous pouuons assez clairemét induire de c'est exemple. Car estant Theoderic Roy des Ostrogots allé de vie à trespas, delaissée Amalassonte sa fille vnique, qui auoit vn seul fils nommé Athalaric, ieune enfant, aagé seulement de dix ans, le Royaume escheut à Athalaric, & nō à Amalassonte sa mere : mesmes depuis la mort d'Athalaric, la couronne fut

II. LIVRE DES

deferée à Theodaat, sans que iamais Amalassonte (femme au demeurant tres-aduisée) la querellast : Ce qu'elle n'eut pas aisément permis, si la Loy commune du pays luy eut assisté en ceste querelle, veu qu'elle estoit grandement cherie & fauorisée de ses suiets, pour la memoire de son pere. Et les Anglois arriuants en la grand Bretaigne, bannirent du tout la femme de l'esperance du Royaume, luy permettans seulement de recueillir de la succession de son pere ses meubles & precieux ioyaux: Non en ce grandement eslongnez de nostre commune obseruance. De façon que nous pouuons presque dire que ce fut vne Loy qui couroit generalement entre les Germains, lors qu'ilz se debordereent encontre l'Empire de Rome, de ne permettre que leur couronne tombast en quenoille.

Regeces des Roynes meres.

Et toutesfois combien que religieusement ilz obseruassent ceste Loy, au desauantage des femmes, pour le regard de la succession du Royaume, si ne leur voulurent ilz oster les regéces & gouuernemét des Roys leurs enfans, en téps de leurs mi¬oritez: encores que ie sçache bien q̃ quelques vns, assez mal à propos, se soiét de stre têps voulu faire accroire du côtraire, par vne consequence qu'ilz tiroient du droit successif du Royaume, au gouuernemét d'iceluy: Qui soit ainsi, nous trouuerons que posé que iamais nous n'ayons veu femme succeder à la couronne, si en voyons nous plusieurs és anciennes histoires auoir eu, & le maniement du Royaume, & la charge de leurs enfans, pendant le defaut de leurs ans, & iusques à ce qu'ilz eussent attains aage de plain commandement. En ceste façon tint la mesme Amalassonte (dont ie parloy maintenant) la regence de son fils Athalaric, entre les Ostrogots, elle toutesfois qui iamais n'auoit aspiré au septre: Et entre nous Fredegonde administra toutes les affaires de France, pendant le souz aage du Roy Clotaire son filz: & les administra si dextrement qu'il se veit, auant que mourir, monarque des Gaules, & des Allemaignes. Le semblable fit Nantilde femme de Dagobert, à l'endroit du Roy Cloüis d'euxiesme son fils: & long entreget de temps apres, Blanche, mere de sainct Loys, laquelle s'y comporta si sagement, que tout ainsi que les Empereurs d'à Rome se faisoient appeller Augustes, en commemo-

Bb iij

ration de l'heur & prosperité qui s'estoit trouué au grand Empereur Auguste. Aussi toutes les Roynes meres anciennemét, apres le decez des Roys leurs espoux, vouloient estre nommées Roynes Blanches, par vne honorable memoire, tirée du bon gouuernement de ceste sage Princesse. Et s'il nous faut passer plus bas, pendant que Charles sixiesme se trouua alteteré de son bon sens, fut deferée la regence, du commun aduis de tout le conseil, à la Royne Isabelle sa femme: & de la memoire de noz peres, pendant la prise du grand Roy François, à Loyse de Sauoye sa mere: Qui nous rend assez certains que noz ancestres ne voulurent oncques balancer les regences, de mesme poix & raison que le droit successif du Royaume. Aussi est-ce la verité, qu'ores que les anciens Germains, de l'estoc desquelz nous sommes yssus, semblassent ne deferer la couronne qu'aux enfans masles, si auoiét ilz accoustumé d'appeller les femmes aux affaires d'estat, tout aussi-bien que les hómes, comme nous apprenons de Tacite. Et mesmement pour móstrer que l'argument apporté des successions, aux gouuernements & regences, est captieux, nous voyons en cas non beaucoup diſſemblable de raiſon, que de droit primitif & originel des François, les fiefs eſtoient ſeulement deſtinez pour les maſles (comme eſtants du tout dediez auz neceſſitez des guerres)ce neantmoins noz anciénes couſtumes n'ont delaiſſé, apres le treſpas des peres, de tranſmettre la garde noble des enfans pupiles, aux meres: c'eſt à dire le gouuernement, & de leurs perſonnes &de leurs biés, ſoit qu'ilz cõſiſtaſſent en fiefs, ou bien en cenſiues & rotures.

Toutes ces choſes par moy cy diſcourues, ſeruiront pour nous apprédre en quoy noz anciénes loix ou couſtumes ont voulu fauoriſer aux femmes, & en quoy defauoriſer : & qui plus eſt, pour nous aſſeurer, entant que touche la Loy Salique, que ceux (car ie veux reprendre mes premiers arrhemens) qui en ſe gabants voulurent reuoquer en doute ceſte grãde loy, du temps des Rois Philippes de Valois,& Edouard troiſieſme, le firent ou par ignorance de l'hiſtoire, ou par la calomnie du temps: Et toutesfois s'il nous faut deſmeller ce procés qui fut entre ces deux grãds Princes(procés puis-ie dire, qui a tãt couſté à la France, car de là vindrét ces deux

Bb iiij

malheureuses iournées de Creſſy & Poitiers, eſquelles fut preſque defaite & ſaccagée toute la nobleſſe Françoiſe) certainemét il eſt tout clair, que preſupoſé que la loy Salique n'eut eu lieu entre nous, cōme elle auoit, ſi eſt ce qu'Edouard, qui premier voulut mettre ceſte controuerſe ſur le bureau, eſtoit: du tout ſans intereſt, & à vray dire debatoit le droit d'autruy, & nō le ſien. Auſſi eſt ce la verité qu'il n'eut iamais entrepris ceſte querelle, s'il n'eut eſté à ce faire induit & ſemōds par les ſollicitatiōs & pratiques de Robert d'Artois lequel en haine de ce qu'il auoit eſté priué par arreſt de la poſſeſſion du Comté d'Artois, contre Matilde ſa parente (qui auoit meſmement en contre luy aueré vne fauſſeté) ſe voyant non ſeulement eſbranlé de la plus grād partie de ſon bien, mais auſſi de ſon honneur, ſe tranſporta, cōme tout forcené, par deuers le Roy d'Angleterre. Qui fut cauſe que ce Roy s'achemina à ceſte entrepriſe, non point tant en intention de pourſuyure par armes, ſon droit, que pour ſe vanger de l'iniure que Robert pretendoit luy auoir eſté faite. Comme ſont ordinairement les Princes & grands Seigneurs bons couſtumiers de conduire &

mettre à effet la vengeance de leurs inimitiez priuées, souz le masque du bié public. Et au surplus pour mõstrer que l'Anglois ne pouuoit quereller à iuste raison nostre couronne, il conuient entendre que Philippes le bel eut trois enfans masles, & vne seule fille: C'est à sçauoir Loys Hutin Philippes le lõg, Charles le Bel, & Isabelle, qui fut mariée auec Edouard. Apres le Bel vint à la courõne Loys Hutin son fils aisné, qui eut pour tous hoirs vne seule fille, nõmée Iãne, qui fut femme de Loys Comte d'Eureux. Par ainsi si le Royaume fut tombé en quenoille, ceste cy forcluoit oculairemẽt Isabelle sa tante. Et toutefois ceste q̃stiõ fut dèslors vuidée, & le Royaume declaré par l'aduis du Parlemẽt appartenir à Philippes le Long: Lequel aussi eut trois filles tant seulemẽt qui ne reuoquerent iamais en doute le droit de la courõne, ains liberalemẽt accorderẽt que Charles le Bel leur oncle, en fut inuesty. Aussi eut cestuy Charles le Bel vne seulle fille, nommée Blanche, laquelle se contenta d'auoir pour son partage le Duché d'Orleans. Concurrãts doncques vnanimemẽt cinq heritieres, qui precedoient cest Edouard, lesquelles sans aucune controuer-

Motif premier de la querelle des Anglois et Frãçois à cause de la loy Salique.

se s'estoient demises de tous leurs droicts sur les masles: & la pluspart mesmement d'entr'elles au profit de Philippes de Valois il n'y auoit pas grand pretexte pour lequel Edouard deut quereller le Royaume, sinõ que côtre raison il fut induit à ce faire, à la solicitation & poursuite de Robert d'Artois, en haine de ce que par arrest tãt du Roy, que de son Parlemẽt, il auoit esté declaré d'escheu de son Côté côtre Matilde sa cousine. Ceste querelle appresta à plusieurs gés de bõ esprit à escrire, les vns en faueur des François, & les autres en faueur des Rois d'Angleterre. Polidore Virgile, ennemy capital de nostre nation, se crucie & crucifie dãs son histoire d'Angleterre, pour le tort qu'il dit que nous tenõs aux Anglois: Entre les nostres Paul Emile (homme auisé en tout le cours de son histoire) a plus modestement discouru ce suiet: Claude Seissel Archeuesque de Thurin, en a fait vn traité exprés qu'il intitule la loy Salique: mais entre tous i'ay leu vn discours escrit à la main, intitulé: Traité auquel est contenuë l'occasion ou couleur pour laquelle le feu Roy Edouard d'Angleterre se disoit auoir droit à la courõne: Qui fut composé par vn nõmé Iã de Mõstrue il Preuost de l'Isle, auquel liure sont disourues amplemét les raisons qui font à l'auātage tāt de l'vn que de l'autre party. Et certes ce n'est pas chose qu'il faille escouler soubz silence, que combien que iamais nous n'ayons veu en France, femme qui se dist royne de France, à cause d'elle, sinon parauanture Catherine fille deCharles vj. par la capitulation qu'il fit (estant lors mal ordonné de son bon sens) auec Henry d'Angleterre, toutesfois ceste Loy ne se trouua pas tousiours auoir lieu és Duchez & Comtez, bien qu'ilz semblent estre membres despendans de nostre couronne. Car on lit que Henry deuxiesme de ce nom Roy d'Angleterre, deuint grād en toute extremité, par le moyen de deux filles vniques, & que par l'vne d'icelles qui estoit Matilde sa mere, luy escheut le Duché de Normandie: & par Leonor son espouse seule fille & heritiere du Duc Guillaume d'Acquitaine, il annexa à sa courōne les Duché d'Acquitaine & Cōté de Poitou. Se trouuera aussi q̄ Charles frere de S. Loys espousant Beatrix, fille du Cōte de Prouence, eut a l'occasion de sa femme ce Comté: Et Alphōse son autre frere, celuy de Tholose, en mariage faisant de luy a-

La loy Salique anciēnemēt non pratiquée és Duchez & Comtez.

uec la fille vnique de Raimond: Et semblablement que par la mort de Héry Roy de Nauarre, & Comte de Champagne, & de Brie, Ianne sa fille, se conioignant par mariage auec Philippes le Bel, comme seule heritiere de son pere, rapporta à nostre couronne ces pays de Brie, & Champagne qui y sont depuis demourez, iusques à present. Voire que comme ainsi fut que deles Comtes d'Eureux voulussent debattre iceux pays encontre le Roy, soustenās qu'ilz leurs appartenoient à raison de Ianne fille vnique du Roy Loys Hutin, de laquelle ilz estoient descendus, leur fut donné en recompense par Charles vj. la ville de Nemours, auec ses appartenances & dependances: & fut le tout erigé en duché. Et en cas semblable, estāt le Comte de Flādres tōbé en quenouille, ne se trouue point que Charles le quint en pretēdit lors revnion, mais au contraire il apanagea, au grād dommage de ses successeurs, Philippes son frere, de la Bourgongne, pour en faire le mariage auec la Contesse de Flādres. Qui nous doit rēdre asseurer, que l'article de ceste loy salique, ne fut pas tousiours obserué aux mēbres, comme au chef, parauēture par induë vsurpatiō que lon faisoit sur noz Roys. Toutesfois(cōme toutes choses se policēt par succession de tēps)les affaires de France sont pour le iourd'huy reduites en tel train, q̃ les pays que lon pretend auoir esté anciennement donnez en apanage aux enfans de France, soit en Duchez où Cōtez(defaillāt l'hoir masle)retournerēt à leur premiere nature, ie veux dire à la couronne, de laquelle ils sont sortis. Et en ceste façon le veirēt noz ancestres pratiquer pour la Bourgongne, lors que par la mort de Charles, dernier Duc de Bourgongne, le Duché tomba és mains de Marguerite sa fille, qui fut mariée auec Maximiliā, bysayeul du Roy des Espagnes. Mesmes long temps au parauāt (comme i'ay deduit cy dessus) par arrest qui fut dōné du consentement de tous les Pers, contre le Roy de Sicile, les Cōtez de Poitou & d'Auuergne, furent reunis à la courōne par faute d'heritiers masles d'Alphons, cōbien qu'à prēdre les choses suiuāt la cōmune loy des successiōs, ce Roy de Sicile fut le plus proche habile à y succeder. Et telle question, à peu dire, a grandement apresté à iargonner aux docteurs de droit: Nō pas proprement sur le fait des Apanages, mais bien pour sçauoir si tāt qu'il y auoit hoirs maſles en vne lignée, les filles, quoy qu'elles fuſſét pl⁹ proches (voire en ligne directe) deuoient eſtre receuës à la ſucceſſion des Duchez, ſe trouuãts les vns & autres bigarrez en opiniõs: Mais ie ſuperſederay de parler à preſẽt de cecy cõme de toute autre choſe: Me contẽtãt que par le peu que i'ay diſcouru en ce lieu des anciẽnetez de noſtre Frãce, lõ entende la diuerſité des polices qui ſe ſont preſentées entre nous: polices nõ de moindre requeſte pour l'eſgard d'vne monarchie, que les ſages loix des Romains, pour l'eſtabliſſemẽt de leur Choſe publique & gouuernemẽt populaire. Qui m'a fait touſiours eſtimer (afin que ie finiſſe ce liure par où ie l'ay cõmencé) que cõbien que la fortune, par vn paſſedroit particulier, s'approprie & attribue les ſuccez & euenemés de la pl⁹ grãd part de noz œuures, toutesfois ſi ne luy reſtõs nous point tãt redeuables, q̃ nous ne deuions rẽdre infinies graces, à noz bõs vieux peres, leſq̃ls par leurs ſages cõſeils & aduis, vnis auecques leurs vaillãces, ont ſur toutes choſes beſongné, tant, a l'auancement & progrés de noſtre Royaume, qu'entretenement d'iceluy.

Fin du II. liure des Recher. de la Frãce.

POVRPAR-
LER DV PRINCE,

L'ESCOLIER, LE PHI-
LOSOPHE, LE CVRIAL,
LE POLITIC.

ESTANT par l'aduis des medecins retiré de la ville aux champs, encor que la solitude (pour vne melancolie conceuë de la longue maladie, de laquelle iestois possedé) me fust plus aggreable que saine : toutesfois la faueur du temps fut telle, qu'auec l'aide de mes bons seigneurs & amis ie ne me trouuay gueres seul. Entre lesquelz ie ne puis, que ie ne recognoisse l'obligatō que i'ay a quatres gentilz-hómes qui par frequentes visitations me feirent si bonne compagnie, que tant que l'ame fera residence en ce mien corps, ie m'en sentiray leur redeuable & attenu. Et certes tout en la mesme façon qu'ils ne me failloient de leur presence, aussi ne me manquoient ilz de bon propos & deuis: tellement que le passetemps, que ie prenois auec eux, mestoit vne cõtinuelle estude sans agitation d'esprit. Vray que la diuersité où de leurs humeurs, ou peut estre de leurs professions & estatz, les rendoit assez diuers de iugemés. De laquelle diuersité si tiroy-ie pourtant profit: parce que tout ainsi que par le heurt & atouchement violent du caillou auec l'acier on voit ordinairemét sortir quelques estincelles, lesquelles recueillies en bonne amorse allument puis apres vn grand feu, aussi par leurs honnestes altercations & contredites allumerent vne telle ardeur en moy à la cognoissance des choses, que malaisément s'en amortira iamais le feu, que par le definement de ma chaleur naturelle. Et me souuient que par eux fut quelquesfois ramenée la memoire de la difficulté debatue anciennement par les Princes de la Perside, apres la mort de leur Roy Cambise: sçauoir qu'elle estoit la plus seure de toutes

tes les republiques, ou celles qui estoit gouuernée par l'intremise d'vn seul, où par les mains de plusieurs hommes d'estoffe, ou bien par le commun auis & deliberation de tout vn peuple : Et comme leur opinion se ferma pour le soustenement d'vn bon Roy, ce propos leur en pourchassa plusieurs autres concernans le fait du public desquels bien que l'indisposition de mon corps m'ait fait entr'oublier grand'partie, & mesmemét les deductions & parcelles, si n'en ay-ie peu mettre en oubli la generalité d'icelles. Car estás de leur Roy & prince descendus dessus le cómun effect de noz loix, belle fust la question, en ce que les aucuns loüoient grandemét Zaleuque le Locrien, lors qu'il ordonna que tout homme, desireux de publier nouuelle loy, se présetast la hard au col deuát le peuple : afin que, s'il estoit esconduit de ses remonstrances, il trainast, auec son licol, vne mort honteuse & infame qui luy estoit auát son partemét promise, & les autres, au contraire, approuuoiét la mutatió des ordres selon le changemét des meurs de ceux qu'on a de gouuerner. Puis s'acheminans en plus longue estendue de deuis, rechercherét assez lon

Cc

guement le plus profitable au peuple : où d'auoir vn prince hebeté & ignare, au mylieu d'vn conseil traictant sagemét les affaires, où bien conseillers deprauez souz la conduite d'vn sage prince. Lequel propos se tirant file à file plus loing, les accõduit finablement en la question de Platon tant rechâtée depuis sa mort par plusieurs braues capitaines, quand il dist que les republiques seroient bien heureuses, esquelles les Rois philosopheroient, ou bien les philosophes trouueroient lieu de regner. Et combien que, vnanimement ils descendissent tous de son auis, si se trouuerent ilz bigarrez sur l'explication de ce mot de Philosophie : vn chacun d'eux le rapportant à son auantage. Et pour autant qu'en ce discours fut cõclud le dernier period de leur pourparler (qui a esté cause, que ma memoire s'y est plus ayfément arestée) ie me suis deliberé le reduire en ce lieu par escrit souz protestatiõ toutesfois que combien que i'aye voulu representer chasque personnage au vif, & que suiuant ce mien propos i'aye fait parler mon Curial (mot qu'il m'a pleu emprunter de noz vieux autheurs de la France) auec telle liberté, que i'ay veu par luy pratiquée : si n'entends-ie toutesfois deroger à l'honneur & authorité des sages Courtizans: lesquels, à mon iugement (s'ilz sont telz, comme le serment de fidelité les oblige enuers leur Prince) fauoriseront plustost le party de mon Politic, que de celuy, qui semblera auoir quelque conformité de nom auec eux. Ayans doncques ces quatre personnages continué d'vne lógue suitte leur propos : poursuiuit le Politic en ceste maniere. POLITIC. En effect vous estes tous de cest auis, qu'il faut que vn prince philosophe: mais vous establissez diuers fondemés de ceste Philosophie, l'vn d'être vous estimant philosopher n'estre autre chose que s'amuser en la lecture des liures: l'autre, au contemnement de ce móde: & le dernier, de vacquer à l'augmétió de son estat, sans autre respect. Ainsi si voz discours tiennent lieu, rédrez vous voſtre prince, où escolier, ou hermite, ou parauanture tyran. ESCOLI. Tu cuiz trop mal noz propos. Et pource auant qu'en faire iugement si leger, il faudroit que chacun de nous deduisit au long ses raisons, lesquelles ne t'agreans, auras loy (si bon te semble) de les contredire à ton aise de poinct en poinct. Autrement, de

Cc ij

nous condamner à veuë de pays, ce seroit acte contreuenant à la profession que tu tiens: d'autant qu'ainsi que i'ay ouy dire, vous autres messieurs, qui estes estroicts obseruateurs des loix, ne iugez iamais personne, sans estre premier duëment informez de tous les merites de sa cause. POLITIC. Chacun doncques (s'il luy plaist) rapportera au bureau ses moyens, pour, ce fait, en tirer celle opinion qui nous semblera la meilleure. Parquoy puis que toy, Ecolier, as ouuert le pas aux deuis c'est raison q̃ tu menes la danse, & que ces deux cy te suiuent : ainsi de main en main paruiendrons nous à chef d'œuure. ESCO. Tu m'inposes vn lourd fardeau me faisant parler le premier, & me semble que ceste ordõnance eust esté trop mieux employée à l'endroit de ce Philosophe, qui a de long temps remasché toutes choses en son esprit: ou de ce braue Courtizan, qui par vñe longue vsance & frequentation populaire entend mieux tout le faict du monde, que moy encores tout neuf & inhabitué en tels actes. COVR. C'est à toy à qui il affiert: & si, cõme en voz brigues & congregations sollennelles lon a cou, stume de passer par la pluralité des voix.

ie te donne encores, auec le Politic, la mi- *Dis-*
enne. ESCOL: Ce sera doncques pour *cours*
vous obeïr, messieurs. Et combien que, *de l'es-*
pour le peu d'esprit que ie recognois en *colier*
moy: ie me deusse pluftost commander vn *sur le*
silence, que par presomption trop hardie *Prince*
m'acconduire en longue estendue de propos : toutesfois estant de vous à ce semõd,
ie ne vous esconduiray pour ce coup, non
plus qu'en tous autres lieux. En quoy si
dés lentrée vous trouez que ie face faute: parce qu'en la presence de toy, Politic,
qui de toute ancienneté t'es dedié au maniement des affaires, ou deuant cestuy
Courtizan, qui a l'oreille de son maistre,
ie m'ingere à tenir propos de trop grande
consequence pour mon regard, & concernans le faict d'vn Prince : ie vous prieray
bien humblemẽt, ne me l'imputer à vice,
ains penser que souz le bon droit & iuste
occasion de ma cause, i'entre si facilement
au cõbat. Et pour-autãt qu'au propos, qui
s'est entamé entre nous, ie suis pour le party de lettres, que puis-ie autre chose dire
auant que passer plus outre, sinon à l'imitation des anciens re clamer la faueur des
Muses, pour l'honneur & auancemẽt desquelles i'entreprens icy la defence : De-

fense certainement si facile, que sans aucun auantage d'esprit elles trouuent assez en quoy se recommander d'elles mesmes. C'estes vous donc, sainctes Muses, c'estes vous, lettres sacrées, d'esquelles l'implore l'ayde: c'estes vous, à qui i'addresse mes vœuz,

> *O Phebus, ô vous troupeau,*
> *Qui faictes vostre demeure*
> *Au mont à double coupeau*
> *En vous ma langue s'asseure,*
> *En vous demeure obstinée.*

Sans vous est ceste mienne entreprinse vaine: sans vous sont mes sens assopiz, & non pas seulement mes sens, ains tout le reste, qui est comprins souz ceste ronde machine. Vous premieres, le monde estãt encores brusq', polites noz esprits, premieres nous acõduites à vertu, induites à cõuersation mutuelle les hommes, espars çà & là, & vaguans en façon de bestes. Pour ceste cause fustes par singuliere préeminence nommées lettres humaines, en recognoissance de ce qu'appellastes les hõmes à vne deuë humanité, gaignastes le surnom de liberales : par ce que a depuis ceux qui par vne meilleur enclin eurét pl⁹ de franchise en eux, vous feirent en toute

Les gens doctes premiers reformateurs des hõmes rudes.

saison successiuement foy & hommage.
Vous seules nous feistes choisir domiciles, & n'ayans sur nostre premier estre que cauernes & cachettes, esquelles nous nous blotissions, apprintes à bastir maisons, à côtracter l'vn auecques l'autre, mariages, prosperer en alliances & familles, qui s'accreurent petit à petit en bourgardes, & de là par vostre moyen amplifians leurs enceintes commencerent à s'enfler en villes, que sçeutes si bien pollicer par voz statuts & ordonnances, que delà en auant demeurerent tous les peuples (au precedent rudes & grossiers) en vne perpetuelle vnion, lesquelz pour ceste côsideration cognoissans qu'à vous seules ils deuoient toute leur police, soubmirent eux & leur auoir entieremét souz la puissance de gens plus sages & mieux versez en la cognoissance des lettres. Ainsi ces gentils Orphees & Amphions furent anciennement estimez par l'efficace de leurs doux sons trainer & villes & forests: côme si sous l'escorce de telles fables & faintises lon nous voulut enseigner, que du téps de nostre premier estre ceux qui sçauoient mieux desployer la force de leur eloquence, se iouoient de la volonté de tout le reste du peuple, & en

emportoient le deſſus. Quand ie vous dis eloquence, i'entends ſemblablement des lettres: d'autant que le bien dire, ſans lettres, n'eſt qu'vn caquet affetté: comme au contraire, les lettres non accompagnees du bien dire, ſont comparables à vne enfance. Et ainſi que diſoit l'Orateur Romain, quand il eſchet qu'vn perſonnage, qui à de ſoy bon ſentiment, par defaueur de nature, ne peut ſainement deſcouurir les conceptions de ſon ame : il luy ſeroit trop meilleur employer ſon temps autre part, qu'à la pourſuitte des lettres. Si donques (pour retourner au progrés de mon propos dés l'enfance du monde, les republiques commencerent à venir par les diſciplines, ſi par elles les principautez prindrent force, ſi ſans elles toute cité bien ordōnée vient en ruïne, quel plus grand ſoucy, doit auoir vn Roy ſage, qu'vne continuelle frequētation des autheurs, qui luy ſont vne ſeure addreſſe à la verité & vertu? Et s'il faut que plus amplement ie vous deduiſe mon faict, qu'y a il, ie vous ſupply, en vn royaume plus neceſſaire, que la loy? de laquelle les grans ſeigneurs ſont, par maniere de dire, eſclaues, à fin que par ce moyen, ilz entretiennent en honneſte

Les lettres neceſſaires au premier.

liberté leurs subiects. Quelle plus grand'
vtilité, que la lecture des histoires? desquelles, ny plus ny moins, que la femme
par la glace du miroüer, prend conseil de
sa bienseáce, quand elle se met en public,
aussi estant icy vn Prince côme sur vn escharfault, exposé à la veuë du peuple, se
mirant aux exemples des autres grands
personnages, aprend tout ce, qu'il luy
conuient faire. En ceste façon lisons nous
que ce grand Roy Alexandre rapportoit
toutes ses pensees aux faits du bon Achille, & que depuis luy mesme seruit d'exemplaire & image à vn Iule Cesar, à vn Alexandre Seuere, & infinité d'autres, qui se
le proposoiét pour bute. Et si parmy le profit il nous plaist considerer le plaisir: quelle plus grande volupté pourroit lon imaginer pour destourner les embusches d'oisiueté, qu'aux relasches & surceances d'affaires de plus grande importance, attremper ses trauaux au cours d'vne philosophie: laquelle, au rapport des plus sages,
pendant l'heureux succés de noz affaires,
nous entretient en grandeur: & quand lon
est manié de fortune, nous sert de consolation? Et à ceste occasion, Denis le tyran,
estant pour ses extorsions extraordinaires

dechassé de tous ses estats, pour ancre de dernier respit se mist à endoctriner les enfans. An surplus si auec la necessité, le plaisir & la volupté, nous voulons ioindre la bonne grace : quelle chose plus conuenable se peut desirer aux seigneurs, lesquelz par profession ordinaire se trouuét aux grandes cours & assemblees, que de deuiser à propos, rendre à chacun son entregent, accomplir tous ses gestes & mouuemens d'vne honneste façon de faire, alleguer pertinemment ses raisons, & pour corroboration de son dire s'aider d'exemples à propos, fauorisees de la renommee ou antiquité des autheurs desquels elles sont extraictes? L'à ou, si peut estre, il se trouue que ce seigneur soit vne beste, & que par folle presumption, il vueille entrer en quelque deuis de merite, apres s'estre longuement alteré en deduction de propos, se trouuera en fin de comte pour le cōble de ses raisons n'auoir seruy à l'assistance que de nom, ou pour mieux dire, de chifre. Quel cas mieux aduenāt au prince, que de respondre de soymesme, & non par gens interposez, aux ambassades, & accompagner ses responses d'vne commodité d'histoires, tirees à son auantage?

Ou quelle chose plus braue, que voir vn prince bien emparlé, trafiquer par vne elegante parole le cueur de sa gendarmerie, captiuer sous vn beau parler l'amitié de son ennemy, & comme Tyrtée le poëte, ores que lon soit inhabile au faict des armes, reduire toutesfois les expeditions en bon train, par vne douce faconde, lors que elles sont deplorées? Bref, tenir les esprits des soldats en transe, les animer, aigrir, adoucir, & ne leur faire sentir alteration de ioye ou douleur, que celle qu'on leur veut departir? Et si, non côtent du present, pour se reuäger encontre l'iniure des ans il pretend manifester à la posterité les secrets de ses pésées, quel plus grand heur pourroit auenir au prince, sinon mourant, laisser pour gage perpetuel de sa vie quelques œuures bien façonnées? Ainsi que nous voyons vn Cesar (quasi pour eternel trophée) nous auoir laissé les memoires de ses grandes entreprinses? Toutes lesquelles perfections mises ensemble, faut que vous m'accordiez se tirer de la cognoissance des liures. De ceste source les loix, ensemble le droit escrit, par le moyē duquel sont desuelopees les subtilitez des parties, de ceste fontaine les histoires, de ceste la

La force de l'eloquēce.

philosophie, de ceste aussi l'eloquence, & la perpetuité de noz noms prennent tout leur auancement: & generalement, sans les liures le seigneur n'est que comme vne statue à vn peuple. Ce que fort bien cognoissans noz anciens, & ceux qui furent mieux entenduz à l'vtilité du public, fonderent pour ceste raison en leurs villes capitales, escoles publiques & vniuersitez, pour estre vn commun abord à toutes gés de bon sçauoir, enuers lesquelz ilz vserét d'vne infinité de deuoirs. Ie n'allegueray les franchises, libertez & immunitez, qui furent octroyees à ceux, qui occuperent leur labeur à instituer la ieunesse: veu que les loix anciennes de Rome ne sonnent, dans leurs liures, autre chose: mesmes que pour salarier les docteurs regens, qui, par l'espace de vingt ans, auroient despendu leur temps en si louable exercice, les voulurent exalter en tiltre & dignité de Côte. Mais que m'aresté-ie aux regens, si nous voyons qu'en ceste France de toute memoire noz Rois (comme patrons des bonnes lettres) voulurent en chasque vniueruersité establir iuges speciaux & deputez tant seulemét pour la conseruatió des priuileges des escoliers: & nó point seulemét pour eux, mais auſſi en leur faueur voulurent que ces priuileges s'eſtendiſſent aux libraires, relieurs, meſſagers, & (pour vous dire ſuccinctement) en tout le reſte des ſuppoſts, & autres qui pour le repos du public auoient ſerment de fidelité aux Recteurs d'icelles vniuerſitez? A quel propos donc, tant de biens? non certes pour autre raiſon, ſinon pour allecher par telles prerogatiues vn chaſcun à l'eſtude des bônes lettres, ſans leſquelles ny plus ny moins que le corps ne fait aucune operation de ſes mêbres, eſtant deſnué de ſon ame, auſſi la republicque eſt vaine. Tellement que vous trouuerez, qu'il n'y eut oncques republicque biê moriginée, en laquelle par meſme moyen n'y ait eu non ſeulement certains lieux pour inſtituer la ieuneſſe, mais auſſi librairies & biblioteques publiques. Et d'auantage à grand peine que l'on liſe de prince ou capitaine de nô, qui n'ait achepté les gens doctes, ou qu'en ce deffaut pour le moins n'ait aſſaiſonné ſes fatigues de la lecture de liures pleins d'erudition, & doctrine: choſe de longue deduction, mais que ie ne veux obmettre, puis que l'occaſion ſ'y preſente. A ce propos, ie vous prie preſentez vous ce Roy Macedo- *grãds princes.*

Zela-
teur
des let-
tres.

nien (qui pour ses prouesses & hauts faicts emporta le surnom de Grand) pour quelque affaire qui se presentast onc deuant luy, laissa-il ce nonobstant la lecture de son Homere, lequel ordinairement il disoit luy seruir de fidele escorte? Partant pour ne l'eslongner de sa personne, luy donnoit place ioignant ses armes sous son cheuet. Et ce braue Epirotié Pyrrhe ne fut il perpetuellement accompaigné de son orateur Cynée? sans le conseil duquel, comme il n'entreprint iamais chose aucune, aussi le commun bruit couroit, que par le bien parler de luy il acqueroit trop plus de victoires, que au moyen de ses vaillantises: lesquelles toutesfois ce gentil guerroyeur Hannibal disoit seconder celles d'Alexandre. Aussi le sage Scipion n'vsa-il familierement de la priuauté de Polybe? Et s'il me faut descendre plus bas, vous trouuerez que cest audacieux Cesar, sous lequel la liberté de l'Empire Romain perdit son nom, auoit acquis par son bien dire, tel bruit, qu'il estoit malaisé de iuger, lequel estoit plus excellent en luy, ou le moyé & façõ de bien conduire vne guerre, ou l'art de bien haranguer. Car quant à l'Empereur Auguste, la grande flotte des poëtes, qui furent en vogue souz luy, nous donnent certain tesmoignage, combien il les fauorisa. Voire que (pour ne particularizer vn chacun, que sommairement) lon sçait que les Empereurs Tybere, Neron, & Adrian firent plusieurs poëmes, les vns Grecs, les autres Latins : & Vere, qui leur succeda, faisoit bonne compagnie aux liures d'amours d'vn Ouide, & epigrammes de Martial : & mesmement entre les nostres se lisent encor auiourd'huy à main les amours de Thibault, Comte de Champaigne & de Brie, par lesquelles (tout ainsi que par antiquailles & ruines se descoure l'honneur de l'ancienne Rome) aussi recognoist on en luy, combien furent nos princes anciennemét zelateurs des liures & lettres. Car que vous allegueray-ie en c'est endroit le Comte Beranger de Prouence, ou le Comte Raymond de Tholose, tous deux poëtes de grand renom, & autres, desquelz l'enuieuse & nonchallente antiquité nous à faict à demy perdre la memoire, si sans nous eslongner si loing, nous eusmes de nostre temps ce Roy de bonne memoire François, & Marguerite Royne de Nauarre sa sœur, qui outre le zele & affection qu'ils porterent aux gés

Les amours de Thibault Côte de Champagne

sçauans, se rendirent si accomplis eu toute
sorte de vers, qu'il sembloit que toutes les
graces de nostre poësie fussent assemblées
en eux. Ie vous pourrois icy ramener en
memoire, comment ce grand Alexandre
(que pour l'excellence de luy, ie mets
en ieu si souuent) enuoya cinquante talens au philpsophe Xenocrate, pour la
renommée de luy seulement : la faueur,
qu'il fit à Pindare au sac de la ville de The-
bes : les biensfaicts, que receut Virgile en
contemplation de ses vers : la restitution
de Sophocle à l'entremise de ses biens, en
faueur de ses Tragedies : le rappel de ban
de Thucidide, pour remuneratiõ des guerres de Peloponesse, par luy redigées pendant son exil, par escrit, & autres infiniz
exemples de telle marque, dont noz liures
sont refarciz, pour vous mõstrer en quelle
estime & reuerence furent iadis les gens
sçauans. Mais quel besoing est il de cela,
en chose si euidente ? si sans aucun con-
tredit, vn chascun est de cest aduis, que le
principal but, auquel tout homme viuant
doit terminer vne partie de ses desseins,
est la sapience humaine ? Or est ce cas arresté, que qui pretend auoir d'icelle certaine information, faut qu'il prenne conseil
des

Gens doctes fauori-sez par quel-ques prin-ces.

des liures, desquelz sans aucune hipocrisie descouurent les veritez des personnes, apprennent le bien ou le mal, nous acheminent à bien faire, destournét des chatouilleuses entreprinses, & pour me resoudre en vn mot, nous seruent de guidon asseuré au haut & souuerain bien. Parquoy, que reste-il à vn prince, qui, entre tant de biés & possessions, veut eterniser son empire, sinon voüer le meilleur de son temps aux sciences & bonnes lettres? Ainsi se pourchassera à iamais vne tranquillité d'esprit & sur le iugemét de celuy, chacun choisira argument de pratiquer le semblable. Ainsi viura en eternelle paix & cócorde auec les siens, s'exemptera des descóuenues de fortune, asseurera sa renómée, sa vie durant, & qui est chose de singuliere recommendation, n'endurera qu'apres sa mort, son corps & son nom soiét enclos dessouz vn mesme cercueil. En effect, voyla que i'auois à deduire pour la philosophie de mon Prince. En quoy si vous, Seigneurs, pensez du contraire (comme font és festins solennelz & iours à ce dediez, ceux, qui s'entreueulent festoyer) ie dóne au philosophe le bouquet, pour prendre apres moy la parole, & dire ce qu'il luy plaira.

Conclusió des propos de l'Escolier.

D d

COVRT Tu as raison, car par ce moyen nous ferons, suyuant la vieille fondation des Colleges, c'est à dire, que des lettres humaines nous viendrons au degré de philosophie. Or là dócques, Philosophe, c'est à toy à qui il touche de parler. PHILOS. I'ay grand peur, que les propos, que ie tiēdray en ce lieu, ne seront par vous receuz auec vn gracieux accueil, non seullement pour estre du tout contreuenans à la commune du peuple, mais aussi singulieremēt des fauoriz de noz princes. Si vous diray ie rondement ce que i'en pense. Ayant longuement promené toutes les choses de ce monde en mon esprit, certes ie n'estimay iamais rien, ny les grands thresors de ces Roys, ny ces fronts de logis magnifiques, ny les royaumes ou empires, ny ces extremes voluptez, esquelles les plus grāds seigneurs se desbondent : par ce que ie voy que ceux, qui en font estat, en affluence de tant de biens, se trouuent ce neātmoins en toute extremité de disette. Comme ainsi soit que la cōuoitise est sans frain, & comme vne beste allouuie, qui tourmente non seulement son homme d'vn desir insatiable de s'accroistre de plus en plus, mais d'vne crainte de perdre ce qui est acquis.

Imitation de Ciceron du premier Paradoxe.

Parquoy i'ay toufiours creu & penfé, qu'il falloit que la royauté print cōmencemēt de nous mefmes : non point à caufe de noſtre race, ou pour auoir prins noſtre source de l'ancien eſtoc des Roys, mais balançant noſtre grandeur au poix ſans plus de noſtre eſprit, s'eſlongner de toutes les paſſions ennemies de noſtre raiſon. Autrement, tant s'en fant que i'aye en aucune reputation de grandeur ceux que l'on eſtime grands, qu'au contraire, ie les repute de trop pire condition, que le manœuure, le mequanique, le payſan, qui ſouz vn vaſſelage de corps, couure vne franchiſe d'eſprit non ſubiecte à aucun eſchange, & par laquelle nous ſommes gras. Pour ceſte cauſe vn Boniface, & quelques autres de tel calibre, qui par opinions extrauagātes manifeſterent vne effrenée ambition & ſeruitude de leur ame, ſe pouuoient à iuſte raiſon intituler ſerfs des ſerfs. Car pour m'eſtendre en general, quel iuſte pretexte de commandement peus tu vſurper ſur vn peuple, toy, qui ne peus gaigner aucun poinct ſur ton ire, refraindre ta paillardiſe attremper tes deſordonnez appetits, tenir ton auarice en bride, bref, qui ne te peus cōmander? T'auray-ie en qualité de prin-

Opinion des Stoïques.

Dd iij

ée, toy, qui pour entretenir tes plaisirs, te eslagir, non seulement au dommage de tes voisins, ains de tes propres subiectz: I'entends bien, que tu me diras, que tu amplifies tes bornes: Mais, helas, miserable, tu ne vois, que pour bié borner ton royaume il faut premieremét, que tu mettes bornes conuenables a ton esperance & desir. Mais ie tire, diras tu, ma noblesse du sang de tant d'illustres princes. Ignores tu, pauure insensé, que ce que tu appelles à ton auantage, noblesse, n'est autre chose, pour tó regard, qu'vne gloire enseuelie souz le tombeau de tes ancestres? Voire, mais toutes ces grádeurs, dont ie deuáce tous mes confins & limitrophes, de quel poix doiuent ilz estre enuers tout le reste du monde? Sur ma foy tu as raison: car tu n'euz oncques le loisir de cognoistre que tels honneurs & dignitez sont de soy vrayes piperies, qui nous aueuglent, & motz inuentez à plaisir, par vn pauure peuple folastre, qui pour eluder sa malice, se voulut trôper soymesmes, souz telles vaines imaginations. Vaines imaginations puis ie dire, si ceux, qui en sont possesseurs, outre les choses susdictes, ne se garnissent d'vne vertu & magnanimité d'esprit, qui doiuét estre la seule cōpagnie des grans. Car, que te sert pour le contentement de ce corps fraiflé, & perissable, voir vne table plātureusement assortie de toutes sortes de vin, & viandes delicieuses, te diuersifier iournellemēt en habitz de singuliere ouurage & estofe, auoir grāde suitte de pages, & vne centaine de gentils-hōmes acquis à ta deuotiō, si ton esprit demeure nud, & despourueu de choses à luy necessaires? estimes tu, homme aueuglé, que tous ces applaudissemens & eaües benistes de cour, toutes ces obeïssances & hommages, mesmement de la part de ceux, ausquelz plus hardiment tu commets toute la force de ton empire, s'adressent en faueur de toy, ou bien à cause de tes estatz? Certes en la mort d'vn Epheſtion se perdirent tous les Philalexādres: qui fut la cause, pourquoy ce grand Roy Alexandre, quasi d'vn esprit prophetique & preuoyant la grand' perte, qui se faisoit en ce monde, mena vn si estrange dueil. Et de la fosse de Cratere est progeniée vne pepinerie de gens qui n'ayment leurs maistres d'autre poinct, sinon à raison de leurs biens, de maniere qu'à la premiere reuolte & defaueur de fortune (si sans opinion de recousse) sera ce grand

Dissimulation de cœur.

D iij

Seigneur, au parauant fauorisé de mille bonnes alliances, suiuy d'vne infinité d'esclaues & gens de mesme condition, que luy, abandonné en vn instant: En telle façon se veit ce Roy Darius, dés la premiere routte qu'il eut encontre le Macedonien, Et depuis ayant rallié par quelque traicte de temps, son ost, fortune poursuyuant sa pointe, & l'ayant reduit en toute extremité de fuitte, ne trouua vn seul escuyer de cōpagnie auecques luy pour luy seruir, au moins d'eschanson, lors que surprins d'extremé alteration fut contraint dedans le creux de sa main espuiser l'eaue d'vne fontaine: luy, l'vn des puissans Roys, qui fut sur la face de la terre, luy monarque de tout vn Leuant, luy qui vn peu au precedent s'estoit veu commander dessus cent mille hommes de guerre. Et du temps des Romains, vn Neron (courant le desastre sur luy) à peine peut-il trouuer vn valet (bien qu'il ne desirast autre chose) à l'aide duquel il se peust deffaire, pour ne tōber au hazard de la puissance de son ennemy. Et de la memoire de noz ayeulx Charles de Charrolois, frayeur auparauant de la France, & Italie, au premier heurt, qu'il reçeut contre les Souisses, ne se veit il de-

DV PRINCE.

laissé de toutes ses intelligences, & par maniere de dire, des siens, tant que finablement destitué de tout support, il receut celle mort honteuse, qu'vn chacun sçait, à la iournée de Nansy? O miserable doncques condition de ces princes, qui mettét toute leur entente sur la grandeur de leurs biens, si lors qu'ilz ont le vent à poupe, ilz ne peuuent faire vn amy, duquel ilz puissent faire estat, quand ilz sont agitez des flots de la tempeste & tourmente! Parquoy en ce deffaut est requis, qu'eux mesmes se soyent amis, & que remaschants souuentesfois apart eux, les indignitez de ce monde, ilz se forment vne telle crouste & habitude dans eux, que par mesauenture ou heureux succés, ilz ne changent ny de face ny de façons: leur royaume gisant non point en choses exterieures, & trāsitoires, ains en l'asseurance de leur vertu, qui ne peut receuoir aucunes algarades ou trauerses. Ainsi fut vrayement Roy ce prudent Agesilas, lequel menant vie fort austere & penible, interrrogé du pourquoy: Ie fay cela (dit-il) à ce que pour quelque eschāge ou mutatiō de fortune ie ne chāge pourtāt en rien. Ainsi fut Roy de sa nature (posé que non à l'opiniō du vulgaire, l'vn

Le prince doit estre en perpetuel le contemplatiō des hauzars de ce mōde.

D iiij

des sept sage de Grece Bias, lequel au rauage de la ville fuiant auec les siens (ententifs chacun endroit soy de charger le peu de bagage, qu'il pouuoit exempter de la fureur de son ennemy) admonesté d'vn sien familier de vouloir faire le semblable. Aussi fay-ie (respondit-il) car ie porte tout auec moy. Voulant par ce, Tout, donner à entédre qu'il mettoit en nombre de chifre, tous ces biés superficielz, au regard de ceux du dedans, & qui dependent de nostre fonds. Ainsi fut digne de ce tiltre, ce pauure mendiant Diogene, & non (peut estre) son contemporain Alexandre (ores que le peuple le nomme comme vn parangon de tous Rois) d'autant que ce Diogene ne desiroit autre chose, que ce qu'il auoit auec luy, si desir nous pouuons fonder sur choses que nous possedons, & au contraire, Alexandre, en ceste abondance de tout, ne trouuoit ce neátmoins en quoy assouuir son enuie. Ce que cognoissant aussi Alexandre, esmeu d'vn taisible remords de conscience, fut contraint de prononcer à haute voix : que s'il n'eust esté Alexádre, il eust volótiers souhaité auoir esté Diogene. En cela se preferant veritablement à l'autre, mais (comme il est aysé à presumer) par vne manifeste ialousie, qu'il auoit de sa propre personne. Et pour vous dire en peu de langage, en ceste maniere fut Roy ce Denis allegué par l'Escolier, si en toutes les parties de sa vie, il se fust conformé à ce dernier acte, quand degradé de tous ses hôneurs, & estatz, il prit la fortune de telle patience, que l'Escolier a recité. Et pourquoy donc? Pour autant qu'vn long discours de la varieté des choses humaines, souuent reduites en sa memoire, par les enhortemens de Platon, l'auoient tellement armé encôtre toutes les disgraces, qu'il luy estoit aussi cher de côtrefaire le pedant quand celuy seroit ieu forcé, comme vn peu au parauant le tyran. Ie sçay bien qu'en cest endroit quelqu'vn d'entre vous iugera mes propos estre purs folastres, cóme du tout repugnans au sens commun de ce peuple. Aussi pour vous dire le vray, sommes nous icy en ce monde comme sur vn grâd eschafaut, sur lequel ny plus ny moins, qu'il y a plusieurs personnages, les aucuns seulement deputez pour representer les monarques, les autres pour nous figurer gens qui sont de plus basse estoffe, & entre ceux-cy se rencontre, que celuy, qui ioüe le badin, quoy

Comparaison de ce mõde à vn grand theatre.

qu'il serue de risée au peuple, doit estre de
meilleur esprit pour bien considerer les
defauts & impertinéces des hommes desquels il veut sous vn sot minois diuersifier les façons: si que tel d'entre les assistás
se rit peut estre, de luy lequel, s'il s'examinoit songneusement, trouueroit que la
mocquerie deuroit premierement tomber
suz luy: Aussi nous autres philosophes, encores qu'en niaisant apprestisons à rire à
vn peuple, si sommes nous ceux toutesfois
qui manifestons sa folie: posé que souz le
masque de leurs richesses ou seigneuries
ils veulent contrefaire les sages. Et pour
ne m'eslongner de mes arrhes, tout ainsi
comme en vn theatre sont les personnages distincts) ce neantmoins en cette distinctió, il eschet que celuy, qui en vn endroit auoit ioué quelque Roy, soudain
changeant d'habillemens de parade representera vn valet, selon la volonté du satiste. Aussi estant ce grád Dieu, si ainsi voulez que le die, le poëte de tous noz actes,
il nous commande diuers roolles faisant
ce neantmoins par fois iouër deux personnages à mesmes gens: de bouuiers, bergers, asniers, erigeant les aucuns en Rois:
& iceux mesmes puis apres precipitant &

deposant, soit que par telle cheute, & descente leur soit pourchassé leur profit, oū bien que tel soit son plaisir par vn mistere caché: de sorte que vous trouuerez quelquefois sur l'equiuoque d'vn nom, vn Empereur auoir fõdé autresfois tout le droict de son Empire, & que vn iour entre autres vn certain Regilian s'esbatant auec quelques siens compagnons soldats, Regislian vient de Roy dict quelque bon gallant de la trouppe : Entre Roy, & regner, poursuiuit l'autre, il n'y a pas grãd difference. Doncques il est digne d'administrer vn royaume, conclud vn tiers: & ainsi de bouche en bouche, cõtinuans que ce nom luy auoit esté imposé par vn grand mistere & diuin, en fin fut proclamé Empereur de la generalité des soldats. Au contraire, il auiendra que plusieurs Rois, tirans leur souche de bien loing, seront bãnis, exilez, ou confinez en recluses religions, pour en icelles finir leurs iours. Voire que vous lirez les aucuns auoir serui de marchepié à ceux entre les mains desquels ilz tomberent: comme Valerian Empereur au Roy de Perse, Sapores, & semblablement Bazahith quatriesme Roy de Turquie à Tãberlam, qui sur son premier aduenement auoit gardé les vaches aux champs. Tant produit ce grand Roy des Roys, d'estranges, & incōsiderez moyens, pour conduire les choses à leur effect preordonné! De maniere que, tout ainsi que si nous faisiōs sagemét, nous ne louërions iamais homme pendant le cours de sa vie, ores qu'il semblast par fois se rendre recommandable en quelques exploits de vertu. & ce pour autant qu'auāt sa mort, il peut commettre faute si lourde, qu'elle obscurcita tout le reste de ses grands valeurs & merites: aussi ne deuons nous iamais enregistrer au calendrier des heureux quelque personne que ce soit, sinon lors que nous le voyōs auoir attaint au dernier souspir de sa vie. Non pas que ie vueille dire, cōme quelques anciens malapris, qui reputoient celuy heureux, qui onques n'auoit esté & son voisin celuy, qui lors de sa naissance s'estoit acheminé à la mort: mais par ce qu'ordinairemét il aduiét qu'apres que fortune nous a administrez tous noz souhaits, nous verrons inesperement d'heure à autre aneantis par la fortune, laquelle vsant de ses droits nous esleue au comble de toute felicité, pour puis apres nous abismer au gouffre de toute misere. Chose,

Nul ne doit estre reputé heureux auant son deces.

qui se trouuera auerée par la plus part de ceux qui eurent pour vn temps le dessus du vent, & s'en sont peu de grands Seigneurs garantis, fors & exceptez seulemēt ceux là, qui par singuliere prerogatiue & preuention de la mort en obtindrēt quelque dispense. Au moyen dequoy les plus sages, pour affiner ceste mesme dame fortune, ou du tout s'abstindrent du public, ou trousserent de bonne heure bagage: & du premier temps des Romains les plus excellens Capitaines estoient appellez de la charrue aux affaires, & des affaires s'en retournoient à leur charrue. Et Diocletian l'Empereur estant sur l'aage se demit de tous ses estats, comme n'agueres Charles d'Autriche, desirans & l'vn & l'autre surgir à bon port, & plage de seureté. Tous lesquels propos seruirōt pour vous monstrer, que les Roys se voyans assis entre tant de richesses, pendant leurs grandes prosperitez doiuent mettre en contrebalance la crainte & hazard des dāgers, & penser qu'ilz sont fils de mesme ouurier que tout le demeurant du peuple: & tout ainsi qu'Agatocle Roy de Sicile entre ses plus grand appareils se faisoit seruir à buffet de terre, en commemora-

Cōclusiō sur la Philosophie du Prince requise par le Philosophe.

tion de ce qu'il estoit fils d'vn Potier: aussi faut-il qu'ils se souuiennent qu'ilz sont fils d'vn Potier, & non bastiz d'autre matiere que nous tous: ie veux dire de terre suiette à corruption & pourriture, & autres mille accidens, comme nous: lesquelles imaginations bien sainemét digerées: ô qu'heureux seront les Royaumes, esquels tels Philosophes regneront! ô que cent & cent fois heureux les Princes acōpagnez de tels discours! Par ce moyen dependra tout leur Royaume & vaillant, nō de la premiere & seconde espreuue d'vne guerre, ains d'eux mesmes, n'increperont la fortune en cas de mal'heureux succez, retrancheront leurs desirs, composeront d'vne telle façon toute la teneur de leur vie, que pour quelque euenement de bien ou mal ne monstreront contenance d'hōmes ioyeux ou perplex: & quoy que par aduersituez casuelles ils culbutét du haut en bas, seront tousiours semblables à eux, & tous vns, pour autāt qu'ils auront preueu long temps auant la main la tempeste: & (qui est le meilleur que i'y voye) n'entreprendront guerres en vain ou par legeres inductions, ains se contentans de leur peu n'affecteront d'eniamber sur les marches de leurs voisins: consequemment n'entreront en mille inuolutions de pensées, ne seront à l'estroit d'argent, ne sutilizeront cent mille inuentions au desauantage du peuple pour soustenir le defroy de leurs folies, & ne verront apres plusieurs enormes despenses (comme plusieurs grandz seigneurs d'insatiable ambitiō) tous leurs progets & fantasies se resouldre inopinément en fumée. Aussi est à la verité l'estat du Prince miserable, qui (souz vne opinion de mettre vn temps aduenir soy, & son peuple à son aise) vexe ce temps pendant infiniement ses subgets: non considerant que cest aise, sans l'aller chercher dās vn labirinthe des guerres, luy est acquis, si bon luy semble: & pendant qu'il le se pourchasse par tāt de trauaux, & fatigues ne trouue en fin autre repos que celuy qui luy est octroyé par la mort, laissant son peuple en ruyne, & son Royaume en nonvaloir. Ceste est donc la Philosophie que ie veux apprendre à mō Prince, vne asseurance d'esprit, fondée au contemnement de ce monde: contemnement, que ie veux qu'il accompaigne de ce perpetuel pensement: qui est, que s'il rapporte tout à nature, ny luy, ny homme quelconque ne se

Le Prince est heureux de son peu, s'il cōsidere sa fortune.

trouuera iamais pauure: mais si à l'opiniō du monde, non seulement ceux, qui sont moyennement riches, mais semblablemēt les monarques, ne trouueront en quoy cōtenter leur esprit.

POLIT. Vrayement tu ne t'entretailles en rien, & de ma part, si en ceste deliberation ie pouuois tenir quelque lieu, ie te presterois en la plus grād partie ma voix. Mais que t'en semble, Courtizan?

COVRT. En bonne foy, ie me ris de tous ces discours. Car quand à cest Escolier, pour te descouurir librement ce que i'en pense, il me semble plus digne de cōmiseration, que risée. & n'estoit quelque respect plus grād que ie porte à ma courtoisie, ie serois d'auis de l'exterminer de tout point de ceste nostre compagnie.

POLIT. Donnes toy garde ie te pry, qu'à tort, & sans occasiō tu n'entre en termes d'aigreur.

Discours du Courtizā sur le Prince

COVRT. En premier lieu ie te pry, cōsideres de quel pié il a faict sa premiere desmarche, quand sus l'entrée de ses propos auec vne grāde leuée de rethorique, il nous a voulu faire accroire non point par arguments necessaires, ains par vn fleuretis de paroles, que sur les lettres de Monar-

narchies auoient fondé leur principe: &
de là continuât ses inepties de mal en pis,
par le moyen de trois lieux communs extraits de ces vieux harãgueurs, & pies ca-
quetoires de Rome, s'est efforcé de nous
mõstrér par plusieurs exemples, qu'il n'y
auroit rien plus vtile, plaisant, ou necessai
re au Prince, que d'éstre bien conduit en
l'institution des lettres. De toutes lesquel
les paroles si tu peux tirer vne maxime
bien fondée, ie luy dône gaing de propos.
Parquoy à fin que, suyuant l'obligation
que nous auons l'vn à l'autre, ie ne te de-
guise ce que ie pense de toy, il t'eust esté
trop mieux seant, amy Escolier, te taire.
Car pendant que tu t'amuses à nous reciter tant d'histoires, le commun peuple &
ignorant, pour ne t'entendre, ne t'escoute,
& nous, qui par quelque prerogatiue a-
uons les aureilles rebattues de choses si
vulgaires, n'en tenons pas trop grãd compte. En cela certes te monstrant semblable
à ces materiels geants, qui, pour amonce-
ler mont sur mont, sans aucune bône cõ-
duite, pēsoiét penetrer iusques aux cieux,
dont ils furent à vn instant rebutez par vn
seul clin d'œil de Iupiter. Ainsi toy accu-
mulãt exemples dessus exemples sans au-

Il se moc-que des dis-cours scola-stiques

POVRPARLER

cun discours de raison, as pensé cõfondre le ciel, & la terre, & toutesfois à la moindre responce que ie te mettray en auant, ie m'asseure que tu verras toutes tes pl᷉ belles harengues, comme vne fumée s'esuanouir en neant. Partant pour te satisfaire en peu à ce que comme plaisant declamateur tu nous as voulu faire entendre, que des sciences & disciplines, les Royaumes prenoient leur source: He vrayement, il est bien à croire qu'vn Cyr᷉, ou vn Romul᷉, celuy là fondateur de la Monarchie des Perses, cestuy du grand Empire des Romains, tous deux au cours de leur ieunesse nourris entre bergers, & pasteurs, eussent pris de voz belles lettres l'exemplaire de leur grandeur: ou que ce grand Taberlan foudre de tout l'vniuers, sur son printéps bouuier en eust (peut estre) pris le modelle. Au cõtraire, il est certain que toutes republiques bien ordonnées prindrent leur premier auancement par les armes, & lors qu'elles embrasserent les lettres, commencerent à s'aneantir. Chose verifiée par tant d'exemples, qu'il me sembleroit faire corueé de te les vouloir racõter. Et pource ne me ramene point en chance le premier astre du monde, auquel il est certain qu

Les Rep. n deffi- het. quant les let- tres s'y insinuent.

les lettres furent par vn long temps incogneuës, & quand ce que tu dis seroit vray, c'estoit l'enfance du monde, à laquelle il failloit bailler vn iouët, tout ainsi que de nostre temps nous sommes coustumiers de tromper les ieunes gens en l'exercice des liures : mais quand ils sont promeuz plus hault selon le progrez de leur aage, nous leur faisons prendre autre ply. Aussi les Roys de ce temps estants sortis hors d'enfance, faut qu'ils choisissent train coforme à la saison qui se presente. Au surplus quant à tous ceux-là que tu nous as proposez comme zelateurs des lettres, pauure idiot, tu n'entens pas que tout le beau semblant qu'ilz faisoient,ne fut pour vne necessité qui fust aiointe à leur estat, ains comme gens de bon cerueau, qui faisoient leur profit de tout, caressants ainsi les sçauans, pour acquerir plus grande reputation parmy le peuple, qui demande d'estre trompé par telles piperies & fards. Comme sçauoit fort bien dire celuy mesme Denis, que tu as mis en auant, lequel entre ses communs propos se vantoit, que la cause pour laquelle il nourrissoit tant de Sophistes, & Philosophes, n'estoit pour bien qu'il leur vouslust, ou pour admira-

Les Princes aimet les gës lettrez pour mostre seulement.

Maxime du Courtizan.

Ee ij

tion de leur nom, ains d'autant que souz leur pretexte, il pretendoit se rédre admirable à ceux, desquelz il vouloit captiuer aucunemét la bien-vueillance: c'estoit du commun populace qui admire cest exterieur. Et toutesfois bien te diray-ie vne chose (digerant neantmoins les matieres d'autre façon que tu ne fais) c'est, que ie veux que le Prince s'addonne quelques fois aux lettres, voire qu'en icelles il cóstitue le principal de sa grandeur, non pas pourtant vn Prince, duquel la force & estats dependent du fait de la guerre, mais celuy, qui par opinion, non par armes s'entretient enuers le commun populaire. Ainsi te sera il loisible borner pour ce regard ton parler, t'auisant quant au demeurant, que tous tes plus gentils discours n'ont esté que pures friuoles. Et pour le regard de toy, Philosophe, ie ne nie pas qu'en tous tes propos tu n'ayes euë vne grande austerité: ce neantmoins telles façons, que tu desires en vn Prince, sont tát eslongnées non seulement de la licence du temps qui court, mais aussi des coustumes de ioz ancestres, que les papiers qui nous en donnerent la premiere cognoissance, sont plus de deux mille ans a mangez & cōſommez des pites. Parquoy ie te voudrois Conſeiller, que tu commençaſſes par toy, executant les preceptes, deſquels tu és ſi prodigue enuers les Roys. Auſſi qu'à les conſiderer de bien pres on les trouuera trop plus réplis d'vne pedanterie affectée, que de celle magnanimité, dont tu veux que ces grands Seigneurs s'accompaignent. D'autant qu'alors que ces grandes mutatiōs de fortune ſuruiennent, ie ne voy point en quoy vn Prince ne choiſiſſe pluſtoſt le mourir, qu'vne vie ſi honteuſe & penible. Car à ton aduis, lequel fut plus grand Philoſophe, ou ce laſche & recreu Denis, qui de tyran deuint maiſtre d'Eſcole, ou ceſt inuincible Hannibal, lequel, apres auoir remué mille manieres de reſcouſſes, eſtant au deſſous de toutes affaires, ayma trop mieux ſe dōner le morceau dont il mourut, que viuant ſe veoir mener en triumphe? Qui fut plus grand perſonnage, ou ce Galié Empereur qui auec vne patience hebetée laiſſoit ſouſtraire de ſon obeiſſance à la file toutes ſes prouinces: ou ce conſtant ſenateur Caton, qui, pour ne tomber és mains de ſon ennemy, ſe tua volontairement, ores qu'il fuſt acerténé, que ſa grace luy fuſt ia ente

Le remede que dōne le Courtizan pour les mutatiōs de fortune.

Ee iij

rinée en la fantaisie de Cesar? Cestuy fut
vn dire ancien, que (à mon iugement) tous
Seigneurs doiuent remarquer en leurs testes: N'estant plus ce, que tu as esté, il ne te
reste occasiō, pour laquelle tu doiues sou-
haiter d'estre. Et tout ainsi que ce dernier
Roy de Macedone suppliant Paul Emile qui l'auoit vaincu, de ne le mener en
triumphe, luy fut par ce braue Capitaine
respondu, que luy seul se pouuoit exempter de ceste honte: aussi deuons nous sçauoir les moyens pour empescher que ceste trahistresse fortune ne puisse triōpher
de nous. Tu me diras: Doncques tu nous
veux conseiller de nous m'effaire: Non, ia
à Dieu ne plaise que, contre ma religion,
telle pensée entre iamais en mon esprit.
Mais ie voudrois sans nous accroupir de
paresse, & surmontans toutes difficultez,
lors que fortune se monstre enuers nous
hagarde, que nous nous exposissions pour
le bien de nostre pays volontairemét aux
dangers, esquelz (combien que nostre vie
ou nostre mort fust en balāce) aussi en seroit puis apres le point d'honneur asseuré. Et à bien dire, cestuy est le vray but, ou
lors des afflictions se doiuent descocher
toutes les pesées du Prince: & non (com-

ne tu as deduit, pendant ses grandes prosperitez repasser deuant ses yeux mille
considerations monastiques, sur la fragi-
lité de ce monde & contemnement de ce
siecle: brief, se rendre miserable deuant le
temps. Car ceste crainte du mal futur, soit
que par vn mot deguisé tu nous l'appelles preuoyance, ou autrement, est pour
certain de plus fascheuse digestiō, que le
mal mesmes. Au moyen dequoy les plus
sages, sans apprehender le futur prennēt
le bon temps, quand ilz l'ont, à la charge
de le porter patiemment, quand il plaira
au Seigneur l'enuoyer autre. Car si souz
l'ombre des dangers, qui nous peuuent e-
stre eminens, nous voulons ce temps pendant (quasi pour nous y endurcir) tenir
nostre bon temps en espargne, i'aurois
certes aussi cher, estre toute ma vie malheureux, pour n'estre iamais malheureux.
Ie n'adiouste point, qu'en ton propos, auil-
lissant ainsi la noblesse, comme tu fais,
c'est mettre la confusion aux estats, & o-
ster aux bons la répremiation; & induire
en contr'eschange les mauuais à tirer toutes choses sur l'indifferent: Opinion de
dangereuse consequence, & reprouuée en
toute bonne republique. Et pource lais-

*L'ap-
prehē-
siō du
malfu-
tur,
plus
fa-
cheu-
se que
le mal
mes-
me.*

*Ma-
xime
du
Cour-
tizā.*

Fe iiij

fant à part tes refueries, auec les baliuernes de l'Efcolier (ainfi fans fcandale les puif-ie baptifer en ce lieu de verité) il me femble que la principale Philofophie, que doit auoir vn Prince, eft fa promotion & grandeur, fans autre contemplation. Cóme ainfi foit que les Rois ne font point nez pour leurs peuples, mais leurs peuples font nez pour eux. Qui eft la caufe, pour laquelle non point és hiftoires prophanes, ains dans les fainctes efcritures, les fuiects fimples & innocens fe trouuét auoir efté punis de mort pour vn peché de leur Prince. Et nouïftes iamais parler (pour le moins que i'aye memoire) que pour vn delit des fuiets, les Roys aient porté la folle enchere. Laquelle propofition, s'il vous plaift entendre de fonds en comble, cófiderez l'eftat de toutes Monarchies du téps prefent, vous trouuerez que les Rois s'enfeigneuriás d'vn pays, foit qu'ils laiffaffent en leurs manoirs les anciens poffeffeurs, ou que par nouueaux tranfports d'hommes, il les vouluffent peupler à leur deuotion, fi voulurent ils tous leurs biens dependre de leur fouueraineté: tellement qu'eftans diftribuées leurs terres en fiefz & rotures: les fiefz ordónez pour gens de

Les fobiects font nez pour le prince.

guerre, & nobles : les rotures pour le menu peuple : pour recognoissance des fiefz, inuenterent les fois & hommages quints & requints, & confiscation d'iceux le cas y escheant : pour les rotures, les césiues, lots & ventes & generalement, par là, entendirét les Princes, que quasi par personnes interposées le peuple fournist en leur faueur, au labeur, auquel d'eux mesmes, ilz n'eussent sceu satisfaire. Inuention certes grande, & incognuë à ces viels Romains, toutesfois, auant leur Empire pratiquée (non en tout de la mesme façon) par vne trafique generale de Ioseph superintendât des finances de Pharaon, quâd ayant preueu la cherté future, & faict grând amas de blé, furent les pauures Egyptiens contraints védre eux & leur auoir à Pharaon pour la substantation de leurs corps : lesquels puis apres il leur rendit, à la charge qu'ils luy feroient rente par chaque an de la cinquiesme partie de leur blé. Parquoy estans tous noz biens des appartenances du Prince, & luy au contraire ne dependât en aucune sorte de nous, est ceste proposition infaillible, que nous sommes nez pour noz Rois, non eux pour nous : consequemmment que leur principale conside ration se doit rapporter à eux seuls: & si autrement ils le font, celà leur part d'vne debonnaireté trop ardente. Toutesfois pour autant que ceste grandeur ainsi prinse seroit, peut estre, trop froide & nō assez entendue: pource est-il, qu'il me semble que la grandeur du Monarque se peut cōsiderer, où par les loix, ou par les armes: desquelles deux parties il nous faut discourir à leur rang. Afin dōcques que mon propos prenne son commēcement par les loix, ne sçauez vous que par icelles on accoustume à tenir ses suiets souz le joug, & à gaigner tousiours petit à petit quelque aduantage sur eux? Et qui plus est, combien qu'il semble que les loix soiēt introduites pour faire viure nostre peuple en tranquilité, toutesfois plus vous establissez de loix, plus vous donnez d'ouuertures à inuolutions & broüilleries, & par mesme moyen, vous acheminez à bastir nouueaux magistrats pour le soustenement de voz loix. Qui n'est pas petit auantage pour la grandeur du Prince, que nous figurons. Car outre mille commoditez qui se tirent par ce moyen à l'auantage d'vn Roy, ne sçauez vous que tels officiers pour entretenir leur grandeur se

Generale diuisiō du discours du curial.

La loy sophistiquée deduitte par le Courtizā.

DV PRINCE. 222

dedient totalement à l'entretenement de la grandeur de celuy, duquel depend leur authorité & puissance? Ainsi autãt de magistrats luy sont autãt de pilliers pour cõseruer sa maiesté encontre l'ignorance du peuple. Et à fin qu'en la pluralité des officiers ie ne fonde seulemẽt la grandeur, à peine que vous trouuiez que par plus hõneste pretexte, les grans Seigneurs espuisent l'argent de leur peuple sans mutinerie ou esclandre, que souz la couuerture d'vne loy. De là viennẽt les defenses, puis les permissions des traites, les criz & decriz des monnoyes selon l'vrgence des affaires: de là, les inhibitions generales sous grãdes peines & amẽdes, puis les derogations à icelles, & autres telz infinis moyens, que les Princes sçauent tirer de la cõmodité ou incommodité de leurs necessitez. Les Clazomeniens quelquefois estãs reduits en telles angusties, qu'à leur gendarmerie estoit deuë la somme de vingt mille talens, à quoy il failloit que promptement ils satisfeissent, par subtile deffaite emprunterent ceste somme des plus riches marchans des leurs, laquelle puis apres ilz payerent, donnant cours à autant de talens de fer. Ce que d'vne mesme fa-

La loy bon moyẽ pour recouurir deniers.

Inuentions pour faire argẽt.

çon pratiqua Thimothée l'Athenien, en la guerre contre les Olynthiens, quãd pour souldoier son ost, il feit monnoyer de l'airain, qu'il voulut estre de bonne mise, cõme s'il eust esté de bõ alloy. Et depuis vn ze où douze vingt ans en ça Federic second Empereur de ce nom, estant pour ses braueries reduit en toute disette, feit battre monnoies de cuir, où estoit sa figure engrauée, auec vn peu d'argent à l'entour, ausquelles il donna loy, comme si elles fussent forgées d'or. Quoy? que dirons nous de ce Denys le Syracusin, lequel d'vne affection paternelle, par loy qu'il establit commune en son pays, print la tutelle generalle de tous les enfans orphelins de son Royaume? laquelle il exerça par ministres & gens à ce par luy deputez. Que dirõs nous de luy mesme, lequel par vne pieté souueraine enuers les dieux, ordõna que toutes les bagues & ioyaux (paremens inutiles des femmes) seroient conuertiz pour bastir vn Temple à la Déesse Ceres? Et pour ceste cause exerçant la rigueur de ceste ordonnance, premieremẽt sur sa femme, contraignit les autres par mesme exemple à faire le semblable: & estant le tout amassé, & par quelque trait té de temps, la colaire de son peuple refroidie pour quelque diuertissement d'affaires de plus grande importance, accommoda à son propre vsage ces deniers : estant pour l'heure content d'auoir donné le premier deuiz à ce Temple : & comme est le desir des femmes inexpuisable en cest endroit, depuis pour auoir nouuelle permission de porter bagues & dorures, fut dict qu'ils donneroient certaines offrandes à Ceres. En quoy ce Prince bien aduisé, tira d'vne mesme defense double profit. Et n'a gueres les Venitiens, c'est à dire, dessous Loys, qui fut douziesme de ce nom, estans reduis en tels termes, que pour la longue continuation des guerres, ils ne pouuoiēt satisfaire aux excessifs interests, qui leur couroient sur leur doz, quel plus gentil recours eurent ilz, sinon à vne braue loy? Parquoy politiquement ordonnerent que les plus anciens creanciers, qui par long vsage de temps pouuoient estre ia rembourcez de leur principale somme, seroient annuellement payez: mais pourtant que ce payement se feroit en deduction du sort principal, & iusques à plain rebourcement : & quant aux nouueaux creanciers seroyent à tousiours mais con-

tinuées leurs rentes iusques au iour du ra-
chapt, selon la teneur de leurs contracts.
Infiniz autres telz exemples vous pour-
roy-ie reciter pour vous monstrer quelle
puissance à la loy pour le profit des Monarques, veu mesmement que par icelle
ilz se deliurent de leurs debtes. Aussi à la
verité entre l'alloy & la loy, il n'y a autre
difference sinon qu'il semble que l'alloy,
ou argent soit inuenté pour les commer-
ces de gens priuez: & la loy (qui est generale) pour les trafiques des grans Princes, quãd par icelle ilz nous font trouuer
les choses indiferétes bonnes ou mauuaises, & par fois celles, qui de soy sont mauuaises, bonnes : les indiferentes bonnes,
comme de chasque enfant naissant pour
son an nouueau se faire donner les estrei-
nes ainsi que Hiplas en Athenes: pour chaque contract de mariage ordonner quelque tribut, selõ le plus ou le moins qu'on
a receu, payer daces aux entrées & issue
des villes pour homme & cheual, & autres telles inuétions: & les mauuaises trou
uer bonnes, comme és Republiques, esquelles, pour plusieurs considerations, fu
rent les larcins permis. Mais que dy-ie,
mauuaises & bonnes ? Veu qu'à prendre

les choses à leur entier, il ne faut balancer
le iuste ou iniuste, qu'aux poix seulement
de l'vtilité qui en vient. Et qu'il soit vray,
dont procede, ie vous prie, ce grand ordre
qui est entre nous de Francs & Esclaues,
Nobles & Vilains, sinon de ceste iniustice
& desordre, que les plus forts, & vaillans
vsurperét iadis cõtre les plus foibles? Car
si nous voulons cõsiderer l'ordre de la premiere
nature, toutes choses estoiét à l'egal
ce neantmoins souz ces distinctions de
Franchise & Noblesse tous les estats de ce
monde, voire les Monarchies mesmes ont
prins leur commencement. De maniere,
que tout ainsi que nous voyõs que tous les
arrests des Cours souueraines ne semblét
auoir aucune force, au moins pour sortir
effect de plaine execution, sinon qu'il y
ait à la queuë vne attache de cire : aussi
faict on de tout temps en chasque Republique,
vn nez de cire à la loy, la tirant
chasque legislateur à l'auantage de luy, &
de ses fauorits. Ceste loy doncques sera le
premier poinct de la grandeur de nostre
Prince, & de laquelle il doit faire estat,
comme d'vne grande miniere : Toutesfois
pour autant qu'à la longue le peuple
pourroit descouurir ceste philosophie

Le iuste ou iniuste se sert de l'vtilité qui en vient.

(chose dont il se faut songueusement dōner garde) qui le pourroit induire en quelques partialitez & reuoltes, mesmement si ces gentilles inuentions, n'estoient pailliées de quelque necessité: est requis auoir son recours au second but par nous cy dessus proposé, qui sont les Armes. Par elles vn Cyre en Perse, par elles vn Romule en Rome, & depuis vn Iule Cesar, par elles ce braue Alexādre, par elle vn Pharamōd en ceste Gaule, vn Othoman en Turquie, par elles toutes monarchies de ce monde, ont prins leur commencement & croissance, & par leur deffault, leur defin. Parquoy elles seules doiuent estre le perpetuel but & obget de nostre prince. Non point, que sur vne violence ie desire qu'il fonde son estat. Ia ne permette le grād Roy, que d'vn Roy, ie pretende bastir vn tyran aussi que les choses, qui se persuadent de douceur, sont bien de meilleure tenüe, que celles qui se font acroire par force: & mesmemēt qu'il eschet que ceux, qui sont tenuz en crainte souz les armes de leurs Seigneurs tournent en fin leur patience en vne fureur effrenée, à la mine & desolatiō d'eux & de leur principe: & à dire le vray, miserable est la Republique, en laquelle le

Les armes sont les auancemens des Monarchies.

Sie-

DV PRINCE. 217

Seigneur, ou pour crainte qu'il a de son peuple ou pour tenir son peuple en crainte, se fortifie encontre luy de Rocques & Citadelles. Quelle est doncques mon opinion? Certes, messieurs, ie desire que ce Roy fust tousiours armé, pour l'accroissement de ses bornes & seureté de ses frötieres. Quātes cōmoditez (ie vous pry) estimez vous qu'il se pourchasse par cest exercice honorable? Premieremét, il tient son peuple clos & couuert cōtre les courses de son ennemy : aguerrit ceux, qui bon luy semble, pour l'asseurāce de sa personne, & ne permet que leurs esprits s'abastardissent ou acasanēt en voluptez & exercices de nōprix, & qu'à faute de guerres foraines, nous ne façiōs guerres ciuiles. Car pour vous dire lé vray, il semble que noº soyōs nez sous ceste cōdition par vne necessité, qui nous est imposée des astres, que ny plus ny moins que noz corps ne font iamais sans passion, voire que sans les passions celle vertu, que nous appellons en nous force, ne peut trouuer son suget : aussi sans guerres ne peut estre vne republique, & semblablement par icelles nous donnons certain tesmoignage, & espreuue de nostre puissance. Et d'auantage

Les cōmoditez des guerres estranges.

Les guerres estranges nous ostent les ciuiles.

Ff

il semble, qu'à faute de guerres estrangeres, nous nous guerroyons nous mesmes. Tant que le Romain eut, qui luy feit contrecare, ce braue Carthaginien Hannibal, en ses plus grandes decheutes, encores restoit-il sus pieds: quand par heureux succez de victoire ceste forte ville de Chartage fut razée rez pieds rez terre, alors commença ceste Rome à s'alentir en delices, desquelles procederent les guerres ciuiles, long temps au parauant preueuës par plusieurs sages Senateurs, qui en la deliberation du rauage, furent d'auis de non saccager ceste ville tout à faict, ains qu'auec espoir de resource, on luy couppast sans plus les aisles. Et en ceste nostre France par faute de plus grand ennemy, n'eusmes nous la maison de Bourgoigne, vassale toutesfois de la France, & extraite du sang royal ? Estans donques quasi necessitez à ce faire par vne violéce du ciel, quel autre soing ou pensement doit il demeurer en noz Rois, sinon la puissance des armes contre les estrangers ? Par là ils s'ouurent vn sentier à vne gloire eternelle, par là ils sont estimez non seulement entre les leur, mais aussi par tout l'vniuers: & posé que les entreprinses ne sortissent tel

DV PRINCE.

effet que leurs vaillantises meritent, si ne laissent ils d'estre redoutez par les autres princes & Monarques. N'agueres nous auons veu vn petit Marquis de Brandbourg malheureux en la plus part de ses desseins, toutesfois auoir esté grandemēt requis par les plus grāds Princes de l'Europe. Ie voy bien que desia vous me dittes, que nourrir vn Roy en perpetuelles guerres, c'est l'espuiser d'or & d'argent, & mettre tous ses thresors en desarroy : non certes, & si ainsi le pensez, vous vous abusez grandement. Au contraire tant s'en faut q̄ la puissance d'vn Roy en diminuë, que vous ne trouuerez iamais, qu'il se face aucune entreprinse, que combien que pendant les guerres, les fināces d'vn Roy semblent quelque peu s'alterer, toutesfois qu'aux trefues & surseāces des armes, leur espargne n'en soit de beaucoup augmentée. Par ce que les necessitez nous apportent mille inuentions & imposts, lesquels tant s'en faut qu'ils viennent au rabais, qu'au cōtraire s'accroissent de plus en pl°. Et pourquoy doncques ? Vrayement non pour autre chose, que pource que la continuë des guerres semond les princes à ce faire. A ceste cause pour perpetuer telles

Les guerres augmentent à la lougue le domaine des Roys

Ff ij

daces de plus en plus, fonde lon iurisdiction pour l'entretenement d'icelles. Qui ne sont pas cõsideratiõs trop petites pour l'auancemẽt d'vn Seigneur, lequel se trouuera apres vne longue poursuite de guerre auoir augmenté de la moitié plus son espargne, que si menant vie quoye, il fust demeuré en repos. Quoy? n'estimez vous rien le profit qu'en rapportent plusieurs particuliers, la creatiõ des estats au moyẽ de ces parties casuelles, la recherche de ceux qui apres les guerres se trouuent auoir pesché en eau trouble (comme faisoit Vespasian Empereur) les cõfiscatiõs, qui suruiennent, & mille autres particularitez? lesquelles bien & duëment mises en œuure, se peut asseurer le prince de reluire par dessus tous autres, cõme l'escarboucle entre les autres pierreries. Et si peut estre vous m'obiectez la foule des sugets, ie deuiendray à ce coup encor plus grand philosophe, & diray que autant se rensentẽt ils de toutes telles oppressiõs (si oppressions se doiuent pourtant appeller) apres leur mort cõme ceux qui durãt leur vie ont vescu en perpetuelle paix. Parquoy pour me recueillir & retourner à mon but, ie veux dire, ou que le prince

n'eſt point digne tenir le lieu de commander: ou que s'il veut commander, il faut
que (ſuiuant le Platon) il philoſophe:
mais que ceſte philoſophie ſe rapporte
toute deſſus ſa grādeur, qui ſe peut maintenir par vne liaiſon des armes auec les
loix, quand ſouz l'honneſte pretexte des
guerres, l'on donne la vogue aux loix,
que lon tire à ſon aduantage. Si autremēt
entendent en vſer les princes, tant s'en
faut qu'ils meritent vſurper ce nom, qu'à
peine les deuons nous eſtimer eſtre ſorty
hors de page.

POLIT. A ce que ie voy, nous n'auons *Diſ-*
ouurage faict, & plus nous alons en auāt *cours*
plus nous appreſtons l'vn à l'autre de be- *du Po-*
ſongne. Voyez en quantes manieres ſe bi- *litic*
garrent noz iugemens, veu que ſur le ſu- *ſur la*
get d'vn prince (choſe non inacouſtumée *philo-*
à noz yeux) auons tous noz opinions à *ſophie*
part, au ſouſtenement deſquelles vous eſ- *du*
coutant particulierement l'vn apres l'au- *Prin-*
tre, ie ſuis contraint ne vous deſdire ſur le *ce.*
champ, mais ayant petit à petit recueilly
mes eſprits, ie me trouue de contraire à-
uis à vous tous, lequel ie vous reciteray
preſentement. En premier lieu, pour le
regard de toy, Eſcolier, encores que tu

ayez faict grād amas d'authoritez & exē-ples de plusieurs grans personnages qui ont eu les lettres en quelque conte, si est-ce que tous ces propos, côme a fort bien descouuert le Curial, sont sans fonds. Bien est vray que ton opinion se rend grande-ment populaire, toutesfois à la considerer de pres, lon trouuera que les lettres (spe-cialement pour le regard d'vn Monarque ou grand seigneur) ne luy seruent que de passe-temps, si elles ne sont bien digerées, & prinses auecques vn meur iugement. Comme mesmement tu m'as apprins par tes exemples, la pluspart desquels ont esté fondez sur les Princes, qui d'vne gayeté d'esprit se sont amusez à faire ieux & co-medies, & quelques chansons d'amouret-tes, pendant parauanture que leur pauure peuple viuoit en grande souffrette. Car le Tibere, le Neron, le Vere dont tu as vou-lu faire banniere, ne furent en rien meil-leurs pour auoir frequenté la Grece, ains exercerent toutes sortes d'extorsions & tyrannies. Et pour auoir esté Commode tout le temps de son ieune aage entrete-nu aux bonnes lettres, ne laissa à deuenir monstre. Au contraire, son successeur Per-tinax, qui auoit employé tout le temps de

Les lettres prises à la scola-stique non neces-saires aux prin-ces.

Plu-sieurs Prin-ces let-trez non profi-tables à la repu-blique

sa ieunesse en la marchandise de bois, ne laissa d'estre nombré entre les regrettez Empereurs. Et si quelquefois Marc Aurelle Antonin, pour s'estre pendant sa vie adopté de la famille des Stoïques sous Apolloine Calcedonien, fut estimé bon Empereur, Traian l'vn de ses deuanciers, à peine pouuant signer son nom, n'en fut pourtant reputé pire. Et si en commemoration des vertuz du premier, sept ou huict de ces successeurs voulurent emprunter le nom d'Antonin : en contr'eschange au couronnement de tous Empereurs, le Senat par exclamations & applaudissemens luy souhaittoit qu'il fust aussi heureux qu'Auguste, & pourueu de la mesme bonté que Traian : voire qu'estant ce dernier illettré, & homme de bien, sans reproche, on verra que cest Antonin sceut tellement assaisonner le cours de sa philosophie, d'vne perpetuelle dissimulation, que plusieurs luy voulurent mettre à sus, la mort de son compagnon & adioint AElie Vere, auec lequel il se rapportoit assez mal en complexions. Comme aussi est il à coniecturer de la mort de sa femme Faustine, laquelle menant à son veu & sceu vie fort lubrique, il ne l'auoit vou

Ff iiij

lu an parauant repudier. Mais la mort su-
bite de tous deux, & aduenuë, non point
en presence du peuple Romain, ains en
lieux esgarez & loingtains (c'est à sçauoir celle de Verus, en l'expedition contre les Marcomanes, celle de Faustine
au pied du mont Taurus, au voiage contre Cassius) furent presumptions fort poignantes pour iuger que ce philosophe les
auoit tous deux mis à mort d'vne philosophie, qui luy fut propre. Parquoy ie
suis presque forcé de dire (& en petille
qui voudra que les lettres, prinses simplement, sont choses indiferentes: d'autant
qu'auec elles, & sans elles plusieurs bonnes Republiques se sont long temps en-
tretenuës. Et si l'on veit d'autresfois la
ville de Athenes florir parmy vne affluence de Philosophes: vous eustes & la Republique Sparte, & celle mesme de Rome par l'espace de quatre cens ans, & la
Seigneurie de Venise, ne faisant grand
conte des lettres, mais vrayement soucieu-
ses d'vne plus grande science. Par ce que
toute leur estude consistoit à induire le
peuple à l'obeissance des magistrats, &
eux à celle de la loy : & au surplus mourir vaillamment au lict d'honneur pour

Les lettres sont choses indiferẽtes.

son pays, quand la necessité l'exigeoit: à raison de quoy les Romains voulurent quelquefois bannir tous ceux, qui de profession s'intitulerent Philosophes, comme aneantissans les esprits de la ieunesse en vne curiosité de sciences, la rendant par ce moyen paresseuse, & plus ententiue au bien parler, qu'au bien faire. De laquelle mesme opinion semble que fut nostre fin Roy Loys vnzieme, qui ne voulut oncques permettre q̃ Charles huictiesme son fils meit son esprit és disciplines & lettres. Quát à moy, ie ne voudrois pas estre en cest endroit si austere. Car cõme disoit quelque sage Philosophe à vn Roy d'Egipte Ptolomée, il est bon que le Prince appreigne par fois par les liures, ce que ses fauoritz sous crainte de l'offenser ne luy oseroient decouurir: mais en ceste habitude de liures il est requis vser de grande discretion, & non les lire pour son plaisir, comme la plus part de ceux que tu as mis en auant. Car qu'est-il, ie te prie, requis à vn Roy assiegé de tant d'affaires, & qui doit auoir le temps plus cher, que quelque chose qui soit, tromper vne partie de ses bonnes heures en la lecture d'vn Ouide, Catule, Petrarque, & de telz au-

Faut auoir discretion en quels liures lon veut estudier.

tres poëtes folastres, qui ne traictent que
de vanitez? Quel besoing de s'amuser en
la plus part des harangues de Ciceron, &
autres telz amusoirs d'esprit, desquelz vo'
autres messieurs les Escoliers, faictes mestier & marchandise? Certes si la Philosophie est emploicte, que nous faisons en
telz inutiles exercices, il est bon au prince
de philosopher, mais comme disoit Pir-
rhe. encores est-il le meilleur de philosopher sobrement. Ie ne nie pas que par la
lecture d'iceux, on n'en rapporte quelque
profit, mais souz ce peu de profit, il y a
tant d'incommoditez au Roy, qui a vn
milion d'autres affaires d'vrgence, qu'il
est beaucoup plus expedient qu'il s'en ab-
stienne, & s'addonne à meilleure occupation. Et pource entre les Monarques, que
ie voy auoir prins les liures à poinct, il
me semble, sans faire tort à personne,
que ce fut Alexandre Seuere, lequel aux
heures de relasche nous lisons auoir sans
plus eu trois liures de recommendation,
la Republique de Platon, les offices de
Ciceron, & le sententieux Horace.
Non que souz ces trois liures ie vueille
reduire & restraindre toute l'estude de
mon Roy. Mais certes ie desirerois que,

Quelle lecture de liures vtille au Prince.

si ce louable exercice luy venoit par fois à plaisir, ce fust en liures de poix & concernants le faict d'vne Republique : comme ce sage Scipion s'estoit en toutes ses œuures, proposé l'institution du Roy Cyre figurée par Xenophon. Car quāt au droit ciuil, que tu as dict, qne ton Prince aprēdroit pour desuelopper les subtilitez des parties : voy & recongnois, ie te prie, comme tu ne digeras, voire ne goustas iamais cest article. Ce droict ciuil dont tu parles tant s'en faut qu'il produise cest honorable effect que tu estimes, qu'au contraire luy seul est le motif, par lequel nous entrōs en vn labirinthe de procés : parce que n'estāt bāsty d'vne seule piece, ains recouzu de diuers eschantillons, vn chacun s'en faict vne couuerture à sa guise, & ne se trouua iamais procés qui n'eust d'vne part & d'autre assez de loix pour le soustenir. Parquoy pour ne te desguiser ce que i'en pense, ie ne sçay si nous ne ferions aussi bien de nous passer de ceste curiosité des loix Romaines, ayās les nostres au poing, sur lesquelles anciennement les bāillifs, qui furent gēs de robe courte, & illettrez, rendirent louguemét droit aux parties en

Le droict tel que nous lauōs, source de procés.

ceste France, sans ayde de telz liures Romains. Au demeurant, entant que touche les histoires, lesquelles toy, & le peuple estime deuoir seruir comme de miroüer à vn Roy, encor que parauanture en cecy ie me rende volontiers des tiens, toutesfoiss y eschet-il grand aduis, & faut que le prince vse en cest endroit de grand choix. Car l'histoire, cōme tu peux entendre, est chose de soy fort chatouilleuse. Et estant son principal subiect fōdé sur la deductiō du vray, ou tu raconte en icelle les choses aduenuës par ouir dire, ou bien que tu ayes esté present aux executions & conduites. Si par ouir dire, tu sçais combiē il y a peu d'asseurance se fier au rapport d'autruy, & comme chacun en parle à l'auantage des siēs. Si pour auoir esté present, nous voyons qu'en vne prise de ville, ceux qui pendant le siege furent enfermez dedans, chacun en parler diuersement. Car il est impossible d'assister de tous les costez, parlesquelz on liure l'assaut. Outre-plus parlant de ton temps, il faut que tu flattes le Prince, auquel tu es plus tenu, ou duquel tu as plus de crainte. Et posé que tu n'en attendes bien ou mal, les premieres faueurs ou defaueurs des personnes, qui tō-

Discours sur les difficultez d'vne bōne histoire.

bent en nostre esprit, ont telle puissance sur nous, qu'elles les nous font quelquefois hault-louer, ou terrasser, à tort, & sans occasion. Et d'auantage quelquefois par faute de bon iugement excusons les mauuaises entreprises par les heureux euenemens : & les bónes souz ombre d'vn mauuais succés, les voulons faire trouuer mauuaises : se pouuant toute chose tourner en bien ou mal, selon la volóté de celuy, qui entreprēd la desguiser. Qu'ainsi soit, nous voyons Philippe de Cōmine entre nous, soit que telle soit son humeur, ou que les bienfaits l'ayent induit à ce faire, estre en toute son histoire occupé à la louange du Roy Loys vnziesme, combien que quelquefois il luy baille quelques attaintes : au contraire, Claude Seissel l'auoir tellement auilly en son histoire du Roy Loys douziesme, que ceux qui le liront, auront en horreur ses façons. Et sur le voyage de Naples du Roy Charles huictiesme, vous recognoistrez en Commines, quoy qu'il face le bon valet, ie ne sçay quoy de mauuais traictement de ce Roy, que nous appellons Petit pour sa ieunesse, Grand neantmoins de magnanimité & courage. Car le mesme discours de la permissió de

Sur le voyage de Naples du Roy Charles.

Dieu (qui conduisoit son entreprinse) laquelle il luy attribue, se pouuoit aussi bié adapter aux faits de son predecesseur & de toute autre chose du monde. Ce que nous voyós auoir esté fort bien obmis. Au surplus qui considerera les intelligéces qu'auoit Charles, les discordes & partialitez qui lors estoient en Italie, la tyrānie d'Alphonse, & autres telles menées, qui par la volonté diuine tombent au sens humain, pour exploicter les choses determinées par ce haut Dieu, il trouuera qu'Alexādre n'eut point plus grande occasion de trauerser la mer auec vne poignée de gens, pour cōquerir la monarchie de Perse, que ce gentil Charles à passer les monts, pour s'inuestir du Royaume de Naples, & Sicile. En quoy si l'issue ne fut telle cōme l'entreprise estoit grande, ce ne luy fut pourtant peu de loz, d'auoir fait trembler l'Italie aux fraiz & despés d'Italie, & auec peu de foule des siens. Et pour ne m'eslongner de mō but, ne voyez vous Paul Ioue estre à qui plus luy dōne, & par fois pour fauoriser son pays, denigrer tāt la verité des choses, où nous auons eu la victoire sur l'Italien, que sa méterie, sans autre truchemét se manifeste assez de soy à tout homme qui aura tant soit peu de iugement: & tantost filer ou plus doux, ou plus rude, selon la diminution ou augmentation des salaires de ceux, desquelz il estoit à gages. En cela de mauuais exemple, & non imité par Sleidan, lequel combien que par tout ait procedé d'vn mesme fil, & suyuant la foy de l'histoire, si remarquerez vo' en luy ie ne sçay quoy de passiõ, lors qu'il s'attache au faict de la religion. Tant est nostre esprit arresté en ses premieres fumées, & apprehensions: de maniere que malaisemét trouuerez vous historiographe qui soit neutre, ains que chatouillé de son particulier instinct, ne louë bien souuent quelqu'vn, & encor' parauanture plus pour se flatter soy-mesme, & son opinion peculiere, que pour fauorizer celuy, auquel il adresse la louange. Car deslors que nous nous sommes faicts acroire que quelque chose est bonne, nous trouuons puis apres prou d'argumens, & pretextes pour nous y seruir de fueille. Pour ces causes est il fort difficile à celuy qui escrit vne histoire de ne falsifier la verité. Et encores en ceste naration du vray y a plusieurs difficultez, qui ne sõt de tous entédues. Car d'estre quelquesfois trop entétif à deduire au lóg *qu'il n'est bõ de deduire au long des vices.*

les vices, & particularizer les moyens, par lesquelz quelques tyrans foulent, peut estre, leurs subietz (ores qu'ils fussent veritables) c'est faire planche aux meschants, & ressébler plusieurs prescheurs, qui d'vn bon zele, toutesfois sans discretiõ, parlãts trop auantageusement des paillardises, & bordeaux, forment le plus souuent plus de mauuaises images aux espritz des ieunes filles, qu'ilz ne font d'edification pour les plus anciénes & vieilles: si que le meilleur seroit en telz actes vicieux s'en taire du tout, que d'en raconter ny par le prescheur ny par l'historiographe, les moyés. Semblablement de s'amuser, par celuy qui escrit l'histoire, sur les particulieres façõs des Seigneurs & autres choses indifferentes, c'est l'acte d'vn vray Escolier. Mais de mettre en auant les entreprises, raconter fidelement les bonnes conduites, manifester les conseils, c'est le faict d'vn homme entendu de quelle marque, il s'en rencontre si trespeu, que ie ne sçay presque quel conseil dõner à vn Prince pour cest effect. Suffise vous que ce n'est le tout de parler indifferemment des histoires, comme la pluspart de ce populaire est coustumier de faire, les extollans ordinairement, plus pour

Les historiographes Fran-

pour le plaisir, que pour le profit qu'il en reçoit. Pensez que ce sont belles histoires, que toutes les Annalles de France, esquelles vous apprenez qu'vn tel, ou tel fit telle chose: mais comment, ny par quel moyen il y paruint, songez le, si bō vous semble. Et faut qu'en passant ie regrette, que iusques à luy, vn estranger Paule Æmil nous ait apris à bien escrire les faicts, & gestes de noz Roys. Et à la mienne volonté que celuy qui tient auiourd'huy la Cronique du Seigneur de Langey dans ses coffres, de laquelle i'ay veu quelques traces, ne nous la voulut enuier. Ie croy qu'il y auroit en cest endroict prou de choses, enquoy satisfaire par bonnes exemples, & bien deduites au cōtentement du lecteur, comme venant d'vn Seigneur, qui auoit la main & pour escrire elegamment, & l'employer aux armes vaillamment, quand le besoing le requeroit. Ie veux donc conclure auec toy: non comme a faict cestuy Curial, qui s'est du tout dedié à l'auillissement des lettres, mais que l'estude du Prince gisant ou en la lecture des preceptes politiques, ou biē en celle des histoires: pour le regard du premier point, qu'il se propose Alexādre Seuere: & entant que touche

Les histories graphes François negligens en leur histoire.

Gg

Ce- | le second, qu'il imite celuy, qui de nostre
stuy | temps au desauantage de nous s'est voulu
est | ayder des nostres, & que lon dit n'auoir eu
Char | de son viuāt liure en son cabinet tāt recō-
les v. | mandé, que l'histoire de Commines. Non
Empe | point qu'en cas indiuidu il doiue imiter
reur | l'vn & l'autre, mais quoy que soit qu'il ne
du | s'amuse qu'en liures de bon discours, &
nom. | ausquelz auec le plaisir y a plus d'apparē-
ce d'instruction & profit. Qui sera pour
seruir de remplissage à tes propos, lesquels, pour te dire le vray, m'ont semblé
comme ces paysages, ausquels les pain-
tres paignent ces petits bouts d'hommes
qui de loing se monstrent plaisans à l'œil
mais plus nous nous en approchons, plus
nous trouuōs qu'il n'y a aucune figure hu
maine: & au demeurant n'y ayant en toutes telles façons de tableaux rien en quoy
on puisse asseoir en vn seul endroict la
veuë. Ainsi t'oyant deuiser de sçauoir, ie
ne te sçaurois vrayement dire combien
m'a esté tout ton deuis aggreable: mais le
considerant de plus prés, ie l'ay trouué
fort esgaré, & tel qu'il n'y auoit pas en
tout iceluy, chose sur laquelle ie peusse
asseoir grād fondement de raison. Car au
regard de toy, Philosophe, que te sçaurois

te dire autre chose, sinõ que i'approuue en tout & par tout tes discours? toutesfois les remaschãt à par moy, encor n'as tu attaint totalement au vray but. Qu'il soit ainsi, ce contemnement dont tu parles, & sur lequel tu assiez toutes tes raisons, peut tomber en l'homme meschant aussi biẽ qu'en l'homme de bien : voire & ne sera ton opinion moins d'efficace pour acconduire le vicieux à son vice, comme le vertueux à vertu. Car ce mespris du monde en nostre esprit nous est vn asseuré rampart non seulement contre les efforts de fortune, ains contre les assautz de la mort : & n'auoir crainte de la mort, est aussi bon acheminement à mal faire pour les mauuais, comme à bien faire pour les bons. Qu'il soit vray, ce Denis, dõt tu as parlé, pour le peu de compte qu'il feit de sa ruine, ne laissa toutesfois pendant son credit de tyranniser ses subiectz : & l'Agatocle quoy qu'il consideraft sa premiere fortune en toutes ses actions, si est-ce que pour paruenir à l'enuahissement de l'estat de Sicile, feit acte tres-monstrueux & derogeant à tout droict de Dieu & des hommes. Parquoy ce n'est point assez de se resouldre en ce contenement du monde durant son heur,

Refutatiõ du Philosophe par le Politic.

Gg ij

ains faut dire que, si pour la seurté de soy le Prince vse de ceste contéplation, à plus forte raison doit il pour l'asseurāce de son peuple entrer en plus grand soing & pensemēt, qui est l'vtilité publique. Et ne faut point que ceste imagination, que tu dis, luy tombe en l'esprit à cause de sa propre personne, ains se doit composer de telle façon que s'il luy aduient telz accidēts & desastres que tu as deduitz, il les passe legerement, comme n'estant par maniere de dire que simple administrateur du public. Et en la façon que le tuteur, qui n'a affecté la tutelle, n'est marry quand il luy conuient estre deposé de sa charge : aussi sera bien plus grād Philosophe celuy qui ne sera marry d'estre deposé de son throsne, sinon d'autant qu'il estoit Prince bon & necessaire aux siés. Qui sera en te satisfaisant pour satisfaire à cestuy Curial, qui nous a figuré vn tyran, & non vn Roy. Car quand ceste innouation de loix, sur lesquelles toy, Curial, fondes la grandeur de ton Prince, est coustumiere en vn pays, c'est l'entiere desolation & ruyne. Et vaudroit mieux certainement viure souz la crainte & obeissance des anciennes loix(quoy qu'elles fussent, peut estre, mauuaises) que d'en tailler & decouper de jour à autre à son plaisir. Pour ceste occasion plusieurs gens disputans sur les republiques, ont soustenu qu'il estoit trop plus expedient que les grossiers & tardifz d'entendement administrassent le faict d'vn peuple, que ceux qui sont plus aguz, d'autant que ceux-cy veulent tousiours estre plus sages que les loix, & monstrer en toutes occurances qu'ils scauent plus que les autres, dont sourdent plusieurs grands inconueniens, & scandales: là ou ceux qui ne se reposent pas tant sur leur cerueau particulier, se rapportent au sens commun de leur cité, qui est la loy dont nous parlons. Et c'est vne regle asseurée qui est requise en toute Repub. bien policée, que le peuple soit subiect au magistrat, & le magistrat à la loy. Pour ceste cause en Ethiopie & Egypte (si nous croyons aux histoires) estoient les Roys subiectz aux anciennes ordõnances de leurs pays, voire qu'en Egypte à leur aduenement à la couronne, & lors de la confirmation des estatz, prenans sermens de fidelité de leur iuges, les faisoient iurer de ne porter obeissance à leurs lettres de commandement, sinon entant qu'elles se conformeroient à Iusti-

Les magistrats sont souz la loy.

ce : pour laquelle les Roys ne doiuent moins batailler, que pour leur propre personne : comme ainsi soit que d'icelle depende toute leur grandeur. Et à ceste cause en ceste France paignans nostre Roy en son lict Royal, luy baillons à la dextre la main de iustice, & à la senestre son sceptre. Or est-ce vne chose repassée par tant de siecles, qu'il n'y eschet point de debat, que toute iustice bié ordonnée doit prédre commencement en nous mesmes. Consequemment se doit porter le Roy à l'endroit de son peuple, comme il voudroit que lõ fist enuers soy, s'il estoit souz la puissance d'autruy. Il ne faut doncques point qu'vn Prince, comme tu as à tort soustenu, accommode toutes ses pensées à son profit particulier, ny que pour le regard de luy seul, il vueille establir ses loix s'il ne veut faire tort à la primitiue Iustice, c'est à dire & à soy, & à ses estatz: d'autant que la Iustice, q̃ tu desires, n'est qu'vn masque, & superficie. Parquoy ie te conseillerois, Curial, de prédre ce côseil mesmes pour toy, lequel d'vne liberté peculiere à telles personnes as voulu donner à cestuy Escolier: c'est, de te taire plustost que de desborder en telles iniquitez de pa-

Côtre l'opinion du Curial.

rolles. Car tant s'en faut que tu tendes à la grandeur d'un Monarque, qu'au contraire par les moyens que tu tiens, tu luy procures du tout son desauancement. Et afin que nous considerions plus ententiuemét tout ce fait, tu trouueras qu'il y a deux choses, par lesquelles les tyrans pensants entretenir leurs estatz, couuent ce neantmoins leurs ruïnes. L'vn, qui gist en violence, quand par vne force ouuerte on tiét vn peuple en seruitude. Et celle là n'est de durée, par ce que nature ne porte rien de violent. Car quoy que les euenements & punitions de Dieu soient diuerses, oncques esprits turbulens (horsmis, peut estre quelques vns) ne nasquirent, qu'ilz n'ayent eu mort côuenable à leur vie, c'est à dire mort violente. De ceste façon de viure à ce que ie puis entendre, tu te veux du tout deporter. L'autre maniere practiquée par les tyrans, & en laquelle tu t'arrestes est, quand le bien public est du tout rapporté au profit particulier d'vn Seigneur, lequel toutesfois souz honnestes pretextes faict semblant d'entretenir en les libertez & franchises ses subiets, comme nous auons veu de nostre temps auoir esté reproché à l'Empereur Charles cin-

Les moyēs par lesquels deffinent les Resp.

quiesme, par les Duc Maurice & Marquis Albert, lesquels, entre les autres occasions de la guerre qu'ilz luy susciterent, luy improperoient que faisant semblant d'entretenir les estats de l'empire en leur liberté, faisoit à la verité les diettes & iournées, instituées de toute anciennneté, lors que lon vouloit deliberer sur le fait commun de la Republique Germanique, toutefois que la conclusion de tous conseilz & aduis dependoit de la volonté de luy seul. Qui est vne tyrannie trop plus courtisanne que l'autre. Car le peuple, qui se pourroit induire à reuolte, & changement de puissance, ne l'ose bonnement entreprendre estant pipé souz telles hipocrisies. Et à la verité ceste maniere de regner est de quelque plus grand entretenement, que la premiere: toutefois tout ainsi que le corps desine par la corruptiõ des humeurs, mesmemét que celuy, qui a les parties nobles offensées, n'en donne grande apparence que par vn long progrés de temps, auquel finablement il meurt: aussi par les moyens que tu bailles, encores que pour quelque temps les Princes tiénent leur estat, si est-ce qu'il est necessaire qu'il preigne desinement. Et combien que les periodes soient

Cõparaisõ nõ impertinente de la rep. au corps.

DV PRINCE. 219

diuers, selon qu'il plaist au grãd Seigneur nous les ordonner, si est il certain que les braues Capitaines ne gaignent gueres les grandes Monarchies, que quãd elles sont venues à ce point: tellement que lors que les Roys pensent estre plus grands, pour rapporter tout à leur personne, c'est lors qu'ilz sont plus petits. A ton aduis eust il esté possible par imagination humaine à ce ieune Roÿ Alexandre cõquester la grã- de Monarchie des Perses, auec trẽte mille hommes seulement, si les subiets de Darius par vne trop grande cõtinue n'eussent esté las & faschez des extorsions de leurs Roys ? Au contraire estimes tu ny que cest Epirotien Pirrhus, ny que le Cartaginien Annibal, fussent moindres de cœur & experience, que l'autre ? Parauanture trouueras tu que non, ains que seulemẽt leur defaillit le subiect, d'autant que l'vn & l'autre s'aheurta à vne natiõ Romaine, qui n'estoit encores venuë à ce souhait, & apparẽ- ce du profit particulier, comme elle vint puis apres. Et lors aussi tu trouueras, que ayãt vn long temps couué sa ruïne, par la seule decisiõ d'vne bataille, fut reduite en seruitude par vn Cesar. De ceste mesme facilité & pour ceste mesme cause fut aysé

Lors que les Roys pẽsẽt estre plus grãds c'est lors qu'ils sont plus petits

au Roy Charles huictiesme foudroier toute l'Italie. Car quāt aux armes que tu veux que ton Roy ait tousiours au poing, tant pour se fortifier encōtre son ennemy, que pout tirer plusieurs daces & impostz de son peuple: tu ne consideres de combien il aliene par ce moyen le cœurs des siens, de sorte qu'à la premiere défaueur de fortune, ilz ayment tout autāt tomber és mains de l'estrāger pour viure en eternelle paix, que souz ce Roy, qui souz ombre de les vouloir mettre en seureté, leur faict perpetuelle guerre. Ainsi que tu liras que l'Egypte faschée des tyrānyes des Roys de Perse, & espians toutes occasions de reuolte, à la premiere venue d'Alexandre en leur pays, pour le bienviegner luy firent de toutes parts honorables entrées, comme s'il eust esté leur vray & naturel Seigneur. Bien faut il veritablement, que le sage Prince se tienne tousiours sur ses gardes, & qu'il ne se commette tant à l'abandon du bon temps qui se presente deuant ses yeux, qu'il n'ait esgard au futur. Ce qu'il ne faict, ayant tousiours gens voüez & destinez au faict de guerre: comme les gens des ordonnances establiz en ceste France & encor de nostre temps les legionaires,

Il est requis que les Roys ayēt tousiours gens voüez au faict de la guerre.

& de la memoire de noz peres, les francz archers. Mais de chercher à credit les occasiós de la guerre, pour les causes que tu as deduites, c'est ruïner de fonds en comble vn Prince tendant par ce conseil plus à l'accroissement de toy seul, que de tout le demeurant du Royaume. Et ce-pendant tu ne vois pas, qu'vn pauure peuple porte la folle enchere de ton conseil. Aussi gouuerne lon les Princes dés leur premiere enfance de telle façõ, que commettrás aucune faute lon chastie, en leur presence pour la faute par eux commise, leurs pages & seruiteurs: les accoustumás des lors à faire les pechez, dont leurs subiects portent puis apres la penitence. Et estant ainsi ententif à l'entretenemét de ta seule grãdeur, Dieu sçait quelles opinions tu leur ensemences dans leurs testes, quelles apprehensions de plaisir tu leur mets en auant, quelle nonchaláce de peuple, quels mensonges & deguisements de verité tu leur imprimes au cerueau: tellement que là ou anciennemét on tenoit que les Princes estoient images de dieux, certes lors qu'ilz sont façónez de telles loix, que celles, que tu nous as publiées, à peine les doit on nommer autrement, que masques,

Le peuple porte les fautes du Prince.

des hommes, comme n'ayans autre chose de l'homme, que la seule presence & escorce, leur estant toute verité incogneuë. Et au surplus se peuuent quelquesfois vāter estre plus tenus à leurs propres ennemis, qu'à telz seruiteurs que toy: pour autant que de vous autres, qui par allechemens extraordinaires n'estudiez à autre chose qu'à vous faire grands, ilz n'entendent iamais le vray, & commencent seulement à l'apprendre, quand par quelque mauuais succés, ilz descouurent leur lourderie, de laquelle leurs ennemis leur donnent le premier aduertissement. Parquoy ie suis de ce costé là pour le party du Philosophe, qui a esté de cest auis, que le Prince se contentast de son peu, pour le soulagement des siens. Car outre mille & mille moyens, par lesquels faisant autrement, il se consomme au lieu d'accroistre ses bornes: ne sçais tu qu'encores que tous les estats militaires fussent bien policez & ordonnez, si est-ce que ne peut la gendarmerie ou infanterie marcher en campaigne, sans grand degast du plat païs? Et certes, tout ainsi que nagueres tu estimois miserable la Republique, en laquelle le Prince pour asseurance de ses estats dressoit ci

Incōmodité des guerres.

DV PRINCE.

tadelles encontre ses propres subiets: aussi puis-ie encontr'eschange dire, que miserable est le pays, auquel les villages demandent permissions & octroys de se fortifier de murailles, non pour soustenir vn effort de l'ennemy, ains sans plus pour éuiter le pillage & rançonnement de ceux, qui semblent estre souldoiez pour leur porter ayde. Ce que toutesfois nous voyons iournellement aduenir en ceste continuation de guerres par toy tant desirée & requise. Afin qu'auec tout cecy ie n'adiouste mille autres difficultez, qui accompaignent les guerres comme faict l'vmbre le corps. Anciennement en la France n'y auoit aucunes tailles ou aydes, ains conduisoient noz vieux Roys d'vne telle prudence les guerres, que leur domaine y fournissoit. Qui donc en fut en partie premier autheur? certes, celuy qui voulant plus embrasser que tous ses ancestres, & pour gaigner à l'auenir le surnom de Conquerant, à cause des grandes guerres qu'il fit tant contre les Chrestiens que infideles, tailla tous les gens laiz de son Royaume de la tierce partie de leurs biens. Or quel profit apporterent toutes ces conquestes? Nul certes pour le moins, dont nous nous sen-

Emotions anciēnes Pour le tailles.

tions à present. Au côtraire, il aduint, que
son fils Loys poursuyuant les premieres
traces de son pere, à peine euada il la rebellió de son peuple pour raison dés mesmes tailles. Et dessouz Charles cinquiesme
lors regent se meut pour ceste raison telle esmeute contre les grands, que deux mareschaux de France tomberent morts en
sa presence, luy par toutes subtilitez se garantissant de la fureur de son peuple. Et
du temps de Charles sixiesme, furent plusieurs pays en esmoy d'aller au change: tellement que si en fin finale nous n'eussions
eu ce bon Roy Loys douziesme, qui mitiga ces aydes, le Royaume estoit en grád
branle de changer de main. Aussi pour ceste raison vn Seissel a esté si hardy de parongonner ce Loys auec tous ces deuanciers l'vn apres l'autre, n'ayát autre refrain
de ses louáges, sinon qu'il n'entreprint iamais guerre qu'auecques iuste querelle, &
sans fouller ses suiets. Qui est pour te mõstrer, Curial, pour les scádales, qui en peu
uét aduenir, que les Roys ne doiuét point
charger armes de telle gayeté de cœur,
que tu dis. Parce que ces deux Charles
cinquiesme & sixiesme, pour les necessitez, qui assiegeoient leurs estatz de toutes

parts, estoient forcez guerroyer, consequemment s'aider en leur besoin de leur peuple. Et toutesfois tu vois les dangers, qu'ils encoururent pour ceste cause. Aussi & ce qu'est la maison de France, & mesmemét celle d'Austriche (qui ne fait presque que de naistre) n'a point tât esté pour les guerres, que par traitez de mariages, esquels n'y a que concorde. Et pour le regard de nous, la Bretaigne, la réunion des terres que nous auons de la Bourgongne, l'annexemét de l'Escosse, nous en donnent certain tesmoignage. Et entant que touche l'Austriche, l'alliáce de Maximiliá auec Marguerite de Flandres, luy apporta tout le bas pays de Flandres & de la Franche Comté; & le mariage de son fils Philippe auec Ieanne fille aisnée du Roy Ferdinand d'Espaigne, annexa aux estats de Charles cinquiesme leur fils les Royaumes d'Espaigne, d'Arragon, Naples, & Sicile : si que vous voyez ceste maisõ s'estre plus accreuë par deux mariages, que par six vies d'homme elle n'eust sceu faire auec toutes les guerres: voire que la ruine, qui est presque aduenue par deux fois en ceste Fráce, l'vne à l'occasiõ de l'Anglois, l'autre par la maison de Bourgongne, est

Mariages & alliăces causes de grandeurs ou de ruines des Royaumes.

issue de deux mariages mal bastiz. Parquoy il y a mille autres moyens pour aggrandir vn Royaume, plus considerables, que les armes, lesquelles le Venitien ne charge iamais qu'en toute necessité, & plustost achette les villes par intelligences ou deniers contens, qu'à force de guerres ou gendarmes. Ie ne nie pas que dedans ces necessitez il n'y ait mille cõsiderations & preuoyances du futur: comme si, lon voit son ennemy, pour guerroyer vn plus petit, se fortifier taisiblement contre toy, alors veritablement ce seroit mal auisé que tu te deportasses des armes, pour celuy duquel, posé qu'à l'auenir tu n'en esperasses ayde, si est-ce que tu le fais en faueur de toy & des tiens. Ainsi que nous pratiquames n'a pas long téps à ce voyage d'Alemagne, auquel l'Empereur se sentit par nostre moyen forclos en vn instant de ceste grande esperance, qu'il auoit par plusieurs trafiques & menées embrassée de l'Alemagne. Mais d'imaginer de mener la guerre à la charge d'enfraindre les bonnes loix, & les reuoquer au particulier, c'est mesler le ciel & la terre, & mettre tout sens dessus dessous. La republique de Rome peu au parauant sa descheute, auoit tellement

DV PRINCE. 253

tellement amplifié ses limites, qu'vn Pompee en plain Senat, au retour de son voyage de Pont (depuis appellé Trapezonde)
se vanta que, par ses prouesses, il auoit annexé à l'Empire neuf cens villes closes, &
autant ou plus de places fortes & chaste-
aux: de maniere que telle ville, qui au parauant leur estoit limitrophe du costé du
Leuant, estoit lors située au fin cœur de
leurs pays. Et vers le Ponant Cesar auoit
subiugué vers la mesme saison les Gaules. Mais pour telles estendues de pays ceste Monarchie en fut elle de rien mieux
confirmée? Vous voyez que dix ou douze
ans apres elle s'en alla à vau l'eau. Et pourquoy doncques? Parce que les ambitions
des plus grands estoient montées en tel
excés, que tirás tout à leur Priuée vtilité,
quoy qu'ils estédissent par forces d'armes
leur pays, il falloit ce neantmoins que ce
grád corps ruinast, ny plus ny moins que
vne maison, quand les fondemés sont af-
fessez & pourris: ores que lon la pense soustenir de cheurons & autres apuiz. Partant fut fort bien auisé par quelque getil-
hôme ancien, qui dist qu'il estoit plus expedient de batailler pour les bonnes loix,
que pour les murs d'vne ville: parce qu-

*Les có-
ques-
stes de
l'om-
pée.*

*Plus
vtile
batail-
ler*

les villes sans rampars peuuét par la vaillantise des citoyens faire front à leur ennemy, mais sans loy, elles vont soudain
en ruine. Comme vous voyez estre aduc-
nu, en ceste vieille Republique de Sparte,
laquelle, tãt qu'elle vesquit sous les sages
ordonnances de Licurge, entretint toute
desmuree sa prerogatiue sur la Grece: mais
dèslors qu'elle fonda son asturãce plustost
aux murs qu'aux bonnes meurs, alla soudain en decadence & perdit tout le credit,
que de tout temps elle auoit gaigné sur
les Grecs. Quand ie vous parle de la loy,
i'entens, non pas (comme tu fais, Curial)
ceste puissance que les tyrans tirent à leur
particulier auãtage: mais ceste reigle qui
nous apprend à tenir les ordres en bon ordre, & entretenir d'vne telle armonie &
conuenãce les grands auec les petits, que
aussi content & satisfaict viue le petit en
sa petitesse, comme le grand en sa grandeur. Laquelle chose auenãt il est impossible que le Roy & son Royaume ne se per-
petue en tout heur. De sorte qu'encor que
telles Monarchies ou Republiques defail-
lent par fois en maximes, si est ce que les
rapportans au public, il n'en vient gueres
de deffaut, Et pour te le verifier par exem-

les bõnes loix d'vne ville que pour les murs.

Que c'est que la vraye loy.

Tou- de mo- narchie

ples, tu sçais qu'il n'y a rien plus à redouter ou reprendre en toute cité bien réiglée que les seditions populaires. D'ou viēt ce neantmoins cela, que par l'espace de quatre cens ans dedans Rome les Tribuns susciterent mille tumultes contre les Potentats de la ville, sans que pour telles seditiōs s'alterast en riē ceste Republique Romaine? Et toutesfois en deux guerres ciuiles aduenuës depuis Marius & Silla, se trouua la perdition de l'Empire. Celuy vrayement seroit bien aueuglé, qui ne verroit, qu'au premier cas, ils batailloiēt pour le public, & au secōd, chacū pour son estat priué. Ainsi d'vne maxime erronée tiroiēt ilz pourtāt vn profit. Parquoy pour te dire au vray mon auis de la Philosophie de nostre Prince, ceste conclusion est bonne, & qui deust estre engrauee en la teste des Princes, que toutes choses sont mauuaises en vn Roy, qui n'auise le bien public: aimant mieux, par ceste deuise estre excessif au trop, qu'au trop peu. Car tout le but, dessein, proget, & Philosophie d'vn bon Roy, ne doit estre que l'vtilité de son peuple: Autrement, s'il veut tout attirer à soy, en façon d'vne esponge, il faut comme n'agueres ie disois, qu'il ruine à la parfin:

heureuse, de laquelle les maximes se rapportēt au biē public.

Discours du Politic, sur la Philosophie du Prince.

d'autāt q̃ le Royaume est tout ainsi qu'vn corps humain, auquel vous voyez chacun membre auoir leurs functiōs peculieres, entre lesquels le chef tiét comme le degré d'vn Roy. Pour ceste cause, vous voyez que chaque membre (comme luy estant dedié) s'expose en tout peril pour sauuer ceste partie noble: & volontairement le bras se sousmettra au hazard de quelque coup, plustost que la teste reçoiue quelq̃ encōbre: voire qu'allant la nuit en tastonnant, nature nous a apprins de mettre les mains au deuant, pour la sauuegarde du chef: Aussi naturellement aimons & reuerons nous nostre Prince, & en faueur de luy nous prostituons nous volontairemét à la mort. Et outre plus tout ainsi que le pié, plus basse partie de nous, receuāt quelque grand douleur, en apporte presque les premiers messages au chef, qui pour ceste cause sentira quelque alteration de fieure: semblablement doit le bon Prince se ressentir en son esprit de la foule des plus petits. Aussi ny plus ny moins que le corps desfine quand l'vn des mēbres plus mutin, prend plus de nourriture qu'il ne doit au desauantage des autres. ainsi, soit que le Roy, ou ceux qui sont autour de luy rap-

Seconde cōparaison de la republique au corps humain.

portent tout à leur profit particulier, ou que le peuple, par vne licence trop grande, abuſe de la maieſté d'vn Roy, il eſt neceſſaire que la Republique en ceſte diſproportion prenne ſon decroiſſement, & finablement ſa ruine. Mais quand par vne egale balance, le profit du Roy & du peuple s'entretiét, il faut par infallible raiſon qu'elle ſe maintienne en grandeur. A ceſte cauſe toutes Republiques ou Monarchies bien conſtituees, ont faict dependre les neceſſitez des eſtats, l'vne de l'autre: à fin que par la redoutáce des vns, ils n'eniambaſſent ſus l'autre. Nous liſons que dás Rome, apres l'exterminatió des Rois, les nobles voulurét vſurper toute puiſſance au deſauátage du menu peuple, lequel, ennuyé de leur tyranniques entrepriſes, fut contraint abandonner ceſte ville, tellement que les nobles n'ayant plus aucun ſuget, ſur lequel il peuſſent exercer leur puiſſance, furét contrains ſe r'allier auecques le peuple. Quelle iſſuë doncques eut ceſte reconciliation? Au peuple fut ordóné le Tribun, cóme conſeruateur des priuileges du peuple, pour faire teſte au Senat: ſi que la puiſſance des vns eſtant moderee par les autres, veſquirent longuemét

La proportió des gráds auec les petits eſt touſiours bónē̆.

en grandeur. Ceste mesme attrempance trouua lieu en la Republique de Sparte, ou la licence des Roys trouua frain par l'authorité des Ephores: comme semblablemét vous voyez plus estroictemét obserué en la Seigneurie de Venise. Et pour ne m'estranger de noz bornes, ne voyez vous que noz Roys par vne debonnaireté qui leur a esté familiaire, iamais de leur puissance absolue n'entreprindrent rié en la France, ains qu'entretenãs tousiours les trois estats en leurs franchises & libertez, aux grandes & vrgentes affaires, ont passé le plus du téps par leur auis? Ce que mesmement nous voyons auoir esté ramené en vsage par nostre bon Roy Henry, que Dieu absolue. Voire que de toute ancienneté en forme de Aristocratie côiointe auec la Monarchie, furét introduits les douze Pairs, sur lesquelz noz Roys ne s'estãs reseruez que la souueraineté & hommage, semble que par leur conseil (comme d'vn ancien Senat) se menassent les affaires. Au moyen dequoy leur fur necessaire auoir quelques assesseurs, qui leur ministrassent conseil, quand sur ce en feroient requis (comme auiourd'huy nous voyons plusieurs maistres des requestes encor que

L'ordre de la Monarchie de Frãce.

Introductiõ des Parlemens.

ilz ne soient du corps du cõseil priué, selõ l'exigence des cas, dire neantmoins leur aduis, ainsi qu'il plaist aux Seigneurs qui ont preeminence en ce lieu: toutesfois ces grands Pairs estans distribuez par leurs pays & prouinces, partant ne se pouuans ordinairement trouuer en ce commun Parlement d'affaires, laisserent à leurs cõseillers la superintendence de la iustice, c'est à dire, que tout ainsi qu'au parauant aux assemblées, les Roys par maniere de dire, se rendoient volontairement sugets à ce qui estoit entre iceux Pairs auisé, aussi que de là en auant ce qui seroit par iceux conseillers arresté, passeroit en forme de loy: tellement que toutes les lettres patentes du Roy, & specialement concernãs le faict du public, passeroient par leur aduis. Ainsi fut fait vn corps à part (auquel toutesfois demeurerent incorporez ces Pairs de France) lequel tousiours du depuis fut appellé Parlement : ambulatoire sur son entrée, parce qu'auant sa confirmation il estoit tousiours ioignant la personne du Roy: & depuis fut trouué bon luy donner demeure permanẽte en la ville capitale de France. Tant y a que par là tu vois, qu'encor que les ordres se soient par succession

Hh iiij

de temps changez, toutesfois tousiours a esté temperée la puissance de nostre Prince, par les honnestes remonstrances des siens. Aussi vois tu combien est demeurée en son entier, ceste Monarchie de France. Et ores que pour l'imbecilité de quelques Rois, le Royaume ait forligné en deux familles, toutesfois ne se trouuera, que depuis vnze cens ans, il ait passé en main de nation estrangere, fors quelques vingtaine d'ans souz les Anglois, lesquels encores pendant ce temps, pour entretenir leur grandeur auec nous, garderent la mesme forme de republique, que ceux qui estoiét vrais lignagers, & ausquels par droit successif, appartenoit la courõne. Ainsi a tousiours esté redoutée parmy l'europe ceste Monarchie Françoise: d'autant que se soumettans noz Roys souz la mesme raison & iustice tout le peuple, auec vne douce crainte a esté contraint de les aimer: & en ceste affection, toutefois & quantes que le besoing l'a requis, exposer son bien & sa vie volontairement pour la protection de eux & de leur grandeur. Là ou au contraire, s'ils se fussent accommodez, ie ne diray à leurs passiõs, ains à leurs particuliere raison, quoy qu'ils eussent esté successiuemét braues Roys, il eut esté fort facile leur imposer, comme estans hommes, partant sugets à mille fautes. Mais quãd par vne police publique leurs pensemens furent reduits à la deliberation de plusieurs, qui ne se nommoiét point ny par faueur, ny par argent, ains par vne election de vertu, il a esté iusques à present impossible que toutes choses n'allassent bien. Car posé le cas qui escheie que chacun particulierement fut peut estre, de mauuaise vie, toutesfois en ces cõgregations & assemblées (ou les voix sont libres & sans crainte) se radoubét si bien les fantasies des vns par les autres, qu'encores d'vne mauuaise personne en sort il quelque bõ auis: & en fin se trouue q̃ de toute ceste masse, en alãbique on quelque chose plus expedient au public, que quand par l'entremise d'vn seul cerueau les affaires prennent leur trait. Tu me diras, Curial, Doncques ce prince que vn chacun reuere, & sur lequel tout le peuple a ses yeux fischez, n'est il seul par dessus la loy? O aueuglée opinion de tout le monde, de penser que les Roys mesmes se pensent par dessus la loy! Mais ainsi l'ont escrit (diras tu) les loix anciennes de Rome. Ie t'accorde que ces Empereurs,

Le bõ Prince suiet aux loix

La de-bonnaireté des Roys François.

qui iadis par le trenchant de leur espée firent vouër au peuple Romain vne perpetuelle seruitude, prindrent ceste prerogatiue, cóme leur voulurent faire accroire quelques flatereaux de legistes. Mais aussi quels Empereurs? me dis-tu. Certes tels, qu'entre toutes les Monarchies, qui furent iamais en credit, à peine que tu en trouues aucune si miserable que celle là. Car pour bien dire, Curial, ou la loy est raison, ou contreuenante à icelle. Si contreuenante à icelle, quoy que souz honneste pretexte les Roys pretédent en abuser, si ne merite elle nom de loy: mais si elle se rend conforme à vne equité naturelle, d'estimer que le Roy soit encores dessus la raison (au moins cóme l'estend le vulgaire, pour en trancher par ou bon leur semble) ceux, qui souz ceste puissance leur voulurent ainsi applaudir au lieu de leur gratifier, dirent en vn obscur langage, que les Roys n'estoient point hommes, ains Lyons, qui par le moyen de leur force s'estimoient auoir commandement sur les hommes. Or voy, ie te prie, combien plus debonnairement noz Rois: Car le peuple Romain)ainsi que ont voulu dire quelques Courtizans, qui se sont

DV PRINCE. 238

meſlez de la loy, de tout temps accouſtumé à viure librement, ſe deſpouilla de ſon ancienne liberté pour en veſtir les Empereurs, auſquels il donna tout commandement ſur la loy. Et au cōtraire, noz Roys, combien que le peuple de Gaule de toute memoire fuſt couſtumier d'eſtre regy ſouz puiſſance Royale, toutesfois s'emparans du Royaume, deſpouillans toute paſſion ſe voulurent ſouſmettre à la loy, & ne faire par ce moyen choſe, qui ne fuſt iuſte & raiſonnable: de maniere que leurs patentes ſont ſuiettes à la verification de la Cour, non ſeulement ſur les obreptions, comme à Rome, ains ſur la iuſtice ou iniuſtice d'icelles. Et poſé le cas que par fois elles ſoient de ſon mouuement, toutesfois fort malaiſéemēt paſſent elles en force de choſe arreſtée, ains ſ'eſt touſiours reſeruée ceſte Cour la liberté d'vſer de remōſtrances au Roy, pour luy faire entēdre que ſes mouuemens doiuent s'accorder à raiſon. Autremēt, ſouz l'ombre d'vne clauſe deſrobée, pluſieurs fauorits feroiēt d'vne paſſion vne loy. On recite que le Roy Loys vnzieſme, comme celuy qui eſtoit homme remuāt d'eſprit, & qui s'attachoit opiniaſtrement à ſes premieres apprehenſiōs,

Les lettres du Roy eſquelles eſt faite mētiō de ſon propre mouuemēt.

Exemples memorables des remon-

frances de la Cour enuers le Roy Loys vnziesme.

vn iour ayant entrepris faire emologue certain edict qui n'estoit point de iustice, apres plusieurs iteratifs commandemens de le passer, fut la Cour refusante de ce faire. Au moyé dequoy indigné luy auint à la chaulde, de iurer son grand Pasquedieu, que s'ils n'obeissoient à son vouloir, il les feroit tous mourir. Laquelle parolle venuë à la cognoissance de la Vacquerie, lors premier President & homme vertueux sur toute autre: luy & tous les Conseillers, auecques leurs robbes rouges, comme s'ils fussent allez en vne prossessiõ solennelle, se presenterent deuant la face du Roy: lequel esbahy de ce spectacle en temps indeu, s'informa d'eux de ce qu'ilz demandoient: La mort, Sire (respondit la Vacquerie pour tous les autres) laquelle il vous a pleu nous ordonner. Par ce que tout tant que nous sommes, plustost sommes resolus vnanimement en icelle, que contre nostre conscience verifier vostre edit. Chose qui rendit ce Roy (au demeurant tumultueux le possible) si confuz qu'auec douces paroles, il les renuoya sains & saunes: souz protection de ne presenter de là en auant lettres, qui ne fussent de commandement Royal, c'est à dire de iu-

DV PRINCE. 239

stice. O apoththeme ainçois stratageme memorable d'vne Cour, qui ne merite estre enseuely dans les tenebres d'oubliance! Aussi si tu consideres de pres, ceste grandeur, que tant tu desires en vn Prince, luy est acquise par ceste voye, & non par ces moyens obliques que tu luy veux enseigner. Car tout Roy qui de sa nature est ordinairement magnifique, à peine qu'il refuse aucune chose: & toutesfois remettrāt la cognoissance de ces dons à la discussion d'vne Cour, par vne vsance de long temps pratiquée en France, demeure tousiours aimé de celuy, auquel il a faict cest octroy, encor qu'il n'ait sorty son effect. Et outre plus ce moyen estant obserué, les suiets en demeurent plus riches, dautant que moins le Roy s'appauurira par vne excessiue largesse, & moins seront les suiets foullez. Qui est la cause, pour laquelle plusieurs personnes de discours desireroient que lon meit frain aux dons des confiscations: lesquelles estans de leur premier estre inuentées pour tirer d'vn excés priué, vne publique vtilité, s'en trouuent infinies, qui, pour auoir l'oreille de leur maistre en main, par impudentes importunitez les approprient à leur vsa-

L'vtilité d'vn Royaume d'auoir Parlement moitoyen entre le roy & le peuple.

ge. De maniere que ce bon Empereur, qui compara le fisq à la rate (par ce qu'à mesure qu'elle croissoit, prenoit diminution & decroissoit le reste du corps: aussi croissant le bien fiscal, diminuoit le bien public) oublia vn poinct, à mon iugemét, pertinent, & deuoit adiouster à sa comparaison, que ny plus ny moins qu'en la rate se nourrissoit toute l'humeur melancolique de nostre corps: aussi pendant que plusieurs vsent du fisq comme du leur, faisans du dómage public leur revenu particulier, ils sont ceux qui suscitent & entretiennent la seule douleur, & melancolie du peuple: Parquoy est besoing qu'il y ait en telles affaires medecins publics: & pour obuier à telles liberalitez des Princes, qui ne sont presque à aucunes personne fermées, est bon que par vne police generale, y ait en vne Monarchie gens propres, & deputez, pour auoir cognoissance de tels octrois, & ensemble de toutes autres choses qui pourroient cótreuenir au public. Quoy aduenant, les Roys en demeurent plus aymez, & d'auantage chasque Cóseiller à part ne peut estre mal voulu des grans Seigneurs, qui sont enuiron leurs personnes, d'autát que

DV PRINCE. 140

ne leur ayant gratifié, il a excusé fort prõpte sur le corps total d'vne Cour. A laquele (prise en general) à peine qu'vn Seigneur s'attache. De ceste façon, dit on que le Roy François escorna l'impudence de quelques Italiés, lesquels l'importunoiët à outrance pour faire enteriner quelques lettres, qui leur estoient expediées sous le grand seau. Ce à quoy ne voulut la Cour de Parlement entendre. Parquoy le Roy mandant à soy quelques vns des principaux d'icelle, apres plusieurs remonstrances à luy faictes en la presence des importuns, sur l'inciuilité des lettres, & du dommage qu'elles apportoient à luy, & à son peuple, toutesfois il s'exacerba grandement & auec paroles d'aigreur leur enioignit tres-expressément, qu'ilz eussent à proceder à la verification de ces lettres. Lesquelles parolles ainsi proferées de la colere d'vn Roy, estonnerent quelque peu les enuoyez de la Cour. Ce neantmoins chacun estant sorty de la chambre, les appela à l'instant mesme, s'excusant debonnairement de son courroux, disant que ce qu'il en auoit faict, estoit pour entretenir de paroles ces estrangers, desquelz il auoit lors affaires : toutesfois qu'ils ne

Exemple notable du Roy François.

passassent que ce, qu'ilz trouueroient bon. Qui fut cause, que continuant la Cour en sa premiere opinion, furent contraints ces Italiens chercher leur commodité en chose moins incommode pour la Couronne demeurant neantmoins le Roy en bonne reputation auec eux: comme celuy, qui n'eust voulu pour chose quelconque, entant qu'à luy estoit, retracter sa parolle: mais aussi qui auec plus de scandale eut commis beaucoup plus grand faute, si pour fauoriser sa parole, il eust voulu fausser les ordres de sa republique, desquels tant que les Roys demeureront obseruateurs, tant demeurera leur maiesté en grãdeur. Tirans par ce moyen celle commodité, que plusieurs musiciés, lesquels ores que de leur nature n'ayét les voix douces ny conuenables, les vns pour la teneur, les autres pour la bassecontre, dessus, ou contreteneur, ce neantmoins ayans gardé les accords tels que la chanson les requiert, rendent vne harmonie excusable, & qui contente assez l'aureille. Aussi posé le cas qu'il auint que parauãture les Princes pour la male habitude de leurs esprits, se trouuassent mal disposez à manier les affaires ce neãtmoins encores couuriront ilz leurs deffauts, & ne trouuera lon en eux trop grande difformité: obseruans selon les merites les proportions & egalitez des grans auec les petits, telles que les anciés ordres de toute Republique bien ordonnée nous enseignent.

En ce propos finit le Politic son discours non sans quelques petites alterations d'vne part, & d'autre estant vn chacun de ces quatre gentils hommes plus ententif (cõme il auient ordinairement par vne petite ialouzie de nous mesmes, qui naist auec noz esprits) au soustenement de son opinion particuliere, que de s'entrepasser condemnation dé ce qui approchoit plus à l'apparence du vray.

FIN DV POVRPARLER
DV PRINCE.

Ii

POVRPARLER DE LA LOY.

En ce dialogue l'Autheur entend détester plusieurs esprits libertins, qui se donnent tous discours en bute, monstrāt combien il est chatouilleux de donner loy & permission à chacun de disputer de la Loy generale, souz laquelle il est appellé: Et en passant descouure la calamité d'vn malheureux siecle, auquel le bon endure aussi bien que le mauuais, souz vn pretexte mal emprunté de la iustice.

PREMIER ESCLAVE, LE COMITE, SECOND ESCLAVE.

Premier Escla-ue.

SEIGNEVR Comite, pour Dieu mercy, & ne vueille exercer en mō endroit toutes sortes d'indignitez, mais si en toy y a (comme en toute personne viuāte) quelque marque d'humanité, de grace que la qualité & estat de ma personne te fleschisse. COMITE. Et qui est donc ce causeur qui publie ses qualitez. ESCLAVE. En premier lieu sieur Comite entendz que ie ne suis point nō barbare, mais extraict de ceste florissant

Le Pseudophiloso-

nation d'Italie, d'auantage que mon influence choisit pour lieu de ma natiuit ceste braue ville de Rome, iadis chef d tout l'vniuers, & ores siege des saincts P res: En toutes ces deux parties heureux certes & trop heureux, si, content de ma premiere fortune, & guidé simplement par mes instructions maternelles, ie n'eusse voulu penetrer és secretz de la philosophie. Ainsi te peux tu bien vanter d'auoir icy a ta cadene, non seulement vn Italien, mais vn Romain, & encor vn Romain philosophe. COM. Vray Dieu quel fantosme est ce cy! comment ce pourroit il bien faire qu'entre tant de pendarts, ieusse non seulement icy vn philosophe mais vn philosophe pédart. Car d'Italiés & Romains, ce ne m'est point nouueauté d'en auoir veu par leurs delictz arriuez à mesme condition que celle où tu es à present, mais oncques autre philosophe que toy ie ne vy estre exposé à la rame. Aussi auoy-ie tousiours entendu que ceste philosophie (laquelle ie cognois seulement de nom) estoit vn guidon de tout heur, sans lequel nous ne participions en rien de l'homme, fors de l'exterieur de la face. Tellement que maintesfois auec vn regret du passé, ie detestois ma fortune, & l'iniustice de ceux qui eurét la premiere charge de moy: lesquelz, comme ialoux & enuieux de mō bien, me destournerent si tost des liures,

Ihe cōmence par vanti se de soy, à raisō de sa natiuité.

Philosophie guidō de tout heur.

Ii ij

à peine les ayant goustez. LE SCL. Ie ne sçay pas si les liures t'eussent apporté ce bien que tu estimes: par ce que tu ne feusses pas tant arriué à ce poinct de philosophie, dont tu parles, par leur lecture, que par vn assiduel pourpensement & rapport en ton esprit de toutes choses, qui d'vne suitte & liaison se tirēt de l'vne de l'autre. Au reste ie te prie que, de ceste heure, te faisant paur mon malheur mieux aduisé, tu n'improperes plus à tes parens l'opinion qu'ils eurent de t'entremettre à negotiation, peut estre de plus grād poixque ces vains & inutiles discours, desquelz est seulemēt venu tout le motif de mon mal.

Vertu samais n'est cause de malheur.

COM. Tu palieras les matieres en telle sorte que tu voudras, si ne me scauroit il passer deuant les yeux, que de ceste philosophie, ains que plustost detō forfait ne soit aduenu le malheur qu'il faut maintenant que tu boiues. LE SCL. Seigneur Cōmite tous tāt de forçats, dōt tu as icy le chastimēt, ont delinqué, chacun en leur endroit, sans aucun discours de raison, semōs seulement à mal faire d'vne malignité d'esprit mais s'il te plaist que ie te sille de poinct en poinct, & racōte par le menu l'occasion de mes galleres tu entendras que nō point par vn lasche cœur (ia ne plaise à celuy qui tient le crain de mes pensées que i'en coure iamais tel reproche) mais que par vn certain iugement ie suis tôbé en l'erreur dont il faut que malheureusement à ceste heure ie souffre la punitiõ. COM. Et bien ie suis trescontent, pendant qu'il ne fait temporal, & que nous sommes icy a l'ancre en lieu de seurté & repos, te dõner audience, pour quelque temps: mais premier que de m'aduancer, pour quelle descõuenue fûs tu amené en ce lieu. I. ESCL. Pour plusieurs occasions, qui sonnent mal enuers vous, comme sont meurtres, paillardises, larrecins, & autres choses que selõ vez loix ordinaires, vous appellez fautes, & maluersations. COM. En bonne foy tu me payes icy en chansons, & faut biẽ dire que ta profession soit contreuenante à ta parolle. Car qui feut oncques le philosophe qui feit mestier & marchandise de telles dérées, fors que toy? Et si ie suis bien recordz, i'ay quelquefois appris, que les plus saiges, desquelz tu te vantes emprunter le nom, s'eslongnoient autant de femmes, argent, & autres telles piperies, qui esmeuuent nos passions, cõme auiourd'huy nous y sõmes enclins & suiects.

Forçatz, enuoyez és galeres pour leurs mesfaicts.

I. ESCL. Tu t'abuses seigneur Comite, & ne faut point en cecy faire vne generalité d'autãt que si on veit quelquefois vn Xenocrate morne & pensif, auoir eu vne femme à l'abãdõ sans luy toucher, ie luy mettray en cõtrecare, vn Aristippe, non moindre que luy en renom, publiant, entre ses plus notables rencontres, qu'il ressembloit le soleil, lequel sans se souiller esplanissoit ses rayons dãs les esgoutz & escluses: & luy du semblable sans alteratiõ de son bon sens ou esprit, alloit & frequẽtoit les bourdeaux. Semblablement si vous eustes vn Diogene folastre, vilipendant les deniers, de son mesme temps en contreschãge ce grãd personnage Platon hantoit les cours des grands seigneurs souz telespoir de proffit qu'il se proposoit en tirer : Et pour te dire en peu de parolles tous les philosophes anciens feurent hommes, cõsequemment attrempantz, ou, pour mieux dire hypocrisants & deguisants leurs passions, selon qu'ilz estoient plus discretz: mais qu'il s'en trouuassent aucuns impassibles, ce sont certes illusions & abuz, dõt ils s'entretenoient en credit enuers le simple populaire, souz l'escorce de leur beau parler. Au demeurant quand tous ceux

Contre l'hypocrisie des Philosophes.

Xenacrate cõtraire à Aristippe de maniere de viure.

Nul philosophie impossible.

la dõt tu parles euſſent eſté telz que tu dis, ne penſes point ſeigneur Comite, que iamais i'aſſeruiſſe mon eſprit deſſous les preceptes d'autruy, ains tant qu'vne liberté & franchiſe à peu voguer dedans moy, tant me ſuis ie cõſacré à vne philoſophie. Que ſi par fois, par vne taiſible rencontre de iugemens & humeurs, ie me ſuis trouué ſimbolizant en opinion auecques autres, fay moy, de grace, ce bié de croire que nõ par vne vaine authorité de mes anceſtres, ie ne me ſois mis de leur party à cauſe de leur primauté, mais ſeulement pour autant que tel ou tel fuſt mon aduis, aidé de quelques raiſons qu'vn long diſcours m'a uoit aportées: et pour ce ne me metz point ſur les rangs quels ayent eſtez mes anceſtres. Suffiſe toy, puis qu'il te plaiſt en ma faueur deſrober vne heure à tes plus vrgétes affaires, que dés que i'eu cognoiſſance des choſes, ie progettay de n'endurer iamais iniure, de n'eſtre iamais ſouffreteux, & au ſurplus donner la vogue à mes plaiſirs comme i'auois le vét en poupe. De la, ſi tu le veux ſcauoir, eſt iſſue toute la ſource de mon mal. Et à fin que tu l'entendes tout au long, ſaches ſeigneur Comite que diſcourant ſur toute ceſte ronde machine,

Natu-
renon
d'vn
philo-
ſophe
mais
desbo-
ché.

Ii iiij

apres vn long diuorce de toutes choses en mon esprit, ie resolu à la parfin vn fondement perpetuel sur lequel depuis ie basty toutes mes pensées. Le fondement dont ie te parle c'estoit Nature: de ceste Nature disoy-ie, si nous croyõs aux legistes, sont prouignées toutes leurs loix, de ceste mesme les medecins prindrent naissance, lesquelz pour ceste occasion feurent anciennement (ce me semble) en la France appellez par vn mot grec Phisiciens, de ceste Nature les arts, de ceste Nature les sciences: Parquoy a ceste grande Nature faut generalement rapporter toutes nez œuures & pensements. Or que me causa tout ce discours? vne telle confusion, que remaschant tout cecy en mon cerueau, il m'entra en teste non du premier iour, ains petit à petit, & par quelque traité de temps, que ce mot de larrecin auoit esté inuenté par tiranz, la vengeãce ostée par couardz, & la copulation charnelle modifiée par personnes de petit effect, & qui mesurent le commun debuoir selon le cours de leurs puissances particulieres. Premierement ie voi que, au cours de nostre premiere nature, tout estoit tellement vny, que sans aucune distinction du

Naturalistes Epicuriens.

mien & tien vn chacun viuoit à sa guise, mettāt en cōmunauté tāt ce que lors la terre gaye produisoit de son propre instinct: de son propre instinct (dy-ie) par ce que depuis ennuyée du tort que nous luy faisons, ayant donné de son creu aux vns & autres particuliers ce qui appartenoit au commun, retira dans ses entrailles toute sa force, deliberée de ne nous communiquer ses thresors si elle n'estoit sollicitée, d'an en an, par assidues instances & semōces de noz charrues. Ainsi deuisant à part moy: Toutes choses sont donc communes, & cestuy cy disgratié en toutes parties, & seulement vne image taillée en homme fera son propre du commun: Et moy pauuret, que nature voulut assortir d'vn cœur genereux & haultain, feray hommage à ceste Idole reparée, qui n'aura yeux pour considerer mes merites, ny aureilles pour les conuertir à mes prieres: Plustost, plustost m'enuoye le ciel tout desastre que souffrir vie si penible. Et en ceste resolution conduisant mes discours à effect, ie me pris veritablement à desrober, mais quelles choses? celles que ie pensois communes: estimant que puis qu'ō semoit sur le fōd auquel i'auois droit

Toutes choses naturellement sont cōmunes.

POVRPARLER

par nature, ie n'en pouuois deuoir au fort
que les façons. Et ainsi continuay de là en
auāt mes larrecins, me chatouillāt en cest
endroit & flattant de la commune vsance
des autres, lesquelz ie voyois (encor' que
par mot desguisé toutesfois) souz le nom
d'vne trafique generale, estre d'vn mesme
mestier que moy: estant loisible à vn chacun de deceuoir son compagnon iusques
à la moitié de iuste prix. COM. Et vien
çà gentil philosophe, ne te deuoit il souue-
nir que pour ceste sotte opiniō tu violois
non seulement les loix humaines, mais
aussi celles de Dieu, qui te commandent
n'auoir rié de l'autruy? I. ESC. Ie te diray,
i'arriuay en fin sur ce poinct & apres plusieurs tracassemēts & destours, ie m'adui-
say q̄ ceste mesme police de cōmunauté se
tenoit dās les religiōs plus recluses & fa-
milières de l'obseruance du vieux temps.
Au moyen dequoy ie concluois qu'il fail
lut par necessité que celuy seul feut larron, qui troublant l'ordre de nature voulut attribuer à son vsage peculier, ce qui
estoit commun à tous: Ce ne suis ie doncques point, disoy-ie, qui doibue estre appellé larron, ains celuy qui premier mit
bornes aux champs, celuy qui encourtina

Plusieurs sous nom desguisé sont plus grans larrōs que ceux qui sont punis.

Notez ceste raisō.

de murs les bourgades, bref celuy qui, plein de doubte & soupçon, fortifia de frōtieres son pays alencontre de son voisin, & tous ceux generalement qui serrez dans mesme cordelle, establissent toutes leurs loix sur ceste particularité d'heritages & possessions: Estant donc en ceste opiniō & enuelopé dans ce labyrinte de folie (folie puis ie bien nommer, puis que l'euenemēt me l'apprend) de ceste opinion ie tournay mon pensement en vne autre erreur d'aussi facheuse digestion, peut estre, que le premier. Fortune qui sur l'entrée acheminoit mes entreprises à mon souhait, pour ne me manquer d'honneste pretexte me voulut de larron faire deuenir gendarme. COM. Vn gendarme donc philosophe. Et vrayement tu m'en veux comter, comme s'il y auoit en France autres philosophes que ces grands regents, qui de tout temps se sont habituez en fameuses vniuersitez, cōme est celle de Paris. I. ESCL. La plus part de ceux dont tu parles sont maistres és artz, & qui n'apprindrent onc autre chose que de parler congruement auec quelques petites fleurettes & embelissements d'histoires Grecques, ou Latines, dont ils reparent leurs escripts: mais que

Gradatiō de larrō gendarme.

iamais ils fondirent profondement les poincts qu'ils iugét infaillibles, Ie meure si tu en trouues vn tout seul. COM. Certainemét tu me fais rire, & ne l'eusses iamais creu, mais pour ne t'eslongner de propos. I. ESCL. Soudain que ie me vei appoincté souz la charge d'vn capitaine (qui à la verité m'auoit en quelq̃ reputation pour me veoir, côtre l'ordinaire des siens, par foys sortir à mon hôneur de quelque propos de merite) Il m'entra en la fantasie vn certain esprit de vengeance, non point vrayement par legereté, comme tu peus aperceuoir, en la pluspart de ces nouueaux aduenturiers, lesquels ne se voyét bransler l'espée à leur costé qu'ils n'acôpagnent aussi tost leurs gestes d'vn minois de mauuais garson, auec vne infinité de reniemens & blasphemes: mais conduisant toutes mes œuures par discours, ie ruminois q̃ si par instigatiõ de nature nous debuiõs bié vouloir à ceux qui nous moyennoiét quelque bié, tout de la mesme raison deuions nous mal vouloir aux autres qui nous pourchassoient nostre mal. COM. Ouy mais tu sçauois bié que ta religiõ t'éseignoit du tout le côtraire: quãd il est porté par exprés de rédre le bien pour le mal. I. ESCL. Tu dis

Vengence mere de meurtre & malheur.

vray mais ie deſtournois ce paſſage en autre ſorte que tu ne fais, le prenant à mon aduantage pour article de conſeil, & non point de commandement. Pour ceſte cauſe conduiſant ce mien propos iuſques à mainmettre, ie reſoluois de ſouffrir pluſtoſt mille mors, que d'endurer vne iniure, opinion grandement louée entre nous autres italiens, & d'auantage tant aprouuée de toute memoire par la nobleſſe de France, qu'il ſemble que anciennement celuy qui pourſuiuit ſon iniure ne feit tant acte de vengeance, que de deffenſe. A raiſon dequoy (ſi comme eſtranger ie ne m'abuſe en l'obſeruation de voſtre lãgue (entre defendre & reuéger vous autres meſſieurs les François ne mettez point de differéce. Tant y a que d'vne meſme fontaine bien q̃ les effects fuſſent diuers ie tiroi l'amitié d'vn pere à vn filz, l'hõneur que lõ porte à la vielleſſe, la cõpaſſiõ des deſolez, la recognoiſſance des biens faictz & finalement la vengeance, toutes leſquelles natiõs ie reputois eſtre engrauées en no°, par ceſte grãde mere nature par vne taiſible obligatiõ q̃ ſucceſſiuemẽt nous no° procurõs l'ũ à l'autre. Voire que ſi outre l'inſtinct de nature on eſtimoit beaucoup les quatre

Italiens fort vindicatifs & pour le iour d'huy le Frã çois.

premieres, pour l'occasion du public, ceste derniere ne deuoit moins estre estimée à fin que celuy qui nous offensoit apprit, par son propre exemple, à refrener ses iniures, & ne faire tort à autruy : qui estoit vn des premiers endoctrinemens de Iustice. Que veux-tu plus de larron ie me feiz braue homme, & soustenant le point d'honneur s'il en feut onc, sans toutesfois que pour l'exercice de l'vn ie meisse l'autre à non chaloir. COM. Tu me cōtes icy merueilles, d'autant que malaisément ces deux qualitez s'acouplent ensemble, comme ainsi soit que l'vne procede de la part d'vn homme genereux & magnanime, & l'autre de cœur lasche & chetif : Car quāt au tiers point concernāt le plaisir des femmes, lequel tu n'as encores deduit, ie ne m'en scandalize beaucoup, comme estant vn peché commun, & qui nous est de nostre ieunesse affecté par vne certaine & cachée suggestiō de nature. IESCL. La verité est telle que tu diz. Aussi faisant le foye ses distributions naturelles en nous, il enuoye aux vaisseaux spermatiques le sang plus espuré comme à chasque autre de noz membres ce qui luy est plus necessaire pour l'entretenement de ce corps.

Coulourée deffence de la régence.

Autre masquée deffēce de paillardise.

DOM. Quãd en tout ce que tu deduis il y eu t eu quelque apparence, comme toutes fois il n'y a, pour vne infinité de raisons que l'vsage & sens commun nous à aprises si est-ce qu'encores te failloit il mettre frain & moyẽ à tes pẽsées. De ma part bien que ie n'eusse iamais le loisir de passer tant de resueries en mon esprit, si est-ce que selon mõ gros sens, il me semble que tu estois beste, & que si tu eusses esté plus sage tu te fusses contẽté de viure selon la loy de ton pays. I. ESCL. Tu me rameines en vne grande difficulté. Car qui sçait si i'eusse peu gãgner ce poinct sur moy estant né pour estre quelque iour exposé en ceste misere ou tu me vois, & qu'il failloit que pour quelque miẽ meffait ie feusse mis à la chiorme. Quoy que ce soit, pẽdant que trop ententif ie conduis toutes mes actiõs aux cours de ceste brusque philosophie, ie suis tombé en l'estat ou tu me vois à presẽt. D'vne chose te veux ie prier, pour toute conclusion, c'est que si en toy se loge quelque estincelle d'humanité, ainsi que ta face & façons m'en donnent certain pronostic, tu vueilles espargner enuers moy la puissance que tu as de me meffaire, & me traicter non selon ma presente

Fatalité souuent posée en la fantasie du meschãt.

fortune, ains selon celle de laquelle i'e-
stois plus digne.

Discours du vray Philosophe.

SEIGNEVR Comite enten ie te pry
ce que i'ay à te dire sans t'arester si longuement aux parolles de cest Italié. COM.
Et qui es tu? II. ESCL. Qui ie suis? à peine te le puis ie dire en ces abysmes d'opinions esquelles nous sommes maintenant
plongez, voyát ces philosophes masquez
tels que celuy que tu as icy acosté reuoquer toutes choses en doubte, voire celles qui sont plus claires que le iour. Car
que te puis ie asseurer si ie suis homme
ou beste, puis que la plusparc de nous to⁹
dessouz vn faux visage d'homme, cou-
uons des opinions bestiales. Toutesfois si
tu veux sçauoir de mon estre saches que
ie suis né natif du monde. COM. Tu ne
nous dis rié de nouueau. II. ESCL. Trop
plus nouueau que cela que t'a dit ce sot
Italien, quand sur le commencement de
ses propos pour se magnifier enuers toy
il s'est vanté estre yssu non seulement de
l'Italie, mais aussi de ceste grande villasse
ou villegaste de Rome. Et quant à moy
encores que ceux qui eurent de moy cognoissance, pendant ma plus heureuse
fortune, me publiassent de ceste genereu-
se &

se & braue nation de France, si n'en fei-
ie jamais aucun compte, ains touſiours
reputay en moy ceſte louange eſtre mal
acquiſe, que l'on penſoit tirer d'vne vaine opinion de ſon pays. D'autant qu'oncques nation ſi barbare ne ſe trouua qui
n'enfantaſt de bons cerueaux : Vray que
les emploites & exercices d'iceux ſe ſont
trouuez eſtre diuers, ſelon la diuerſité
des contrées, chacun accommodant ſon
bon ſens aux mœurs des regions, & au
cours des neceſſitez qu'il voyoit auoir
plus de lieu és pays où il s'eſtoit d'eſtiné
de paſſager ceſte vie. COM. Sur mon
Dieu ſelon ce que i'en puis iuger tu n'és
point du tout hors de propos. ESCL.
Par là donques tu peux congnoiſtre en *l'Ita-*
ceſt eſclaue, dés l'entrée de ſes araiſon- *lien en-*
nementz, ie ne ſçay quoy de l'Italien c'eſt *clin à*
a dire d'vn homme vanteur, & qui pour *ſe vã-*
quelque heureux ſuccez qui aduint quel- *ter.*
ques fois à ces vieux Romains, eſtime, au
regard de ſoy, le ſurplus de toutes natiõs,
barbares ; non conſiderant toutesfois que
tout ainſi que iadis ceſte Rome enuahit
la pluſpart de toute autre contrée, chaſque contrée depuis à voulu auoir encontre elle ſa reuange : qui à tellement

K k

POVRPARLER

sucedé que de toute ceste Italie ne luy
resté que le nom. Bien est vray que
pour ce qu'ilz ouïrent dire que leurs ancestres sur toute chose eurent leur liberté en recommandation, tout ce demeurant depuis s'atachant sans plus a ce mot,
imagina non pas vne liberté telle que
pratiquoient les Romains à la conduite
de leur police, mais vne certaine licence qu'eux tous rongent contre le public.
De maniere que la pluspart d'eux viuans
souz vne & autre domination ne songe
à autres choses qu'à quelques libertez
mal basties qui toutesfois luy sont bonnes mais qu'elles tournent a son proffit
quoy que peut estre elles se trouuent
contreuenantes aux bonnes mœurs. De
la sans chercher autre source, est venue
toute l'ignorance de ce folastre Italien,
de la est procedé l'imagination qu'il a de
la communauté des choses. Imagination
toutesfois non conceuë pour autre raison sinon pour autant que Nature, des la
naissance de luy ne feut en son endroit si
prodigue de ses richesses, comme à plusieurs, d'autant que si de son premier
estre il eust rencontré la fortune plus fauorable, maintenant eust il presché tout

*Les Ita-
liens
n'ont
plus
que le
nom
de li-
berté.*

d'autre ſorte. Et tout de la meſme façon que ce gentil philoſophe à voulu approuuer la communion des richeſſes, vn
autre auſſi aduiſé, mais peut eſtre plus
riche que luy, faiſant vn nez de cire à
Nature prouuera par elle meſme la ſeparation des domaines, telle que la pratic-
quons auiourd'huy. Parquoy pour te
dire en peu de parolles, Comite, ce n'eſt
point philoſophie ains pluſtoſt vraye
folie, vouloir par vn particulier iugement retifuer contre l'eſperon de noz
loix: ains me ſemble qu'en vn ſeul mot
tu luy as trop plus que philoſophique-
ment coupé la broche, quant d'vn bon
ſens naturel ſur la fin de ſes propos, tu
luy as dit que poſé que tous ſes diſcours
feuſſent de quelque apparence, ſi les failloit il abhorrer, pour autant que comme le
bon ſoldat il ne viuoit point au commandement de ſon capitaine. Car pour
te dire le vray (outre ce que tous les
poincts qu'il a eu grand peine à te faire
trouuer bons ſont du tout contreuenans à
noſtre chriſtianiſme) certes des choſes qui
touchent à la loy, mais quelles nous ſoiét
clairement données à entendre la diſpute

Toute probleſme a le nez de cire.

Deſtruction des foleſraiſons du premier Eſclaue.

Kk ij

nous en doit estre du tout retranchée: autrement si vous en leuez les deffenses, vous ferez d'vne souche autant de branches comme vous les aurez entées en vne diuersité de cerueaux, & s'entretiendra vn chacun en ceste loy selon le cours de ses humeurs, ou de ce qu'il verra luy estre le plus expedient & apoinct pour paruenir à son intention. I. ESCL. Seigneur Comite cestuy est pour certain François, & sa liberté de parler m'en donne asseuré tesmoignage, mais peu me chaut, quant à present qu'il se soit rué sur les miens, asseuré que d'icy en auant nous aurons prou de loisir luy & moy à traicter vne paix ensemble. Toutesfois quant à tes derniers errements, ie suis trescōtent (amy esclaue) & me pardonne ie te pry si en te contredisant ie t'offense, car ce n'est le but ou ie vise., ie suis trescontente dy-ie te satisfaire en vn mot, d'autant qu'il me semble qu'à grand tort en si grande disette despritz, tu veux brider les mieux nez & ceux ausquels la nature à donné la prerogatiue de percer à la cognoissance des choses. Car que deuiendra l'intellect tant presché par nous autres Italiens, que deuiendra la raison, sera la

Le François libre en son parler.

DE LA LOY.

ratiocinatiue oiseuse, ratiocinatiue qui nous est sur tous les autres animaux emprainte pour iuger du vray ou du faux, si ton opinion trouue lieu? 1°. ESCL. Pour le regard de la reconciliation dont tu parles elle ne te sera de ma part deniée, n'ayant imprimé aucun maltalent contre toy: Et quant à la cognoissance des choses, veux tu que toy & moy tombions d'accord? Employons ces discours ie te pry aux traditiues & sciences qui n'offenseront point le public: mais de donner ouuerture aux esprits de disputer de leur loy a toutes heurtes, cela est de trop grande consequence, par ce qu'il est tres-certain que toutes matieres que nous faisons passer par disputes, sont subiectes à diuers aduis, par lesquels ainsi qu'il me semble s'engendre par progretz de temps, la corruption de noz loix. Et au surplus de vouloir submettre toutes choses a l'espreuue de ce que tu appelles Raison, c'est pour te dire en bon langage rendre toutes choses doubteuses: comme ainsi soit que cest intellect dont tu parles, & ceste raison dont tu faiz pauois estant prise en chacun de nous

La dispute souuent tres-dãgereuse.

particulierement, n'est autre chose qu'opinion tirée de la diuersité de noz humeurs. Car noz corps estants diuersement composez, les aucuns plus melancholiques, les autres plus pituiteux, & les autres plus choleres, il faut que ces humeurs qui sont dominantes en nous, apportent en noz espritz certaines petites verues, lesquelles petit à petit nous accroissons diuersement iusques à perfection de grandeur; dont vient en partie la varieté d'opinions. Tu me diras cest esprit qui est abstrait & separé de tous noz sens que peut il auoir de commun auec le reste des humeurs, ie te prye prens en aduertissement par ce corps lors qu'il est plus en son calme, & quand il dort, tu trouueras le melancholic ne faire que des songes tristes, de meurtres, suffocations, coups d'espées ou d'harquebuzes qui meurent emmy le chemin, & autres telles Chimeres. Au contraire le vray cholerique ne songer qu'a folastrie, & comme si en dormant il se chatouilloit pour rire, ne faire que des cerfs vollantz. Le pituiteux ou flegmatique ne songer qu'a submersions, crainte d'eaues, & precipices du haut en bas d'vn riuage: Et

Dont prouient la diuersité d'opinions.

Causes de diuers songes.

le sanguin qu'a choses rouges & conformes à son temperament: Voire que malaisément trouueras tu que le couard songe à quelque entreprise hardie de son costé, ny au contraire que le hardy songe à quelque fuite honteuse. Qui cause donc tout cecy? C'est certes que nostre cerueau prend ses operations de la cõposition des humeurs, Et tout ainsi que tu vois aux sens que la diuersité des humeurs nous apporte diuers gouts, odeurs, couleurs, aussi est-il de la raison: Et n'y plus ny moins qu'aux mesmes sens ce luy n'est estimé errer qui estime aigre, ou doux ce que le commun tient pour tel, aussi faut il iuger le semblable de cest intellect, & le penser erroné sinon entant qu'il se rapporte aux mœurs, & commune raison du pays, sous lequel nous habitons. Pasquoy laisse moy à part ce que tu appelles raison, si tu ne le veux adapter au commun cours & vsance de la region en laquelle tu faiz demeure, & à ce que la plus grande partie des hommes distinctz & separez de ces quatre temperatures ont tousiours approuué pour bon. Car si tu la rapportes ainsi qu'elle opere en nous seulz, ne la vois tu ordinairement

Prepositions captieuses. Qui oste la vraye raisõ de l'hõme il le met au rang des bestes.

affoiblie par la senfitiue, c'eſt à dire lors que domptée par l'intemperance des paſſions, elle eſt forcée faire ioug. Et d'auentage par la vegitatiue, comme nous voyons les forbeuz & enyurez & ſemblablement ceux qui d'vne longue maladie ſont attenuez du cerueau. Qui nous enſeigne que par les qualitez des humeurs ſe reglent les mouuemens de ce que tu appelles raiſon. Les ſciences comme trop mieux tu doibs ſçauoir, feurent premierement inuentées par la conduicte de noz ſens, quand d'vn & autre endiuidu qui tomboit ſouz iceux les raportâmes au commun iugement, pour en tirer certaine generalité, que nous apellames ſcience. Mais lors que paſſant plus auant nous voulumes de ce ſens commun nous promettre (par vne vaine preſumption de l'Intellect ſçauoir les cauſes & moyens de ceſte generalité, alors pour te dire le vray ſuccumbames nauſſouz le faiz & faut que tu m'accordes qu'vn chacun de nous façonna ſes opinions particulieres ſi contreuenantes l'vne à l'autre, que ceſt pour mieux dire vn gouffre dans lequel eſt abiſmée la verité. Et toutesfois chacun de nous eſt s'arresté au souſtenement de ſes premieres notions & principes, tirez de ſon particulier intellect, qu'il penſe que qui y contreuient à faute de ſens, ou ſe rend digne du foüet. Qu'ainſi ne ſoit vois tu point es choſes qui ſemblent les plus claires vn Coperni mettant ſouz piedz les propoſitions de ſes predeceſſeurs, auoir ſouſtenu la terre eſtre mobile, & le Ciel immobile : En la medecine vn Paracelſe effacer tous les anciens principes de la medecine : Et ſi on leur demande dont viennent toutes ces nouuelles doctrines, ils vous renuoiront tout ſoudain à la puiſſance de leur intellect.

I. ESCLAVE. Vois tu l'erreur ou tu tombes. Car encores n'euſſions nous faict vne generalité aſſeurée d'vn recueil de pluſieurs particuritez ſans diſcours.

II. ESCLAVE. Ne t'arreſte là, ie te prye, d'autant que par vn meſme diſcours les beſtes & animaux qui n'ont vſage de raiſon, par vn mauuais traictement qu'ilz receuront deux ou trois coups en vn lieu, ſe donneront à entendre qu'il n'eſt point bon qu'ils y retournent, & s'ils y ont eſté bien recueillis, ſongeront que le retour ne leur sera dōmageable. HESOL. En quoy establiras tu dōc la sciéce? car tu sçais que les anciens la fonderent en la cognoissance des causes. HESOL. Tu sçais aussi que eux mesmes estimerent heureux entre les heureux ceux qui en auroient cognoissance, comme de chose presque impossible. Qui me fait croire que la seule science est des choses qui se descouurent à l'œil, comme sont la plus grande partie des demonstrations de mathematique. Et qui soit vray, ie voy mesmement que ceux qui premierement voulurent discourir sur la facture de ce tout & vniuers, raportanz à leur intellect ce qu'ilz pouuoient cognoistre par leurs sens, voyans chasque nature s'entretenir en son humeur radicale constituerent l'eau seul principe de toutes choses. Et les autres s'apeccuantz que par la deffaillance de nostre chaleur naturelle, nous nous amortissions peu a peu, estimerent que ceste chaleur feut seul fondement de toutes vies. Or leur auoit & leur sens commun & outreplus ceste raison apris a tenir chacun son party a part soy: si manquoyent ilz toutesfois, a cause de quoy quelques autres peut estre mieux

Toutes discours met- tent bien en arriere la Proui- dence de Dieu.

aduisez voulurent garder vn moyen, & à ceste occasion maintindrent que par l'attrempance des deux, c'est à dire du chault & humide, prenoient toutes choses viuantes leur composition & nature. Encores estoit toutesfois tel principe subiect à debat, & se pouuoit resueiller quelque esprit qui eust soustenu du contraire. Parquoy les autres plus sages & discretz sans en rendre autre compte, attribuerent toute la closture de ce monde à vn grand maistre & ouurier, qui seul s'en estoit reserué la cognoissance. Quoy? ceulx qui en la dispute de l'Ame penserent en auoir certaine information par la deduction de leurs causes, en quel trouble & chaos vindrent ilz, quand par subtilité de raisons ilz estimerent les aucuns, nostre cerueau, les autres nostre coeur, les autres tout nostre sang, n'estre aultre chose que nostre Ame, & les autres plus hardiz resolurent que ceste Ame n'estoit qu'vn poulx & continuel mouuement, qui resultoit en nous de l'harmonie & proportion des quatre qualitez elementaires: à raison dequoy quelques autres moins temeraires estimerent que ceste

Opinion des plus sages.

Diuerses vaines opinions de l'Ame.

Ame feust vn mistere caché non intelligible par causes, Ames par la seule foy & creance. Au demeurant ne pensez point que par ma resolution i'entre en la vaine opinion des anciens Academiques, & encores moins en celle des Septiques, lesquels tant s'en faut qu'ilz feissent fondz de l'Intellect, qu'encores ne se fioient ils à leurs sens. Car quant à moy ie tiens pour proposition infallible, que ce qui est approuué par le sens commun de nous tous doibt estre reputé pour certain. Mais ie veux dire que se trouuans non point les choses incertaines mais noz iugemens incertains, lors que les retirons du commun à nostre particulier, le trop meilleur est de s'arrester en sa loy, que par vaines & scholastiques disputes s'y vouloir rendre contreuenant ainsi que faisoit maintenant cest esclaue Italien. Voila pourquoy le Lycurge ayant estably ses loix auec vn commun consentement & ratification des siens les pria sortant de Sparte lors ville de sa demeure, n'attenter rien au preiudice d'icelles, iusques à son prochain retour: ce que luy ayant esté octroyé, & estant sorty de sa ville, mourant, par son testament expressément enioignit, que ses os feussent iettez à vau l'eau, pour oster toute esperance de son retour aux Lacedemoniens: & ainsi par vne honnesteté les forcer entretenir la foy & promesse à laquelle ils s'estoient volontairement astrainctz à son dernier departement. Pour ceste mesme occasion les Locriés par vne coustume irreuocable, tenoiét que quiconque pretendroit annuller de leurs vielles loix, par quelque nouueau statut, quoy qu'il estimast que sa loy se tournast au proffict du public, ce neantmoins pendant la deduction de son fait il eust vn cordeau à son col, souz ceste condition, que si le peuple approuuoit l'ordonnance qu'il publioit il s'en iroit sain & sauue sans autre remuneration, autrement il en recepuroit mort honteuse. Et pourquoy donc tout cecy? non pas vrayement qu'ils ne sçeussent que selõ le chãgement des meurs des bourgeois il ne feust besoing diuersifier la loy commune de la ville: mais par ce qu'ilz estimoient que non legerement & à la vollée, il falust eschanger ce qu'vne loy de longue main emologuee auroit de toute anciennceté approuué. Que si ces bons cerueaux de Locrenses en leurs magistratz & ceux qui m'auoient la conduite du fait public redoubterent le changement, combien doncques d'auantage nous autres particuliers debuons nous tenir noz iugementz en bride, & penser que ceux qui ont la charge de noz loix sont plus songneux de nostre bien que nous mesmes?

Sage opinion du Comite.

COM. Esclaue ie suis en cecy demy tien, mais il me semble selon mon peu d'entendement que tu es trop sans moyen. Car si celuy qui siet icy auprés de toy s'est esloigné des bornes de la raison pour penser estre plus sage que sa loy, par son iugemẽt particulier, il me semble que toy pour trop captiuer & asseruir ton esprit, peuz tõber en aussi grãd incõueniẽt, & passer le cours de ta vie souz vne loy erronée. Car si ie ne m'abuse i'ay autresfois appris de quelques forçatz de Turquie, que de tout l'Alcoran de Mahommet le premier commandement feut de ne disputer de sa loy.

IL ESCL. Ie te diray Comite il n'y a regle si generale qui n'emporte son exception, ny chose si vtile qui ne soit acõpagnée de quelque incõmodité, telle que celle qu'en cas particulier tu viẽs de dire toutesfois si te peuz tu bien aduiser que par l'opinion que ie tiens s'aneantissent

DE LA LOY. 216

les reuoltes, partialitez, tumultes, remuementz d'empires, & royaumes, qui pourroient petit à petit sourdre par vne conuoitise & curiosité de ces nouuelles opinions: Voire que si tu t'estois tant soit peu habitué en la lecture des loix romaines, ie te dirois que dans elles pour mesme raison que la mienne, feut expressément inhibé de disputer du fait de nostre religion. COM. Il y a bien grande difference entre la loy & la foy. ESCL. La difference qui y est, c'est que de la dispute de la religion viennent vne infinité d'opinions, que ceux qui font profession de la foy apellent en mauuaise part heresies, & de donner l'abadon à tous de disputer sur la generalité de la loy & police, n'en peut autre chose aduenir que factions, ligues & escladres, au desauétage du magistrat. ESCL. Seigneur Comite puis que cestuy cy a esté si religieux en l'obseruance de sa loy, sçache de luy, ie te pry, dont vient que miserablement il est detenu en telle captiuité que nous autres. COM. Tu dis vray, mais vien ça quand ie m'aduise, Esclaue pour quel forfait feuz tu doncques coñiné en ce lieu. Car ie croy par ceste foy asseurée que tu as en ton Prince, que qui

Idiotz ne doiuent disputer de la foy.

ne t'y eust amené tu ny fusses iamais venu de ton gré. II. ESCL. En bonne foy Comite, ce n'a esté mon delit, mais ma bonté qui m'a pourchassé ceste peine. COM. Seigneur Dieu voicy des merueilles. II. ESCL. Patience, car s'il te plaist que tout au long ie te raconte le temps passé de ma vie croy m'en Comite & t'en informes plus amplement si bon te semble, par ceux qui ont de moy cognoissance, oncques iour de ma vie ie ne pensay de trangresser ma loy, d'vn seul poinct, de propos deliberé, ains tousiours me suis esuertué me confirmer au cours d'icelle, & en ce faisant ne faire au preiudice d'autruy chose qui me tourneroit à desplaisir, estant attentée contre moy. Premierement tout mon dessein fut de mener vne vie calme, bânie de ceste grande court des seigneurs, & semblablement des tumultes & chicaneries des cohues, non toutesfois qu'en ce proget ie ne recognusse fort bien n'estre point né pour moy seul. Au moyen de quoy ie determinay ayder aux necessiteux de mon bien, ou de mon conseil, selon l'exigence des cas: qui m'apporta telle faueur & applausemét enuers vn simple populaire, que le

ceux

ceulx qui me cognoissoient ie seu reputé pour vn Roy: Roy veritablement estois-ie, parce que sans passion ie guidois toutes mes œuures, & si ie voyoie quelques vns comme zelateurs du bien public s'aigrir encontre la iustice, estimans par leur opinion peculiere qu'elle feust mal administrée, ou murmurer contre la licence des grandz, comme outrageusement entreprenants sur la liberté du commun. Au contraire tousiours ie pensois que tout se faisoit pour vn bien, voire que les choses alláts mal (ce que ie ne me pouuois faire accroire) il failloit que d'vn grand desordre s'engendrast à la fin finale vn ordre, ainsi que de l'ancien Chaos & confusion naquit la côcorde vniuerselle de toutes choses. Et au surplus ie resoluai que c'estoit combattre son vmbre, d'entrer en telles vanitez, desquelles le remede gisoit en la seule main du seigneur: nô de ce seigneur superficiel qui n'est que comme vne monstre de l'autre, mais de celuy qui luy seul tient le gouuernail de ce monde, partant que trop meilleur estoit sans se tourmenter vainemêt ny des hôneurs, ny de l'heur ou malheur de nostre saison, penser qu'il

Ll

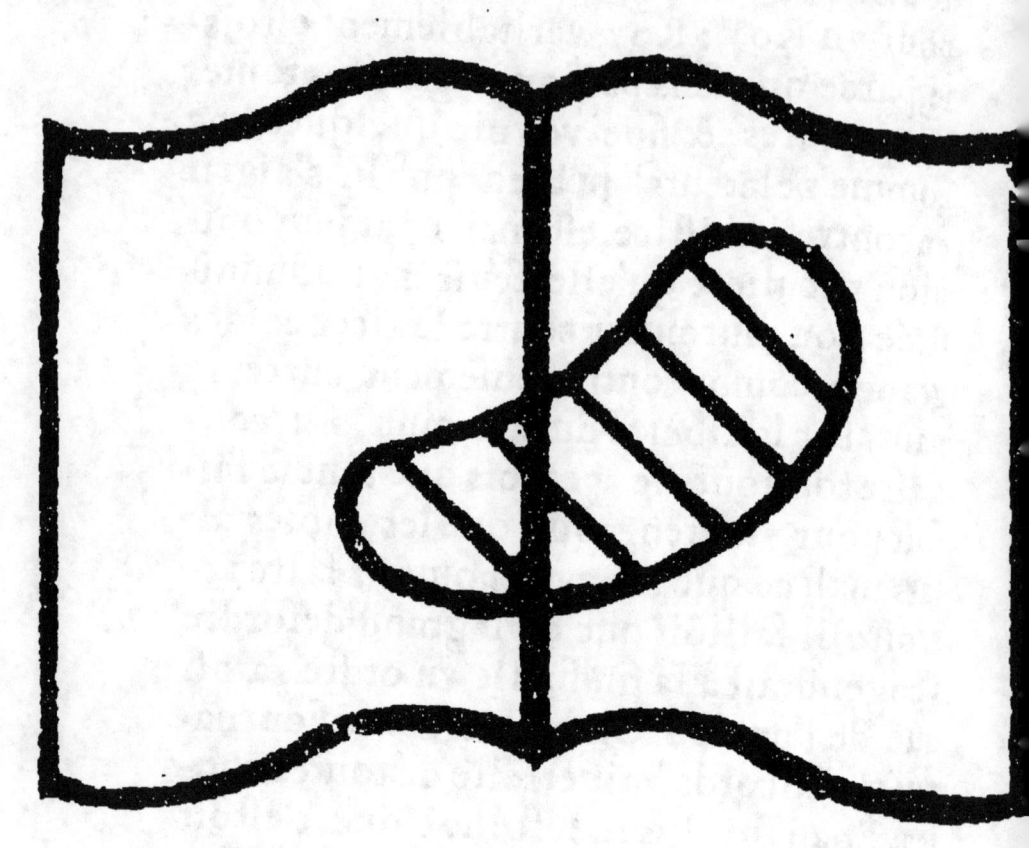

Illisibilité partielle

ny eut iamais homme qui se contentast
de son temps. Ainsi viuoie en ma maison
reiglée pour te dire sans vanterie, comme
vne vraye Republique, distribuant les
offices à vn chacun de ma famille, & ce
qu'il auoit à faire selon la grãdeur & portée de son esprit: & faisant à tous mes seruiteurs faueur, selon le poix de leurs meri
te: Chose trop longue à te deduire: suffise
toy Seigneur Comite, qu'estant en ceste
tranquilité & repos de mon esprit, cogneu
des hommes vertueux, non toutesfois biẽ
voulu de quelques fauoritz des dieux,
fortune ialouze de mon heur, ou peut e-
stre me prenant pour vn autre, me procu-
ra tout le desastre auquel tu vois que ie
suis. COM. Et vrayement tu auois trop
trop bonne ame pour estre enuoyé aux
galeres. IESCL. Ie prosperoi & accrois-
soys moyennement mon auoir, sans faire
tort à autruy: mon bien pour te le faire
court, a esté cause de ma ruine. IESCL.
Et comment estois tu si sot, puis que
comme homme de cerueau tu pouuois discerner aisément que l'origine
de ton mal heur prouenoit de tes richesses, que tu ne les abandonnois pre-

DE LA LOY. 218

mise que tomber en tel accessoire). ILL VS. CI L. Il n'en a pas tenu à moy, & le Castor me donnoit enseignement de ton dire : mais il estoit necessaire afin qu'on n'y faillit de pretexte, prendre le corps pour auoir confiscation de mes biens. Glo. Ma. Tu. nous contes icy merueilles, comme si ceux qui tienent la iustice en main se souffrent de tant oublier. IIILESOB L. Ceux dont tu parles iugent par l'examen & instruction de tesmoings, à cause dequoy est fort facile leur imposer, sans toutesfois que pourtant il leur faille rien improperer de leur office. Car leur estant la loy prescrite comment ilz doibuent proceder sur nostre vie ou nostre mort, que peuuent ilz faire de moins, que s'arrester en la preuue qu'ilz ont tirée de l'asseurance & confrontation de quelques hommes, de la parolle desquelz despend le fil de nostre vie, en tel cas? Et pource que n'est point à mes iuges à qui s'en porte ma hayne, ny semblable à celuy qui par vn don gratuit de mon Prince possede auiourd'huy tout mon bien, car parauanture par vne mesgarde

Ll iij

& souz vn faux donné à entendre, cest il acheminé à la pourſuitte de ma ruine, & à qui doncques ? peut eſtre à mon inſtigation, certes nenny: pour autant que i'ay opinion que par permiſſion diuine, ceſt hōme ayt eſté ſuſcité pour executer contre moy le iugemēt de Dieu, lequel à la longue s'il luy plaiſt ſortira à meilleur effet. Com: Et ie te iure mon Dieu qu'oncques telle patiéce ie ne veiz deſſouz ceſte chappe du ciel, mais encores, as tu poinct eu de regret aprés la perte de tous tes biens, d'eſtre expoſé aux baſtonnades & anguillades de ces galeres, *** N'en fais doubté, d'aultāt que ie n'aprouuay & n'eſprouuay iamais l'indoleāce tant preſchée & ſolemnizée par quelques vieux radoteux & Philoſophes de pierre, toutesfois ayant par vne longue traite recuilly mes eſpritz, ioinct que c'eſtoit vn faire le fault duquel ie ne me pouuoi diſpenſer, ie cōcluz de porter mon mal non ſans grande douleur de mon corps, eſtant inacouſtumé de recepuoir telles careſſes, mais auec telle patience que le diſcours des choſes humaines me le pouuoit moyenner. Parquoy amaſſant toute ceſte maſſe de l'yniuers enſemblement, ie commençay à courir ſur les Rois, Princes, & grands Seigneurs, puis ſur les Magiſtratz & autre telle maniere qui tiennent le ſecond rang entre nous, & ainſi de l'vn à l'autre entretenant mes diſcours, ie voyoi que nous tous tirions vnanimement à la rame, non vraiement manuellement mais que chacun de nous eſtans ainſi qu'en vne grande mer, agités de flots & vagues n'eſtions nõ plus que de pauures galiots, iamais en repos, iuſques à ce qu'euſſions pris terre receptacle de tous noz maulx, quand apres auoir ſatisfaict au commun cours de noz miſeres, en fin de ieu ſommes contraincts luy ſacrifier la derniere deſpouille de nous, car ſi tu y prens garde de prés, tu trouueras que combien que le populaire ſoit ſerf & vaſſal des grands ſeigneurs, qu'eux meſmes en ceſte affluence de biens & faueur de toutes choſes, ſe rendent les vns des autres eſclaues, pour ſe maintenir en grãdeur: Parce qu'vn chacun plus veut il eſtre grand & embraſſe l'ambition, plus ſent il de fleaux & moleſtes dãs ſõ eſprit: tellement qu'au plus grand contentement de ce monde encores n'eſt-il pas content.

POVRPARLER

Or est ce vne chose asseurée qu'oncques aulcun de nous ne nacquit, moyennant qu'il feust accompaigné de quelque petit esprit, qu'il n'aspirast quant & quant à monter aux honneurs, & aux biens, sans trouuer assouuissement, ainsi sommes nous tous miserables, voire ceux qui par commune reputation des idiotz sont icy tenuz pour heureux. A bon droict donc seigneur COMITE, doy-ie prendre consolation, puis qu'en ma grande aduersité i'ay compagnie de grands Roys. COM. Consolation peuz tu prendre en ce grand repoz d'esprit, & à la mienne volonté, cher amy (car ainsi te veux-ie nommer) que tels ESCLAVES que toy gouuernassent noz Republiques, ou pour le moins que les Magistratz qui me ressembleroient de cerueau, tinssent le lieu que tu tiens icy. Et au surplus, tant s'en fault que i'esgale la condition de plusieurs tyrans à la felicité de la tienne, qu'au contraire ie t'estime sans aucune comparaison plus heureux: attendu que sans aucune forfaicture en vne tranquilité d'esprit, tu souffres quelque mal du corps, & eux en vn aise du corps endurent vne infinité de trauerses d'esprit, &

remords de conscience, auec vne perpetuelle tare & infamie, qui leur demeure & leur demeurera de leurs extorsions tyranniques. Parquoy, te voyant de si bonne paste, ie me delibere desormais iurer vne eternelle aliance auec toy, à la charge que tu pourras faire estat de moy comme de ta propre personne. II. ESCL. Seigneur COMITE, i'accepte ta bonne volonté, en attendant qu'auec plus heureuse fortune ie te puisse donner à cognoistre combien i'ay ton amitié aggreable. Et toutesfois puis qu'en ceste mienne aduersité tu me veux faire tant de bien de me choisir des tiens, encores ne me puis ie abstenir que ie ne te recommande cest Italié, lequel ie te pry auoir en mesme degré que moy, par ce qu'il n'en est indigne & y a quelque cas en luy duquel tu doibs faire côte. COM. Ie ne t'esconduiray, pour ce coup, & ores q̃ ie sache biẽ q̃ no' autres & luy soyõs grandemẽt differés, de meurs & cõplexions, pour la diuersité des pays, q̃ la nature mesmes voulut separer d'vn grãd entreget de mõtaignes, pour n'auoir riẽ q̃ sourdre ou ptager les vns auec les autres, si le veux ie biẽ à ta semõce aiouster à nostre cõpagnie en tier pied, afin que doresnauãt

Ll iiij

par ton moyen & le sien nous puissions tromper la marime, par quelque propos d'eslite, pendant que ces aultres forçatz, pour toute consolatiō, s'amuserōt de s'entretromper de bayes, & donner la mocque l'vn à l'autre.

L'ALEXANDRE,

ALEXANDRE RABELAIS.

Alex. VRAYEMENT comme nous disions ce feurent de grandz merueilles, & eust esté fort malaisé de penser qu'en vn instant mon Royaume se feust eschantillonné en parcelles, ny que ce miserable Antipatre & ses complices, non assouuiz de ma mort, n'eussent voulu côtenir leurs mains à l'endroit de tous les princes de mō sang: & pour vn desir de regner violer tout droit diuin & humain. RAB. Il est ainsi cōme ie te di, & croy que ie n'ay esté le premier qui t'en ay apporté les nouuelles: & à bien dire de cette conuoitise de regner tu t'en doibs prendre à toy mesmes, qui leur en baillas le modelle. ALEX. Tu t'abuses, car si tu feuz oncq' bien informé de mes faits iamais il ne m'entra au cœur de commettre vn acte lasche & meschant: ains tant que la Iustice, la Foy, la magnanimité & courage ont peu auoir de credit en vn Prince, tãt l'õt elles trouué en moy: voire iusques à exercer la vengeance, en faueur de mes ennemys, encõtre ceux qui par voyes sinistres leur auoiẽt ioué tours de lascheté. Et qu'ainsi soit ie m'en rapporte à l'execution & supplice que ie fei prendre de Bessus, qui auoit trahistreusement mis à mort son maistre Darius, pour s'emparer des Bactriens: combien que peu apres à Porus voulant regner de bonne guerre entre les Indiens, & faisant tout debuoir d'ennemy, mais toutesfois d'homme de bié pour se maintenir encõtre moy en grandeur, tant s'en faut que ie m'aigrisse en son endroit qu'estãt tombé à ma discretion, sans qu'il me requist pardon ie le restably en tous ses estats & hõneurs, tellement que ie n'eu iamais ennemy destiné quoy que ie le guerroyasse, mais d'vne gayeté de cœur i'entrepri de courir le monde (comme en vn ieu de prix) pour faire espreuue de ma vaillance, contre celle des autres: aidé en cela d'vn iuste desir de vengeance des tortz & outrages receuz par la Grèce, des anciens Roys de Perse. Au moyen dequoy mes grandz ennemis feurent forcez mesmes en leurs grandes infortunes fauoriser ma fortune, & requerir aux puissantz dieux que s'ilz auoient à les despouiller de leurs Royaumes, ilz ne permissent qu'autre que moy s'en inuestit. Et toutesfois après auoir reduit en paix toutes les affaires de la Grece, apres auoir rendu tributaires vne Cilicie, Carie, Lydie, Capadoce, Phrigie, Paphlagonie, Pamphilie, Pistie, Surie, Phenicie, Armenie, Perside, Aegypte, Partie, Illyric, Bactrie, Hircanie, Scytie: & qui plus est l'Inde auparauant cognuë seulement de son nom, apres tant de trauaux & fatigues, tu me contes qu'vn chacun feit eschantillon de mon Empire à son prosfit, & que tous mes parents demeurerent non seulement en croupe, mais aussi feurent miserablement meurtriz, par ceux que i'auoy esleuez. R A B. Ne t'en esbays Alexandre, car toymesmes, lors de ton deceds, respondiz à ceux qui te demandoient lequel d'entr'eux il te plaisoit eslire pour son successeur, Celuy, diz tu, qui par recommandables exploictz s'en rendra le plus digne : sententiant par ce moyen contre les tiens (lesquelz où par deffectuosité de sens ou d'aage, se trouuerent inhabilles à soustenir si grand faiz) leur faisant non seullement tort par ceste sentence, mais donnant certaine ouuerture de discordes & partialitez, entre tes Capitaines, chacun d'eux pretendant que la Couronne par son testament & ordonnance de derniere volonté luy debuoit competer & appartenir. Pour à laquelle faire sortir son effect, feurent contraincts d'en apprendre la decision par les armes, à fin qu'au plus habille d'entr'eux demeurast en fin la febue: toutesfois, se trouuantz egaux partirent entre eux le gasteau, demeurans les tiens supplantez. ALEX. He vrayement encores debuoit on auoir cognoissance de mes bienfaictz, & en faueur de moy tenir en quelque nombre les miens, comme ceulx, ausquelz par droict successif appartenoit, sinon la Monarchie des Perses, pour le moins la Couronne de

Macedone. RAB Ce que tu diz est veritable: toutesfois quand quelqu'vn cest emparé, à bonnes enseignes, d'vn Royaume, iamais il ne defaut de titres, pour le moins qui soient coulourez ou d'vne infinité de tesmoins, lesquels au lieu d'vne plume & ancre signeront à la pointe de leur espée, & aux despens de leur sang, que le Royaume leur appartient. Dauantage il y a depuis ton deceds vne certaine reigle qui a gaigné la vogue parmy les grands. C'est qu'en matiere de Royaumes il faut estre chiche de foy & iustice à ceulx qui les veulent occuper. Car ceste enuie de commander n'entrant iamais qu'en grād cœur (comme tu sçais trop mieux de toy mésmes) si est-ce que, la pluspart du temps, ceux qui t'esgalerent en courage, n'eurent pas la fortune en main cōme tu euz: Ainsi sont ilz ordinairement semondz se seruir des occasions, selon que le temps leur en presente l'auantage: ores que ce soit cōtre droict, asseurez qu'estans arriuez à leurs fins, ilz trouueront prou de pretextes hōnestes, pour donner feuille à leurs possessions & iouissances. Chose qui ne se trouuera auoir esté requise en toy, qui euz vne prouësse accompaignée de bon heur, & vn

DE LA LOY. 233

bon heur en tous tes faitz guidé d'vne inestimable proüesse. ALEX. Et quant à moy, j'estime que s'il pleut aux dieux me doüer de tant de faueurs, ce feut pour autant que j'en estois digne. Au contraire ceulx dont tu parles, encores que pour quelque téps leurs affaires leurs succedent bien, si demeurent ilz assiegez d'vne perpetuelle crainte de ceux lesquelz ilz priuerent de leurs Royaumes, qui se ressentent à tousiours du tort qui leur à esté faict. RAB. Voilà pourquoy les plus saiges, pour asseurer leurs estatz, ruinent de fonds en cōble & la memoire, & la maison des seigneurs, sur lesquelz ilz ont praticqué telles voies, affin qu'à l'aduenir ils ne se ressusciter aucun, souz l'adueu duquel, on leur face teste, comme je te disoi, m intenant estre aduenu à ta famille. ALEX. Voire mais quand toutes choses leur seroient reüssies de ce costé là à souhait, si ne se sçauroiét ilz toutesfois asseurer de la part du peuple, qui d'vn certain instinct est tousiours plus affectióné enuers son Prince naturel, que d'vn autre qui se faict adopter par moyés ainsi obliques. RAB. Le peuple fauorize aux premiers, selon le bon traictement qu'il en reçoit, d'autant qu'il

eschet quelquesfois que les subiectz mal
traictez de leur propre Prince, ne demandent
que changement: affin que le
nouueau receu pour captiuer leur bien-
veuillance, les remette en leurs anciennes
franchises, & libertez. Et au surplus
il ne fault faire estat general de la vie
ou mort des Roys, par ce que leurs euenemens
sont diuers selon les iugemens
de Dieu, & non selon ce que nous estimons
estre en eux de merite. Qu'ainsi
ne soit, si tu estois en l'autre monde, tu
pourrois veoir aduenir qu'vn Roy d'vne
anciéne souche, fauorisé de la plus grande
partie de son peuple, sera neantmoins
par vn ie ne sçay quel desastre ou opinion
à tort imprimée de luy, mis à mort par
les siens mesmes: comme tu pourrois
bien sans cercher exemple plus loing donner
tesmoignage de toy. Quelqu'autresfois
il auiendra qu'vn autre, qui contre
tout droict & raison aura vsurpé la Couronne,
voire depossedé le peuple, auec
mil meurtres & massacres, de son ancienne
liberté, receura tant de faueur
des corps celestes, qu'il viura en tout
honneur & seureté auec ses subiectz,
sans que sur la fin de ses iours il

reçoiue autre violance que de sa mort naturelle: Quoy ne voys tu là cest Auguste, qui a le bras encores tout ensenglanté de la mort de tant de notables personnages zelateurs du bien public, estre neantmoins diapré & reuestu d'vn diademe, auec vne singuliere amitié & reputation de tous? Tu me diras parauenture qu'apres auoir commis tant de meurtres, il se reconcilia à son peuple, par vne infinité de grands dons. Voy ie te pri aupres de luy ce Iules Cesar son oncle, qui apres la guerre Ciuile, par telz attraictz & allechements, voulut gaigner la faueur des grands & petits, si feut-il miserablement mis à mort par ceux qui luy deuoient la vie mesme: tant ne peult faillir en nous ce qui nous est determiné: Et de forger apres humainement les raisons de telz accidens, c'est le faict d'vn cerueau creux & esgaré, ains fault atribuer telz desnemenz au grand Dieu, qui par vn mistere caché s'en reserua la cognoissance. Et au demeurant, es grandes affaires vser du present, sans se soucier du futur: guidanz toutesfois de telle façon noz œuures, que selon la conduicte d'vn bon iugement humain il ne nous en puisse meschoir. ALEX. Ie t'entend tu veux dire que pour crainte de mort ou de vie, il ne faut laisser eschapper les Royaumes en quelque façon que ce soit, quand les occurrences y sont. Et ie te dy que quand il n'y auroit que le remords de conscience qui nous liure les premiers assaults à l'article de nostre mort, & ne nous laisse iamais, ains poursuit iusques à l'autre monde, que c'est vn suffisant obstacle pour diuertir noz pésées de telles malheuretez tiranniques. Qui soit vray auises ce mesme Auguste quoy que par superficielle monstre il face le bon compagnon, toutesfois cóme il a par le derriere le cerueau tenaillé de só propre remordz. Estimes tu qu'il en soit moins de ces paillardz Antipatre, & Cassandre, & leurs complices vers lesquels si tu tournes ta veuë, tu les verras n'estre tourmentez d'autre furie que d'eux mesmes. Et quant à moy cóbien que mon desastre sur la fin de mes iours feust tel que par les miens mesmes me fut presenté la poison dont finalement ie mourû, si est ce que ny a ma mort, ny apres, ie ne me senty iamais combatu d'aulcune sindérese de conscience, par ce qu'en mon ambition

tion il ne m'aduint iamais faire acte qui ne fust Royal. Premieremēt affin que par le menu ie te raconte quelques discours de mon grand cœur, sur mon auenement à la Couronne encores que ie feusse en bas aage, & trouuasse toutes choses en desarroy, tant pour la mort inopinée de feu mō pere, que pour les partialitez & reuoltes qui se brassoient encontre moy, si est-ce que, contre l'opinion de tous, i'asseuray de telle façon mes estatz, que chacun commencea à conceuoir vne incroyable esperance de moy. De maniere que par vne generale diete ie feuz des ligues de la Grece esleu pour Capitaine general, pour entreprendre le voyage de la Perside: En quoy ie me portay d'vne telle brauerie que la où les autres Princes aux grans appareilz & entreprinses sont coustumiers de surcharger leur pauure peuple d'infinies tailles & impostz, moy au contraire donnay exemption aux miens de toutes charges, horsmis seulement de la guerre: Et pour le regard de mon domaine i'en feiz telle part à mes principaux Capitaines, pour les animer à ma suitte, qu'il ne m'en resta aucune chose. Ce qu'aperceuant l'vn de mes fauoriz Perdicas s'enquist de moy qui me demeureroit de referue: l'efperāce d'vne grande conquefte, luy refpondy ie: qui fut caufe que luy & les autres à fon exemple remettantz entre mes mains les liberalitez dōt i'auoy vfé enuers eux, voulurēt auoir part au mefme butin que moy. Ainfi contre ma volonté ie demeuray faifi de tout mō domaine, & toutesfois en grāde reputation enuers les miens. Quoy? à la premiere defcōfiture de Darius de quelle courtoyfie vfay-ie enuers fa femme fa mere & fes enfans? dequel deuil paracheuay-ie les funérailles de fa femme, & celles mefmes de Darius, quand au piteux eftat qu'il eftoit, me defpouillay de mon manteau Royal, pour en couurir fon corps mort? Quelle faueur pratiquay-ie enuers fa fille aifnée que ie ne defdaignay de prēdre à compagne & efpoufe? Tellemēt que peu apres mō deceds ie feu auerty de quelques vns qui vindrēt de l'autre mōde que Sigigambis mere de Darius auertie de mō infortune, & portāt plus d'amertume de ma mort que de celle de fon propre filz, pour les grādes obligatiōs quelle auoit receuës de moy, me voulut peu apres faire cōpagnie. Tant y a que ie compofay d'vne telle façon tout le cours de ma vie, qu'enco-

DE LA LOY.

res qu'esmeu d'vn zele d'extreme ambition & honneur ie macheminasse à vne si grande conqueste, toutesfois ne se trouuera qu'il y eut iamais en moy tache de vilenie, ou auarice: ny mesmes que pour arriuer à ceste extremité de grandeur, ie souillasse ma renommée d'vn tour lasche & chetif? Aussi me vois tu icy franc & libre, & non accompagné d'vn remordz, comme la plufpart de ces autres Rois, voire que mes ennemys mesmes deuant la face de Minos prindrent la cause pour moy. RAB. Cettuy certainemét est vn heur, mais tu ne dis que peut estre tes propres amis se feirent parties formelles encontre toy, auec lesquelz tu te portas de plus estrange façon qu'à l'endroit des estrangers. ALEX. Cóment? ay ie laissé quelq mauuaise bouche de moy apres ma mort. RAB. Que t'en va il de pis ou mieux pour cela à ceste heure que tu es icy, & q̃ depuis deux mil ans en ça, ou enuirõ, tu as satisfait au cõmun deuoir de nature? ALEX. Ha ia à dieu ne plaise q̃ ie m'é soucie si peu, car ores que i'eusse fourny à nature si n'auroy-ie satisfaict à mon propre cõtentemét. RAB. Ouy bien si tu estois en l'autre monde, ou quelques flateurs pourroient chatouiller tes aureilles d'vn honorable recit de tes faicts : mais à present ne vois-tu que pour tes paradoxes prouesses tu n'es rien plus que nous tous ? D'ailleurs n'as tu pas peu apprendre de ton grand maistre Aristote le peu de compte qu'il feit d'vn mesdisant? qu'il me batte encor' en mon absence (feit-il) Aussi de te soucier apres ta mort quel tu sois enuers le commun peuple, c'est acte de trop grande curiosité : attendu que nous aultres de l'autre monde debuons auoir l'esprit fisché en considerations plus hautaines, que ne font ces choses basses, villes & terriennes, desquelles tu te ronges la pensée. ALEX. Ha pour Dieu ne m'vses point de ce langage : aultremét tu m'inuiterois à lamenter mes trauaux, ausquels ie ne m'exposay iamais sinon souz vne braue attente de l'immortalité & de mon nom, & de mes faicts. Pour ceste cause si i'en suis bien memoratif fei-ie quelquesfois responce à aucuns de mes Capitaines plus soucieux de ma santé que moymesmes, que ie mesuroi ma grandeur, non point au cours de ma vie, ains de la gloire q̃ i'esperoy quelque iour en receuoir. Ainsi considere ie te pry quel

Acte de trop grande curiosité.

regret ce me seroit me veoir maintenant frustré d'vne si longue esperance. Et pour ce conte moy ie te pry, qu'elles nouuelles couroient de moy parmy le monde, quád tu nous vins veoir en ces lieux. RABE. en bonne foy toutes vieilles, & celles que tu viens presentement de deduire: que tu feuz en premier lieu vn parangon de tous les Roys qui oncques nasquirent dessous la chape du ciel, entreprenant brauement, & executant heureusement tes entreprises. Car de prudence & moins de temerité quelques vns en desirent en toy. ALEX. Ceux qui la desirent en moy ont eux mesme faute de prudence, & ne cognoissent que i'auoy certaine & asseurée cognoissance de ma fortune, ie ne te nie pas que par fois les aucuns, par ignorance, ont plus de confiance en leurs entreprises que la raison ne voudroit : & aussi par fois, pour trop se fonder en raisons, les autres sont trop tardifz à executer leurs desseins. Mais quand lon cognoist sa portée, sans se soucier des trauerses qui peuuét s'offrir en chemin, il ne faut faire aucunemét doute de se soumettre hazardeusemét aux dágers, d'autát qu'il n'en vint iamais qu'vne heureuse ressource. Mais à ceux qui sont

Mm iij

bien nez, comme ie me cognoissoy, & faut penser que la nature ne nous accompagne iamais de hautz & magnanimes desirs, que semblablement elle ne nous baille la fortune pour nostre escorte. Mais pour n'entrerompre ton propos. RAB. On dit aussi que tu feuz Prince chaste le possible, vsant d'extreme diligence, hardy de ta personne, & qui est le comble de tes louäges iuste (comme tu as récité) & droicturier à l'endroict de tes ennemys. ALEX. Vray dieu quel plaisir ie reçoy escoutant tenir telz propos. RAB. Mais escoute ceux qui t'exaltent ainsi dient que tu obscurciz ta gloire de plusieurs autres grands vices, lesquelz mis en comparaison auec tes merites on ne sçait de quel costé balancer. ALEX. Ha que dis tu? RAB. Ie ne te mens d'vn tout seul mot: en premier lieu ilz diēt que tu t'oublias grandement quand nay & extrait d'vne nation Gregeoise, florissante dessus toutes autres, toy qui auois reduit sous tō obeissāce la Perside, & vaincu deux ou trois fois vn Darius, toutesfois obliāt tes premieres façons chargeas sur ta teste la Tiare Persique, entremeslātz tes habitz auec ceux de ces barbares, te descouurant par ce moyen en vainquāt auoir esté plus vaincu qn'auparauāt ta victoire. ALEZ. Et bien ny a il que cela. RAB. Ilz adioustent la grande faute que tu commis, quād d'vne outrecuidée opinion, vilipendant le lieu dont tu estois issu, te feiz appeller filz de Dieu : & non content de ce te vouluz faire adorer des tiens, lesquels ce neantmoins tu sçauois estre de condition franche & libre, c'est à dire sortiz du pays de la Grece, & nō de nation barbare. De la passāt ailleurs on dit que tu estois bō coustumier de te forboire. Chose toutesfois que de ma part i'ay tousiours trouuée excusable, excepté que pendāt que tō vin cuuoit tu estois de fort difficile accez, & tel qu'à ton grand deshōneur, tu ne pardōnas mesmemēt à ti ē grād amy Clitus qui estoit ton oncle de laict, & frere de ta mere nourrisse. D'auentage la plus part mesme ne se veult taire la mort de Parmenion & Philote, par le moyen desquelz & toy & ton pere auiez euës tant de victoires. Tous lesquelz blasmes bien digerez donnēt tel obscurcissemēt à tes louāges, qu'il ny a presque hōme viuāt qui n'en murmure cōtre toy, quād il y pense. ALEX. Et viē çà vien, qui sont ceux, par le moyē desqls le monde est auiourdhuy informé le tour cecy. RAB. Deux personnages qui se sont dediez de deduire par escript toute ta vie. ALEX. Sont-ce personnages de marque? RAB. non pas tels que tu dirois bié, ou que tu eusses souhaité, mais en defaut de meilleurs ilz sont approuuez de la cómune. ALEX. Ie te iure le grãd Plutõ q̃ ie cognoi ia l'écloueure, & tu peuz par la descouurir que nõ sans occasiõ ie desiroi que mes gestes feussent redigez par historiographes Royaux. Car si ceux dõt tu parles eussent esté de bõ discours, ilz eussent tout autrement dõné de moy à entédre qu'ilz n'ont fait. Car entant que touche ce premier defaut que tu n'imputes de chãgemẽts de vestémẽtz, ie te supply dy moy, que pouuoiie moins faire pour l'aduancemẽt de moy & des miés, m'estant par lõgues peines impatronizé de ceste Monarchie des Perses, sinon pour m'en rẽdre paisible possesseur, & sans renouuellement de guerre, familiarizer de quelque chose auecques eux: Au moyé dequoy (cõme si i'eusse esté leur propre Prince & naturel) quittay habillemẽts à la Macedonienne, pour faire paroistre à ce nouueau peuple conquis, que ie ne pretédoie estre Roy moins debõnaire en son endroict qu'auoit esté Dari⁹. Et si m'aiday de luy en plusieurs expeditiõs & entreprises, cõme ayãt grãde confiance en luy: voire estant Darius deceddé ie m'emparay de l'ancien cachet des Rois de Perse, duquel ie cachetoy mes lettres, lors que i'escriuoy aux Persans, sans que pour cela neãtmoins ie laissasse de suiure mon train ordinaire, escriuãt à mes Macedoniens. A tõ aduis pouuoi-ie mieux tenir les cœurs de ceste grãde Monarchie à ma deuotiõ, que m'entretenãt en ceste façõ auec eux? Pour ceste cause quelquesfois leur commyie la garde de mõ propre corps: enquoy ie les rendiz tellemẽt miẽs, que sans aucune difficulté ie pouuoy faire estat de leur vie, cõme de celle de mes Grecs. Et toutesfois quelque murmure qu'en feissent les Macedoniés, tu n'ouiz iamais (cõme ie croy) dire que i'en traitasse les miens plus mal. Au contraire la pluspart d'eux las & recreuz des lõgues guerres, m'ayãt demandé cõgé pour retourner voir leur famille, ie leur abandonnay à leur poste la somme de dix mil talents, pour en prendre chacun deux à leur conscience, & sans aucun contrerolle iusques à la concurrence de ce qu'il penseroit debuoir à ses creanciers. Ce neantmoins tu me diz qu'au moyen de certains escritz le peuple est mal embouché, en cest endroict de mon faict. He vrayement telz escriuasseurs en ont deuisé à leur aise: Mais entre le faire & le dire il y a bien grande difference, & failloit bien (puis que la fortune sur mon premier abord m'auoit esté tãt fauorable à la conqueste) pour m'entretenir en reputation que ie misse toute mon estude à conseruer mon acquiz. Tu m'improperes que, par presumption aueuglée, ie me fey en Aegyte appeller filz de Iupiter. Voyie te pry cõme toy ny ce sot populaire n'entendites iamais mes desseins. Et affin que ie t'oste de cest erreur, estimes tu que lors que ce grand prestre de la loy au temple de Iupiter Amon, pour me bien ueigner, m'apella d'entrée son filz, ie feusse si hebeté que ie n'entédisse fort bien de quel sens estoit proferée ceste parolle? Et toutesfois comme estant d'vn esprit remuant specialement és choses qui appartenoient à ma grandeur, faisant mon profit d'vne parole non pésée, luy fermay la bouche à ce mot: disant qu'auec mil reuerences i'acceptoy ce tiltre de filz de Iupiter Amon, & que de bien bon cœur ie le recognoissoi pour pere Enonoy, combien que ce prestre eust voluntiers ou retracté ou explicqué plus entendiblement son dire, si le cheualay-ie en tous ses propoz de si prés, rapportant le demeurant si pertinemment à ceste premiere parole, que luy mesme, soit qu'il me voulust gratiffier, ou qu'il decouurit le fondz de mõ intention, cõdescendit à mõ vouloir, auant que nous departissiõs, non toutesfois que ie ne feusse fort biẽ acerté de mon estre: Mais voyãt que i'auoy encor' a exploicter long chemin, & que desia par mes hautz faictz la renõmée de moy couroit par tout l'vniuers, cõme d'vn autre Hercule, i'estoi fort cõtent d'imprimer ceste opiniõ de diuinité és cõtrées, desq̃lles i'apprehédoi la victoire. Qui soit ainsi tu trouueras que mille fois depuis le voiage d'Amõ, ie recogneu Philippe pour mõ propre pere, & souz ceste impression ie cõquestay toute la Perse. Mais lors que ie voulu prendre la route des Indes, alors veritablement m'estudiay ie de réimprimer ceste opinion de deité, qui m'auoit esté prononcée au pays d'Aegypte: Et de fait, aidé des harengues d'vn Cleon., ie me fei sur ceste mesme saison adorer de ceux de la Perse: non pourtant des Macedoniens ayant tousiours esgard à leur rang.

Et pour autant que ie voyois qu'vn certain escholier Calisthene pensant contrefaire le sage, m'estoit vnique refractaire en chose qui m'importoit de tant pour mō entreprise, ie luy pourchassay sa ruine, mais quoy? me scauroit on donner le tort de ceste mort? Car comme tu peuz imaginer, il n'eust saillu qu'vn tel mutin pour arrester par ses folles persuasions le cours futur de mes victoires, & destourner ceste opinion de diuinité, laquelle m'apporta puis apres tant de prouffit sans coup ferir, que plusieurs petitz roiteletz qui eussent peu tenir mes entreprises en bride, souz ce faux bruit, se submirent à ma puissance, disantz tous d'vn commun accord, qu'apres Bacchus & Hercules, i'estois le tiers des enfans de Iupiter, qui de l'Europe, auoit passé iusques aux Indes. Au moyen de quoy pour l'espargne & de mon temps & de mes gens, il feut expedient qu'vn Calisthene mourut, en la teste duquel il n'entroit que apprehensiōs scholastiques & non discours dignes d'vn Roy. Au demourant tu n'ignores combien ceste opinion de diuinité produict entre les humains de merueilleux & incroyables effects. Cours moy de l'œil toutes ces contrées que tu vois eſtre en ces bas lieux cy, diſtinguez ſelõ leurs bornes & limites, tu ne trouueras aucun perſonnage d'eſtoffe, qui pour authoriſer ſes penſées n'ait voulu donner à entendre qu'il euſt familiarité auec les dieux: Ainſi vois tu là ce Solõ au canton des Atheniés, leur faire accroire qu'il communique de ſes ſecretz à Minerue, le Lycurge aux Lacedemoniens auec Apollon, aux Romains ce Pompilius Numa abuſer du nõ d'Aegerie la nimphe, & vn petit quidam de Sertorius tenir le cœur de ſes ſoldatz à l'occaſion de ſa biſche: Et ſi tu veux eſtendre ta veuë plus bas, ne vois tu en ceſte arriere coſte Mahommet, & nõ pas loing de luy ce Sophy tous deux, par ces meſmes moyens, s'eſtre emparez de la plus grande partie du Leuant, & ſans t'eſlongner de ta France ne vois tu ceſte Ianne eſcheuelée, & encor' toute eſplorée, du mauuaiſtour qu'on luy ioua ſouz ce meſme maſque, auoir pl⁹ faict de beſongne que ne peurent faire tous les plus braues Capitaines, qui pour lors gouuernoient la France. Or feurent tous ces perſonnages eſtimez de bon eſprit. Moy ce nonobſtant Alexandre (moy dy-ie) qui pour la grandeur de mes faicts emportay le surnom de Grand, suis reputé lourd & goffe, pour m'estre dict filz de Iupiter: Et pense ce simple populaire, que pour vne vaine vanterie, ie voulusse me faire approprier ce nom! Ie meure encores vn coup Rabelais, si ceux qui m'estimerent si hebeté ne feurent bien plus hebetez, d'autant qu'on a peu mesme descourir que, quoy que i'vsasse ordinairement en mes entreprises de la superstition des deuins, si ne me rangay-ie iamais à leur volonté, sinon entant que de leur art ie pouuoy tirer vn rapport qui fauorisast mes desseins, pour encourager souz l'ombre de telles friuoles le cœur de ma gendarmerie : voire & si contraigniz Aristandre l'vn de mes principaux deuins, voulant passer en la Scythie, de me donner responce, non point suyuant son aduis, ains seulement suyuant le mien, qui me succeda si a poinct, que i'en rapportay telle victoire, qu'vn chacun depuis peut sçauoir. Lesquelles choses te peuuent donner à entendre, que pour meilleure fin que le vulguaire n'a estimé, i'vsay à mon aduantage de telles superstitions, & de l'authorité de Iupiter.

ET POVR LE REGARD de l'iurõgnerie que tu mas voulu mettre à fus, quand eſt-ce ie te ſupply, que le boire m'a faict oublier mon honneur? ie ſçay bien que tu m'obiecteras la mort de l'vn de mes gentils-hommes Clitus, mais lequel eſt-ce à ton aduis qui s'oublia le plus de nous deux, ou luy qui d'vn eſprit contradictoire, ſe voulut formalizer côtre moy, iuſques à belles iniures, ou moy qui les ayant longuement remaſchées en mon eſprit, feu contrainct en fin de tourner mon ire en furie, & executer contre luy ce que la cholere iſſuë d'vne iuſte douleur me dicta? Car qu'elle ſotie eſtoit-ce à luy de paſſer de la comparaiſon des geſtes de feu mon pere Philippe, à ie ne ſçay quelz reproches cauſez ſur ma fole diuinité? ſur la mort de Parmenion & Philote, & autres mil propos de pique, qui me touchoient de ſi pres, que s'il fault entrer en comparaiſon de luy à moy, chacun luy en bailloit le tort: Tellement que le plus ſobre homme, voire de la plus petite condition de ce monde n'euſt tant ſceu commander ſur ſoy, ce que lors vne iuſte ire (i'ay cuydé dire vne iuſtice) me commãda d'exploicter. Et comme tu ſçais

vn suget doit sçauoir comme il parle a son Prince: singulierement des choses des quelles la memoire peut esmouuoir vne indignation, ou esclandre de son peuple encontre luy. Et ores qu'il soit vtile, ne luy celer la verité, si est ce que en cecy y est la discretion requise du temps, des lieux, & des saisons, lors veut vser de son office. De maniere que ces choses bié considerées, on trouuera que ce Clytus s'estant oublié de tout poinct, auoit enuie de mourir! Et te diray d'auantage s'il est loisible se repentir d'vn bien fait, maintenant que ie t'entends ainsi parler, ie ne suis point tant marri de la mort de ce Clitus, que de la penitence que i'en fei apres auoir quelque peu recueilly mes esprits. Car le peuple qui iuge seulement des choses, par la superficie & escorce, estimât que toutes repentances preignent leurs source d'vn peché, pensa incontinent qu'il failloit qu'il y eust du default en moy: non toutesfois considerant que non ma faute, ains ma debonnaire nature feut cause du deuil que i'en menay. Parquoy tu fouruoyes grandement & toy & chacun, de m'inputer ceste mort, estant l'iniure de cest audacieux personnage commise en la personne

sonne d'vn Roy, & telle qu'elle ne se pouuoit reparer, ou pour mieux dire expier, que par la mort mesmes. Au surplus dy moy, ie te pry, quand me veit ôn par mes bancquetz ou delices (si ainsi tu le veux apeller) mettre en nonchalloir mes conquestes? ie ne te nie pas que par fois ie n'y aie esté excessif. Car rien ne pouuoit porter de petit l'esprit de ce grand Alexandre, quelque part qu'il le tournast: mais que ie me sois aneanti, tu ne l'ouis iamais dire: ains combien & qu'en la ville de Babilone & en celle de Persepoly ie regaillardisse quelque peu mes espritz, si auoi-ie tousiours en butte la vaillantise & vertu. Au moyen de quoy ayant tousiours en imagination de poursuiure, iusques au dernier soupir la vengeance de mon propre ennemy Darius, encontre son meurdrier Bessus, qui auoit, ie ne diray point reduict ains seduict, souz son obeissance les Bactriens, ie croy que tu as peu entendre de la façon que ie m'y portay. Car estât tout monost fort empesché de bagage, & neantmoins, comme ie t'ay dit, ayât ce voyage fort à cœur, & de passer de la aux Indes, ie feiz apporter premierement toutes mes hardes en vne belle campagne, puis celle de tous mes soldatz, & attendant vn chacun quelle issue prédroit ce spectacle, apres auoir mis le feu dans les miennes, commanday qu'on bruslast les autres: si que sans aucun murmure, oubliantz les bons temps que nous nous estions par quelques iours donnez, ie reduysi toutes choses en leur premier train. Et à tant i'en trepris le voyage des Bactriens, & des Scythes: où ie ne te reciteray les neiges, les froids, les gelées, & mesmement la famine que nous eusmes à suporter, quand au lieu de chair & de forment, feumes contrainctz nous repaistre d'herbaige, & poisson, & finablemét, en ce defaut, de la chair de noz cheuaux de voiture. Ce neãtmoins tu peuz péser que si i'eusse eu le vin & delices en telle recommandation comme on dit, i'auois prou de pays à mon cómandement pour passer aisément & à mon plaisir ceste vie, sans prendre la volte des Scythes & Bactriens, desquelz, oultre l'honneur, ie ne me promettois rapporter aucũ gain que des cailloux. Partant tu peuz par la descouurir, q̃ ie n'asseruy oncques mon esprit dessouz les plaisirs, ains que i'asseruy seulemét le plaisir dessouz moy: & mõ esprit, faisant comme le bõ soldár, lequel

par fois choisist son aise quād il se trouue
de repoz, sans que pourtāt il pretéde s'exempter d'aucun trauail, quand l'occasion
se presentera. Au demourāt ce n'eut point
esté acte de mortel si ie n'eusse assaizonné mes trauaulx de quelques recreations,
entre lesquelles si tu trouues estrange
que i'vsay quelques fois de bancquetz
desmesurément, prens t'en à ce grand
Philosophe Platon precepteur de mon
Aristote, de la republique duquel i'auois
appris, pendant mon ieune aage, qu'il estoit bon de fois à autres faire bancquetz
& festins entre les siens, pour plusieurs
causes & raisons, par luy plus amplement
deduictes.

ET quant au Parmenion & Philote,
que tu dy nonobstant leurs merites
auoir par mon commandement esté mis à
mort, si tu sçauois combien la ialouzie est
familiere à tous Roys, mesmes au fait de
leur estat, tu ne m'en accuserois. Ie receuz plusieurs seruices de l'vn & l'autre,
lesquelz ie recognuz sās mesure tāt qu'ils
feirēt leur deuoir: mais quand ils tournerent leur robe, descouurant par plusieurs
demonstrations, l'animosité qu'ilz auoiēt
conceuë à ma ruine, ie leur iouay de con-

N n ij

treruſe, & telle qu'elle feut trouuée bonne par l'aduis de mon cõſeil eſtroit. Ne ſçais tu pas les lettres qui feurent ſurprinſes de la part de Parmenion? La confeſſiõ de Philote en mourant! & autres telles preſumptions ſi poignantes, que ie ne pouuois de moins faire pour ma ſeureté, que de vuider le pays de deux telz perſonnages, qui apres moy, auoient toute preeminence deſſus ma gendarmerie? Et pource ie te ſuply Rabelais de digerer mieux ces affaires, & penſer ſi de tout ce que i'ay deduict on me baille blaſme, ou on le doibt premier rapporter à ceux qui temerairemẽt & cõtre mõ ordonnance voulurent publier mes faictz. T'aduiſant au demeurant, qu'il ne faut qu'homme du monde entrepreigne de mettre la main à la plume pour eſcrire vne hiſtoire, s'il n'eſt digne par meſme moyẽ de manier les affaires: autrement le plus du temps ſouz vmbre d'vn iugement eſcolier & ſeulement par ce que, pour n'auoir rien veu, il luy ſemblera qu'ainſi il le faille faire, renuerſera par ſon beau parler les plus braues entrepriſes des princes, & extollera les plus ſottes: Et pendant vn ſimple peuple, qui ſe laiſſe du tout manier au plaiſir de ces beaux eſcriptz, demeure

à tort & sans occasion mal informé de nous autre. RAB. Tu n'es point certes, Alexandre, hors propos. Et de moy pour te dire le vray, ie ne m'amusay iamais à reprendre telles petites particularitez, mesmement en ce qui appartient au vin. Car si tu aymois le meilleur, aussi tant que i'ay peu ie ne beu iamais du pire. Mais i'ay trouué tousiours fort estrange que tu trauaillasses ainsi, non point pour toy, ains pour les autres, ausquelz tu donnois les charges des grandes Prouinces, lors que pour contreschange, tu te partageois seulement des grandes peines & fatigues : en ce cas ores que tu pensasses beaucoup faire pour toy, n'estant neantmoins autre chose que seruiteur de tes seruiteurs, suget de tes propres vassaulx, lesquels dormoient à leur aise (bien que souz ton hom) en cependāt que tu veillois, rioient lors que tu te tormentois, reposoient quand tu trauaillois, lesquelz actes n'estoiét autres q̃ de Royauté, & les tiens estoient purs seruiles.
ALEX. Iaimeroi tout autant que tu disses que l'homme feust serf de la beste, par ce qu'il aduient ainsi par le commun cours de nature, que la pluspart de tous les autres animaux n'ont aucune aisance de vi-

ure que par l'induſtrie de l'homme: Et toutesfois tu ſçais bien quelle prerogatiue à l'homme par deſſus tout autre animal. Parquoy ce que l'homme eſt ſus la beſte, auſſi feuz-ie deſſus tous les miens, n'eſtimant aucunement mon plaiſir, ſinon entāt qu'il ſe conformoit à ma grandeur. En quoy d'autāt me reputay-ie plus heureux, que i'eu touſiours la fortune correſpondante à mes ſouhaitz: Voire qu'il eſt certain que lors que mes ennemis me penſerent plus nuyre, pour mettre abregement à mes iours, ce feut l'accompliſſement de mon heur: Par ce qu'ayant attaint au ſommet de la fortune, elle eut tourné ſa rouë d'autre ſens, n'eſtant (comme il eſt à preſumer) attachée auec' clouz de Diamantz. Qui m'euſt apporté pendant ma vie trop plus de mortz, que celle à laquelle quelque choſe que ie retardaſſe il me failloit arriuer. RAB. Et bien quel proufit ſens tu de ceſte grandeur maintenant, en es tu autre que moy? ALEX. Ie te diray Rabelais, ſi entre les vanitez de ce monde il y en a aucune qui emporte quelque poinct par deſſus les autres, vrayement ceſt ceſte cy, qui prend ſon adreſſe à l'honneur, duquel ſi tu ne fais aucun compte, tu ne met tras semblablement aucune separation entre la vertu & le vice. Tant y a qu'il me suffit pendant le cours de ma vie auoir eu assouuissement de tous mes desirs, & apres ma mort seruir aux braues capitaines de patron en vaillantise, & prouësse. R A B. Et ie te dy Alexandre quelque chose que tu penses estre de plus grād que tous tāt que nous sommes en ce lieu, qu'entant qu'a moy est, ie ne m'estime, à present moindre ny en grandeur, ny en contentement que toy: estantz toutes tes grandes conquestes euanouïes à neant, mesmes qu'il ne t'en souuient que à démy, & à mesure que les derniers venuz en ce lieu te les remettent en la teste. Et d'auantaige si tu en as souuenance, le regret que tu as maintenant de te veoir petit compagnon, te doibt causer telle fascherie, qu'il te seroit beaucoup plus expedient qu'auec ton corps tu en eusses perdu la memoire. Ioinct que ceste grande diuinité qui se presente maintenāt deuant tes yeux, te doibt faire mettre en oubly, & nonchaloir toutes les vanitez de l'autre monde.

Nn iiij

TABLE DES SOMMAIRES DES CHAPITRES CONTENVS AV PREMIER ET SECOND liure des Recherches de la France.

Le premier chiffre signifie le chapitre & le second le feuillet.

DV tort que les anciens Gaulois, & ceux qui succederent, se feirent, pour estre peu soucieux de recommander par escrits leur vertu à la posterité chap. 1. feuillet 2.

Que Iules Cesar n'eut les Gaulois en opinion de Barbares, & que l'occasion de ce vint de leur ancienne police, ensemble de ce que quelques autheurs Italiés nous veulent blasmer de ce tiltre cha. 2. feul. 8.

Combien le nom Gaulois s'amplifia anciennement: & contre les calomnies de quelques autheurs, qui sous leur faux doner à entendre, voulurent obscurcir noz victoires. chap. 3. feuil. 17. b.

De ce que l'ancien Romain appelloit les Gaulois legers chap. 4. feuil. 24.

Qui furent les defaux des Gaulois, au moyen desquels les Romains s'emparerent principalement des Gaules   chap.5. feuillet   27.

Des François extraicts de la Germanie & de leur ancienne demeure chap.6.f.29.

Des courses, que feirent les François és Gaules, & comment, & en quel temps ils s'en impatroniserent   chap.7.feui.29.

De l'entrée, progrez, & disinement de la Monarchie des Gots chap.8.feuil.47.b.

Du progrez des Bourguignons en la Gaule, & pourquoy ils furent ainsi appellez   chap.9.feuil.50.b.

Que les Romains presoyent la ruyne de leur Empire, deuoir, venir de la Germanie : & de quelque fatalité qu'il y a eu en ce païs là pour le declin de l'Empire
                           chap.10.feuil.52.

Des Bretons Gaulois que quelques vns estiment auoir emprunté leur nõ de ceux de la grande Bretaigne   chap.11.fe.55.

Des Northmans nouueau peuple de la Germanie, qui occuperent quelque partye de nostre Gaule   chap.12.fe.58.b.

Du pays de Gascoigne & du Languedoc.   chap.13.fe.64.b.

De ce que noz autheurs rapportent l'o-

TABLE

rigine des François aux Troyës chap.14. feuil. 67. b.

Des Rois & Ducs que l'on tient auoir regné sur les François au parauant l'auenement de Pharamond à la couronne. chap. 15. feuil. 70.

SOMMAIRES DES CHAPITRES DV SECOND liure.

LEquel des deux de la fortune, ou du conseil, a plus ouuré à la manutention de ce Royaume de France chap. 1. feuil. 72. b.

Du Parlement Ambulatoire & premiere introduction d'iceluy. chap. 2. f. 77.

Du Parlement fait perpetuel dedás la ville de Paris, & ensemble des autres Parlements espars parmy ce Royaume chap. 3. fe. 85.

De l'ordre des douze Pers de France, au moyen desquelz le Parlement de Paris est appellé Cour des Pers Chap. 4. fe. 108. b.

De l'establissement du grand Conseil, & promotion d'iceluy. chap. 5. fe. 110. b.

De l'assemblée des trois estats, qui sont

TABLE

l'Eglife, la Nobleffe & le tiers estat, chap.6.fe.128. b.

Des Maires du Palais, Conneftables, Cháceliers, & autres eftats de telle marque, eftans ioignans la perfonne de noftre Prince. Chap.7. feuil. 134.b.

Des Ducs & origine d'iceux. chap.8. feuil. 144.

Des Comtes, Baillifs, Preuofts, Vicomtes & Viguiers. chap.9. feuil. 152.

Des terres tenuës tãt en fief qu'en Alleud du Ban & Arriereban des Cheualiers des Hommes d'armes, des Armoyries de de France & plufieurs autres chofes de mefme fuiect concernants le faict de la nobleffe de France. chap. 10. feuil. 159.

Du droit d'aineeffe, Apanages, loy Salique enfemble des Regences des Roynes Meres. chap. 11. feuil. 187.

INDICE

AMPLE DES PRINCI-PALES ET SINGVLIE-RES MATIERES CON-tenuës en ce second liure des Recherches de la Fráce.

A

Abbayes en quel temps ont esté conferées aux gens d'armes   168.b.
Acolées tournées en Religion   178.
Adrian Empereur en tout lieu rendit le droict aux parties   83.b.
Les Aduocats de ce temps errent és matieres concernant les retraits lignagers & Testamens   187.
Aigle escusson des Romains, prins premierement par Marius   183.b.
Ainesse & de son droict   187. 188. 189.
Alexandre Seuere fait les terres, octroyées aux soldats à leur vie, hereditaires 163.b.
Alleud: Et des terres tenuës à Alleud 169.

a.b

Et en Franc Alleud 170.b.

Alloüer dont vient ce mot, & que signifie 171.

Anastase Empereur enuoye au grand Roy Clouis l'ordre de Patrices. 112.

Angleterre n'a eu armoiries perpetuelles 184.b.

Les Anglois chassez de France par Charles septiesme 74.

Anglois exterminez de Paris 101.b.

Annonius ou Amoïnus historiographe, & où finit son histoire 116.b.

Ancienneté des Appoinctementz donez à la barre du Palais 88.

Apanages 188. Depuis quand introduits 189.

Apanages retournent au Roy defaillans hoirs masles du corps 191.

Aquitaine tantost est appellée Duché tantost Royaume 147.b.

Armes estrangeres & auxiliaires 182.b.

Les Armes ont donné tiltre de noblesse à ceux qui les ont suiuis en toute republique 177.

Armes conformes aux noms 186.

Armoiries des Roys de France 185.b.

Armoiries d'Angleterre la mesme

TABLE

Les Armoiries pour le iourd'huy se tirêt en deux sortes. 184.b.
Armoiries cause de noise entre nobles 186.
Arrestz prononcez en robbe rouge 84
l'Assemblée des trois estats 128.b.
Asseieurs, Esluz & Collecteurs des tailles 130
Auguste rendoit droit aux parties en tout endroict 83.b
Auguste donna à ses soldats certaines assiettes de terres pour gaigner leurs cœurs 162.b
Arrest notable au profit du Côte de Foix contre le Comte d'Armignac 84
Arrierban 173.a.b.

B

Bailly que signifie en vieil langage François 156.a.b.
Baillis de France auiourd'uy anciennement estoyent appellez, Messagers. Et de leur authorité & puissance. Et pourquoy ainsi appellez 154.155.156.
Ban & Arriere ban 173
Bans & Arrierebans ont esté introduits par noz ancestres à l'occasion des fiefs 161.b.
Beauuais quand erigée en Compté 118.

Les Bourguignons soudain abastardis de leur grandeur 73

C

Carmanie: & la coustume y gardée auant qu'espouser femme 177.b.

Le Capitaine de l'Isle Adam accompagné des Bourguignons entré en Paris & y commet plusieurs cruautez 100.b.

Cens & alleud payez aux Rois de France, au lieu de tailles 171

Champaigne diuisée en plusieurs petites Comtez 118

Chancellerie est establie pour subuenir aux affligez 107

Le Chancelier iadis fut appellé le grand Referendaire 134

Le Chancelier est chef de tous les estats de la iustice 141

Charlemaigne Empereur, assauoir s'il establit douze Pers en France 109.a.b.

Charlemaigne donne assignation de partage à ses enfans, en vn Parlement, & en vn autre il adioignit auec soy à la couronne son filz Loys le Debonnaire. 78,b.72.

Charles le Chauue intermet les Parlements, Loys le Begue les remet sus 80.

Charles le Chauue, erige la Prouence &
partie de la Bourgongne en Royaume
111.

Charles v. par ordonnáce retire des mains
des roruriers, les fiefs 172.b.

Charles le quint apanage le Côte de Flã-
dre 198.b.

Charles vi. mal difposé de son bon sens
195.b.

Charles vii. chasse les Anglois de la Frãce 74.

Charles septiesme. Et de ses ordonnances
touchant le retablissement du Parlemẽt
de Paris 102.b.

Charles septiesme estant simplemẽt Dauphin, ordonne vn Parlement dans Poitiers 101.

Charles septiesme depar ses Parlemés 103.

Charles septiesme met bon ordre à toute
sa gendarmerie 181.

Charles vii. introduit les hommes d'armes en France. Et aussi les Francs Archers la mesme

Charles vii. enuoye son armée guerroyer
l'Allemagne de peur que ses soldats ne
s'assopissent par vne lache oisiueté 183.

Charles viii. reduit le grand Conseil en
forme de Cour ordinaire 124.

Cheua-

TABLE.

Cheualiers 178.
Cheualiers de robbe longue 177.
Cheualiers de l'ordre en France sont à cõ parer aux anciés Patrices Romains 112.
Cheualiers des loix, & Cheualiers des armes. 177.
trois Cheualiers tuez à Paris, ioignant Chales v. la mesme.
Cheualiers Bannerets 177.b.178.
Cheualiers en nõbre de cinq cẽs, faits par Charles vi. 177.b.
Cheualiers de S. Michel créez par Loys xi. 178.b.
Et pour quelle raison la mesme.
Cheualiers de l'estoile, instituez par le Roy Iean 176.q.
Cheualiers de la Iartiere créez par Edoard iiii. Roy d'Angleterre la mesme.
Cheualiers de la toison d'or 180.
Cheualiers de l'Annonciade la mesme.
Cheualiers en France pour quelle raison, & quand créez 178.
Clerc, ce mot que signifioit anciennemẽt 86.
Clotaire fait noms de gouuernement au lieu de Maire du Palais 137.b.
Clotaire fait Garnier maire du puys d'Aue strasie, & Rhadon de Bourgongne, Et

Herponpatrice au païs vltraiurin 115.
Clouis Roy de France, prudent, & vaillant 74.b
Collecteurs, Esleuz & Asseeur des tailles 130.
Combien il importe à vn Prince d'auoir l'œuil dessus ses principaux ministres 138.b
Comment il gaigna le cœur de ses subgets 75.
Les enfans de Clouis diuisent egalement le Royaume de France en quatre portions 189.
Autant en font les enfans de Clotaire là mesme
vn Comte en chasque ville pour iuge 152.b
les Comte cognoissoient anciennement des causes communes & de legere estofe 152.b.
de la dignité des Comtes anciennement 153.a.b.
Comtes qu'els estoient de leur premiere institution là mesme.
Cōcordat accordé entre le pape & le Roy François premier, à peine receu par la Cour de parlement 129.
Connestablie, prinse pour esquadron ou bataillon 143.

le Connestable est chef entre les estats militaire 141.

Connestables de France, montez en grãdeur & credit, durant le regne du pere de sainct Loys 142.

Connestables, estoient aussi appellez ceux qui commandoient sur quelques bandes 142.b.

Connestables ont succedé aux Maires du palais en credit 143.b.

Connestables n'ont eu lieu en France depuis la mort du Conestable de Luxembourg, iusques à Fráçois le grád là mesme.

Connestables furent establis en Fráce par François le grand, Charles de Bourbõ, & Anne de Montmorency là mesme.

le Conquerant, vaillant protecteur de la France 74.

grand Conseil, quãd, & à qu'elles fins estably en France 121. 122. 123.

iurisdiction du grand Conseil 129.b

Conseil priué quel est, & qu'elles matieres s'y traitent 127.

le Conseil estroit d'vn Royaume, ne doit estre communiqué à plusieurs au mesme.

Conseil des affaires, estably par François deuxiesme là mesme.

O o ii

TABLE.

Le grand Conseil sur sa premiere institution quelles matieres traitoit 122

Premiere Confusion qui fut introduicte au grand Conseil la mesme.b.

Changement du grand Conseil 124

Le grand Conseil n'eut oncques certaine asseurance de subiect 121.a.b. Et quelles matieres y sont traictées. la mesme.

Conseillers du grand Conseil prestent le serment au Roy, & au Parlement de Paris 123.b.

Conseillers du privé Conseil ont voix deliberatiue en Parlement 128

Conseillers doubles anciennemét establiz 85.b.86

Gages des Conseillers du grand Conseil 123.b.

Constantin donne l'ordre de Patrice à Adalgise 112

Cour voyez Parlement

Cupidité de Gouuerner en vn Royaume ou Regner mere de troubles & coniurations 134

D

Dagobert institué pour heritier de son royaume, Childebert, fils de Grimault, Maire de son Palais 189.b.

TABLE.

Differents entre les Maistre du Palais & Comtes d'Estable 135.b.

Difference qu'il y à entre ceux qui sont de robbe longue & ceux qui suiuent les armes 176

Discours sur le Maire du Palais 137

Discours sur les escussõs & armoyries. 183

Departement premier des chambres de Parlement 87

Departement de Parlemēts de la France 104.b.

Doyenné de Bourgongne 117.b.

Les Druydes auoiēt la charge de la Religion & de la Iustice 81.b.

Duc selon le changement de temps, a diuersité de façons 144

Duc prins pour Capitaine entre les Romains. 144.b. et pour chef de guerre, pour vn gouuerneur, Depuis pour vne Principauté 144.145.146.b.

Duc Rhetique 145.a b

Duc d'Alençon, ses terres confisquées, mené prisonnier à Loches 121.b.

Vn Duc establyen chacune ville, ayans souz soy plusieurs Comtes 152.b.

Les Ducs prennent la charge des villes entre les Romains 146

Les Ducs ont esté establiz par les Ro-

O o iij

mains, depuis continuez par les François 146.b.
Ducs, petit à petit ont esté faits mot de
principautez 146.b
Ducs de Bourgongne sont en la possessió
du Doyenné 117.b.
Ducs & pers de present estoient anciénement appellez patrices 113.b
les Ducs & pers de France tenoient les
premieres seances aux parlemens & generales assemblees 117.
quels furent les Ducs en France souz la
lignee de Clouis 147.b.
les Ducs de Gascongne & d'Aquitaine ne
vouloiét recognoistre le Roy de Fráce
à superieur: mais puis furét reduits l'vn
apres l'autre en leur deuoir 147.b
autre mutation de l'ordre des Ducs au
mesme.
Ducs de deux sortes au mesme.
Ducs en Italie tenans les villes par forme
de gouuernement, les autres à tiltre de
principauté 148.b.
Ducs de Ferrare, Milá, & autres villes, au
parauant Imperiales, dont ont prins
leur origine 149.
Ducs de nouuelle forme auiourd'huy en
France 150.b.

Duché d'Aquitaine comprenoit Guienne
& Tholose 110.
le Duché d'Angolmois n'a que le comté
de Rochefoucault dessouz soy 151.
Duchez quand renduz domaniales en
France 148.b.
Duchez ou Comptez donnez en apanage
aux enfans de France retournent à la
couronne, defaillant l'hoir masle 199.

E.

Edicts des Roys emologuez par le parlement de paris 96.b.
Edicts interinez contre l'opinion de la
Cour de parlement 97.b.
Edouard troisiesme Roy d'Angleterre crée
l'ordre de la Iartiere 176 b.
Et de la deuise de ses Cheualiers 177.
le mesme Edouard par les solicitations de
Robert d'Artois s'attaque à la France
197. Et le motif premier de ceste querelle. là mesme & 198.a.
l'Empereur est fait par force, le Roy par
natiuité. 163.
Espices des procés d'où ont tiré leur origine. 95.a.
ce mot Espices, pris par les anciens pour
confitures & dragées. 95. a.b
Depuis tournées en argent 96.a

Espices données pour visiter les proces,
venoient iadis en taxe 96.a

Les trois Estatz commencerent a estre
tenuz du temps de Philippes le Bel 131

Quatre Estatz en Frāce, desquels estoit
anciennement requise la presence és lettres patentes du Roy 141

Ces quatre Estats entrent en contention
auecques Pers de France 141.b

Les Estats de France ont prins diuerses
reuolutions selon l'entresuite des temps
143.b.

Esleuz, Asseïeurs, & Collecteurs de tailles 150

Escussons & armoiries, marques de noblesse. 183.b.

Euesques & Abbez receuz en Parlemēt
anciennement 86

Etius dernier Patrice des Gaules, cōm-
bat Attile aux chāps Catalauniens. 112.b.

F

Femmes appellées en conseil aux affaires d'Estat par les anciens Germains 195.b

Femmes en France en quoy fauorizées,
& en quoy desauancées 196

Femmes en France ont eu le maniemēt
du Royaume, & la charge de leurs enfans
pendant leur minorité 194

Fiefz, & de leur premiere origine 15.b.

Le Fief n'empeschoit tenir terre en Alleud 169

Fiefz du iourd'huy, anciennement estoient nommez Benefices 166

Confrontation & rapport de Fiefz auec les terres qui estoient souz l'Empire Romain assignées aux gensdarmes 165.b.

Fiefz possedez par gens roturiers, & nó faisant profession des armes 172.174

Les Fiefz n'ont tiré leur origine des Lombards 166.b.

Les Fiefz sont auiourd'huy patrimoniaux 168

Les Fiefz de droict primitif destinez seulement pour les masles 196.a.b.

Flandre gouuernée par vn simple forestier 110

Fleurs de lis apportees par vn Hermite au Roy Clouis pour armoiries perpetuelles de France 184.b.

France entre tous les autres Royaumes est demeurée entiere & florissante iusques à huy 73.b.

France demembrée en quatre parties, est reconsolidée en vn corps la mesme France commence à naistre souz le Roy Clouis la mesme

France esbranlée est reuelee par les Martels & pepins, & le Conquerant, & autres vaillans Princes 74.
France douée de Roys prudens & preux 78.
France notable en Iustice & religion 75. a.b.
Police renforcée en France à l'auantage de la couronne 81.
Police notable introduite en France par les Martels, souz pepin & charlemagne 77.a.b
France se trouue basse & petite souz Hugues capet, estant partie en Duchez & comtez 149.b
Et depuis remise sus par Loys le Gros & philippe Auguste 150.a.b
France assaillie de toute pars souz Charles le simple 148.b
France tousiours bien garnie de gens de pied & de cheual 181.b
France perd presque toute sa noblesse és iournees de Cressy & de poitiers 196.b
François premier faict ordonnance, que le grand conseil, & la Cour de parlemét fraternisent ensemble. 115.
François Oliuier extermine du conseil priué toutes manieres de proces ordi-

paires 127.

Les François créent sur eux Gillon, gentilhomme Romain. 135.

les François sur toutes autres nations ont eu en recommandation l'entretenement des familles. 187.b

les François diuisent leur terres en Beneficiales, & Allodiales. 167.b

Les François diuisez en plusieurs peuples sur le bord du Rhin 191.b

françois sont issus des anciens Germains 195.b

les François symbolizent au faict de leur noblesse auec les Lacedemoniens. 174.

francs archers introduicts par Charles septiesme 181.a.b

Frederic remet le différent qu'il a auec le pape Innocent quatriesme aux parlemens de France 83.b

G.

Garnisons dont ont prins leur origine en France 182.b

Les Gaulois, voire partializez en ligues, auoient tousiours vn general ressort de la Iustice 81.

Gendarmes beneficiers 165.b

Gens des ordinances pourquoy ainsi appellez. 181.

TABLE.
Gentils, & Escuiers estoient sur tous les autres gens de guerre, en reputation d'estre braues au fait des armes 164.a.
ils auoient leur Capitaine à part ibid.b.

Gentil hommes & Escuyers dont ont tiré ce tiltre en France 166.b.

Gentils hommes establiz Assesseurs & Côseillers és Parlements de Frâce 85.b.

Gentils-hommes pourquoy ont choisy leur habitation aux champs 173.

Gentils hommes & villains 176.

Les Germains ont obserué la loy Salique.194. D'eux sont issuz les François 195.b.

Gontran adopte Childebert son neueu Roy de Mets, & le feit son heritier. 189.b.

Gontran vient à Paris pour tenir sur les fonds Clotaire fils vnique du Roy Chilperic 169.

Gontran, & Childebert Roy de Mets, traitent la paix 169.b.

Guillaume brouillon 89

Guillaume Brissonnet Chancelier, interdit les lettres de committimus 90

Aussi font messires Oliuier & l'Hospital Chanceliers la mesme

Guillaume Poyet introduit vn estat de President, au grand Conseil 125.a.b.

Et plusieurs autres chiquaneties 125.b.

H

Henry deuxiésme Roy de France a institué en chaque siege presidial certain nombre de Conseillers 105.a.

A fait le Parlement de Paris semestre, & diuisé en deux seances 105.a.b.

Heriban, mot ancien propre à conuoquer les subiets du Roy pour le suiure en la guerre 173.b.

Hommes d'armes 180.b.

Par qui introduits 182.a.b.

Et pourquoy sont appellez auiourd'huy gens des ordonnances la mesme

Hugues capet establit grandes polices 76.

Hugues capet desherite Charles du Royaume 111

Hugues capet, Roy de tiltre, & presque seulement de nom 80.b

Hugues capet gratifie à son frere Henry du Doyenné de Bourgongne 117.b

Hugues capet, autheur du droict, Ainesse 190.b.

Hutin, nom de mauuais Presage 87

I

Ian le Bouteiller 93.b.

Ian Gallus la mesme

TABLE.

Ian Chandos, Cheualier Banneret. 178. a.

Ian Duc de Bourgongne, fleau de la France, efface les volontez de la Cour de parlement 97.b

Ian Duc de Bourgongne, s'empare de plusieurs villes de France, & s'adioint auec la Reyne Isabelle 100

Ian Roy de france ordonne l'ordre de l'estoile 176

Indult de la Cour de parlement 113.

Iuges anciennemét responsables de leurs iugements 90.

Iulian l'apostat se tient fort de ses gentils & Escuyers 164

Iuges Rhatinbourgs destinez pour decider les causes touchant le faict de la loy Salique 91.

Italie troublee grandement par les guerres du pape, & de l'Empereur Federic second, souz les noms de la faction des Guelphes, & Gibelins 149

Iurisdictions diuerses au parlemét de paris 107.

Iurisdiction du grand Conseil 125.

L.

Leud ancien mot françois signifiant subiet 170

Lettres de Committimus, pernicieuses

reiectees 9.b.
Lettres, Graces de plaidoyer par procureur 9.b
Lotir, & Lot, qu'est ce 170.b.
Los & ventes 170.b.
La loy Salique a esté approuuee en plusieurs Republiques 192.b.194.
La loy Salique anciennement non pratiquee és Duchez & Comptez 198.
La loy Salique n'a tousiours esté obseruée és membres comme au chef ibid.
La loy Salique dont est venue 161.b. iusques à la fin.
Les Lombards ne garderent la Gaule Cisalpine que deux cens dix ans 73.b
Lombards, & de leurs loix 114.
Les Lombards ne sont autheurs des Fiefs 166.b
Les Lombards en quel temps aborderent en Italie là mesme.
S. Loys prestoit audience libre à vn chacun 85.b
Loys vnzieme a voulu le plus souuent ses Edicts passer sans l'eniogation de la Cour 98.
Loys vnzieme crée les chevaliers de S. Michel 173.b
Loys vnzieme fut le premier qui s'aida

des Suisses laissant les siens en arriere. 182.b.

Loys, fils de Philippes Auguste, fait paix auec Henry Roy d'Angleterre, & à quelles conditions 118.b.

Loys douzieme, fait son grand Conseil de vingt Conseillers 124.b.

Loys le Debonnaire adioute aux Parlements les Euesques & Abbez 79.b.

Il tint vn Parlement à Frãcfort la mes.

Loys Debonnaire fait partage general à ses enfans 110.b.

Loys Debonnaire defend à ses soldats d'inuiter à boire 115.b.

Loys Hutin assigne le Palais au Parlement de Paris 87.a.b.

Lotaire fait partage à ses trois enfans 110.b.

Lycurge par vne loy separe l'Homme d'armes d'auec le serf 174

Lycurge fait vne loy touchant le tombeau de l'homme mort en guerre 177

M

Maire du Palais en grãd honneur souz Clotaire deuxiesme 137

Maires du Palais auoient iadis commãdement sur les domestique de l'hostel du Roy, tel que maintenant vn grand Maistre

stre 137.b.138

Maire du Palais anciennement, est aujourd'huy grand Maistre 135.b.

Maires du Palais ont introduit vn Parlement annuel 77.b.

Maires du Palais, & Comtes d'Estable n'auoient iadis rien de commun les vns auec les autres 139.

Maires du Palais en quoy sont differéts aux Comtes d'stable 135.b.

Maletoultes d'où sont dictes 129.

Mathieu de Montmorency, est en grāde estime & reputation souz le Roy Philippe Auguste 142.

Pour ses prouesses il est crée Counestable de France souz le Roy Loys fils de Philippe au mesme. b.

Maistres des requestes de l'hostel: Et de leur authorité & office 88.89.

Menu peuple appellé d'vn nom plus honeste Tiers estat 129

Menu peuple ne fust appellé aux Dietes des anciens Gaulois 129

Merouee Roy de France se ligua auec Etius eu la bataille contre Atille Roy des Huns 135

Messagers commis en France à l'exercice de la iustice 153.154

ΓP

Michel de, Hospital interdit lettres de Cõ-
missiũus 90.
Missaticum 154
Missi, gentils-hommes de la cour du Roy
Et de leur office 153.
Moumole est fait Patrice par Gontran
113.

N

Narses ayant desconfit les Ostrogots, préd
nom de Hexarque 146.b.
Noblesse de France 174. 175.
Noblesse sans profession des armes estimee bastarde 175.
Nobles qui sont estimez entre les Turs
177.b
Nobles suyuans les armes, de combien sont
à preferer à ceux de robbe longue
175.
les plus Nobles ont esté tousiours reputez
en toute Repub. ceux qui suiuoyent les
armes 176. Voyez Gentils-hommes.
Normandie de puis quel temps est entree
en credit 100
Nobles estimez entre les Turcs 177.b

O

Ordre de S. Michel est à comparer à l'ancien estat de patrice 112.
Voyez Cheualiers.

TABLE.

Les Ostrogots rasez d'Italie & de prouence vaincus par Narses 73.

Les Ostrogots mettent en route deux fois les Romains 146.

Depuis sont chassez & desconfits par Narses au mesme b.

les Ostrogots ne receuoyent à la courône les femelles 194.b

P

parlement quand fut inuenté, & pourquoy ainsi appellé 77.a.b.78.a

Parlement perpetuel fait dans la ville de paris 86.bc

Parlement de paris parti en deux chambres 88.a

parlement de paris a retenu sa souuerainneté d'omologuer les edicts generaulx de France 105.

parlement de paris reçoit mutations, & trauerses souz Charles sixieme, & Henry deuxieme 105.b

la cour de parlement a plusieurs particularitez notables 106.b

le parlement de paris occupe les bons esprits 107.b

parlemens en France d'où ont pris leur origine 77.a. iusques à 53

parlement de paris anciennement re-

TABLE

cevoit le serment és grands & premiers
estats de France 96.b.

Plusieurs personnes reprises pour les
chiquaneries & lõgueurs des proces, 96.b.

Parlement, & l'ordre d'iceluy quel profit à apporté à la Republique Françoise
99.b.

Parlement estably dans Poictiers. 101.a.
Le Parlement de Paris, & le grand Cõseil comparez au Senat Romain & au conseil qui suiuoit les Empereurs 121.b.122

Parlement de Paris a grande diuersité de Iurisdictions 107.b.

Parlements departiz par la France 104.b.

Parlemets en quel temps & en quel lieu se tenoient en France 84

Parlemets intermis par Charles le chauue, remis sus par Loys la Begue 80

Et de leur autorité 81

Parlements de Paris & de Poictiers reünis 102.b. Et l'ordre tenu en iceux depuis 103.a.

Les Parlements receuoient les foys & hommages des princes estrangers 78

Patriciat quel estoit sur le declin de l'Empire Romain 111.b.112

Patrices & Duc, prins pour gouuerneurs des prouinces 112.b.

TABLE

Patrons, & Cliens ont eu lieu à Rome dés la fondation de la ville, & aussi entre les Gaulois 160.161

Pepin par quel subtil moyen s'empare de la couronne de France 77.b.

Pepin Maire du palais vnit sa maistrise auec la Maiesté Royalle 139

Pair ou per ce mot comment se doit entendre 114. iusques à 119

Pers de France 76

Pers, ou peres de France, assistoient au Roy és parlements 85.b.

Pers du iourd'huy representent les Patrices du passé 114.b.

Pers qui se récontrent és fiefs la mesme

Les Pers quand commencerent en Frãce 118.b.

Pers erigez & solennizez souz Philippe Auguste 118.b.

Assauoir si douze pers estoient du temps de Hugues Capet 117.b.

Philippes le Bel fait ordonnances touchant les Parlements 8

Philippes le Bel dresse en son Royaume Ducs & Comtes 119.a.b4

Philippes de Valois, appelé par les Flaments, Roy trouué 193.b.

Plaider par procureur, anciennemẽt de

fendu 94.a
Et en quel cas permis. la mesme
plaids de la porte 87.b
preuost: Et dont tiré son origine & dignité Et depuis quand cest estat est en vsage,
158.
proces des Bailliages à quels iours se vuidoyent 93.b
procureurs d'ou ont tiré leur source en tel nombre infiny 94.a.b
presidents quand furent premierement introduits au grand conseil 125.
Quand cassez & quand remis au mesme
le prince doit auoir l'œil dessus ses principaux ministres, & combien cela importe 138.b
pourparler de paix 78.

Quartes & légitimes introduites par les Romains 189.b

R

Rhatinbourgs, Iuges 91.b
Retraits lignagers: & des Testaments 187.b.188.a.b
grand Referendaire iadis, maintenant est le Chancelier 134.
Regales en Eueschez & Archeueschez en France quand introduites 76.b

TABLE.

Requestes du palais quand mises sus 87.
a.b. De leur authorité & grandeur
88.b

la Rhetique, est vn bouleuard en Italie
145.b

le Rhein fait la separation des Gaules &
de l'Allemagne 161.b

les Romains pressez de toutes parts, sont
contraincts de venir à toute honneste cō
position auec nous 135.

Rooles ordinaires. 92.a

Rooles extraordinaires. 91.b

Rooles de presents. la mesme

los Rois de France souuent assaillis de
guerres par les Cōtes & Ducs des pays 81.

Rois de France par quels moyens se sont
aggrandiz 81.b.81.a

Rois de France anciennement partageants
leurs enfans, erigeoyent les Prouinces
en Royaumes 110.111.

les Rois de France pour vn temps ont esté
comme images & pourtraitures 138.

les Rois ne se doyuent donner en proye
à la discretion de leurs gouuerneurs
138.b

Roines meres anciennement aprés le decez des Rois leurs espoux vouloient estre
nommees Roynes Blanches 139.b.165.a

Roy de Nauarre s'oppose aux desseings du Roy Charles septiesme, lors regét 133

Les Royaumes eleuez par la ruine de l'Empire, sont soudain esuanouis en fumee 73

S

Salique, voyez Loy.

Les Saxons promettent au Roy Pepin luy amener tous les ans à chasque parlement general trois cens roussins de tribut 78.

Grand Seneschal de Normandie 156

Seneschal, mot corrompu, signifiant vieil Cheualier. Et de sa puissance 157.

Les Soldats anciennement deposoient les Empereurs de leur siege, y subrogeant tels que bon leur sembloit 163

T

Tailles n'estoient en vsage du temps de la distribution des terres beneficiales & Allodiales 171

Tassile condemné à mort, est confiné en vne religion 79

Tassile, Duc de Bauieres, au parlement tenu à Compiegne, promet le serment de fidelité à Pepin & à ses enfans 78

Terres tenues à Alleud, & à Franc Alleud 170.b.

TABLE.

Thibauld Comte de Blois a le premier vsurpé le nom & tiltre de Comte de Chápaigne 118

Totyle Roy des Ostrogots descõfit par deux fois les Romains 146

Trefue iuree entre le Roy Loys le Begue & Loys Roy d'Allemagne 116

Les Turcs ne possedent aucune Cité ou bourgade par droict successif 168.b.

V

Vassaux & arriere vassaux 160.a. & Hõmes liges, & les non liges la mesme

Vie Champestre approche le plus prés de la militaire 164.a.

Viguier a seulement lieu en Languedoc & és enuirons: Et par qui fut erigé 158.b. Autresfois entre les Goths 159

Les Vvandales chassez d'Affricque par le grand Bellissaire 73

Les Vvandales possedants l'Affrique ne receuoient à la couronne que les masles 194.b.

Vvitzes nation d'ancienneté ennemie de la France 79.b. 80

Fin de ceste table.

INDICE
DES PRINCIPA-
LES MATIERES CON-
TENVES ES POVRPAR-
lers, sçauoir est, l'vn du
Prince, & deux de
la Loy composez
par le mesme
Autheur

A

ACTE de trop grande curiosité 166.b.
pourquoy Alexandre ayāt vaincu les
perses prist l'habit persique 168.b
en quoy Alexandre est repris des historiographes 266.

Alexandre partageāt les Royaumes aux
siens retient seulement les labeurs pour
sa part 275.

Alexandre Prince fort chaste 267.b

Alexandre recogneust Philippe pour son
pere 270.

Alexandre repris pour la mort de Clitus,
Parmenion & philote 268.

Alexandre se mocque des Augures 271.b

Alexandre voulant passer aux Bactriens
faict brusler son bagage, puis tout le bagage de siens 273.

TABLE.

es Amours de Thibaut contre de champagne 108.
Antipater coniurateur de la mort d'Alexādre 160.b
Grans appareils & entreprises des Princes coustumierement sont à la foule du peuple 265.
Apprehension du mal futur plus facheuse que le mal mesme 210.
Aristandre mesprisé, & cōtrint par Alexandre à dire contre sa science. 171.b
les Armes sont les auencemens des Monarchies 214.b

B
plus vtile Baitailler pour les bonnes loix d'vne ville que pour les murs 233.b
Besus puni pour auoir mis à mort Darius son maistre 261.

C
Cassandre conspirateur contre Alexandre auec Antipater 164.b
Causes de diuers songes 151.b
Charles cinquiesme Empereur du nom 125.b
Comparaison de ce monde à vn grand theatre. 23
Comparaison non impertinente de la Republique au corps 218.

TABLE.

Seconde Comparaison de la Republique au corps humain 140.b
Cōclusion des propos de l'Escolier 20
Conclusion sur la philosophie du prince requise par le philosophe 20
Les Conquestes de Pompee 233
Cōtre l'hypocrisie des philosophes 243.b
Contre l'opinion du Curial 227.b

D

La Debonnaireté des Roys François 237.b.
Coulouree Deffence de Vengeance, 247.b.
Autre masquee Deffence de paillardise 247.b.
Deffence pour Alexādre en ce qu'il s'est fait appeller fils de Dieu 269.b
Deffence pour Alexandre en la mort de Calistene 170.b
Deffence d'Alexandre pour la mort de Clitus 272
Destructions des folles raisons du premier Esclaue 250
Discours de l'Escolier sur le Prince 203
Discours du Politic sur la philosophie du Prince 219
Autre Discours du Politic sur la philosophie du Prince 23

Discours qui mettent bien arriere la prouidence de Dieu 253.b.
Discours sur les difficultez d'vne bonne Histoire 222.b.
Discours sur le voyage de Naples du Roy Charles 223
Dissimulation de cœur 211
La Dispute souuent tref-dangereuse, 251
Generale diuision du Discours du Curial 211.b
Dont prouient la diuerfité des opinions 251.b.
Le Droict tel que nous l'auons source de procez 222

E

La force de l'Eloquence 206
Emotions anciennes pour les tailles 251
Est requis que les Roys ayent toufiours des gés vouez au fait de la guerre 219.b.
Exemples memorables des remonstrances de la Cour enuers le Roy Loys vnziéme 238.b.
Exemple notable du Roy François 240

F

Fatalité souuent posée en la fantasie du meschant 248
Faut auoir difcretion en quels liure

l'on veut estudier 121
Forçats sont enuoyez és galeres pou<leurs mesfaits 245
le François libre en son parler 250.

G

Generosité d'Alexandre enuers Darius & les siens 265.b
Gradation d'estre de larron Gendarm 246.
les Guerres augmétent à la longue le domaine des Roys 218
les Commoditez des guerres estrange 217.
les Guerres estranges nous ostent les ciuiles 217.

H

Hazard auquel sont les Roys 265.b.
les Historiographes François negligés en leurs Histoires 115.
Hommes doctes fauorisez par quelques Princes 208.
les Hômes doctes premiers reformateurs des hommes rudes 203.b

I

Idiots ne doiuent disputer de la foy 256.
Ignorance souuent cause de trop grande asseurance 267.
Imitation de Ciceron du premier para-

doxe 209.
Incommodité des guerres 230.b.
Introduction des parlemens 235.b.
Inuentions pour faire argent 222.
Italiens fort vindicatifs & pour le iourdhuy le François 247.
les Italiens n'ont plus que le nom de liberté 249.b.
Italien enclin à se vanter 249.
Iules Cesar mis miserablemét à mort 264.
le Iuste ou iniuste selon l'vtilité qui en vient 224.

L

quelle Lecture de liures vtille au prince 221.b.
les Lettres du Roy esquelles est faite métion de son propre mouuement 238.
les Lettres prises à la scolastique non necessaires aux princes 219.b.
les Lettres necessaires au prince 204.b.
les Lettres sont choses indifferentes 210.b.
Liberalité d'Alexandre aux Grecs qui se voulurent retirer en leurs pays & le laisser 269.
Lors que les Roys pensent estre les plus

grands c'est lors qu'ils sont les plus petits. 219.

la Loy bon moyen pour recouurir deniers. 222.

la Loy sophistiquée par le Courtisan. 111.b

que c'est que la vraye Loy. 233.b.

M

les Magistrats sont souz la loy. 227.

Mariages & alliances causes de grãdeurs ou des ruynes des Royaumes. 232.

Maxime du Courtisan. 208.

autre Maxime du Courtisan. 210.

l'ordre de la Monarchie de Frãce. 235.b.

toute Monarchie heureuse de laquelle les maximes se rapportent au bien public. 240.

les Moyens par lesquels deffinent les Republiques. 228.

N

Naturalistes Epicuriens. 244.b.

Nature nõ d'vn Philosophe, mais d'vne beste. 244.

Nul ne doit entreprendre de manier les affaires s'il n'en est digne. 174.b.

Nul ne doit estre reputé heureux auant son decez. 205.

O

Opinion des plus sages. 254

Opinion

TABLE.

Opinion des Stoiques 210.
sage Opinion du comite 255.
Opinions vaines diuerses touchant l'ame 254.

P

Parmenion & philote iustement meudris
 par Alexandre 174.
le peuple porte les fautes du prince 230.
philosophie guidon de toute seureté 242.
nul philosophe impassible 243. b
plusieurs soubs noms desguisez sont plus
 grans larrons que ceux qui sont punis
 245. b
le courtisan discourt pour le prince 206. b
les princes ayment les gens lettrez, pour
 monstre seulement 208.
le prince doit estre en perpetuelle contemplation des hazars de ce monde 212.
le prince est heureux de son peu s'il considere sa fortune 206.
plusieurs princes lettrez non profitables à
 la republique 119. b
le bon prince suiet aux loix 237.
grans princes Zelateurs des lettres 207.
tout problesme a le nez de cire 250.
la proportion des grans auec les petits est
 en toute bonne republique 23.

Quand quelcun s'est emparé d'vn Royaume il ne fault iamais de titres 262 b
Quel profit apportent les grandeurs apres ceste vie 176.
Qu'il n'est bon de deduire au long des vices 224.

R

Raison à notter 245.b
refutation du philosophe par le politic. 226.
le remede que donne le courtizan pour les mutations de fortune 209.
les republiques definent quand les lettres s'v inlinuent 207.b
royaumes & terres conquises par Alexandre 261.b

S

la Scythie infertille & remplie de cailloux 273.b.
il se moque des discours Scolasticques 207.
les subiects sont nais pour le Prince 210. b

T

Toutes choses naturellement sont commu nes 245.
Trop captieuses prepositions 252.

V

Vantise du pseudophilosophe à raison de

sa Natiuité

Vengence mere de meurtre & malheur. 246.b

Vertu iamais n'est cause de malheur 242.b

l'vtilité d'vn Royaume d'auoir parlement moitoyen entre le Roy & le peuple. 239.

X.

Xenocrate contraire à Aristipe de maniere de viure. 243.b

Fin de la Table.

ODE SVR LES RE
CHERCHES DE E.
Pasquier, par R.
Belleau.

CEluy, qui docte se propose
Bastir auiourd'huy quelque chose,
Est né souz vn ciel malheureux:
Car toute œuure laborieuse,
Qui part de main industrieuse,
Demande vn siecle plus heureux.

Vn siecle pour le moins, qui prise
L'ouurier & qui le fauorise,
Sans le frauder de son honneur:
Siecle ingrat, qui dessous la pouldre,
Laissez trop vilement dissouldre,
L'ouurage d'vn gentil labeur.

Tu te ris, si lon te retrace
Quelque traict à L'antique grace,
Tu prens toute chose à desdain,
Tu ne fais cas que des estranges,
Desrobbant les iustes louanges

De ceux, qui naissent dans ton sein.

Tu ne veux qu'vne maison grande,
Sans sçauoir que le temps commande,
Sur les desseins de ton cerueau.
Enterrant la sourde memoire
Et de ton nom, & de ta gloire,
Sous l'oubly d'vn mesme tombeau.

La vertu te sert de risée
Et la science mesprisée
S'escoule, & te vient à mespris.
Rien ne te plaist que l'ignorance,
Dessous le masque d'arrogance,
Qui faict rougir les mieux appris.

Si faut-il confesser encore,
Que le sainct labeur, qui redore
L'honneur de ces siecles derniers,
A trouué l'argentine source
De la fontaine, dont la source
Enyura les siecles premiers.

As tu pas eu la cognoissance
D'vne brigade dont la France
Heureuse se doit doit estimer,
Qui vint, comme à la saison belle,
Les arondeaux, à tire d'alle,

Q iij

Viennent en foule d'autremer?

Ou comme par la nuict muette,
On voit vne estoille seulette,
Puis mille & mille en vn n.oment?
Ou dans la marine troublée
La vague en cent flots redoublée,
Qui n'enfle que d'vn petit vent?

Mais cette trouppe non mortelle,
N'a pas trouué la faueur telle
Du ciel, qu'elle esperoit auoir:
Car son odeur s'est tost perduë,
Comme au vent se perd vne nuë
Ou la lumiere sur le soir.

Le Laurier, qui le chef enserre,
Fait l'vn heritier d'vn caterre,
Plustost que de le rendre sain,
L'autre se collant sur le liure
Trompe la mort, pour apres viure,
Et n'a pas pour tromper sa faim.

L'vn se paint vn visage blesme
Et l'autre, aux despens de soy mesme
Enrichist de France le nom:
Encores la playe est ouuerte
L'emon Du Bellay, dont la perte

Fait perdre aux Muses le renom.

Mais Pasquier despitant l'enuie
Et le sort dont elle est suiuie,
Maugré l'iniure de ce temps,
Donne le iour à son ouurage,
N'esperant tirer d'auantage
De luy, que la rouille des ans.

Encor qu'on y voye descrite
L'occasion de l'entresuitte
Des republiques de noz Roys,
Et comme doiuent les prouinces
Baisser le chef dessous leurs princes,
Et sous la rigueur de leurs loyx.

FIN.

Extraict du priuilege.

Par grace & priuilege du Roy, il est permis à Gilles Robinot Marchand, Libraire à Paris d'Imprimer ou faire imprimer distribuer & mettre en vente, vn Liure intitulé, des Recherches de la France liure premier & second: plus vn pourparler du prince & quelques Dialogues, le tout par Maistre Estienne Pasquier Aduocat en la Cour de parlement à Paris. Et faict ledit Seigneur expresses inhibitions & deffences à tous Libraires, Imprimeurs, & autres, de quelque qualité qu'ils soient, d'imprimer vendre ou distribuer par autres que ceux que ledit Robinot aura imprimé ou faict imprimé, vendre & distribuer ledit liure, iusques au temps & espasse de six ans à compter du iour que ledit liure sera acheué d'imprimer, sur les peines contenues ausdictes lettres, voulant en outre ledit Seigneur qu'en mettant par brief le contenu desdites lettres à la fin ou commencement desditz liures, elles soient tenues pour deuement signifiees & venues à la notice & cognoissance de tous comme si expressement & particulierement elles leur auoient esté signifiees, donné à Paris le huictiesme iour d'Aoust, 1581. Signé par le Conseil. Buffect.